U0630249

国家社会科学基金教育学一般课题
“建构主义理论视野下幼儿园的教师自主学习支持系统的研究”
（课题批准号：BBA150017）的研究成果

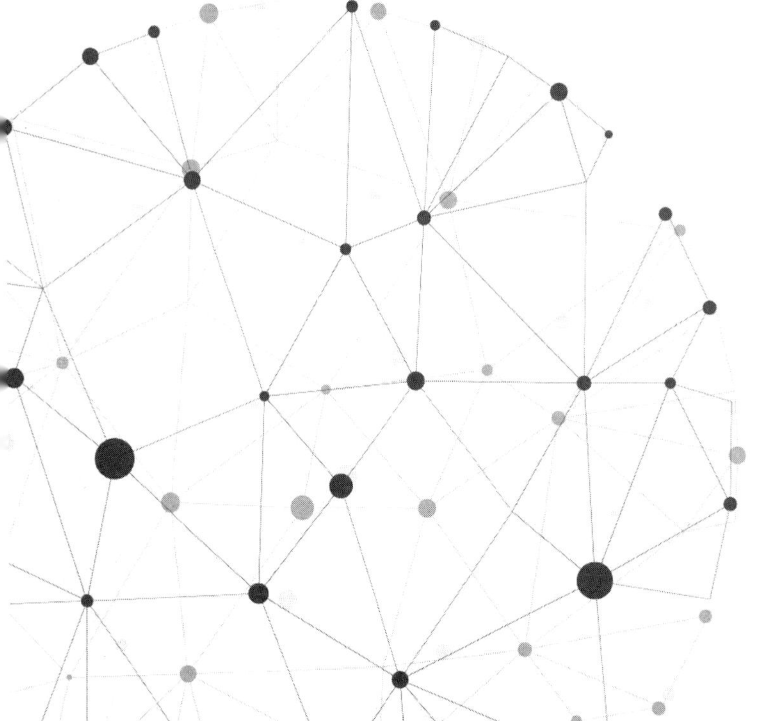

幼儿园教师自主学习及支持系统的研究

蔡迎旗　著

教育科学出版社
·北京·

出 版 人　李　东
责任编辑　李秀勋
版式设计　杨玲玲
责任校对　马明辉
责任印制　叶小峰

图书在版编目(CIP)数据

幼儿园教师自主学习及支持系统的研究 / 蔡迎旗著. —北京:教育科学出版社,2021.11(2024.4 重印)
ISBN 978-7-5191-2796-1

Ⅰ.①幼… Ⅱ.①蔡… Ⅲ.①幼教人员—师资培养—研究 Ⅳ.①G615

中国版本图书馆 CIP 数据核字(2021)第 209696 号

幼儿园教师自主学习及支持系统的研究
YOU'ERYUAN JIAOSHI ZIZHU XUEXI JI ZHICHI XITONG DE YANJIU

出版发行	教育科学出版社		
社　　址	北京·朝阳区安慧北里安园甲 9 号	邮　　编	100101
总编室电话	010-64981290	编辑部电话	010-64989424
出版部电话	010-64989487	市场部电话	010-64989009
传　　真	010-64891796	网　　址	http://www.esph.com.cn
经　　销	各地新华书店		
制　　作	北京金奥都图文制作中心		
印　　刷	保定市中画美凯印刷有限公司		
开　　本	720 毫米×1020 毫米　1/16	版　　次	2021 年 11 月第 1 版
印　　张	32	印　　次	2024 年 4 月第 3 次印刷
字　　数	446 千	定　　价	88.00 元

图书出现印装质量问题,本社负责调换。

序

教师是教育事业发展的根本，也是提高教育质量、办好人民满意的教育最关键的因素。幼儿园教师承担着保育和教育儿童、为家长参与社会工作及科学育儿提供支持的多重任务，他们的工作既关系到亿万儿童的健康成长和亿万家庭的幸福，也关系到国家教育事业的长远发展。

为深入实施科教兴国战略和人才强国战略，进一步加强幼儿园教师队伍建设，我国一方面加强了幼儿园教师职前教育工作，提高幼儿园教师学历层次和入职要求；另一方面实施了针对各类型幼儿园教师的职后教育，如投入大量人力和财力实施“国培计划”，以促进幼儿园教师可持续的专业发展，并取得了显著成效。然而，职前培养与职后培训毕竟只是促进教师专业发展的外部条件，教师自身学习的主动性、积极性才是其专业发展的内在动因。也就是说，幼儿园教师个人自主学习的意识、态度和能力是我国幼儿园教师队伍建设的“强基之本”。

当今世界，终身学习的概念已被人们普遍接受。国际社会对教师专业发展的关注重点更是由“教师教育”逐渐转向“教师学习”。无论是职前培养还是职后培训，它们均只是教师个人专业成长的“加油站”和“助力器”，而不是“发动机”。教师个人的自主学习能力才是其终身学习能力的核心，也是新时代教师必备的核心素养。

在学前教育领域，幼儿园教师自主学习及相关支持也受到了前所未有的重视。2012 年，教育部颁布的《幼儿园教师专业标准（试行）》提出，幼儿园教师要“具有终身学习与持续发展的意识和能力，做终身学习的典范”，要“优化知识结构，提高文化素养”。

蔡迎旗教授的这本书以建构主义理论为指导，深入研究了幼儿园教师基于教育教学实践的真实情境而主动发起的、自觉独立的学习活动。作者认为，幼儿园教师的自主学习是基于日常工作情境和已有知识经验，主动发起并进行自我指导与管理的学习活动，其目的是提升教师个人的专业知识与实践能力，进而提高保教质量。教师学习是一种融于工作之中的社会实践活动，是教师通过与情境中的背景、工具、文化的相互交融而进行的学习。幼儿园教师的自主学习主要发生在工作场所，即幼儿园，故幼儿园教师的常规教学、教研活动、课题研究等构成了幼儿园教师学习的重要情境。幼儿园教师在日常工作中的反思、与同行的交流、参加的园本培训与课题研究等直接决定着幼儿园教师自主学习的质量，而幼儿园教师个人的职业认同是其自主学习的内部动力。在不同类型和不同层次的学习共同体中，幼儿园教师通过与其他成员的分享与交流、合作与对话，实现从部分参与到完全参与的转变，从而不断提升个人专业素养。幼儿园应通过多种伙伴合作关系拓展幼儿园教师的学习生态环境，支持幼儿园教师将学习嵌入日常工作，促进幼儿园教师在各类实践共同体中真实而有深度的学习，从而完成自身专业能力的发展及身份建构。

本书是在作者承担的国家社会科学基金教育学一般课题“建构主义理论视野下幼儿园的教师自主学习支持系统的研究”（课题批准号：BBA150017）的基础上完成的。该研究采用问卷调查、访谈和案例分析等多种研究方法，以我国幼儿园教师、园长、幼教专干与教研员为研究对象，对教学反思、园本培训和课题研究中的幼儿园教师自主学习及支持系统，幼儿园组织气氛、社交网络学习共同体和区域教研共同体对幼儿园教师自主学习的影响进行了比较深入的探讨。该研究重点分析了我国中部地区的湖北省和西部地区的四川省的幼儿园教师自主学习现状及所获支持状况。难能可贵的是，香港作为我国的特别行政区，也被纳入本研究的范围，并与内地进行了比较。两地既有共性，也有个性，可谓各有所长，可以相互借鉴，取长补短。

蔡迎旗教授长期从事学前教育政策法规、幼儿园教师学习与教师教育等方面的研究和教学工作，成果丰富。作为她曾经的老师，我深感欣慰，故提笔作序。

冯晓霞

北京师范大学

前言

教师是教育事业发展的基础，是决定教育质量高低的关键因素。为了建设高素质的教师队伍、促进教师专业发展，我国政府大力加强教师队伍建设，要求促进教师的自主学习。2012年，《国务院关于加强教师队伍建设的意见》明确提出，“推动信息技术与教师教育深度融合，建设教师网络研修社区和终身学习支持服务体系，促进教师自主学习，推动教学方式变革”。

近些年，在学前教育领域，幼儿园教师自主学习及相关支持体系也得到了前所未有的重视。2012年，教育部颁布的《幼儿园教师专业标准（试行）》提出，幼儿园教师要终身学习，包括“学习先进学前教育理论，了解国内外学前教育改革与发展的经验和做法；优化知识结构，提高文化素养；具有终身学习与持续发展的意识和能力，做终身学习的典范”。2010年出台的《国务院关于当前发展学前教育的若干意见》提出，“建立幼儿园园长和教师培训体系，满足幼儿教师多样化的学习和发展需求”。据此，幼儿园教师自主学习及其促进问题成为当前极为重要的研究课题。

教师自主学习即教师基于教育教学实践的真实情境而主动发起的、自觉独立的学习活动。幼儿园是幼儿园教师日常工作场所和自主学习真正发生的地方。幼儿园教育教学实践中的问题及其解决是幼儿园教师自主学习的起点，也是幼儿园教师自主学习的目标指向与归宿。幼儿园对教师自主学习的支持是推动幼儿园教师自主学习最直接、最强大的外部诱因，指引、激励与调节着幼儿园教师自主学习的方向和水平。

本人作为华中师范大学学前教育学科负责人和专任教师，一直从事幼儿园教师职前和职后教育教学与研究工作；作为教育部高等学校幼儿园教师培养教学指导委员会成员和湖北省学前教育教学指导委员会主要负责人，参与了国家和湖北省多项学前教育法规的制定或修订工作；作为教育部幼儿园教师“国培计划”首批专家，组织、主持和参与了全国各地诸多类型和层次的幼儿园教师培训。本人深切地感受到，对于幼儿园教师职前、职后教育，无论政界、学界还是社会，更关注的是对幼儿园教师施加的集中的“教”，即教师教育和培训，相对忽视幼儿园教师基于工作的、在职的自主的“学”。然而，幼儿园教师才是其专业学习与发展的主人，工作场景中的学习才是其毕生发展的永续保障和根基。

幼儿园教师为什么要进行自主学习？如何自主学习？自主学习了什么？自主学习的特征和效果如何？幼儿园如何激励、调控和引导幼儿园教师进行自主学习？带着这些问题，本人主要研究了我国幼儿园教师自主学习的现状、影响因素及幼儿园支持系统，探讨幼儿园激励、调控和引导幼儿园教师自主学习的有效路径，具体分为以下几个方面：第一，理论基础篇，包括幼儿园教师自主学习的内涵及意义、研究综述、建构主义情境学习理论及启示、研究设计；第二，现状分析篇，包括我国幼儿园教师自主学习水平与资源现状、自主学习及支持系统的区域案例；第三，活动学习篇，研究基于日常教学反思、园本培训和课题研究的幼儿园教师自主学习特征与促进策略；第四，系统促进篇，包括幼儿园组织气氛、幼儿园教师社交网络学习共同体、区域幼儿园教研共同体和支持系统的整体构建。本书从这四个方面分析我国幼儿园教师自主学习的保障条件，并整合促进教师自主学习的各类支持系统。

本研究主要采用文献法、问卷调查法、访谈法和案例分析法。收集和整理的文献包括三个部分：建构主义学习理论及其在教育中的应用、国内外教师（包括幼儿园教师）学习与专业发展、校本研究与培训、教师教育、职业认同等研究成果，幼儿园教师的反思与学习日记，幼儿园教师的教学和研究记录与相关档案。本研究的调查实行整群抽样，调查了我国内地东北部、东部、中部、西部四大区域31个省（自治区、直辖市）的3000余名幼儿园教师和香港特别行政区120余名幼稚园教师，用于分析我国幼儿园教师自主学习及支持系统的现状、特征与问题、影响因素等；本研究同时调查了1400余名园长和320余名学前教育管理者（包括幼教专干和教研员），剖析幼儿园教师自主学习的外在条件和支持策略。然后，本研究以我国中部地区的湖北省、西部地区的四川省和香港特别行政区为区域案例，深入研究幼儿园教师自主学习和支持系统的特点、差异及影响因素，进而以教学反思、园本培训和课题研究三类活动为平台和切入点，探究幼儿园教师在幼儿园各类活动中自主学习的特征、过程与策略。最后，本研究以社会建构主义情境学习理论为基础，从幼儿园组织气氛、幼儿园教师社交网络学习共同体、区域幼儿园教研共同体和幼儿园教师自主学习支持系统整体构建的角度，分析幼儿园内外条件对幼儿园教师自主学习的影响以及作用机制，并提出一整套有效改善与促进幼儿园教师自主学习的路径与对策。

本课题从研究到成书，历时四年，收集了大量原始数据，为此，对所有参与调研和配合研究的幼教专干、教研员、园长和教师们表示最崇高的敬意！四年期间，我的大部分在读博士和硕士研究生参与了课题研究，做出了多种贡献。其中，郑洁和孟会君同学参与了建构主义理论和文献研究；海鹰博士以“幼儿园教师自主学习机制”为主题撰写博士论文，帮助整理教师学习和自主学习文献；程丽博士完成了促进教师自主学习的区域教研共同体研究，并以此为博士论文主题；何婷婷同学参与撰写《我国幼儿园教师自主学习现状及影响因素分析报告》，并以“基于社交媒体的幼儿园教师学习共同体”为其博士论文主题；孟会君同学参与撰写《幼儿园教师自主学习支持系统调查报告》；杨娜同学参与了我国幼儿园教师自主学习及支持系统的区域差异分析研究；郭士盼、刘婧雅和王佳悦三位同学分别参与了湖北省、四川省和香港特别行政区幼儿园教师自主学习现状及支持系统的研究；陈敏、曹晓薇、吕岚和王佳悦四位同学分别完成了教学反思中的自主学习、课题研究中的自主学习、园本培训中的自主学习、幼儿园组织气氛与教师自主学习四方面的研究，并以相应研究为主题撰写了硕士学位论文。以上，以自主学习为主题撰写硕士或博士论文的同学都参与撰写了本书的相关章节。2020 年和 2021 年秋冬时节，书稿二次修改，我的在读博士研究生王佳悦、刘庆、胡马琳、陈志其、崔财艳、邓和平、黄海燕、张春艳、林朝湃、唐锋等帮忙修改和校对了书稿。在此，衷心感谢所有参与课题研究和书稿调整的同学们。感谢大家的辛苦付出，与你们的师生缘是我从教的乐趣所在和动力之源。

本研究借鉴和参考了诸多人士的相关研究成果，借此机会一并表示感谢。同时，我要特别感谢教育科学出版社为本书出版提供了良好的学术平台，感谢各位编辑为本书出版付出的艰辛努力。

由于本人精力有限，研究还不够深入细致。虽数易其稿，书中仍有不少令人遗憾之处。但愿这项研究成果能“抛砖引玉”，或多或少地促进我国幼儿园教师的自主学习、持续发展和终身教育。

蔡迎旗

华中师范大学教育学院

目 录

第一篇 理论基础篇

第二篇 现状分析篇

第三篇 活动学习篇

第四篇　系统促进篇

第一篇 理论基础篇

第一章　幼儿园教师自主学习概论

第一节　幼儿园教师自主学习的内涵及意义

近年来，世界各国在大力推行教育改革以提升自身综合国力和全球化市场竞争力的过程中，越来越清醒地认识到教师是决定人才培养质量和教育改革成败的关键因素。于是，各个国家、地区和专业组织纷纷开始探索促进教师专业发展与学习的有效路径。

美国教育部教育研究与促进办公室 1985 年出资在密歇根州立大学教育学院成立的全国教师教育研究中心，于 1991 年更名为“全国教师学习研究中心”，这意味着学习在教师专业发展中的作用得到了前所未有的重视。2004 年 9 月 10 日，英国教育与就业大臣查尔斯·克拉克宣布开始实施教师专业发展计划，使每名教师都能够在工作中不断获得学习的机会。2012 年 8 月 20 日我国印发的《国务院关于加强教师队伍建设的意见》明确提出，在继续推进各级各类教师培训的同时，“建设教师网络研修社区和终身学习支持服务体系，促进教师自主学习”。这标志着促进教师的在职学习，特别是自主学习，已经成为当前我国促进教师专业发展和加强教师队伍建设的一项重要战略任务。

当前，全球化的教师教育改革对教师专业发展提出了新的要求，更加注重教师个人成长和有意识的自主学习，教师专业发展由“教师教育”转向“教师学习”。这一转变顺应了终身学习的时代思潮。如今，知识更新速度之快，课程变革程度之深，教育质量要求之高，使教师不能再单单依靠职前获得的专业知识来完成职后工作。自主学习成为终身学习必备的核心能力。

在学前教育领域，幼儿园教师的自主学习及相关支持体系也得到了前所未有的重视。2012 年，我国教育部颁布《幼儿园教师专业标准（试行）》，提出幼儿园教师要终身学习，包括“学习先进学前教育理论，了解国内外学前教育改革与发展的经验和做法；优化知识结构，提高文化素养；具有终身学习与持续发展的意识和能力，做终身学习的典范”。2010 年我国政府出台的《国务院关于当前发展学前教育的若干意见》也提出，“建立幼儿园园长和教师培训体系，满足幼儿教师多样化的学习和发展需求”。

一、幼儿园教师自主学习的概念探析

在我国传统文化中，“学”和“习”分别有着不同的含义。“学”主要指获得各种知识或经验等的认识活动，而“习”主要指熟悉和掌握技能、修炼德行等的实践活动。两千多年前，孔子的一句话“学而时习之，不亦说乎?”，第一次将“学”和“习”联系起来，强调了学习是人类认识活动和实践活动相结合的过程，深刻地揭示了“只有知行合一，在实践中不断验证并丰富对真理的领悟，才能获得真正愉悦的精神体验”这一学习的本源和真谛。

关于学习的内涵，目前得到广泛认同的是来自心理学的解释，即“学习是主体与其环境相互作用所引起的能力与倾向的变化”①。这一解释强调了以下三个要点：其一，学习主体必须产生某种变化；其二，这种变化来自后天，是主体与其环境相互作用而产生的；其三，这种变化相对持久。学习既有生物适应意义，也有极其重要的社会适应意义。对于任何一个个体来说，要想获得更好的自我改变和发展，就必须持续不断地学习，教师也不例外。

自主学习作为一种主动、自觉、独立的学习，因其对学生学业表现与毕生发展的重要意义，逐渐成为当今教育研究与改革实践的重要主题。研究者

① 皮连生．教育心理学［M］．上海：上海教育出版社，2011：50.

们纷纷站在各自的立场上，从不同的视角对其进行界定。美国著名心理学家班杜拉（Bandura）认为，自主学习本质上是学习者基于学习行为的预期、计划和行为现实之间的对比与评价，对学习进行调节和控制的过程。[①] 宾特里奇（Pintrich）将自主学习定义为一种主动的、建构性的学习过程，认为学生在自主学习的过程中首先为自己确定学习目标，然后监视、调节、控制由目标和情境特征引导和约束的认知、动机和行为。[②] 我国学者董奇等也从学习过程的角度，将自主学习定义为学生为了保证学习的成功、提高学习的效果、达到学习的目标，运用各种方法和策略对所从事的学习活动的各个方面进行自我调节和控制的过程。[③] 钟启泉等进一步提出，自主学习是个体自觉确定学习目标、自主选择学习方法和制订学习计划，并对学习过程进行监控、对学习结果进行评价的过程。[④] 同时，美国著名学者申克和齐默尔曼（Schunk & Zimmerman）建议将自主学习分为动机、方法、时间、结果、环境和社会性六个维度，如果学生在这六个维度上均能由自己做出选择或控制，其学习就是充分自主的；反之，则无所谓自主。[⑤] 受此影响，王广新将自主学习定义为学习者具备自觉确定学习目标和内容、寻求学习资源、运用有效学习策略以及自我评估学习成果的意识和能力。[⑥] 综观上述定义，不论是将自主学习看作一种动态的学习过程，还是将自主学习视为一个静态的能力系统，都体现了自主学习具有的独立性、能动性、反馈性和调节性等鲜明特征。

幼儿园教师作为成人学习者，其学习和学生的学习相比，不但在学习发生的情境和学习的内容上存在显著不同，而且多以自身的专业发展需求和完

① BANDURA A. Social foundations of thought and action：a social cognitive theory［M］. Englewood Cliffs，New Jersey：Prentice-Hall，1986：3.

② PINTRICH P R. The role of goal orientation in self-regulated learning［M］//BOEKAERTS M，PINTRICH P R，ZEIDNER M. Handbook of Self-regulation. San Diego，California：Academic Press，2000：451-502.

③ 董奇，周勇，陈红兵．自我监控与智力［M］．杭州：浙江人民出版社，1996：144.

④ 钟启泉，崔允漷，吴刚平．普通高中新课程方案导读［M］．上海：华东师范大学出版社，2003：125.

⑤ SCHUNK D H，ZIMMERMAN B J. Self-regulation of learning and performance：Issues and educational applications［M］. Hillsdale，New Jersey：Lawrence Erlbaum Associates，1994：8.

⑥ 王广新．中小学教师网上自主学习动机的调查［J］．中国成人教育，2008（7）：108-109.

善为指引，同时在学习动机上有着更为强烈的需求。为此，幼儿园教师自主学习可定义为“一种基于幼儿园教师日常工作情境和已有知识经验的，由其主动发起并进行自我指导和自我管理的，以提升教育教学有效性为最终目的的专业发展活动”。自主学习是幼儿园教师专业发展的基本途径，幼儿园对幼儿园教师自主学习的支持是推动幼儿园教师自主学习的最直接、最强大的外部诱因，指引、激励与调节着幼儿园教师的自主学习行为。具体而言，它包含以下几层含义：第一，幼儿园教师既是幼儿园中履行教育教学工作职责的专业人员，也是学习的主体，能根据自身实际需要和兴趣主动开展学习；第二，幼儿园教师自己控制并调节整个学习过程，不愿意受到外力的强制和他人的支配；第三，学习伴随幼儿园教师的整个职业生涯；第四，学习离不开幼儿园教师工作的具体情境，往往由教育教学实践问题引发，并以问题解决为直接目的；第五，学习是幼儿园教师积极主动寻求自我实现和专业成长的过程，因而它总是与教师较强的内在动机、积极的情感体验、突出的反思意识和成熟的自我概念相联系。

自主学习本质上既可以是一个事件，也可以是一种能力。作为事件的自主学习是作为能力的自主学习的一个缩影或外在表现形式，作为能力的自主学习是作为事件的自主学习的概括特征。① 因此，为了更准确、全面地理解幼儿园教师的自主学习，我们可以从能力和过程两个层面揭示幼儿园教师自主学习的心理实质。从能力层面出发，它主要表现为学习动机性信念、学习策略和元认知过程三个方面，即幼儿园教师自主学习的动机是自我激发的，学习策略是自如运用的，学习进程是自我计划、监控、调节、评价和控制的。从过程层面出发，它可分为制订学习计划、执行学习计划和评价学习效果三个阶段，即幼儿园教师在自主学习的过程中先诊断自身的学习需要、明确学习目标、制订学习计划，然后寻找学习资源、监控学习进展、调节学习活动，最后评价学习效果、总结学习经验、弥补学习不足。

---

① WINNE P H, PERRY N E. Measuring self-regulated learning [M] //BOEKAERTS M, PINTRICH P R, ZEIDNER M. Handbook of self-regulation. San Diego, California: Academic Press, 2000: 531-566.

二、自主学习是当今社会和时代赋予幼儿园教师的重要使命

在当今知识飞速增长和科技日新月异的时代，学习已然成为人们的终身需要。我们只有不断学习、持续发展，才能适应社会的急剧变化。美国教育心理学家巴斯指出，如今的大学生在大学毕业后从事某项职业所需要的知识技能有 98.0%需要从社会这个大课堂中获得。[①] 由此可见，身处 21 世纪的今天，幼儿园教师只有不断地自主学习，才能获得工作所需的知识和技能，最终实现自身的专业发展。

首先，“教师专业化”运动确立了幼儿园教师“学习者”的身份。1966 年，联合国教科文组织和国际劳工组织在《关于教师地位的建议》中明确提出，应把教育工作视为专门的职业，这种职业要求教师经过严格的、持续的学习，获得并保持专门的知识和特别的技术。这是世界范围内首次对教师专业地位的确认，同时它也标志着一场以提升教师职业专业性为指导思想的“教师专业化”运动的兴起。

1980 年，《世界教育年鉴》以“教师专业发展”为主题发表了一系列文章，提出了“教师专业化”的两个目标：一是把教师视为社会职业分层中的一层，专业化的目标是争取专业地位与权利，并力求集体向上流动；二是把教师视为提供教育教学服务的专业人员，专业化的目标是发展教师的教育教学知识与技能，提高专业素养。[②] 自此，教师专业化研究的重心开始从谋求教师群体的专业地位慢慢向促进教师个体的专业发展转移。尤其是伴随着世界范围内经济与科技竞争的加剧以及大规模教育改革浪潮的出现，人们越发认识到，只有不断提高教师个体的教育教学水平，才能保障实施高质量的教育。

于是，制定教师专业标准逐渐成为相关国际组织和世界各国政府广泛关

① 庞维国．自主学习：学与教的原理和策略［M］．上海：华东师范大学出版社，2003：12.

② 单中惠．教师专业发展的国际比较［M］．北京：教育科学出版社，2010：6.

注的议题。从全美幼教协会1993年发表的《早期教育专业化发展的概念体系》到美国国家专业教学标准委员会2001年制定的《优秀幼儿园教师专业标准》，再到我国教育部2012年颁布的《幼儿园教师专业标准（试行）》，它们在进一步确立幼儿园教师专业身份的同时，也对当前幼儿园教师应具备的专业素养和扮演的角色做出了明确的规定。“教师要成为学习型组织中的成员”，“学习先进学前教育理论，了解国内外学前教育改革与发展的经验和做法；优化知识结构，提高文化素养；具有终身学习与持续发展的意识和能力，做终身学习的典范”等要求，凸显了幼儿园教师的“学习者”身份以及学习在促进幼儿园教师专业发展中发挥的重要作用。不断寻求自身的专业学习与发展，俨然成为教师专业化背景下幼儿园教师职业生命中不可或缺的一部分。

其次，学习观变革呼唤幼儿园教师回归专业发展的主体地位。1965年，法国教育家保罗·郎格朗在巴黎召开的国际成人教育促进会上提出，“必须把教育看作贯穿于人的一生与人的发展各个阶段的持续不断的过程”①。该思想打破了传统的把人生分成学习和工作两个阶段、以一次性教育定终身的旧观念，使学习成为伴随人的一生的、持续发展的活动。接着，美国教育家哈钦斯在1968年出版的《学习社会》一书中，对传统的学习观进行了尖锐批判。他认为，在现代社会，“人们为了自我的充实、启发和生活的提高而寻求着适当而丰富的学习机会。这些学习的一个基本特点是个人根据各自的意愿进行，是由自己根据需要，选择适合于自己的手段和方法展开的，并且贯穿一生”②。此后，联合国教科文组织相继在1972年《学会生存》和1976年《关于发展成人教育的劝告书》中明确提出“终身学习”这一强调以学习者为中心、从学习者立场出发而建立起来的新理念。

透过上述表述，我们可以发现这一新的学习理念所蕴含的丰富内涵：其一，学习者由教育的对象转变成学习的主体；其二，学习是基于个人自发的

① 顾明远，孟繁华．国际教育新理念［M］．海口：海南出版社，2003：24.

② 筑波大学教育学研究会．现代教育学基础［M］．钟启泉，译．上海：上海教育出版社，1986：179.

意愿而进行的活动，是“自己根据需要，选择适合于自己的手段和方法展开的”；其三，学习是伴随着毕生发展、贯穿人的一生的活动过程。

作为学习社会中的一员，教师在学习上也倾向于自我指导并做出自己的选择[①]，具体表现在：教师能够清楚地把握自身的学习需求，敏锐地涉猎有益的学习资源，灵活地选择合适的学习方式，主动地监控和反思学习过程以便随时进行调整。因此，幼儿园教师的专业发展从本质上来说应该是一个由教师自己确立、发起、实施、监控、调节和反思的自主学习和自我成长的过程。任何不尊重幼儿园教师自主意志、强加于他们身上的学习都将因为受到他们的抵制而无法真正促进其专业发展。

最后，信息技术的发展为幼儿园教师的自主学习提供了支持。随着21世纪信息化时代的到来，计算机网络技术和多媒体技术等信息技术蓬勃发展并广泛应用于各个领域。在线学习便是信息技术应用于教育领域后诞生的一种新型学习方式，也是信息化时代终身学习体系建设的重要组成部分。

在线学习作为一种颇具时代特征的学习方式，具有其他传统的学习方式无法比拟的优势：第一，它打破了学习时间和空间的限制，只要有电脑和网络，幼儿园教师就可以根据自己的实际情况自主安排学习的时间和地点；第二，它能够最大限度地满足幼儿园教师个性化学习需求，幼儿园教师可以自由地选择学习内容，自行制订学习计划，并根据自己的需要检索和下载相关的学习资源，进行有针对性的学习；第三，它能够为幼儿园教师搭建一个与不同地域的专家和同行进行广泛交流与深入讨论的平台，切实有效地发挥专家的引领作用和同伴的互助作用。

然而，研究也发现，与教学反思、案例研讨、园本教研、课题研究、集中培训等幼儿园教师较为常用的学习方式相比，在线学习的有效性尚未得到幼儿园教师的普遍认可。[②] 当然，这与网络资源的丰富性不足和设施设备的不完善等外部因素有关，但更为重要的原因可能是在线学习对幼儿园教师的

① 王建军．学校转型中的教师发展［M］．北京：教育科学出版社，2008：44-45.

② 吴振东．幼儿教师学习与专业发展［M］．合肥：安徽少年儿童出版社，2010：111.

自主学习能力提出了更高要求。它不但需要幼儿园教师善于利用计算机网络开展学习与交流，还需要他们能够对学习过程进行自觉计划、监控和调节，并对学习结果进行主动评价和反馈，如此才能最大限度地发挥在线学习的优势和效力。

三、自主学习是推动学前教育事业发展的必然要求

根据2018年11月颁布的《中共中央　国务院关于学前教育深化改革规范发展的若干意见》，要实现我国“建成覆盖城乡、布局合理的学前教育公共服务体系”的战略目标，满足人民群众对学前教育事业发展的迫切需求，不仅需要建设一大批坚实安全的幼儿园，更需要全面提升学前教育的质量，其中的关键与核心便是幼儿园教师专业素养的提高和幼儿的全面健康发展。

一方面，自主学习有利于幼儿园教师专业素养的提高。高质量的学前教育，既取决于高质量的办学条件，又取决于高素质的幼儿园教师。幼儿园教师的日常教育教学在本质上是一种实践性活动，这意味着幼儿园教师专业素养的提高除了不断学习和积累专业基础理论知识以外，还必须在实践中通过不断反思和行动，建构属于自己的实践性知识。它不是某种客观的、独立于教师之外的、能够被习得或传递的东西，而是“存在于教师以往的经验中，存在于教师现时的身心中，存在于未来的计划和行动中”①；是教师真正信奉的，并在其教育教学实践中实际使用和（或）表现出来的对教育教学的认识②；是教师专业发展的主要知识基础，在教师的工作中发挥着不可替代的作用。正如王洁等所说的，“如果说医生的真功夫在病床上，那么教师的真功夫是在课堂上。这种功夫是显现于具体教学实践情境中的智慧，是靠实践性知识保障的。教师成长和发展的关键在于实践性知识的不断丰富，实践智

---

① CONNELLY F M，CLANDININ D J. Teachers as curriculum planners：narratives of experience［M］. New York：Teachers College，1988：25.

② 陈向明. 实践性知识：教师专业发展的知识基础［J］. 北京大学教育评论，2003，1（1）：104-112.

慧的不断提升”①。

因此，对幼儿园教师而言，教育教学的实践过程就是不断学习和发展的过程。正是这种联系，决定了幼儿园教师专业素养的提高不能寄希望于某种外塑的、被动的知识授受。幼儿园教师只有在教育教学实践中主动学习某种新的观念或做法并亲身体验它带来的实际效果后，才会真正认同和接受它，并最终推动自身的专业成长。

另一方面，自主学习有助于促进幼儿的全面健康发展。教师能否遵循幼儿身心发展的规律、充分实现幼儿的全面健康发展，也是衡量学前教育质量的一项重要指标。幼儿独特的身心发展特点和规律决定了他们的学习主要不是借助于抽象的文字和符号完成的，而是通过多种感官的运用，自己从行动和经验中学习。因此，要培养幼儿主动学习与探究的意识和能力，促进幼儿的全面健康发展，身为幼儿学习支持者、指导者和合作者的幼儿园教师，自己首先必须成为一名自主学习者，为幼儿提供自主学习的榜样和示范。正如王建军所说的，“一名教师自己有什么样的生命体验，自然会将这种体验带进他的专业生活；而对于自己没有体验到的东西，如‘自主’‘创造’，他也不大可能很好地引领学生去体验和习得”②。同时，幼儿园教师还要能够为幼儿提供多样的材料，创造条件和机会，最大限度地支持和满足幼儿通过直接感知、实际操作和亲身体验获取经验。

由此可见，自主学习不但能够帮助幼儿园教师不断地提升自身的专业素养，以应对教育教学中随时可能面临的新问题，还有助于培养幼儿主动学习与探究的意识和能力，更好地促进幼儿身心的全面健康发展。

四、自主学习是提高幼儿园教师培训质量的有效举措

为了更好地推动幼儿园教师职后的学习与发展，教育部、财政部从 2011

---

① 王洁，顾泠沅．行动教育：教师在职学习的范式革新［M］．上海：华东师范大学出版社，2007：30.

② 王建军．课程变革与教师专业发展［M］．成都：四川教育出版社，2004：163.

年起实施以中西部地区农村公办幼儿园（含部门、集体办幼儿园）和普惠性民办幼儿园园长、骨干教师、转岗教师为主要培训对象的“幼儿园教师国家级培训计划”，所需经费由中央财政安排专项资金予以支持。接着，教育部、中央编办等四部门在2012年9月联合印发了《关于加强幼儿园教师队伍建设的意见》，进一步要求：“实行幼儿园教师5年一周期不少于360学时的全员培训制度，培训经费纳入同级财政预算。幼儿园按照年度公用经费总额的5%安排教师培训经费。扩大实施幼儿园教师国家级培训计划。”随后，教育部联合国家发展改革委、财政部于2014年11月印发了《关于实施第二期学前教育三年行动计划的意见》，决定2014—2016年实施“第二期学前教育三年行动计划”，提出“建立满足不同层次和需求的培训体系，各地2015年底前完成对幼儿园园长和教师的全员专业培训”的工作任务。

上述举措不仅创设了幼儿园教师参与培训的机会和条件，而且在一定程度上提升了幼儿园教师的专业素养，推动了我国学前教育事业的发展。但是，我国幼儿园教师培训中的问题显而易见，培训质量堪忧。如研究者对我国幼儿园教师国家级培训计划项目实施效果进行了调查，发现学员的总体评价偏低，主要原因包括培训内容常脱离教师教育教学的实践需要，培训前缺乏对参训教师专业发展水平的摸底和了解，培训对象遴选时并未考虑教师个人的实际需要和主观意愿，培训多由专家主导，缺少有针对性的互动与交流等。[①] 培训指标分配的关系化运作导致部分公办园教师成为“培训专业户”，相当一部分民办园教师却苦于培训无门、机会不均等。幼儿园教师普遍反映因为班额超标、师资短缺、工作时间长和教学任务重等，难以全身心投入培训。这些“老大难”问题严重影响了幼儿园教师培训的实效，促使我们努力探索一条更有效的幼儿园教师专业发展途径。

自主学习从本质上来说是一种工作情境中的学习，具体表现在：一方面，工作本身就是一个学习的过程，幼儿园教师不必抛开工作而专门抽时间来学

---

① 海鹰，蔡迎旗.“幼儿园教师国家级培训计划”实施效果的调查研究：以湖北省为例［J］.幼儿教育，2015（Z6）：33-36.

习，工作中的反思、交流和实践都是很好的学习方式；另一方面，学习本身也是一个工作的过程，幼儿园教师将每一次学习过程都当作一项工作来对待，明确任务，认真规划，积极落实，检查评估，循环往复，周而复始。因此，自主学习能帮助幼儿园教师实现工作和学习的完美融合，促使幼儿园教师在面对专业化的挑战时更加积极地追求主动、自觉、持续的发展，从而切实提高幼儿园教师职后培训的质量。

五、自主学习是幼儿园教师实现自我价值的内在需要

当然，我们之所以强调自主学习在幼儿园教师专业发展中的重要性，归根结底还在于它有助于幼儿园教师追求自我完善和体验职业幸福的内在价值。

一方面，自主学习能满足幼儿园教师自我导向的发展需求。哲学与心理学的研究表明，自主性是人之主体性和能动性的实质性内涵，是“人格成长”的核心要素。每一个人都有追求自主意志的欲望，都不愿意被客体和外界所主宰与限制。① 幼儿园教师作为成人学习者和专业人员，不仅在个性特征、认知风格和兴趣爱好等方面存在着较普遍的差异，而且在专业发展水平上也是千差万别。教师专业发展阶段理论揭示了处于不同发展阶段和水平的教师面临的发展任务和关注的学习内容是不一样的。因此，幼儿园教师的专业发展在本质上应该是一个由教师自己确立、发起、实施、监控、调节和反思的自主学习和自我发展的过程。允许他们根据自身的专业发展现状，选择并寻找相关的学习资源，灵活地安排合适的学习方式，主动地监控、调节和反思学习过程，才能真正有助于其专业成长。自主学习正因为充分考虑了学习者的实际状况，在学习风格、学习进度、学习途径和学习内容等方面最大限度地满足了学习者的多样化需求，故而能使幼儿园教师的专业发展更具针对性和有效性。

---

① 李广平，于杨，宫勋．自我导向性学习与教师专业发展［J］．外国教育研究，2005，32(6)：42-46.

另一方面，自主学习能激发幼儿园教师获得自我实现的幸福体验。教师的存在价值包含教师的人生价值（即教师对他人、社会的价值）和人格价值（即教师行为对维持其需要、尊严、自我价值实现等的价值）两个方面。教师专业发展既要实现教师的人生价值，又要实现教师的人格价值。[①] 然而，以往的教师培训或在职进修等教师专业发展活动的要求多是自上而下的，从促进个人发展和社会进步的角度出发，常因为忽视教师自身对其人格完善和生命成长的内在追求而导致教师专业持续发展的动力严重不足。

实践证明，有效的教师专业发展建立在需求、反思和由需求驱使的尝试上[②]，即持续高效的教师专业发展离不开教师自身主体性的发挥和积极持久的情感体验的获得。学习作为一种内在的生活方式和一种生命趣味盎然的源泉，无疑是教师提升精神境界、体验职业幸福的重要途径，也是教师实现自身超越、追求生命要义的不二法门。幼儿园教师唯有通过主动投入学习，不断促进个体生命的自我完善和更新，才能从中收获职业生命成长的内在快乐和满足。

第二节　教师学习和自主学习研究综述

教师职业本质上是一种"学习"的职业，从业者在职业生涯中自始至终都要不断更新和补充自己的知识、技巧和能力。随着教师专业化运动的推进和学习型社会的到来，教师的终身学习与持续专业发展日益受到重视，这要求他们除了接受系统的职前培养和职后培训以外，还必须有意识、有能力通过不断自主学习和探究，实现专业上的自我发展。在此，我们对本研究相关的"教师学习"和"自主学习"文献进行分析整理，以期从中获得借鉴和

① 宋广文，魏淑华．论教师专业发展［J］．教育研究，2005（7）：71-74.

② LIEBERMAN A. Practices that support teacher development：transforming conceptions of professional learning［J］. Phi delta kappan，1995，76（8）：591-596.

启发。

一、教师学习研究

从世界范围而言，对教师学习的研究始于 20 世纪 70 年代中期。当时，“教师学习”的主题内嵌于教师知识、教师生涯发展以及教师培训项目评估等主题的教师认知研究中，但这些研究没有明确的学习理论框架，始终未能成为一个独立的研究领域。直到近些年，随着新的学习理论被引入教师教育领域以及教师专业化运动的兴起，教师职后的自主专业发展开始受到广泛关注。作为教师自主专业发展主要途径的教师学习，自然也引起了各国政府及教育研究者的高度重视，独立的教师学习研究日渐丰富。从目前查阅的国内外相关文献来看，研究主要集中于教师学习的内涵与过程、特征、内容、促进等几个方面。

（一）教师学习的内涵与过程研究

国内外学者对教师学习的内涵与过程理解各异，大致存在以下三种观点。

第一，教师学习是一种基于教育教学实践的情境学习。受情境学习理论的影响，研究者认为学习不是获得某种认知符号，而是参与真实情境中的活动。因此，为了更深刻地理解教师学习，我们既要关注作为个体的教师学习者，又要考虑其所处的教育教学实践。阿德勒（Adler）认为，教师学习是“不断参与教学实践，并通过这种实践达到理解和认识教学的过程”[①]。帕特南和博尔科（Putnam & Borko）直接指出，教师学习的发生是教师参与工作环境中日常活动的结果[②]。有研究者将教师学习视为处于教育和学校变革情境中的“教师改变”（teacher change）。克拉克和霍林斯沃思（Clarke & Hollingsworth）特别指出，教师不是变革的被动承受者，而是一个在复杂的变

① ADLER J. Social practice theory and mathematics teacher education: a conversation between theory and practice [J]. Nordic mathematics education journal, 2000, 8 (3): 37.

② PUTNAM R T, BORKO H. What do new views of knowledge and thinking have to say about research on teacher learning? [J]. Educational researcher, 2000, 29 (1): 1-15.

革情境中开展多方面的学习并持续性地发展，在日常的教育教学实践以及参与教师专业发展活动的过程中，借助反思不断实现自身专业成长的主动的学习者。[①] 我国学者吴振东把教师学习定义为“教师在职场生涯中，立足于教育教学工作而开展的旨在不断促进自身专业发展，从而使自己成为一位成熟的专业人员的各种活动的总和”[②]。

第二，教师学习是专业知能和情意生长变化的过程。美国学者卡特（Carter）指出，教师学习最初常作为“教师发展”的同义词而见于20世纪80年代初的文献中，泛指一个人从新手教师逐渐成长为专家教师，同时专业知能不断增长和完善的过程。[③] 英国学者彼得（Peter）认为，教师学习应该被视为一个过程，一个从新手向专家发展以及获得教师知识和教师认同感的过程。[④] 这一观点除了强调教师知识的获取，还关注到了教师在学习过程中职业情感的建立。

我国学者刘学惠等将教师学习理解为“在一定人为努力或外部干预下的教师专业知识、能力的生长变化”[⑤]，以区别于“教师发展”中随教师职业生涯延续而自然发生的变化。科克伦-史密斯和莱特尔（Cochran-Smith & Lytle）在深入分析教师学习及其方式的基础上，归纳出了有关教师学习内涵的三种观点：其一，教师学习是掌握已知的教学法和学科内容知识并将其实际应用的过程，亦即一个外铄的、被动的和知识消费的过程；其二，教师学习是一种通过经验反思对实践知识进行建构的过程，亦即一种自我调节的、主动的过程；其三，教师学习是教师不断生成自身教学所需知识的过程，亦即一个知识创造的过程，当教师有意把他们自己所处的课堂和学校作为探究的场所

---

① CLARKE D，HOLLINGSWORTH H. Elaborating a model of teacher professional growth ［J］. Teaching and teacher education，2002，18（8）：947-967.

② 吴振东．幼儿教师学习与专业发展［M］．合肥：安徽少年儿童出版社，2010：17.

③ CARTER K. Teachers' knowledge and learning to teach ［M］ //Houston W R. Handbook of research on teacher education. New York：Macmillan，1990：283-310.

④ PETER K. What is teacher learning? A sociocultural perspective ［J］. Oxford review of education，2006，32（4）：505-519.

⑤ 刘学惠，申继亮．教师学习的分析维度与研究现状［J］．全球教育展望，2006，35（8）：54.

时，学习便发生了。[①] 张敏在整合上述三种观点后，将教师学习定义为“教师在自身努力或外部环境的影响下，专业知识或能力的获得与生长变化”[②]。

第三，教师学习是与专业持续发展相互统一的过程。施维勒等（Schwille et al.）将教师学习看作一个由学徒期的观察（apprenticeship of observation）、职前准备（pre-service preparation of teachers）、入职（induction）以及职后专业发展（continuing professional development）四个相互连接的阶段构成的持续统一体。他们认为，政策的形成、教师的准备和持续专业发展项目的设计都要尽量考虑教师学习的整个领域，即从教师最先开始的学校学习到贯穿教师整个职业生涯的学习机会。[③]

综上所述，学术界对教师学习的理解呈现出以下特点：立足教师的教育教学实践的真实情境，重视教师专业知识、能力、观念、意识、情感等整体的发展变化，凸显教师学习过程的整体性和连贯性以及教师学习与专业发展之间的密切联系，强调教师学习与教师专业发展的持续统一以及注重学习过程中教师主体性和能动性的发挥。

（二）教师学习的特征研究

教师作为一个学习者，具有与其他学习者共同的行为特征，而作为一个以指导和促进他人学习为职责的专业人员，其学习又表现出相应的特殊性。海伦等（Helen et al.）认为，和学生的学习相比，教师具有更丰富的经验，学习发生的情境和学习内容与学生显著不同，在动机上也有更强烈的学习需求。[④] 戴维等（David et al.）提出了教师学习的四个特征：教师学习内嵌于教学实践与反思之中；教师学习因对不同来源知识的了解而得到扩展；教师

---

① COCHRAN-SMITH M，LYTLE S L. Relationships of knowledge and practice：teacher learning in communities［M］//IRAN-NEJAD A，PEARSON C D. Review of research in education. Washington DC：American Educational Research Association，1999：249-305.

② 张敏．教师学习的理论与实证研究［M］．杭州：浙江大学出版社，2008：10.

③ SCHWILLE J，DEMBELÉ M，SCHUBERT J. Global perspectives on teacher learning：improving policy and practice［R］. Paris：UNESCO International Institute for Educational Planning，2007：29-34.

④ HELEN T，ADRENNE A L. Reframing teacher professional learning：an alternative policy approach to strengthening valued outcomes for diverse learners［J］. Review of research in education，2008，32（1）：328-369.

学习因合作而得到延伸；教师学习在讨论与评价学习的过程中不断深化。[①]自我导向学习理论倡导者格利克曼等概括了教师学习的特征：教师在学习时具有强烈的自我指导的心理需求；教师学习具有丰富的实践经验；教师学习具有解决工作中实际存在的问题（这些问题常常与教师的专业发展相关）的需要；教师学习以行为体现为目标，即希望学习到的新知识和新技能马上能够应用；教师学习通常是由教师的内在动机激发的。

我国学者陈振华认为，教师是特殊的成人学习者，其特殊性体现在：学习动机具有明显的自愿性；学习目标具有较强的教育指向性；学习内容具有较强的专业性；学习环境具有教育性；学习过程具有较强的自我导向性。[②]胡庆芳提出，教师学习在符合成人学习的一般特点的同时，也包含着鲜明的职业特征，即以案例为支撑的情境学习、以问题为驱动的行动学习、以群体为基础的合作学习、以理论建构为追求的研究学习以及在实践经验之上的反思学习。[③] 邓友超主张将教师学习作为一个专门的研究领域，教师学习有自己的内在性质，即教师学习是一种经验性学习、一种基于问题的学习、一种自我导向的学习、一种同伴互助式学习和一种职场学习。[④]

综上所述，研究者多从成人学习者和专业人员的视角来区分教师学习与学生学习的本质特征，突出地强调了教师学习是基于实践反思的、注重实效的、自我指导的、合作分享的专业发展活动。教师学习是一个自发和自我导向的过程。教师学习是一种有目的、自觉地控制和计划的过程，通常与目标设定、学习资源选择和时间管理相联系。教师具备丰富的知识经验和较强的独立意识，倾向于用现有的知识经验评价他人和自己的教学。教师学习更多地以自身的专业发展需求为导向，具有明确的自我完善目的性。教师学习以

---

① PEDDER D, JAMES M, MACBEATH J. How teachers value and practise professional learning [J]. Research papers in education, 2005, 20 (3): 209-243.

② 陈振华 . 论教师的经验性学习 [J]. 华东师范大学学报（教育科学版），2003，21（3）：17-24+35.

③ 胡庆芳 . 教师专业发展背景下的学习与学习文化的重建 [J]. 上海教育科研，2005（3）：19-22.

④ 邓友超 . 论教师学习的性质与机会质量 [J]. 教育研究与实验，2006（4）：55-59.

实践中遇到的问题为中心，而这些问题的多样性和不确定性决定了教师学习离不开以教师为本的自主学习。

（三）教师学习的内容研究

关于教师学习的内容，国内外相关研究主要围绕教师知识而展开，包括教师应该具有怎样的知识基础以及我们应该为教师提供哪些知识等方面。研究线索分为两条：一是舒尔曼（Shulman）提出的教师知识基础分类模式研究；二是教师个人实践知识研究。如今，这两种研究思路逐渐趋于融合。

舒尔曼在对专家和新手教师教学行为进行比较研究的基础上指出，教学需要学科内容知识，一般教学法知识（包括课堂管理和组织的一般性策略），课程知识，学科教学法知识（包括学科知识的呈现方式和学生关于特定学科的前知识或已有知识），学生知识，教育环境知识（包括小组、班级、社区等的知识），有关教育宗旨、目的的知识等七种知识的支撑。他还特别强调，教师要实施有效的教学，除了掌握所教学科的知识以外，还应根据学生的需要将知识熟练地加工，转化为学生易于理解的形式，即具有学科教学法知识。[①] 正如联合国教科文组织在《教育——财富蕴藏其中》报告中所指出的，“教学若被视为一种专业，则首先需要教师具有专门的知识与能力，教师要学习应该教的知识和如何教授这些知识的专门知识”[②]。

然而，教学在本质上是一种实践性活动。教师除了掌握上述教学基础知识以外，还必须在教学实践中通过不断反思和行动来建构属于自己的实践性知识。这种知识具有情境性、个体性，故又称为“默会知识”。它不是某种客观的、独立于教师之外的、能够被习得或传递的东西，而是存在于教师以往的经验中，存在于教师的现时身心中，存在于未来的计划和行动中。过去那种试图以一种外塑的、专家主导的教育理论来作为评价在职教师专业素养之标准的做法，显然忽视了生动活泼的具体情境和丰富多彩的个人经验对教师知识建构所起的作用，忽视了不同类型知识的存在。陈向明特别强调，与

① SHULMAN L S. Knowledge and teaching：foundations of the new reform［J］. Harvard educational review，1987，57（1）：1-22.

② 联合国教科文组织. 教育：财富蕴藏其中［M］. 北京：教育科学出版社，1996：142.

理论性知识相比，教师的实践性知识才是教师真正信奉并在其工作实践中实际使用和（或）表现出来的对教育教学的认识，它是教师专业发展的主要知识基础，在教师的工作中发挥着举足轻重的作用。①

有研究者认为，教师知识并非理论与实践二元对立的绝对割裂。教师在工作中面临的问题虽有相似性，但解决的方式却是个性又多样化的。因此，教师学习不仅需要理论知识的支撑和指导，更需要实践知识对具体经验的分享、交流、体验和领悟。两者密不可分、互相补充，都是教师专业发展的重要内容。美国密歇根州立大学肯尼迪教授就此提出了一个融合理论知识和经验知识的新概念——教师的专门知识。他认为，教师的专门知识包括情境性的、策略性的和叙事性的知识，既有专家型知识的科学、系统、实证的特征，又有实践性知识的基于经验、能够迁移的特点。② 达林-哈蒙德（Darling-Hammond）将支持学生学习的教师学习内容概括为深刻而灵活地掌握学科知识，了解有关学习者的知识，熟悉有关学习的知识，把握课程资源以及将其传递给学生的方法，反思和调整自身的实践、评价自身教学效果并不断地改进教学等五个方面。③ 我国学者杨骞在分析教师专业素养结构的基础上指出，广泛的人文和科学知识、教育与心理的现代理论、现代教育技术、本学科的现代发展以及实践性知识，都是教师工作所必备的知识，它们应成为教师学习的主要内容。④ 彭文波等指出，教师的学习不可能片面重视学科取向的内容知识或是实践取向的默会知识，具体表现为职前学习主要侧重于学科取向的内容知识，职后学习则既包括对内容知识的具体化和情境化，也包括对默会知识的习得与转化。⑤

尽管“教师应具备相应的学科内容、学科教学法、教育学、心理学和一

① 陈向明．实践性知识：教师专业发展的知识基础［J］．北京大学教育评论，2003，1（1）：104-112.

② 张敏．教师学习的理论与实证研究［M］．杭州：浙江大学出版社，2008：36.

③ DARLING-HAMMOND L. Teacher learning that supports students learning［J］. Educational leadership，1998，55（5）：6-11.

④ 杨骞．教师发展的学校责任与实践模式［J］．教育研究，2008（4）：95-98+109.

⑤ 彭文波，徐陶，刘电芝．教师学习策略的结构及其问卷编制［J］．重庆师范大学学报（自然科学版），2013，30（4）：165-170.

般文化等基础理论知识以及教师在教育教学实践中实际使用和（或）表现出来的个人实践知识”已成为教师知识研究者们的共识，但对于教师的在职学习来说，如何在已有知识系统中同化和顺应新的知识才是更为关键的。因此，我们有必要在后续的相关研究中重视对教师知识的有效增长和更新机制的探讨，帮助教师成功地将学习内容从“他者”转化为“我者”，以更好地实现自身专业的可持续发展。

（四）教师学习的促进研究

随着教师学习的重要性日益凸显，世界各国政府和学者围绕“如何促进教师的有效学习”开展了大量的相关研究和实践探索，取得了较为丰硕的成果。

1. 促进教师学习的理论与实证研究

受社会建构主义和情境学习理论倡导的在实践中互动创生的学习观影响，创设有利于促进教师学习的环境成为近年来教师学习研究的重点和趋势。研究者们纷纷尝试建立各种形式的教师学习共同体，为教师提供基于实践的认知共享机会，以检验其对教师学习的促进作用。如格罗斯曼等（Grossman et al.）的研究发现，不同教龄的教师对集体学习的感受有明显的区别，有经验的教师既体验到学会公开自己观点和与他人分享见解的益处，又坦言对集体学习引起的冲突感还不太适应；新手教师表现出身份感的积极变化，从原本孤立、边缘的状态逐渐融入不分等级的集体中。① 米切尔（Mitchell）以一次有关教育公平的网络讨论学习为例，总结了网络讨论这一形式促进教师学习的关键因素，包括网络交流的公开性和可记录性，同行、专家等其他参与者多角度的信息输入以及电子文献等多种学习资源的利用。② 在举办旨在促进小学教师理解学生数学思维的培训项目（Cognitively Guided Instruction，CGI）后，弗兰克等（Franke et al.）找到参加该项目的教师，与他们组成学

① GROSSMAN P，WINEBURG S，WOOLWORTH S. Toward a theory of teacher community［J］. Teachers college record，2001，103（6）：942-1012.

② MITCHELL J. On-line writing：a link to learning in a teacher education program［J］. Teaching and teacher education：an international journal of research and studies，2003，19（1）：127-143.

习共同体，每月定期就学生作业中暴露出来的数学思维问题及相应的改进策略进行研讨。结果发现，一年以后教师开始产生学习共同体的归属感，以提高教学质量为共同目标，同时把课堂作为自己进一步学习的场所，进行实践探索并主动与他人进行分享。弗兰克等提出创建“学习型学校”，以支持教师的终身学习与专业发展。他们指出，“学习型学校”应具备“重视学生的学习活动”“教师应该不断学习”“教师之间应合作学习”“学校是学习系统的组织”“学校领导者是学习的领导者”等相互关联的特征。[①]

我国学者石中英强调教师教育要重视实践，调动教师学习的主动积极性，尊重教师已有经验、体悟和体验，认为“教师教育不单单是一种训练、规范或者约束的外在过程，而是一种认识、理解与重构其内在知识基础与信念的结果”[②]。张英等认为，在教师专业发展过程中存在接受习得性学习、研究发现性学习和交流分享性学习三种基本学习方式，学习型学校应该形成以具有教师专业发展内在性质的研究发现性学习和交流分享性学习为基础的，带动接受习得性学习的循环系统，并以此促进教师的终身学习与发展。[③] 刘学惠等在总结分析相关研究的基础上，概括出了有利于促进教师学习的六项条件，包括：基于真实情境的教育教学工作；在教师原有知识和个人经验的基础上，促进其进一步学习与发展；倡导教师做研究，在实践探究中反思和学习；提供对话与合作机会，促进知识的共享理解；利用网络资源等学习工具促进教师学习；充分发挥研究者对教师学习的协助促进作用。[④] 王红艳研究新手教师在学校共同体中的学习，认为新手教师本人需要做出努力，保持清醒的自我概念，通过多种途径不断反思；学校实践共同体实施支持性措施，可从入职指导、制度激励、人际调适、工作安排等方面支持教师的学习；教育界要

---

① FRANKE M L, CARPENTER T P, LEVI L, et al. Capturing teachers' generative change: a follow-up study of professional development in mathematics [J]. American educational research journal, 2001, 38 (3): 653-689.

② 石中英．知识转型与教育改革［M］．北京：教育科学出版社，2001：247.

③ 张英，张民选．学习型组织和学习型学校［J］．外国中小学教育，2005（12）：17-21.

④ 刘学惠，申继亮．教师学习的分析维度与研究现状［J］．全球教育展望，2006，35（8）：54-59.

重视教师培养与教师教育改革，凸显见习、实习和工作中培训的作用；社会各界应给予新手教师更多的宽容和信任。①

2. 促进教师学习的实践探索

在研究者们纷纷开展各自研究的同时，各个国家和地区以及专业组织相继出台了多项举措，从政策和实践层面为促进教师的学习与专业发展保驾护航。

美国教育部教育研究与促进办公室于1985年出资在密歇根州立大学教育学院成立的全国教师教育研究中心（后更名为“全国教师学习研究中心”），开始了以教师教育的途径、目标、质量以及教师教育在教师学习中的作用为主要内容的研究，同时指导了多项教师学习的研究课题，并取得了显著成效。研究不仅阐明了教师学习的意义、目的和性质，而且界定了教师学习研究的四个基本要素，即必须以公众对于学校的期望为背景，必须把教师学习当作提高教师专业素养和学习效果的关键因素，必须着眼于特定的学科和学生，必须重视教育教学实践的独特性。该中心对教师学习研究领域的自觉建设，在一定意义上为该领域的研究奠定了基本框架。

英国教育与科学部于1992年颁布了《继续教育和高等教育法》（The Further and Higher Education Act）。该法案提出要设立继续教育法人，对继续教育法人实体的生效、解散、职责、基金资助、义务及权利等都做出了详细的规定，其中包括了教师学习权利。2001年，英国政府出台了《教学和学习：专业发展战略》（*Teaching and Learning: A Professional Development Strategy*）作为改革教师专业发展的专门文件。该文件明确提出了提升教师专业素养的以下四点举措：对教师专业发展给予充分的资金支持和保障；规范教师专业培训机构，确保培训质量，满足教师学习需要；构建教师持续专业发展的网络体系，促进资源共享；促进教师间的相互学习和交流。2002年，英国教师培训署颁发了《新入职教师和在职教师的培训标准》，进一步提升整个

① 王红艳．新手教师在学校实践共同体中的学习［M］．重庆：重庆大学出版社，2012：178-184.

教师队伍的专业水平。2004 年，英国开始推进教师专业发展计划，使每名教师能够在工作中不断获得学习的机会。目前，英国的许多学校创建了灵活、多样的教师专业学习计划，以更好地帮助在职教师持续提升自己的专业水平。如许多学校设有从周六上午到周日下午的周末学习计划，教师可围绕相关主题进行深入的交流和研讨。学习计划通常以一个“思考—计划—实施—评估—反思”的循环过程呈现，包括远程学习、阅读分享、实践反思、撰写学习计划和总结等具体的活动。

1994—1996 年，澳大利亚联邦政府实行全国教师专业发展项目（National Professional Development Program，NPDP），目的包括：通过强调教师学习的重要性来促进教师的专业发展；鼓励教师进行脱产学历进修；帮助教师建立工作场所学习质量档案袋并提供实际的指导；提供教师持续发展的条件。此外，澳大利亚维多利亚州还积极倡导各地为教师提供有效的、多样化的学习方式和机会，采取切实可靠的措施以促进教师学习，包括：为教师工作中的学习提供空间；建立理论和实践层面的教师学习中心；通过学校增强引发和促进教师学习的能力；引进质量保障机制，制定标准，保证所有教师有机会参加优质学习；调整和改进已有的专业学习实践模式，以创新、多样的方式学习；结合学生学校活动来生成教师学习；强化教师的在线专业学习；支持与鼓励教师以各种形式开展教育教学研究；为教师提供丰富的学习资源。同时，该州教育与培训部于 2003 年成立了教师学习领导小组，出台了《教师学习指导意见》，提出了教师学习的六大目标和若干理念、动力、方向，针对可能出现的问题一一做出解答，既从政府的角度规范了教师学习，又在政策上进一步明确了教师学习方式、质量保证机制、工作运行模式、信息与交流技术途径以及社会支持等方面的政府职能，希望教师在支持性环境中不断学习并成长为优秀教师，进而提高学生的学习质量和学业成绩。①

新加坡政府极为关注教师的学习与发展问题，认为学校教师和管理人员应该为了保证教学的有效性而不断地积极学习。在新加坡，教师的在职学习

① 李志厚．教师校本学习论［M］．广州：广东高等教育出版社，2006：58-65.

多以学校为基地，注意理论与实践的结合，重视网络资源的开发，以及为教师提供更为便利的学习机会。2001 年 7 月，新加坡教育部和南洋理工大学文化中心教育秘书处共同开发了一个网上学习系统，方便教师根据自己的实际需要选择合适的时间、合适的地点以及合适的步骤灵活地充实自己。①

我国香港特别行政区于 2003 年 11 月基于“学习的专业，专业的学习”这一核心理念颁布了《教师专业能力理念框架》。该框架为处在不同专业发展阶段（基本要求、力能胜任、追求卓越）的教师在不同工作范畴（教与学、学生发展、学校发展、专业群体关系及服务）所需具备的能力、技巧、知识和态度描绘了一个理想蓝图，同时为教师学习指明了方向。为了更好地支持和推动教师的专业持续发展，特区政府投入了大量的人力、物力和财力，采用了多途径、全方位、多面向的教师专业发展策略。第一，基于标准的教师个人专业发展。政府在这方面提出了一些硬性要求，如所有教师，不论级别和职务，均应在每个周期（三年）内参与不少于 150 小时的持续专业发展活动，所有教师必须达到基本的资讯科技水平，等等。第二，立足学校的教师专业发展。政府规定教师每年有三天的带薪发展日，针对学校及教师的发展需要而选定相关主题，活动形式包括专家主持的工作坊和讲座、同事之间的学习成果分享以及外出学习交流等，其学习时数计入教师持续专业发展的进修时数。第三，伙伴协作。除了教师自身及学校为本的专业发展外，特区政府还为学校提供了不同模式的协作及支持，旨在在学校中培养学习、合作和交流的文化，如“种子计划”“学校与大学的伙伴计划”等。

我国 2012 年出台的《国务院关于加强教师队伍建设的意见》明确提出建立教师学习培训制度的工作要求，包括实行五年一周期不少于 360 学时的教师全员培训制度，推行教师培训学分制度；采取顶岗置换研修、校本研修、远程培训等多种模式，大力开展中小学、幼儿园教师特别是农村教师培训；推动信息技术与教师教育深度融合，建设教师网络研修社区和终身学习支持服务体系，促进教师自主学习，推动教学方式变革。同时，各级人民政府要

① 祝怀新．封闭与开放：教师教育政策研究［M］．杭州：浙江教育出版社，2007：77-78.

加大对教师队伍建设的投入力度，将教师队伍建设作为新增财政教育经费投入的重点之一。幼儿园、中小学和中等职业学校按照年度公用经费预算总额的5%安排教师培训经费，切实保障教师培训的经费投入。

此外，德国、比利时、卢森堡和法国等国也极为重视专业发展中的教师学习条件保障。他们除了向本科学历的新教师提供2—3年研究生水平的教育课程之外，还实施了与大学合作的校本研修、课堂观摩、课例研讨、说课评课、课后研究小组和暑期课程班等多种形式的教师学习活动。①

由此，我们不难看出，促进教师的在职学习与专业持续发展已然成为当前世界范围内教育改革研究与实践中的一项重要战略任务，突出地表现在许多国家均针对教师培训进修的时间、内容、形式和经费提出了明确的要求，同时制定并颁布了相应的政策、法规、制度和标准，切实保障这些措施的贯彻执行。但是，我们仍需看到，仅仅依靠政府提供的这些外部支持是远远不够的，教师能否坚持专业学习既有赖于他们对于学习活动的实际感受和体验，同时也依赖于来自外部的支持退出后，学校能否继续提供相应的组织保障条件。因此，我们有必要在今后的研究中重点关注教师的自主专业学习与发展，以及工作单位提供的系统支持与组织氛围的营造。

二、自主学习研究

自主学习作为个体终身学习和持续发展的基石，一直以来都是世界各国学者们共同关注的一个重要话题。国外对自主学习的探讨最早可以追溯到古希腊著名哲学家苏格拉底的“产婆术”。我国的孔子更是于春秋时期就意识到了自主学习的重要性，提出了启发式教学思想。虽然自主学习的思想源远流长，但真正系统的研究却只有几十年的短暂历史。20世纪90年代以来，世界各国开始认识到自主学习对学生的学业表现及其毕生发展的意义和价值，

① DARLING-HAMMOND L，WISE A E，KLEIN S P. A license to teach：raising standards for teaching［M］. San Francisco，California：Jossey-Bass，1995：85-123.

纷纷把培养学生的自主学习能力作为教育改革的一项重要目标。一时间，关于自主学习的理论和应用研究大量涌现，各类研究成果层出不穷，主要涉及自主学习的内涵与过程、特征、影响因素和促进策略等多个主题。

（一）自主学习的内涵与过程研究

尽管现有的文献中出现过很多与自主学习有关的术语，如自我调节学习（self-regulated learning）、自我计划学习（self-planned learning）、自我导向学习（self-directed learning）、自我管理学习（self-managed learning）、自我监控学习（self-monitored learning）等，但对于自主学习的概念界定，一直未能达成共识。有关自主学习的本质，归纳起来主要有两种取向。

第一，将自主学习视为一个学习过程。持此观点的研究者通常将自主学习看作一个动态的学习事件或过程。美国著名心理学家班杜拉认为，自主学习在本质上是学习者基于学习行为的预期、计划和行为现实之间的对比与评价，对学习进行调节和控制的过程。以加拿大心理学家温（Winne）为代表的研究者主张用信息加工理论来解释自主学习过程，认为自主学习是一种循环反复的检验探索过程。个体获得信息后，首先根据预设的标准进行检验，如果匹配不充分，就对信息进行修改或转换，然后再检验，如此反复进行，直到达到信息的理解和接受。① 20 世纪 60 年代以后，部分心理学家开始将维果茨基的言语自我指导理论引入学习领域，认为自主学习在本质上是个体利用内部言语主动调节自己学习的过程。比如，宾特里奇（Pintrich）将自主学习定义为一种主动的、建构性的学习过程。他认为学生在自主学习的过程中首先为自己确定学习目标，然后监视、调节、控制由目标和情境特征引导和约束的认知、动机和行为。②

我国学者周国韬等在借鉴社会认知理论的基础上提出自主学习是学习者在认知和行为上积极主动地参与学习活动、控制学习进程并最终达到学习目

---

① WINNE P H，PERRY N E. Measuring self-regulated learning［M］//BOEKAETS M，PINTRICH P R，ZEIDNER M. Handbook of self-regulation. San Diego，California：Academic Press，2000：10-11.

② PINTRICH P R，DE GROOT E V. Motivational and self-regulated learning components of classroom academic performance［J］. Journal of educational psychology，1990，82（1）：33-40.

标的过程。[①] 余文森等认为，自主学习的实质是独立学习，是学生主宰自己的学习，是主体教育思想在教学领域的反映。学习者在整个学习过程中对学习目标、学习方法、学习策略、学习情绪等方面做出主动的调节和控制，通过能动的创造性学习和探索活动，实现主体性发展。[②]

第二，将自主学习视为一种学习能力。持此观点的研究者通常认为，作为一种能力的自主学习本身是一个相对稳定的系统，因此他们更倾向于从自主学习的各个方面或维度入手来进行界定。有研究者将自主学习分为动机、方法、时间、结果、环境和社会性六个维度。如果学生在这六个方面均能自己做出选择或控制，其学习就是充分自主的，反之则无所谓自主。在实际学习中，完全自主和完全不自主的学习都很少，多数学习介于两者之间。

不论是自主学习的过程取向定义还是能力取向定义，其揭示的自主学习实质是一致的。为了更准确、全面地把握自主学习的含义，我国学者庞维国主张从能力和过程两个角度来综合界定自主学习。他既将自主学习看作一种能力，认为自主学习者的学习动机是自我驱动的，学习策略是自己选择的，并且能够实施自我计划、监控、调节、评价和控制；又将其视为一个过程，自主学习者在学习活动前能确定学习目标、制订学习计划、做好学习准备，在学习活动中能对学习进展、学习步骤做出自我监控、自我反馈和自我调节，在学习活动后能对学习结果进行自我总结、自我评价和自我反思。[③] 如此界定既可以为制定学习者自主学习能力的阶段性目标提供依据，又能为更好地监督和指导学习者的自主学习过程提供思路。这一观点为我们全面而深刻地揭示幼儿园教师自主学习的实质提供了重要借鉴和参考。

（二）自主学习的特征研究

由于所下定义不同，所以研究者对于自主学习特征的描述也不尽相同。

---

① 周国韬，张林，付桂芳．初中生自我调节学习策略的运用与学业成就关系的研究［J］．心理科学，2001，24（5）：612-613+619.

② 余文森，王永，张文质．让学生发挥自学潜能，让课堂焕发生命活力：福建省中小学“指导—自主学习”教改实验研究总结［J］．教育研究，1999（3）：58-63.

③ 庞维国．论学生的自主学习［J］．华东师范大学学报（教育科学版），2001，20（2）：78-83.

奥尔德曼（Alderman）认为自主学习者具备以下特征：能对学业成败做出恰当的归因，对自己的学习负责，具有强烈的自我效能感，会设置合适的学习目标，拥有足够、有效的学习策略，能监视、控制、调节自己的学习过程并有效地管理和分配自己的学习时间与资源。① 宾特里奇（Pintrich）将自主学习者的特征概括为能在学习的过程中主动地设定学习目标和运用学习策略，能监控和调节自己的学习行为，能根据目标来评估自己学习的效果并做出及时的反馈，能主动协调外部情境和自身特征之间的相互关系以便改善学习表现。②

相比之下，我国研究者对自主学习特征的概括更显简洁和精练。董奇等认为自主学习具有能动性、反馈性、调节性、迁移性和有效性等特征。③ 余文森等提出相对于传统的他主学习来说，自主学习具有能动性、超前性、独立性和异步性等特点。④ 庞维国在综合前人研究成果的基础上，将自主学习的特征概括为能动性、独立性、有效性和相对性。同时，他还进一步阐明了自主学习、研究性学习和合作学习三者之间的关系。自主学习与被动学习相对，更强调学习者的独立、主动、自觉和责任心，以及对学习的自我导向、自我监控、自我调节和自我评价。研究性学习与接受学习相对，更强调以问题为导向，通过主动探究的方式获得解决问题所需的知识和技能。合作学习与独自学习相对，更强调以学习小组为依托，以群体的分工协作为特征进行学习。同时，学习者在自主学习过程中会遇到形形色色的问题，这就需要通过探究来解决问题，一旦自行探究尚不足以解决问题，就需要寻求他人的帮助，借助团队力量共同解决问题。从这个意义上来说，自主学习虽强调其独立性、能动性、反馈性和调节性等本质特征，但不意味着它是一种接受式的、

---

① ALDERMAN M K. Motivation for achievement: possibilities for teaching and learning [M]. Mahwah, New Jersey: Lawrence Erlbaum Associates, 2004: 370-383.

② PINTRICH P R. The role of goal orientation in self-regulated learning [M] //BOEKAERTS M, PINTRICH P R, ZEIDNER M. Handbook of self-regulation. San Diego, California: Academic Press, 2000: 453.

③ 董奇，周勇，陈红兵．自我监控与智力［M］．杭州：浙江人民出版社，1996：34-35.

④ 余文森，王永，张文质．让学生发挥自学潜能，让课堂焕发生命活力：福建省中小学“指导—自主学习”教改实验研究总结［J］．教育研究，1999（3）：58-63.

孤立的学习，自主学习同样需要探究与合作。[①]

（三）自主学习的影响因素和促进策略研究

对于自主学习的影响因素和促进策略，不同的理论有着不同的回答。以斯金纳为代表的操作主义学习理论非常强调外部环境对于自主学习的制约作用，认为促使个体形成自主学习能力的关键因素是做出有效的强化，进行外部的相倚性强化，不太关注个体的内部调节过程。以罗杰斯为代表的人本主义学习理论主张自主学习是个体自我系统发展的必然结果，自主学习受到自我概念、自我价值、自我意象、自我计划、自我监控、自我评价和自我强化等自我系统发展水平的制约。[②] 以温为代表的信息加工学习理论认为个体的自主学习过程主要受其领域内知识、任务知识、策略知识、动机性信念、目标定向、元认知监视、控制和调节水平等因素的影响，促进策略自然也从这几个方面着力。[③]

我国学者庞维国在总结国内外相关研究的基础上，归纳出影响和促进自主学习的个体内部因素主要包括自我效能感、归因、目标设置、认知策略、元认知发展水平、意志控制水平、性别角色等，外部环境因素主要涵盖学校教育、家庭因素和社会文化因素等。同时，他还进一步指出，这些因素所产生的影响并不是孤立的。正是这种相互交织、错综复杂的关系构成了人类复杂的自主学习机制。[④]

总之，从20世纪50年代开始，随着操作主义、人本主义、信息加工、社会认知以及言语自我指导等理论流派对自主学习研究的介入，自主学习逐渐进入系统研究阶段，并成为学习和教学心理学研究的热点话题。尤其是从20世纪90年代开始，相关研究越发广泛和深入，研究成果也日趋丰富，呈

---

① 庞维国．自主学习：学与教的原理和策略［M］．上海：华东师范大学出版社，2003：12-18.

② MCCOMBS B L. Self-regulated learning and academic achievement：a phenomenological view［M］//ZIMMERMAN B J，SCHUNK D H. Self-regulated learning and academic achievement：theory，research，and practice. New York：Springer，1989：121-139.

③ BUTLER D L. Individualizing instruction in self-regulated learning［J］. Theory into practice，2002，41（2）：81-92.

④ 庞维国．自主学习：学与教的原理和策略［M］．上海：华东师范大学出版社，2003：48-70.

现出如下特点和趋势。

第一，关于自主学习的心理实质。如前所述，虽然到目前为止，国内外学者仍未能就自主学习的定义达成共识，但至少为我们把握自主学习的心理实质做出了有益的尝试和探索。本研究在系统整理和归纳自主学习相关定义的基础上，提出自主学习在本质上既是一个事件或活动，又是一种能力。作为事件或活动的自主学习是一个动态的过程，有其先后执行的程序，如激发学习活动、设置学习目标、分解学习任务、利用学习资源、调节学习过程、实施学习控制、整理学习成果、评估学习质量、准备后继学习等。作为能力的自主学习是一个相对较稳定的系统，有其内在的心理结构，大致表现为学习动机性信念、学习策略和学习自我调控三个方面。两者相辅相成，互为补充，共同构成了自主学习这个有机整体。作为事件或活动的自主学习是作为能力的自主学习的缩影或外在表现形式，作为能力的自主学习是作为事件或活动的自主学习的概括特征。

第二，关于自主学习的研究对象。从现有的相关文献来看，无论是成果的数量还是质量，对教师自主学习的研究都远远落后于对学生自主学习的研究，这一切都源于终身教育体制确立后学校教育对学生自主学习能力培养的重视。然而，要期望学生能够主动地获取知识并发展技能，积极地调节自身的学习过程，教师必须成为自主学习的示范者和践行者，通过不断学习更新自身的专业理念、专业知识和专业能力，以更有效地引领和支持学生的自主学习。相关研究表明，作为成人学习者，教师以自我指导、自我控制和自我管理为主要特点的自主学习被公认为促进其自身专业成长的最佳途径。由此可见，相对于学生群体而言，教师这一特殊学习群体理应在今后的研究中得到更多关注，旨在推动其专业持续发展的教师自主学习的理论与实践研究也应得到进一步充实。

第三，关于自主学习的研究内容。国外的自主学习研究由于受到心理学领域相关研究的推动，所以涌现出了若干立场坚定、特色鲜明、自成体系的理论流派，它们分别从不同的角度对自主学习的内涵、特征、影响因素、模型以及能力培养、教育干预等方面提出了自己的观点和意见，可谓异彩纷呈、百家争鸣。同时，我们也有为数不少的针对阅读中的自主学习、写作中的自主学习、数学中的自主学习等具体学科问题的应用研究，涉及面广，成果丰硕，可操作性强。相比之下，我国的自主学习研究虽然在最近的30多年里也取得了不少进展，各种理论与实验研究空前繁荣，基于教学实践总结出的教学模式层出不穷，但因普遍缺乏坚实的心理学基础而难以大面积推广。因此，我们有必要在今后的研究中注重从心理学的角度系统探讨自主学习的内在构成要素及其运行方式，以期为我国当前的教师教育改革与实践提供切实的理论指导与支持。

第四，关于自主学习的研究方法。现有的相关文献要么侧重于对自主学习实质的思辨式探讨，要么侧重于对自主学习现状的问卷调查，要么侧重于自主学习能力的模型建构，要么侧重于自主学习对学生学业表现影响的实证研究。目前缺乏理论与实证相结合、教育学与心理学视角相融合的自主学习整体研究。为此，我们有必要在今后的研究中既采用理性思辨的方法揭示教师自主学习的内涵、意义和价值，也通过问卷调查、项目分析、因素分析、回归分析等量化方法剖析教师自主学习的心理结构，揭示自主学习在教师专业发展中的作用机制，还可以通过访谈、观察、内容分析等方法对教师自主学习的过程和运行方式进行深入挖掘，力求更为全面而深刻地把握教师自主学习的本质和规律，更好地推动和促进我国教师自主学习研究与实践的开展。

第三节　建构主义情境学习理论及启示

建构主义也称结构主义，其发源最早可追溯到皮亚杰的自我建构理论。皮亚杰认为，学习是个体在不断成熟的基础上，在主客体相互作用过程中获得经验，从而使先天获得的图式通过同化与顺应而实现平衡的自我建构过程。20世纪70—80年代，美国现代认知学派主要代表人物布鲁纳等将维果茨基文化历史发展学派介绍到美国，维果茨基有关学习的社会建构理论在西方学界引起强烈反响，最终与皮亚杰的自我建构理论走向融合，形成现代的建构主义学习理论。维果茨基强调了在认知过程中学习者所处社会文化历史背景的重要作用，认为活动和交往是人的高级心理机能形成与发展的关键中介。

现代建构主义学习理论强调：知识仅是一种解释，具有动态发展性；学习者是学习的主体；学习是个体与环境相互作用并主动建构意义的过程；学习具有社会性和文化性；人的高级心理机能都是社会性相互作用内化的结果；学习者之间的沟通、交流和合作为学习者提供丰富的资源与积极支持；学习共同体的文化特性可内化为学习者个体的学习品质。

我国学者何克抗、陈琦、张建伟、温彭年、贾国英、裴新宁、杨维东和朱桂琴等对建构主义学习理论的要义、引发的教育阐释和教育教学变革、对成人学习的启示等方面进行了深入研究。研究者认为，在该理论视野下的成人学习应是自律的学习、自主的学习、合作的学习和问题导向的学习，应注意学习共同体、学习型学校和学习型社会的建立。

情境学习理论是建构主义学习理论的一个非常重要的分支，对幼儿园这一微观环境中的教师在职学习具有明显的启示作用。情境学习理论是 20 世纪 90 年代学习研究领域的重要转向。此前，信息加工理论将人脑看作被动接受知识的空容器，学习被视为坐在教室里的学生大脑内部、孤立、简化的活动。情境学习理论批判信息加工理论对学习的理解会导致学生获取呆滞、僵化的知识，有违生态化的研究导向，进而提出学习的情境性特征，这在当时引发了学界人士的广泛关注和讨论。以莱夫和温格为代表的人类学取向下的情境学习理论是当前应用最广的情境学习理论。莱夫通过对裁缝、产婆、航海家等各类从业者学习的研究，于 1988 年在《实践中的认知》中提出“情境学习”概念，并于 1991 年与温格合作出版了《情景学习：合法的边缘性参与》。温格于 1998 年出版了《实践共同体：学习、意义和身份》，最终确立了情境学习理论。该理论认为，“知识是个体和社会或物理情境之间联系的属性以及互动的产物”，“而不是一个抽象具体的对象或事实”①。学习是基于社会情境的一种活动。“认知过程的本质是由情境决定的，情境是一切认知活动的基础”，“知识是基于社会情境的一种活动，而不是一个抽象具体的对象；知识是个体与环境交互过程中建构的一种交互状态，不是事实；知识是一种人类协调一系列行为，去适应动态变化发展的环境的能力”。② 情境学习理论因其对自然工作情境中人类学习的研究而更具普适性和实践指导性，尤为适合用来分析和指导幼儿园教师的学习。

一、教师学习的情境：教育教学工作实践的场域

信息加工理论将知识的获得与实践相割裂，学习被置于学校情境之中，成为一种孤立的、缺乏情境性的活动。情境学习理论则认为，社会实践与社会生活是人类学习赖以发生的基础。“学习是整体的、不可分的社会实践”③，“学习是情境性活动，没有一种活动不是情境性的”，学习是“对不断变化的实践的理解与参与”④。因而，学习本身是一种社会实践，是学习者对社会实践的参与。

教师学习是一种融于工作之中的社会实践活动，是教师通过与情境中的背景、工具、文化的相互交融而进行的。教师进行怎样的工作实践，也就进行着怎样的学习。教师学习与工作实践密不可分、相互渗透。教师将其专业知识、情感和能力投入自身的教学与研究等工作中，同时在其中学习、成长和发展，获得专业素养的不断提升。教师学习的本质是教师参与各类工作实践，这里的工作实践既指教师自身的教育教学实践，也指促进教师专业发展的研究实践，如教学研究、课题研究等。教育教学既是教师的本职工作，又

① 莱夫，温格．情景学习：合法的边缘性参与［M］．王文静，译．上海：华东师范大学出版社，2004：8.

② 王文静．情境认知与学习理论研究述评［J］．全球教育展望，2002，31（1）：54.

③ 莱夫，温格．情景学习：合法的边缘性参与［M］．王文静，译．上海：华东师范大学出版社，2004：3.

④ 王文静．情境认知与学习［M］．重庆：西南师范大学出版社，2005：58-59.

是其中心工作。教师是在教学中学习教的知识、情感、态度和技能。换言之，他们是在教与学的过程中学习如何教以及如何学。任何一名教师从新手到熟手再到专家的成长过程，都必须首先以自身的教学实践为依托和载体。教师的日常学习更多是为教而学、在教中学和因教而学。

教师常规性的教研活动、专门的教学研究和课题研究等活动构成了教师学习的重要情境，它们以教师的教育教学实践为基础和前提而展开。20 世纪 80 年代，斯滕豪斯曾提出“教师即研究者”的口号，该思想成为教师在教学实践中进行探索和反思的精神源泉。教师通过参与各类研究活动，增进对儿童身心发展特点和规律的认识，加深对教师职业的认同感和使命感，探索适合不同教学对象和教学内容的教学策略与教学方法，最终获得教学理念、情感态度、行为技能等方面的改善以及研究意识和能力的提升。一名教师不能仅会教学，只专注于教学，还必须研究教学、研究儿童、研究课程，这也是教师与教书匠的区别。如果说教师在教育教学实践中的参与是学习如何成为一名教师，那么教师在各类常规性和专门性研究活动中的参与则是学习如何当好一名教师。

二、教师学习的过程：在共同体中以及共同体之间的参与

温格认为，个体的学习不仅表现为在共同体中的学习，还表现为跨越共同体边界的学习。莱夫和温格把在共同体中的学习描述为“合法的边缘性参与”，意在说明学习者是如何参与社会文化实践活动，并在实践中变得能够胜任更加重要的工作的。“合法”指随时间的推移和学习者经验的增加，学习者逐渐具有活动中的真实身份并使用共同体资源的真实程度。“边缘性”是“一个人在其中朝着更深入的参与前行的地方”①，表明学习者在共同体中所处的位置及状态。“参与”意味着学习者应该在知识产生的真实情境中通

① 莱夫，温格. 情景学习：合法的边缘性参与［M］. 王文静，译. 上海：华东师范大学出版社，2004：6-7.

过与专家、同伴的互动，学习他们为建构知识而应该做的事情。“合法的边缘性参与”意味着随着时间的推移，学习者在实践共同体中沿着旁观者、参与者到成熟实践示范者的轨迹前进——从合法的边缘性参与到充分参与，从而不断变换参与方式的过程。“充分参与”是比“边缘性参与”程度更深、更全面的核心参与。

教师在共同体中的学习是教师通过与教研组、课题组等各类学习共同体中其他教师的分享与交流、合作与对话，从部分参与到完全参与的过程，是不断提升个人专业素养、逐渐获得共同体成员身份的过程。温格描述了学习者在共同体中的三种参与模式：投入（engagement），与共同体成员共同做事；想象（imagination），逐渐了解共同体的价值、理念，将自己视为共同体的一员；一致（alignment），充分了解共同体的行为规范及其背后的意义，按照共同体的原则行动，对行动进行反思和改进。[①] 三种参与模式从纵向的角度描述了个体在共同体中参与程度的逐渐加深。对于新手教师而言，他们从共同体的外围、边缘走向内部、核心。实际上，他们从熟手或专家教师那里承袭了教育教学的理念和方法以及共同体中共享的经验和规范，从而提高教学研究能力，逐步确立自身在共同体中的身份和角色并成长为熟手教师。同时，新手教师的成长又塑造着其所属的共同体，推动了共同体的再生产循环和可持续发展。已经成长为熟手的新手教师，通过与刚纳入共同体的新手教师的互动，促进了新一批新手教师的成长，进而推动了共同体的持续壮大。共同体中的学习使教师与共同体彼此形塑和发展。如里德（Reed）所言，个体和共同体构筑了一个嵌套、互动的网络，通过将共同体的实践个人化来转变和维持共同体，而共同体通过提供个人化机会并促成文化适应来转变和维持个体。[②]

此外，教师学习还存在于共同体之间。由于不同共同体之间边界的存在，

① WENGER E. Communities of practice：learning，meaning and identity ［M］. Cambridge：Cambridge University Press，1998：173.

② REED E S. Cognition as the cooperative appropriation of affordances ［J］. Ecological psychology，1991，3（2）：135-158.

所以教师需要跨越多个领域的边界进行学习，有学者称之为跨界学习。跨界学习往往发生在两个或两个以上的实践共同体之间。[①] 温格从横向的角度分析了学习者跨越不同领域的学习，认为其有三种机制：协作行动，双方的行动与实施是跨界学习的开始；行动透明，提供行动背后的原因；相互协商，双方通过沟通改进协作方案与行动。[②] 跨界学习的关键在于不同共同体对彼此意图和行动的深入了解与协商。当面对促进儿童发展、教师专业成长、学校发展等共同议题时，来自不同共同体的教师需要发现和理解不同共同体对同一教育问题认识的异同点，进而在多个共同体间进行对话与协商。教师在获得意义的同时需要用自己的话语和实践整合与内化外部知识，不断反思与改进教学，回应先前多元的声音和视角，跨界学习就在这一过程中发生了。跨界学习增进了共同体间的互相联结和依存，使教师接触和参与不同共同体的话语实践，在多元对话与协商中探索教学问题的解决。

三、教师学习的结果：意义、实践能力和身份的发展

传统认知理论以追求知识的获得和认知能力的形成为目标，而且知识被视为客观、静止、去境脉化和个体表征化的。情境学习理论对知识的理解远超越了认知主义的局限性，认为理性的知识不是学习所追求的结果，取而代之的是特定情境中的知识，即意义的协商以及实践能力和身份的发展。受哈贝马斯等人的“情境理性”观点的影响，情境学习理论认为知识是情境性的，它受其所运用的活动、情境及文化的影响，知识与它们不可分离。先验、抽象、普适的理性是不存在的，人类的理性总是嵌入在具体、真实的情境之中，随情境变化而变化。每一种情境都是人类在特定时空下的认知过程与人生体验。[③] 意义的协商是一个生产性的过程。意义不是从零开始建构，也并

① 郑鑫，尹弘飚，王晓芳．跨越教师学习的边界［J］．教育发展研究，2015，35（10）：59-65.

② WENGER E. Communities of practice and social learning systems［M］//BLACKMORE C. Social learning systems and communities of practice. London：Springer，2010：180.

③ 胡庆芳．学习科学发展的历史轨迹概论［J］．当代教育论坛，2006（1）：27-29.

不事先存在，更不是凭空制造。协商出来的意义自产生时起就具有历史性、动态性、境脉化和独特性。[①] 教师在共同体中只有采取理解对方的态度来进行对话和交流，个体"局部时空中的知识"才能得到扩展，意义的协商才能得以实现。此外，教师在共同体中还要学习如何参与共同体实践，并在其中发展实践能力和身份。

正如杜威所言，"个人在共同活动中分享、合作或参与到什么程度，社会环境就有多少真正的教育效果。通过参与共同的活动，个体接受了学习活动的目的，逐渐熟悉了方法和内容，获得了所需要的技能，并且满怀激情"[②]。学习就是处在意义社群里的外围参与者与全程参与者的相互交流，这些交流发生在实践环境中，并以模仿并获得掌控能力为特征。[③] 教师在工作实践中通过参与各类学习共同体，不断深化对教育教学相关问题的认识，发展教学、研究等实践能力，从新手教师发展为熟手教师。实践能力是教师学习的核心，它是教师在长期的实践工作中练就的，有赖于教师与物理环境、社会环境的有效互动，最终表现为教师更有成效地参与教学、教研、课题研究等专业活动。教师的实践能力既指教师的教学、研究能力，如教育活动的设计、实施能力，在反思教学实践时提出、分析、思考和解决问题的能力等，也指教师的交流、协作等能力，如教师在共同体中与其他成员围绕教学实践中存在的问题进行分享和讨论，或是与其他教师开展某种形式的合作与互助，共同探讨和解决教学、研究中的困惑。

情境学习理论斥责并试图改造学校教育忽略文化实践的观点，据此学习被视为教师对某一特定共同体文化的适应。巴拉巴和达菲认为，人们在某种现实情境中通过实践活动不仅获得了知识与技能，而且获得某一共同体成员

① WENGER E. Communities of practice：learning，meaning and identity［M］. Cambridge：Cambridge University Press，1998：54.

② 梅里安. 成人学习理论的新进展［M］. 黄健，等译. 北京：中国人民大学出版社，2006：68.

③ 梅里安. 成人学习理论的新进展［M］. 黄健，等译. 北京：中国人民大学出版社，2006：71.

的身份，即发展认知和身份建构两者不可分离。① 身份面对的是个体的自我与社会、文化之间的关系，决定了其行为、价值判断及选择。② 教师在实践共同体中的身份是动态生成的、协商的和社会的，是共同体成员之间的互动与联结，而并不仅是一个固定的范畴、个性特征、角色或标志。它随共同体实践而变化，是教师在朝共同体做向心运动过程中逐步适应共同体文化的结果。学习的文化适应观表明，从出生至生命的终结，人都有意或无意地通过观察和实践，接受和适应他所处的各种社会团体的信念、行为标准与价值取向。教师通过观察和践行某个共同体成员的行为，了解共同体中有关教学的一些共同术语和行话，知道在共同体中哪些是被接受的、哪些是不被接受的，最终逐渐地模仿共同体成员的行为，并按照共同体的标准规范自己的行为。正是在这种潜在的和极其复杂的文化实践中，教师适应了其所在共同体的文化，形成了与共同体成员角色一致的观念与行为。

四、教师学习的生态环境：学习共同体

威尔逊提出，学习的本质是社会性的，因为它是在和别人合作时发生的；学习也可以说是工具依赖性的，因为环境提供了学习的帮助机制（计算机、地图、量杯）。更为重要的是，这些工具使我们的认知过程结构化。最终，正是这种与社会环境的相互作用和工具依赖性的特征决定了学习本身。③ 任何对学习的讨论都必须从实践共同体开始，因为“学习的问题必须在共同体的发展性循环中加以解决”④。“实践共同体到处都有……但对个人影响最大

① 张振新，吴庆麟．情境学习理论研究综述［J］．心理科学，2005，28（1）：125-127.

② 叶菊艳．叙述在教师身份研究中的运用：方法论上的考量［J］．北京大学教育评论，2013，11（1）：83-94.

③ 梅里安．成人学习理论的新进展［M］．黄健，等译．北京：中国人民大学出版社，2006：68.

④ 莱夫，温格．情景学习：合法的边缘性参与［M］．王文静，译．上海：华东师范大学出版社，2004：47.

的学习就是那些作为实践共同体成员进行的学习”。[①] 莱夫认为，仅仅将情境加入学习经验是不够的，更重要的是要在社会实践中处理好人、工具、活动的关系。存在社会关系及工具的现实社会情境是最好的学习环境。[②] 正是基于以上缘由，“实践共同体被认为是学习的生态性环境”[③]。情境学习理论看重的是教师与其所属共同体的关系。

温格指出，“一个实践共同体包括了一系列个体共享的、相互明确的实践和信念以及对长时间追求共同利益的理解”，其关键是要与社会联系，即要通过对共同体的参与，在社会中给学习者一个合法的角色（活动中具有真实意义的身份）或真实的任务；简单地把许多人组合起来并针对同一项任务而工作，拓展任务的长度或扩大小组的规模，并不是形成共同体最主要的因素。[④] 教师学习共同体是一种以教师自愿为前提，以分享（资源、技术、经验、价值观等）、合作为核心精神，以共同愿景为纽带把教师联结在一起，互相交流、共同学习的学习型组织。它是教师“合法的边缘性参与”和社会性知识建构的有力保障。

教师学习共同体应该具备三个特征：一是教师群体共享的文化历史遗产，确认教师真正进入学习共同体的核心依据是教师是否理解了共同体的文化历史背景、任务和规则，是否形成了不断提升自身教育教学研究水平、促进儿童身心健康发展的教师群体共享的事业目标；二是教师个体、共同体以及学校组织之间相互依存的关系，共同体以教师为主体，多个共同体因为有共享的教师成员而彼此相互联系，从而确保了学校组织的正常运转；三是教师个体和共同体进行持续的再生产循环。莱姆基（Lemke）指出，“我们如何参与，我们进行什么实践，是由整个共同体的生态系统所决定的……我们参与，因而我们变化。

---

① WENGER E. Communities of practice: learning, meaning and identity [M]. Cambridge: Cambridge University Press, 1998: 6.

② 梅里安．成人学习理论的新进展［M］. 黄健，等译. 北京：中国人民大学出版社，2006：70.

③ 王文静．情境认知与学习［M］. 重庆：西南师范大学出版社，2005：26.

④ 乔纳森，兰德．学习环境的理论基础［M］. 徐世猛，李洁，周小勇，译. 2 版．上海：华东师范大学出版社，2015：46.

我们在实践中的身份得以发展，是因为在这个模型中，我们不再是自主的人，而是活动中的人"①。在共同体中的参与促进了教师个体身份的发展和共同体中新老教师身份的更替，从而确保了共同体持续的再生产循环。学习共同体正是在教师与其相互作用的过程中成为教师学习的重要生态环境。

五、对幼儿园教师学习的启示

相较于传统学习理论，情境学习理论所理解的教师学习的实践性、社会建构性、情境性等特点更契合幼儿园教师真实工作中的学习情况。基于情境学习理论对教师学习的情境、过程、结果与生态环境的分析，我们提出促进幼儿园教师学习的四点建议。

（一）支持幼儿园教师将学习嵌入日常工作

幼儿园教师学习的本质是幼儿园教师参与教学、教研、课题研究等实践性工作。幼儿园教师学习源于实践并能促进实践的发展。长期以来，工作和学习往往被视为二元对立的客体。幼儿园教师学习最普遍的形式是参加各种长期或短期的进修和培训。由于培训专家与参训幼儿园教师身处不同的工作场域，参训幼儿园教师在地区、性别、年龄等方面存在差异，所以培训内容的设计很难顾及幼儿园教师的实际需求及群体差异，幼儿园教师在培训中所学的知识常难以应用于实际教学。受知识获得隐喻的影响，培训往往以专家讲授的方式为主，这种去境脉化、孤立的知识传授方式难以让幼儿园教师真正领会和践行专家的意图，从而导致培训效果不尽如人意。因此，我们迫切需要将幼儿园教师从“片段式”“割裂式”的课堂学习中解放出来，使其专业发展立足于幼儿园场域中真实的问题情境。幼儿园教师自身需要有意识地将他们的课堂和学校作为探究场所，充分认识到日常的教学、研究工作潜藏着巨量的学习契机和学习资源，这也是其专业发展生生不息的源泉。幼儿园

---

① LEMKE J. Cognition context and learning: a social semiotic perspective［M］//KIRSHNER D, WHITSON J A. Situated cognition: social semiotic and psychological perspectives. Mahwah, New Jersey: Lawrence Erlbaum Associates, 1997: 38.

教师在日常的教学实践和课例研讨等教研实践中，应批判性地吸收他人的教学经验，将其提炼和整合到自身的教学活动中以丰富个人实践性知识。同时，幼儿园领导者和管理者应认同并重视幼儿园教师在工作实践中学习的重要性和必要性，将其视为幼儿园教师学习的常态，鼓励幼儿园教师在实践中学习，并为幼儿园教师在工作实践中的学习创设良好的制度环境，如改进幼儿园教师学习、评价和考核制度，设立幼儿园教师自学基金等。

（二）促进幼儿园教师在各类共同体中的真实学习

“合法的边缘性参与”揭示了幼儿园教师在共同体中的学习过程。然而，现实情况是，幼儿园教师之间虽不乏交流与合作，但多出于应付工作要求，因而常流于形式，往往是“有参与之名，无合作之实”。没有真实的参与，也就难有真正意义上的学习发生。教师不能在真空中建构知识，知识、信仰、态度以及技能的建构只有在社会文化情境中才有可能形塑教师。幼儿园教师个人应以宽容和敞开的心态来面对共同体中其他幼儿园教师的批评和质疑，通过分享、协商和理解，寻找适合自身专业发展的生长点，在不断实践和反思中实现专业成长。此外，管理者应充分认识到学习共同体是幼儿园教师学习文化、价值观和规范的重要载体，努力创建以幼儿园教师为中心的民主、平等的共同体文化，始终确保幼儿园教师在共同体中的主体地位，充分尊重幼儿园教师的学习需求和特点并以之为出发点统整考虑，设定共同体的核心议题，鼓励幼儿园教师自主地交流，表达其在教学、研究中的困惑和体验，不因职称、教龄和经验的差别而区别对待，并以此为幼儿园教师之间的理解与协商搭建和谐、平等的交流平台。

（三）促进幼儿园教师在实践性学习中专业能力的发展及身份的建构

幼儿园教师学习是一个不断增长实践能力和不断社会化的过程，在共同体中协商意义、发展实践能力和身份是其最终归属。当前，推动幼儿园教师学习的外部力量主要是学历提升和职称评聘，幼儿园教师学习的结果更多表现为学历、职称和职务等外在指标的变化，专业内涵的提升还不显著。在专业知识与理念的变化上，幼儿园教师最为核心的专业能力仍然较为薄弱。对幼儿园教师而言，从知识的获得到专业能力的发展似乎有一道天然的屏障，难以逾越。因此，我们亟须关注幼儿园教师在工作实践中教学、研究、合作等专业能力的发展和幼儿园教师对共同体文化的适应，尤其应聚焦于幼儿园教师领悟共同体成员共享的专业知识和技能，通过专业实践和反思逐渐形成个人实践智慧，鼓励幼儿园新手教师在“师傅”的引领之下，批判性地理解和吸收幼儿园熟手教师之间形成的教学文化，逐步确立专业身份。

（四）通过多种伙伴合作关系拓展学习生态环境

虽然学习共同体是幼儿园教师学习的生态环境，但幼儿园教师学习并不局限于共同体内部，还存在于共同体之间。目前，我国幼儿园教师学习更多是幼儿园教师在教研组、课题组、备课组等单一共同体中的学习。幼儿园内部不同共同体之间的合作较少，园际合作关系的建立则更少。然而，仅局限于共同体内部的学习并不足以丰富和扩展幼儿园教师学习的机会和成效，无法满足变革时代对教育创新的要求。因此，我们有必要突破幼儿园教师学习共同体的边界，加强校内共同体之间的横向联系与合作，支持和鼓励校内不同共同体围绕学校某些共同、核心的问题进行意义协商与对话，并为之创设条件。同时，我们应加强学校与学校之间的联系与合作，通过建立校际共同体拓展幼儿园教师学习环境。如幼儿园、中小学校之间，或是幼儿园、中小学校与大学之间，以项目为抓手，开展课例研讨、教研活动等，积极建立伙伴合作关系，为幼儿园教师搭建专业对话平台。需要特别指出的是，考虑到校际共同体存在持续时间有限的问题，校内学习共同体永远都应该是幼儿园教师学习的基础环境，也是一切伙伴合作关系建立的前提和立足点。我们应积极尝试将校际共同体的建立与校内共同体中的幼儿园教师学习进行有效融合，以促进校内共同体的自我革新和幼儿园教师持续的专业发展。

第四节　研究设计

本研究以建构主义情境学习理论为指导，对幼儿园教师自主学习现状及支持系统进行了理论探讨与实践探索。本研究采用理论分析与实证研究相结合、量化研究与质性研究相结合的方法，探讨了我国幼儿园教师自主学习的现状及影响因素、区域差异与特色，幼儿园不同活动中的教师自主学习，幼儿园教师自主学习支持系统现状、促进路径与对策等问题。

一、基本思路

本研究从理论探讨、现状与问题、差异与特色、路径与对策四个方面探讨幼儿园教师的自主学习及基于幼儿园的自主学习支持系统。其中，理论探讨包括教师学习、自主学习和建构主义情境学习理论三部分；现状与问题主要分析幼儿园教师自主学习与教师个人、幼儿园、政府、社会等之间的关系，研究幼儿园教师自主学习的行为与心理特征及内外部诱因，最终重点找出我国当前幼儿园教师自主学习存在的问题与困难；差异与特色部分以我国中部地区湖北省、西部地区四川省和香港特别行政区为区域案例，深入分析幼儿园教师自主学习的现状、问题、影响因素、条件保障等；在路径与对策方面，我们从教学反思的角度探讨教师个人因素对自主学习的影响并提出教师自我提升建议，从幼儿园的园本培训、课题研究、幼儿园组织气氛、社交网络学习共同体等方面提出促进幼儿园教师自主学习的路径与对策，从区域环境角度提出构建区域幼儿园教研共同体的设想。

二、研究方法

（一）文献法

本研究收集和整理的文献包括三个部分，即建构主义学习理论（特别是情境学习理论）及其在教育中的应用、国内外教师（包括幼儿教师）学习和专业发展、校本研究和培训、教师教育等方面的研究成果，幼儿园教师的反思与学习日记，样本地区幼教专干、幼儿园园长、教师的教学和研究记录与相关档案。

（二）问卷调查法

本研究设计的问卷调查主要分为幼儿园教师自主学习现状和支持系统两个方面。为了确保各方面数据起到相互印证和支持的作用，更加全面而客观地了解我国幼儿园教师自主学习的现状、问题与困难、影响因素、园所条件、社区环境、政府支持、幼教市场等，寻找适宜的改进、提升路径与对策，我们分别对幼儿园教师、幼儿园园长和学前教育管理者（含教研员）进行了大规模的调查。

1. 幼儿园教师调查

本次调查采用了中华人民共和国国家统计局2016年的地区划分标准，将我国31个省（自治区、直辖市）按东部、西部、东北部、中部划分为四大区域。东部区域包括北京、天津、河北、上海、江苏、浙江、福建、山东、广东和海南。西部区域包括内蒙古、广西、重庆、四川、贵州、云南、西藏、陕西、甘肃、青海、宁夏和新疆。东北部区域包括辽宁、吉林和黑龙江。中部区域包括山西、安徽、江西、河南、湖北和湖南。

调查采取随机抽样的方式，在四大区域随机选取幼儿园教师进行问卷调查。调查工具是自编问卷《幼儿园教师自主学习调查问卷》。问卷主要由基本信息、学习状况两个部分组成。其中，基本信息包括幼儿园信息和个人信息。学习状况涵盖幼儿园教师自主学习水平和幼儿园教师自主学习支持系统两方面。问卷将两方面题项顺序混合，保证答题者不受题项内容导向影响。

幼儿园教师自主学习水平分3个维度，即认知与情感，包含重要性认识、情感态度、学习动机、学习意志、自我效能感；技能与能力，包含认知能力、调控能力、反思能力；行为与习惯，包含学习内容、学习投入、学习方式与效果、学习成果的运用。幼儿园教师自主学习支持系统包括5个维度，即资源条件，包含物质、场地、人力、网络、时间、经费；学习机会，包含内部学习机会、外部学习机会；精神环境，包含内部精神环境、外部精神环境；规章制度，包含幼儿园、个人、考核；组织管理，包含领导、组织、管理。

为了验证本问卷的信度与效度，研究者首先进行问卷预测100份（仅针对等级量表中的题项）。经信度检验中的可靠性分析，研究得到各维度（即一级指标）间 Cronbach α 系数为 0.752，大于 0.7，表示问卷内在一致性程度较高，信度良好；经效度检验中的探索性因素分析，得到 8 个因子，累积解释方差变异量为 77.9%，表明问卷具有良好的结构效度。

2. 幼儿园园长和学前教育管理者调查

本研究以全国四大区域 31 个省（自治区、直辖市）的幼儿园园长及学前教育管理者为主要研究对象，分层分类抽样并进行问卷调查。研究采用自编问卷《幼儿园教师自主学习支持系统调查问卷》（分为园长问卷和学前教育管理者问卷）进行问卷调查。两份问卷均通过前期预调查并进行了验证，在此基础上对部分园长、学前教育管理者进行深入访谈。

问卷内容包括幼儿园基本信息、教师自主学习支持系统现状及需求 3 个方面。问卷共设 5 个一级指标（含资源条件、学习机会、精神环境、规章制度、组织管理）、13 个二级指标（含幼儿园基本信息、物质与经费支持、场地支持、人力支持、网络支持、园内学习机会、园外学习机会、园所环境、外部氛围、园所规划、园所领导、园所组织、园所管理）、24 个三级指标，共计 38 小题，核心内容为幼儿园教师自主学习支持系统的现状和需求。研究采用 SPSS 22.0 软件对调查数据进行统计分析。

为了验证问卷的信度与效度，研究者首先进行问卷预测 100 份。经信度检验中的可靠性分析，研究得到各维度（即一级指标）间 Cronbach α 系数为 0.873，大于 0.7，表示问卷内在一致性程度较高，信度良好；经效度检验中的探索性因素分析，得到 5 个因子，累积解释方差变异量为 77.9%，表明问卷具有良好的结构效度。

另外，本研究调查了香港特别行政区的 123 名幼稚园教师，并对部分幼稚园的园长进行了访谈。调查工具和途径与内地调查相同，但没有计入内地调查样本中。研究对香港特别行政区的幼稚园教师自主学习及支持系统进行了单独分析。

为了解幼儿园教师教学反思的现状、问题与影响因素，分析幼儿园园本培训、组织气氛等对幼儿园教师自主学习的影响，本研究也选择部分地区进行了小型问卷调查并辅以访谈。

（三）访谈法、案例研究法和作品分析法

为了深入研究幼儿园教师自主学习动因，寻找有效促进幼儿园教师自主学习的路径与对策，本研究采用了访谈法、案例研究法、作品分析法等方法，对幼儿园教师自主学习意愿和动因、影响幼儿园教师自主学习的外部因素，如区域幼儿园教研共同体、幼儿园组织气氛、课题研究、教师的教学反思等进行研究。

第二篇　现状分析篇

第二章　幼儿园教师自主学习水平与资源

第一节　幼儿园教师自主学习水平与园所环境

通过前面的文献梳理可知，当前国内学者对幼儿园教师自主学习的研究较少，且大多以理论分析为主。为了深入了解我国幼儿园教师自主学习行为状况、发展水平及内外影响因素，本研究在全国范围内进行了广泛调查。

本研究采取整群随机抽样方法，选取3494名幼儿园教师填写问卷，剔除有规律作答和超过5.0%题目没有作答的无效问卷后，获得有效问卷3111份，有效率为89.0%。样本教师来自湖北、四川、辽宁、湖南、吉林、山西、广西、江苏、宁夏、甘肃、广东、山东、浙江、河南、上海、陕西、贵州、云南、黑龙江、河北、江西、内蒙古、北京、天津、新疆、重庆、安徽、青海等28个省（自治区、直辖市）。样本教师所在幼儿园基本情况见表2-1。

表2-1　样本教师所在幼儿园基本情况

背景变量	类别	数量（单位：所）	占比（单位:%）
性质	公办	2272	73.0
	民办	839	27.0
规模	小型	367	11.8
	中型	586	18.8
	大型	2158	69.4

续表

背景变量	类别	数量（单位：所）	占比（单位:%）
等级	三级园	288	9.3
	二级园	418	13.4
	一级园	444	14.3
	地市级示范园	597	19.2
	省市级示范园	1364	43.8

在样本教师中，女教师占98.2%。平均年龄为30.91岁，其中21—25岁年龄段最多，占27.7%；26—30岁组位列第二，占24.1%；41—50岁排第三，占17.1%；31—35岁占16.6%；36—40岁占9.5%；20岁以下占3.9%；51岁以上占1.1%。21—30岁教师合计占比达51.8%。平均教龄为9.71年，其中5年以内最多，占44.6%；其次为10年以上，占33.4%；5—10年最少，占22.0%。

样本教师中，学历为中专及以下的占6.8%，大专占45.4%，本科占46.6%，硕士占1.2%。职称为三级的占35.8%，二级占23.2%，一级占31.7%，高级占8.8%，正高级占0.5%[①]，三级教师占比最大。无编制、工资由幼儿园自筹的教师占比排第一，占45.7%；有编制的教师排第二，占41.7%；无编制、工资由当地教育部门支付的教师最少，占12.6%。教师年收入为24000元及以下的占38.4%，年收入为24001—48000元的占45.0%，年收入为48001—72000元的占12.5%，年收入为72001—96000元的占2.6%，年收入为96000元以上的占1.5%。样本中绝大多数幼儿园教师年收入在48000元以下，近一半的幼儿园教师的工资收入尚未达到当地城市的人均收入水平，这与他们的学历和职称并不匹配。

① 2015年8月，教育部《关于深化中小学教师职称制度改革的指导意见》明确提出，设置统一的中小学教师（含幼儿园教师）职称（职务）系列，并增设正高级职称。中小学教师（含幼儿园教师）职称等级从低到高，依次为三级教师、二级教师、一级教师、高级教师和正高级教师。

一、幼儿园教师自主学习行为与水平

研究从认知与情感、技能与能力、行为与习惯三方面分析幼儿园教师的自主学习行为特征，全面把握幼儿园教师自主学习的发展水平。

（一）认知与情感

认知与情感部分包括“重要性认识”“情感态度”“学习动机”“学习意志”“自我效能感”5项内容，其平均值分别为4.72、4.65、4.28、4.39、4.30，标准差分别为0.65、0.67、0.59、0.59、0.75。在认知与情感这一部分，幼儿园教师对自主学习重要性的认识得分最高，平均值为4.72；学习动机得分最低，平均值为4.28。这说明当前幼儿园教师对自主学习重要性的感性认识水平普遍高，学习动机水平比较低，付诸行动的动力稍弱。

学习动机可分为内部动机和外部动机。内部动机包括职业取向和专业发展，外部动机包括晋升提薪、幼儿园要求、同事影响以及教育部门的规定。研究发现，幼儿园教师自主学习内部动机强于外部动机。教师作为成人，其学习和儿童是不一样的。成人学习理论认为，成人的自我概念从依赖型转为独立型，已有的生活和工作经验是成人学习的资源，成人学习的计划、内容、目标、方法等与自身的社会角色紧密相连，成人的学习目标倾向于应用性，动机大部分来源于内部需要。内部动机包括职业取向和专业发展，进一步分析发现，专业发展动机高于职业取向动机，这说明幼儿园教师趋于为了自身专业发展而开展自主学习。外部动机包括晋升提薪、幼儿园要求、同事影响以及教育部门的规定，平均值分别为3.08、4.50、4.39、4.42，标准差分别为1.31、0.84、0.89和0.84。显然，幼儿园对教师提出的学习要求是最具影响力的外部动机，其次是教育部门的规定，同事影响位列第三，晋升提薪是影响力度最小的外部因素。目前，幼儿园教师的工资待遇普遍不高，职称评定不受重视，此方面的吸引力着实不大。

学习意志是一种自主学习的重要品质。[①] 在职自主学习是一件艰难的事情，学习者最初的学习行为是动机驱动的，但要持之以恒，则需要意志力，因为学习的过程中会遇到很多困难与干扰。研究发现，学习意志具体表现为坚持阅读、网络学习中抵制诱惑、保教工作中坚持反思、培训中关掉手机、研究中克服困难等方面，平均值分别为 4.21、4.25、4.31、4.70、4.48，标准差分别为 0.84、0.92、0.84、0.64、0.69。研究发现，幼儿园教师们普遍能够做到培训中关掉手机，减少干扰因素，表现较差的是坚持阅读专业书籍或报刊，这或许也是受网络的影响，同时幼儿园教师阅读纸质图书的数量较少。

（二）技能与能力

技能与能力部分包括“认知能力”“调控能力”和“反思能力”，平均值分别为 4.16、4.29、3.88，标准差分别为 0.54、0.71、0.67。在技能与能力这一部分，幼儿园教师的调控能力得分最高，平均值为 4.29；认知能力排第二，平均值为 4.16；反思能力最弱，平均值为 3.88。显然，幼儿园教师“做中学、做中思”的水平最低。

调控能力包括教师个人发展规划和教学规划两方面。研究发现，幼儿园教师发展规划平均值为 4.20，标准差为 0.82；教学规划为 4.37，标准差为 0.73。这说明幼儿园教师调控能力中的教学规划高于发展规划。这与幼儿园日常教育教学工作密切相关。许多幼儿园以年级为单位制定教学进度表，教师能够经常依据幼儿进展调整活动内容，而自身的发展规划则更多依赖自觉，时常被忽略。

认知能力包括个体学习、群体学习、网络学习以及保教活动 4 个方面，平均值分别为 3.70、4.21、4.28、4.46，标准差分别为 1.19、0.83、0.77、0.67。研究发现，幼儿园教师依托保教工作学习的能力平均值最大，为 4.46；利用网络资源满足学习需求位列第二，平均值为 4.28；在人际交往中学习占第三，平均值为 4.21；个体学习表现最弱，平均值为 3.70。可见，保

① 庞维国．自主学习：学与教的原理和策略［M］．上海：华东师范大学出版社，2003：59.

教工作对幼儿园教师的自主学习影响颇大。随着信息技术的发展，以网络、社交软件、移动智能终端等为媒介的网络学习开始成为幼儿园教师自主学习的新方式，同事或同行之间的合作学习也非常有利于教师的自主学习，而教师的独立自主学习能力发展最弱。

反思能力包括自我反思和批判质疑。研究发现，幼儿园教师自我反思平均值为4.46，标准差为0.66；批判质疑为3.30，标准差为1.02。这说明幼儿园教师反思能力中的自我反思高于批判质疑。幼儿园教师善于从教学活动中总结经验教训，对专家或他人的观点和看法难以提出不同意见。幼儿园教师的工作具有很强的实践性质，解决实践问题需要教师通过不断反思来构建实践性知识。[①] 目前，幼儿园教师对自我的反思优于对他人理论或经验的批判与创新。

（三）行为与习惯

行为与习惯部分包括“学习内容”“学习投入”“学习方式与效果”“学习成果的运用”。

学习内容包括专业理念与师德、专业知识、专业技能3个方面，平均值分别为4.36、4.42、4.42，标准差分别为0.68、0.67、0.69。研究发现，幼儿园教师对专业知识和技能的学习普遍多于专业理念与师德。这也是需要引起重视的一个问题。《幼儿园教师专业标准（试行）》将“师德为先”列为基本理念之首。一名合格的幼儿园教师应该首先履行教师职业道德规范，做到依法执教。在我国大力发展学前教育事业的背景下，幼儿园教师的师德规范正接受广大群众的检视。互联网上不时出现的幼儿园教师虐童事件为幼儿园教师的师德规范敲响了警钟。幼儿园教师在加强师德建设的同时，必须提高法律素养。

学习投入包括反思频率、拥有专业书籍及杂志数量、阅读量和每周投入时间。自主学习的关键在于自己。研究发现，每月撰写反思日记4篇及以下的教师占比最多，为46.7%；拥有专业书籍及杂志的数量为6—10本的教师

① 蔡迎旗，海鹰．自主学习：幼儿园教师专业发展的现实之需［J］．学前教育研究，2016（3）：34-40+56.

占比最多，为 37.5%；每周阅读专业文章 6—10 篇的教师占比最多，为 43.2%；每周投入学习与研究 4—5 小时的教师占比最多，为 27.1%。幼儿园教师学习投入普遍处于中等偏下水平，具体见表 2-2。

表 2-2　幼儿园教师学习投入情况

项目	选项	占比（单位:%）	项目	选项	占比（单位:%）
每月写反思日记的篇数	4 篇及以下	46.7	每周阅读专业文章的篇数	5 篇及以下	36.8
	5—8 篇	35.1		6—10 篇	43.2
	9—12 篇	7.7		11—15 篇	10.1
	13—16 篇	3.3		16—20 篇	5.0
	17 篇及以上	7.2		21 篇及以上	5.0
拥有专业书籍及杂志的数量	5 本及以下	22.0	每周投入学习与研究的时间	2 小时以下	9.7
	6—10 本	37.5		2—3 小时	26.4
	11—15 本	13.6		4—5 小时	27.1
	16—20 本	8.1		6—7 小时	11.7
	21 本及以上	18.8		8 小时及以上	25.1

幼儿园教师的学习方式有很多种。本研究调查了教师们喜欢的和效果好的学习方式。结果发现，幼儿园教师们喜欢的与效果好的方式基本一致。实践性质的“观摩体验”“教研活动”最受喜爱，效果最好；“面授培训”和“保教实践”喜爱度及效果略有不同，差异不大；非正式的学习形式，如“同他人交流”“阅读书籍文章”“网络学习”喜爱度和效果均排位靠后（见表 2-3）。在刘天娥等的研究中，幼儿园教师认为最有效和最常用的自主学习方式均是观摩优质教学活动，网络研修效果最差。① 此结果与本研究结果高度一致。这说明幼儿园教师特别重视和擅长与实践活动紧密相连的各类学习方式，网络学习的潜能有待进一步开发。

① 刘天娥，海鹰．幼儿园教师自主学习的现状调查及问题思考［J］．教育研究与实验，2016（4）：45-50.

表 2-3　幼儿园教师喜欢的和效果好的学习方式（单位：%）

项目	保教实践	教研活动	面授培训	网络学习	同他人交流	阅读书籍文章	观摩体验	其他
喜欢	35.6	51.7	36.9	17.0	32.6	30.2	77.9	1.7
效果好	37.2	51.2	35.7	11.5	35.6	25.3	79.5	1.9

学习成果的运用包括知识运用、教学模仿和活动设计 3 个方面，平均值分别为 4.46、4.47、4.32，标准差分别为 0.65、0.66、0.75。研究发现，幼儿园教师教学模仿（即将观摩过的优质活动运用到自己的教学活动中）的平均值最高，为 4.47；教师根据所学知识进行教学改革或活动设计的平均值最低，为 4.32。比较而言，幼儿园教师倾向于比较简单而直接的模仿学习，即看即学，而根据所学理论和理念进行创新与改革的兴趣和能力都有待加强。

二、幼儿园的自主学习环境

自主学习是与环境交互的过程和结果，而幼儿园是教师浸润其中的、最直接的环境条件。本研究将幼儿园教师自主学习的环境条件（即支持系统）分为物质条件、场地空间、网络资源、学习机会、荣誉奖励、精神环境、规章制度和组织管理等。

物质条件主要指幼儿园为教师配备的学习设施。87.7%的教师配有电脑，82.3%的教师能使用打印机，73.4%的教师拥有学习桌，58.2%的教师可使用工作间，54.3%的教师配有移动硬盘或 U 盘，35.7%的教师可使用摄像机。绝大部分幼儿园教师享有基本的和必需的学习设备。

场地空间包括图书室和学习用房。图书室每日开放时间占比最多的为 4 小时及以上，占 42.2%；其次为 1 小时，占 18.9%；2 小时的占 13.8%，3 小时的占 3.7%，但也有 21.4%的幼儿园不开放或者没有图书室。图书室开放时间平均值为 3.27，标准差为 1.64。学习用房有多种。教师使用最多的是会议室，占 87. 8%；其次为备课室，占 63. 7%；阅览室和研讨室使用比较少，分别占 55. 2%和 49. 9%。幼儿园提供给教师的图书室以及独立的研究学习空间是促进教师在工作环境中自主学习的条件之一，但目前有三分之二到一半的幼儿园尚未达到理想状态。

当前，我国高度重视信息技术对教育发挥的变革作用，学前教育领域的信息化建设步伐加快。网络及各种网上电子资源是信息化建设的重要内容。研究表明，93. 4%的教师加入了幼儿园提供的 QQ/微信群，66. 8%的幼儿园提供无线网络，59. 7%的教师可以使用幼儿园提供的网络课程，39. 2%的幼儿园提供专业网站，17. 6%的幼儿园提供电子书，19. 5%的幼儿园还提供了其他的多样化资源。这说明当前 8 成以上幼儿园教师能够使用网络和社交媒体，但专业网站和电子书等资源比较少，专门针对幼儿园教师专业发展而配置的专业学习资源较为匮乏。这也解释了我国幼儿园教师虽然经常使用手机和电脑，拥有网络条件，但并不将“网络学习”作为自己喜欢和效果好的学习方式的原因。对广大的幼儿园教师而言，手机、电脑和网络更多地用于交流与娱乐，而非专业学习与发展。

研究将学习机会分为幼儿园内部学习机会和外部学习机会。结果发现，幼儿园整体学习、教研、科研氛围处于中等水平。每学期对教师进行听课和评课指导频次为 4 次及以上的最多，占 42. 2%。91. 3%的幼儿园教师参与教研活动，参加 4 个及以上教研组的情况最多，占 35. 0%。参加课题研究的机会相对少一些，只有 78. 7%的教师参与了幼儿园的课题研究，其中参加 1 个课题的情况最多，占 32. 8%。

内部学习机会还包括园本培训。如对新教师，幼儿园安排有经验的教师进行一对一指导的占 88. 9%。专家或者名师来幼儿园开展培训或者讲座也是很好的学习机会，近一年开展了 1—3 次的最多，占 40. 6%，10 次及以上的占 12. 8%，一次也没有的占 11. 1%。幼儿园经常安排有经验的教师分享经验或上示范课，平均值为 4. 41，标准差为 0. 83。

幼儿园外部学习机会包括学历提升和外出培训。研究发现，当幼儿园教师获得更高学历时，幼儿园给予的奖励多是工资津贴提升（35. 8%），其次分别是公开表扬（34.6%）、其他综合性奖励（33.4%）、荣誉奖励（21.8%）、现金奖励（17.7%）、职称职务晋升（17.1%）、报销学费或差旅费（9.5%）。增加工资津贴等是最直接的奖励方式，因此幼儿园使用较多。职称职务晋升成为不具吸引力的奖励方式，这与前面的研究结果一致，再次印证了当前我国幼儿园教师职称评定不及时，机会不多，不具有推动力。具体见图 2-1。

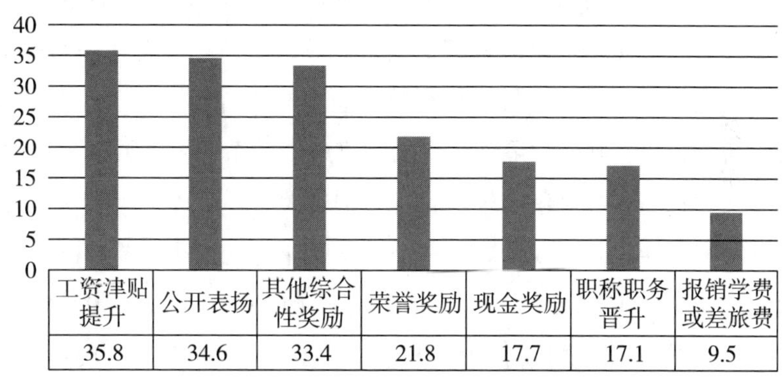

工资津贴提升	公开表扬	其他综合性奖励	荣誉奖励	现金奖励	职称职务晋升	报销学费或差旅费
35.8	34.6	33.4	21.8	17.7	17.1	9.5

图 2-1　幼儿园对教师学历提升的奖励方式的分布情况（单位：%）

外出培训观摩是幼儿园教师的重要学习机会。近一年，74.7%的幼儿园教师得到了区县级培训机会，74.0%的教师得到市级培训机会，60.5%的教师有省级培训机会，44.0%的教师得到国家级培训机会。近一年，当地教育部门组织观摩、教研、竞赛活动情况如下：未开展相关活动的占 4.8%，开展 1 次的占 11.4%，开展 2 次的占 23.8%，开展 3 次的占 14.3%，开展 4 次及以上的占 45.7%。这说明当前大部分幼儿园教师能够享有培训的机会，地区教育部门越来越重视幼儿园教师的专业发展。

幼儿园教师获得的荣誉奖励，对教师本人和其他教师都具有很好的激励作用。近一年，幼儿园获得省级、市级或者区县级荣誉或奖励的教师总人数为 1—2 名的占 30.0%，3—4 名的占 25.7%，5—6 名的占 9.9%，7 名及以上的占 23.1%，没有奖励的占 11.3%。根据勒温的群体动力学理论，个体行为是个体的内部条件（心理力场）和外部情境（情境力场）相互作用的结果。

个体与所在的组织相互作用时会产生一定的组织氛围，个体行为会被那些受到奖励、支持和期望的行为所影响。换言之，若幼儿园教师所处的园所经常有教师受到奖励，则教师个体行为会被激励，从而提高学习积极性。

精神环境包括幼儿园内部的文化氛围、人际关系和外部的家长关系、社区氛围，平均值分别为 2.40、4.29、4.45、3.82，标准差分别为 1.23、0.76、0.71、1.08。研究发现，幼儿园教师与家长关系得分最高，平均值为 4.45，标准差为 0.71；而文化氛围得分最低，平均值为 2.40，标准差为 1.23。这说明广大幼儿园教师与家长关系比较融洽。家园合作一直是幼儿园保教工作的重要部分。教师与家长有效沟通、愉快合作有助于幼儿的身心健康发展。若家长与教师产生隔阂，则会损害师幼关系和亲子关系。相比之下，幼儿园的文化氛围和社区氛围较弱，且差别较大。

规章制度包括幼儿园规章制度、个性化职业规划和幼儿园考核 3 个方面，平均值分别为 4.51、4.02、4.54，标准差分别为 0.75、1.03、0.74。研究发现，幼儿园考核和规章制度方面得分较高，教师个体的职业发展规划则得分较低，平均值仅有 4.02。幼儿园的规章制度更多保障园所集体发展利益，而不是教师个体的职业规划。幼儿园可以通过规章制度和考核来促进教师积极主动地寻求专业发展。毕竟，制度可以规范教师行为，是促使教师朝向目标不断奋进的有力保证。

组织管理包括幼儿园的领导、组织和管理 3 个方面。研究发现，幼儿园教师对幼儿园的领导和组织评分比较高，平均值都为 4.53；而管理稍低，平均值为 4.31。三者的标准差分别为 0.74、0.70 和 0.95。可见，幼儿园园长等领导者能够起到比较好的示范作用，园所组织氛围也较好，但管理有所欠缺。当前，我国幼儿园管理结构是金字塔式的科层制。这样的管理体制是建立在法理的权威基础上，追求最大化的管理效率，其特征是多层级、等级制、集权化、专门化。多层级表现为幼儿园职务等级较多，包括园长、副园长、主任、年级长、普通教师等，层级过多会严重制约信息和知识的传递。等级制表现为下级受到上一级的管理和监督，不得越级，这严重限制了教师横纵向的自由沟通，同样制约了信息和知识的传递以及问题解决的速度、质量。集权化表现为幼儿园的领导者、管理层具有绝对话语权，教师只需服从和执行任务，失去了规划自己职业发展的权利和参与园所发展的权利。专门化表现为教师的分工一般很细致且长期不变，这样容易滋生教师的懈怠感和职业倦怠感。研究发现，固化的园所管理和日复一日、一成不变的工作内容打压了教师自主学习、更新知识的积极性。

三、幼儿园教师自主学习影响因素的多元回归分析

（一）教师人口学因素、幼儿园背景因素、支持系统因素对自主学习水平各维度的回归分析

为了深入探讨影响我国幼儿园教师自主学习水平的各种因素以及各因素的具体作用和影响力，本研究将教师年龄、教龄、性别、学历、职称、编制、收入和幼儿园性质、规模、等级、资源条件、学习机会、精神环境、规章制度和组织管理作为自变量，将教师自主学习认知与情感、技能与能力、行为与习惯3个维度分别作为因变量，进行阶层回归分析：第一层为教师人口学因素，包括教师年龄、教龄、性别、学历、职称、编制和收入；第二层加入幼儿园背景因素，包括幼儿园性质、规模和等级；第三层加入支持系统因素，包括资源条件、学习机会、精神环境、规章制度和组织管理。

从教师认知与情感水平影响因素的阶层回归分析结果来看，第一阶层人口学变量可解释认知与情感因变量0.8%的变异量，男性幼儿园教师的认知与情感水平显著低于女性幼儿园教师，中专及以下学历的幼儿园教师的认知与情感水平显著低于本科学历的幼儿园教师。再投入幼儿园背景变量，则整体解释率增加了0.8%，显著性改变的F值等于4.81，达到0.001的显著水平；性别和学历结果与第一阶层一致；此外，公办幼儿园教师的认知与情感水平显著低于民办幼儿园的教师，一级园教师的认知与情感水平显著高于三级园，省级示范园教师显著高于一级园。加入支持系统变量，则整体解释率增加了34.3%，显著性改变的F值为328.47，达到0.001的显著水平。在第三阶层，中专及以下学历的幼儿园教师的认知与情感水平显著低于本科学历

的幼儿园教师，一级园教师的认知与情感水平显著低于二级园教师；在支持系统变量中，资源条件、精神环境、规章制度和组织管理对教师的认知与情感水平有显著正向影响。3个阶层的变量对认知与情感水平的整体解释率为36.0%，但支持系统变量的整体解释率（34.3%）超过了教师人口学变量和幼儿园背景变量的整体解释率之和（1.6%）。可见，在考虑教师性别、学历和园所性质、等级等因素的前提下，支持系统因素对教师自主学习认知与情感水平仍有显著解释力。这说明，不管哪类教师、哪类幼儿园，幼儿园的实际学习环境与条件、机会与气氛等的良好支持对教师的自主学习认知与情感均有显著促进作用。具体见表2-4。

表2-4 教师认知与情感水平影响因素的阶层回归分析

阶层变量	阶层内变量	阶层一		阶层二		阶层三	
		β	t	β	t	β	t
教师人口学因素	性别（参照组：女）						
	男	-0.068	-3.76***	-0.064	-3.55***	-0.018	-1.26
	学历（参照组：本科）						
	中专及以下	-0.047	-2.53*	-0.043	-2.24*	-0.036	-2.27*
	大专	0.026	1.41	0.023	1.21	-0.004	-0.25
	硕士	-0.004	-0.24	-0.005	-0.29	0.000	0.02
幼儿园背景因素	幼儿园性质(参照组:民办)						
	公办			-0.053	-2.76**	-0.018	-1.16
	等级（参照组：一级园）						
	三级园			-0.044	-2.02*	0.021	1.16
	二级园			0.035	1.52	0.039	2.07*
	地市级示范园			0.021	0.87	0.016	0.82
	省级示范园			0.061	2.23*	0.003	0.12

续表

阶层变量	阶层内变量	阶层一		阶层二		阶层三	
		β	t	β	t	β	t
支持系统因素	资源条件					0.038	2.03*
	学习机会					0.004	0.23
	精神环境					0.132	6.18***
	规章制度					0.270	12.91***
	组织管理					0.249	11.23***
回归模型摘要	R^2	0.008		0.016		0.360	
	ΔR^2	0.008		0.008		0.343	
	F	6.54***		5.59***		122.83***	
	ΔF	6.54***		4.81***		328.47***	

*** $p<0.001$　** $p<0.01$　* $p<0.05$

从教师技能与能力水平影响因素的阶层回归分析结果来看，第一阶层人口学变量可解释技能与能力因变量1.3%的变异量，大专学历的幼儿园教师技能与能力水平显著高于本科学历的幼儿园教师。再投入幼儿园背景变量，则整体解释变异增加了0.3%，显著性改变的 F 值为8.31，达到0.01的显著水平；学历差异与第一阶层一致；此外，公办幼儿园的教师技能与能力水平显著低于民办幼儿园的教师。加入支持系统变量，则整体解释变异增加了35.5%，显著性改变的 F 值为337.66，达到0.001的显著水平；在第三阶层，大专学历的幼儿园教师技能与能力水平显著高于本科学历的幼儿园教师；在支持系统变量中，学习机会、精神环境、规章制度和组织管理对教师的技能与能力水平有显著正向影响。3个阶层的变量对技能与能力水平的整体解释率为37.0%，但支持系统变量的整体解释率（35.5%）超过了教师人口学变量和幼儿园背景变量的整体解释率之和（1.6%）。可见，在考虑教师年龄、教龄、学历、职称和园所性质等因素的前提下，支持系统因素对教师自主学习技能与能力水平仍有显著解释力。这说明，不管哪类教师、哪类幼儿园，幼儿园环境条件的支撑对教师的自主学习技能与能力均有显著促进作用。具体见表 2-5。

表 2-5 教师技能与能力水平影响因素的阶层回归分析

阶层变量	阶层内变量	阶层一		阶层二		阶层三	
		β	t	β	t	β	t
教师人口学因素	年龄	0.006	0.13	0.004	0.09	0.044	1.26
	教龄	0.048	1.07	0.057	1.27	0.030	0.83
	学历（参照组：本科）						
	中专及以下	0.012	0.59	0.000	0.01	0.014	0.87
	大专	0.078	4.01***	0.068	3.39**	0.036	2.23*
	硕士	-0.019	-1.03	-0.018	-0.95	-0.011	-0.76
	职称（参照组：一级）						
	三级	-0.036	-1.47	-0.039	-1.58	-0.018	-0.92
	二级	0.036	1.64	0.040	1.81	0.030	1.71
	高级	0.013	0.65	0.015	0.72	0.001	0.03
	正高级	-0.025	-1.38	-0.025	-1.36	-0.017	-1.15
幼儿园背景因素	幼儿园性质(参照组：民办)						
	公办			-0.057	-2.53*	-0.022	-1.37
支持系统因素	资源条件					-0.027	-1.47
	学习机会					0.034	1.88*
	精神环境					0.267	12.44***
	规章制度					0.307	14.74***
	组织管理					0.100	4.50***

续表

	阶层内变量	阶层一	阶层二	阶层三
回归模型摘要	R^2	0.013	0.016	0.370
	ΔR^2	0.013	0.003	0.355
	F	4.35***	4.75***	117.50***
	ΔF	4.35***	8.31**	337.66***

*** $p<0.001$ ** $p<0.01$ * $p<0.05$

从教师行为与习惯水平影响因素的阶层回归分析结果来看，第一阶层人口学变量可解释行为与习惯因变量 4.0%的变异量，教龄对行为与习惯有显著正向影响，男性幼儿园教师行为与习惯水平显著低于女性幼儿园教师，三级幼儿园教师行为与习惯水平显著低于一级幼儿园教师，无编制且工资由幼儿园自筹的教师行为与习惯水平显著高于有编制教师，年收入为 24001—48000 元和 72001—96000 元的教师的行为与习惯水平显著高于年收入为 24000 元以下的教师。再投入幼儿园背景变量，则整体解释变异增加了 0.7%，显著性改变的 F 值为 3.73，达到 0.01 的显著水平；除了职称差异不显著以外，教师人口学变量结果与第一阶层一致；此外，小型幼儿园的教师行为与习惯水平显著低于中型幼儿园的教师，省级示范园的教师则显著高于一级园的教师。加入支持系统变量，则整体解释变异增加了 34.4%，显著性改变的 F 值为 336.40，达到 0.001 的显著水平；在第三阶层，教龄越高则幼儿园教师的行为与习惯水平越高，无编制且工资由教育部门支付的教师的行为习惯水平显著低于有编制教师，三级园的教师行为与习惯水平显著高于一级园的教师；在支持系统变量中，资源条件、学习机会、精神环境、规章制度和组织管理对教师的行为与习惯水平有显著正向影响。3 个阶层的变量对行为与习惯水平的整体解释率为 39.1%，支持系统变量的整体解释率（34.4%）超过了教师人口学变量和幼儿园背景变量的整体解释率之和（4.7%）。可见，在考虑教师年龄、教龄、学历、职称、编制、收入和园所规模、等级等因素的前提下，支持系统因素对教师自主学习行为与习惯水平仍有显著解释力。这说明，不管哪类教师、哪类幼儿园，幼儿园的良好环境条件均对教师的自主学习行为与习惯有显著促进作用。具体见表 2–6。

表 2–6　教师行为与习惯水平影响因素的阶层回归分析

阶层变量	阶层内变量	阶层一		阶层二		阶层三	
		β	t	β	t	β	t
教师人口学因素	年龄	−0.060	−1.41	−0.064	−1.48	−0.011	−0.33
	教龄	0.152	3.39**	0.152	3.38**	0.118	3.28**
	性别（参照组：女）						
	男	−0.064	−3.56***	−0.059	−3.26**	−0.017	−1.18
	学历（参照组：本科）						
	中专及以下	−0.035	−1.71	−0.019	−0.92	−0.007	−0.40
	大专	−0.011	−0.53	−0.004	−0.18	−0.030	−1.80
	硕士	0.007	0.39	0.004	0.22	0.008	0.52
	职称（参照组：一级）						
	三级	−0.057	−2.30*	−0.040	−1.61	−0.032	−1.59
	二级	0.025	1.13	0.032	1.45	0.014	0.78
	高级	0.027	1.33	0.024	1.18	0.004	0.24
	正高级	−0.005	−0.26	−0.005	−0.30	−0.002	−0.13
	编制（参照组：有编制）						
	无编制，工资由教育部门支付	−0.016	−0.77	−0.013	−0.61	−0.072	−4.32***
	无编制，工资由幼儿园自筹	0.055	2.31*	0.059	2.46*	−0.036	−1.86
	年收入（参照组：24000 元及以下）						
	24001—48000 元	0.063	2.81**	0.061	2.71**	0.027	1.52
	48001—72000 元	0.035	1.54	0.032	1.40	−0.023	−1.26
	72001—96000 元	0.058	2.97**	0.056	2.90**	0.005	0.31
	96000 元以上	0.001	0.07	0.003	0.18	−0.017	−1.11

续表

阶层变量	阶层内变量	阶层一		阶层二		阶层三	
		β	t	β	t	β	t
幼儿园背景因素	规模（参照组：中型）						
	小型			-0.052	-2.32*	-0.009	-0.51
	大型			-0.014	-0.64	-0.024	-1.35
	等级（参照组：一级园）						
	三级园			-0.029	-1.25	0.053	2.86**
	二级园			0.010	0.41	0.013	0.71
	地市级示范园			0.020	0.82	0.008	0.38
	省级示范园			0.057	2.03*	-0.005	-0.23
支持系统因素	资源条件					0.119	6.25***
	学习机会					0.178	10.08***
	精神环境					0.220	10.32***
	规章制度					0.212	10.25***
	组织管理					0.056	2.57*
回归模型摘要	R^2	0.040		0.047		0.391	
	ΔR^2	0.040		0.007		0.344	
	F	7.80***		6.72***		70.85***	
	ΔF	7.80***		3.73**		336.40***	

*** $p<0.001$ ** $p<0.01$ * $p<0.05$

（二）教师自主学习水平影响因素的阶层回归分析

为了深入探讨我国幼儿园教师自主学习水平受到哪些因素的影响，作用大小如何，研究将教师年龄、教龄、性别、学历、职称、编制、收入和幼儿园性质、规模、等级、资源条件、学习机会、精神环境、规章制度和组织管理作为自变量，将教师自主学习水平作为因变量，进行阶层回归分析：第一层为教师人口学因素，包括教师年龄、教龄、性别、学历、职称、编制和收入；第二层加入幼儿园背景因素，包括幼儿园性质、规模和等级；第三层加入支持系统因素，包括资源条件、学习机会、精神环境、规章制度和组织管理。

从阶层回归结果来看，第一阶层人口学变量可解释自主学习水平因变量2.3%的变异量，教龄对幼儿园教师自主学习水平产生正向影响，男性幼儿园教师的自主学习水平显著低于女性幼儿园教师，无编制且工资由幼儿园自筹的教师自主学习水平显著高于有编制的教师，年收入在48001—72000元的教师自主学习水平显著高于24000元及以下的教师。再投入幼儿园背景变量，则整体解释变异增加了0.6%，显著性改变的F值为2.84，达到0.01的显著水平；教龄、性别和学历结果与第一阶层一致；此外，公办幼儿园教师自主学习水平显著低于民办幼儿园的教师。加入支持系统变量，则整体解释变异增加了44.9%，显著性改变的F值为512.91，达到0.001的显著水平；在第三阶层，教龄越高的幼儿园教师自主学习水平越高，无编制且工资由教育部门支付的教师自主学习水平显著低于有编制的教师，三级园的幼儿园教师自主学习水平显著高于一级园的教师；在支持系统中，资源条件、学习机会、精神环境、规章制度和组织管理对教师的自主学习水平有显著正向影响。3个阶层的变量对自主学习水平的整体解释率为47.9%，支持系统变量的整体解释率（44.9%）超过了教师人口学变量和幼儿园背景变量的整体解释率之和（3.0%）。可见，在考虑教师年龄、教龄、性别、学历和园所性质、规模、等级等因素的前提下，支持系统因素对教师自主学习水平仍有显著解释力。这说明，不管哪类教师、哪类幼儿园，幼儿园环境条件的支持均对教师的自主学习有显著促进作用。具体见表2-7。

表 2-7　教师自主学习水平影响因素的阶层回归分析

阶层变量	阶层内变量	阶层一		阶层二		阶层三	
		β	t	β	t	β	t
教师人口学因素	年龄	-0.053	-1.23	-0.052	-1.21	-0.006	-0.19
	教龄	0.105	2.32*	0.103	2.26*	0.071	2.11*
	性别（参照组：女）						
	男	-0.064	-3.54***	-0.060	-3.31**	-0.009	-0.70
	学历（参照组：本科）						
	中专及以下	-0.022	-1.08	-0.018	-0.85	-0.010	-0.64
	大专	0.036	1.71	0.035	1.66	0.001	0.09
	硕士	-0.009	-0.47	-0.009	-0.48	0.000	0.01
	职称（参照组：一级）						
	三级	-0.046	-1.85	-0.031	-1.22	-0.025	-1.34
	二级	0.037	1.69	0.043	1.94	0.021	1.31
	高级	0.017	0.82	0.015	0.71	-0.002	-0.12
	正高级	-0.017	-0.93	-0.018	-0.98	-0.664	0.51
	编制(参照组:有编制)						
	无编制,工资由教育部门支付	0.003	0.16	0.004	0.21	-0.051	-3.28**
	无编制,工资由幼儿园自筹	0.074	3.08**	0.046	1.69	-0.033	-1.65
	年收入（参照组：24000元及以下）						
	24001—48000元	0.044	1.94	0.039	1.73	0.014	0.83
	48001—72000元	0.056	2.44*	0.052	2.27*	0.003	0.17
	72001—96000元	0.038	1.96	0.036	1.83	-0.011	-0.73
	96000元以上	0.005	0.25	0.007	0.36	-0.007	-0.48

续表

阶层变量	阶层内变量	阶层一		阶层二		阶层三	
		β	t	β	t	β	t
幼儿园背景因素	性质（参照组：民办）						
	公办			-0.057	-2.53^{*}	-0.026	-1.54
	规模（参照组：中型）						
	小型			-0.023	-1.02	0.010	0.58
	大型			0.008	0.37	0.004	0.27
	等级(参照组：一级园)						
	三级园			-0.027	-1.16	0.052	3.04^{**}
	二级园			0.030	1.27	0.034	1.94
	地市级示范园			0.029	1.16	0.018	0.99
	省级示范园			0.053	1.86	-0.011	-0.54
支持系统因素	资源条件					0.063	3.56^{***}
	学习机会					0.088	5.33^{***}
	精神环境					0.238	12.06^{***}
	规章制度					0.304	15.85^{***}
	组织管理					0.154	7.55^{***}
回归模型摘要	R^2	0.023		0.030		0.479	
	ΔR^2	0.023		0.006		0.449	
	F	4.46^{***}		3.98^{***}		97.67^{***}	
	ΔF	4.46^{***}		2.84^{**}		512.91^{***}	

*** $p<0.001$ ** $p<0.01$ * $p<0.05$

四、研究结论

经过对幼儿园教师自主学习基本情况的描述性统计分析以及影响因素的 t 检验、方差分析和回归分析，研究概括出我国幼儿园教师自主学习的一般行为特征、发展水平和影响因素。

（一）幼儿园教师自主学习的一般特征

1. 幼儿园教师对自主学习认知水平高，行动表现不足

研究从3个维度测量幼儿园教师自主学习水平，结果显示认知与情感（4.35）得分最高，行为与习惯（3.65）得分最低。这说明幼儿园教师普遍认识到自主学习的重要性，但具体行为表现相对较弱。幼儿园教师自主学习是“一种基于幼儿园教师日常工作情境和已有知识经验的，由其主动发起并进行自我指导和自我管理，以提升教育教学有效性为最终目的的专业发展活动”①。根据定义可知，幼儿园教师的自主学习强调反思及自我规划，实践性较强，但当前广大幼儿园教师在个人学习投入时间、阅读书籍、批判与质疑、理论学习与理念更新、课题研究、网络研修等方面都处于中下等水平。

2. 幼儿园教师自主学习最大动力来源于专业发展，升职加薪推动力不足

幼儿园教师自主学习动力分为职业取向、专业发展、晋升提薪、幼儿园要求、同事影响和教育部门规定等方面，最具推动力的是专业发展（4.63），晋升提薪推动力最低（3.08）。在回归分析中，职称和收入对幼儿园教师自主学习水平并无十分显著的影响。幼儿园教师自主学习动力主要来自专业发展的内在需求，升职加薪的诉求并不强烈。这与幼儿园教师行业背景有关。当前整个幼教行业从业者对职称要求不高，评职称机会有限，工资待遇普遍处于较低水平。职称评定和工资待遇问题是制约我国幼儿园教师自主学习和专业发展的最大障碍。

3. 幼儿园教师自主学习内容偏重知识和技能，轻理念与师德

幼儿园教师自主学习内容分为专业知识、专业技能、专业理念与师德这3项，其平均值分别为4.42、4.42、4.36。专业理念与师德的平均值较低，这反映了我国当前幼儿园教师队伍建设和教师专业素质提升的短板和薄弱环节，也与我国党和政府大力加强师风师德建设和职业行为规范的大政方针严

---

① 蔡迎旗，海鹰．自主学习：幼儿园教师专业发展的现实之需［J］．学前教育研究，2016（3）：35.

重不符。媒体曝光的教师虐待幼儿事件，让社会各界人士对幼儿园教师的师德产生怀疑。幼儿园教师队伍的师德建设要重视德育和法律法规学习。以法治推进师德建设是实施依法执教的应有之义，也是实现学前教育事业发展的诉求。师德教育迫在眉睫。目前，我国幼儿园教师国培项目也明确指出了要“补短板”，按照我国《幼儿园教师专业标准（试行）》，确保教师做到师德为先，幼儿为本，能力为重，终身学习。

4. 幼儿园教师有一定程度的反思，但质量不高

46.7%的幼儿园教师每月撰写反思日记4篇及以下，自我反思的得分情况较好，平均值为4.46，这表明幼儿园教师乐于和善于总结教育教学活动中的经验。幼儿园教师每周阅读量和学习与研究时间投入较低，79.9%的教师每周阅读专业文章在10篇以下，63.2%的教师每周投入学习与研究的时间在5小时以下。反思是教师成长的首要品质，核心是理性思考。阅读专业书籍和学术文章能够提升教师的理论修养，锻炼教师的逻辑思维。从调查情况来看，我国幼儿园教师具有较好的实践反思意识与能力，但理论学习、理性思维训练、理念更新和批判与创新等高层次的自主学习能力有待加强。

5. 幼儿园教师自主学习和成果运用具有实践性，网络学习喜爱度和效果均最低

幼儿园教师自主学习方式多种多样，实践性的观摩体验和教研活动是最受欢迎且效果最好的。77.9%的教师最喜欢观摩体验，79.5%的教师认为它最有效；51.7%的教师最喜欢教研活动，51.2%的教师认为它最有效；17%的教师最喜欢网络学习，11.5%的教师认为它最有效。幼儿园教师倾向于将观摩的优质活动迁移到自己的工作中（4.47），平均值高于直接运用知识进行活动设计（4.32）。这与幼儿园保教工作性质联系密切，说明幼儿园教师更喜欢直观的、实践性质的情境性学习。幼儿园教师对网络学习的喜爱度和效果评价都低。网络学习这种教师专业发展的新途径并没有发挥应有的效果和优势，这与我国当前构建信息化、现代化强国和学习型社会的发展趋势不符。

（二）幼儿园教师自主学习在人口学变量上的差异

研究通过独立样本 t 检验可知，不同性别的幼儿园教师在“认知与情感”“行为与习惯”“资源条件”“学习机会”“精神环境”“规章制度”和“组织管理”7个方面存在显著差异，女性教师得分均高于男性教师。我国幼儿园教师队伍一直存在性别比例严重失调的现象，男性教师不愿从事学前教育工作，这与当前幼儿园教师的社会地位、发展前景以及工资待遇息息相关。学前教育事业发展至今，仍有许多人认为幼儿园教师是“阿姨”“保姆”，否定其专业性。由于学前教育的非义务性，与中小学教师相比，幼儿园教师职称评定与晋升难度更高，机会更少。当前，我国幼儿园教师待遇低下，难以满足男性“养家糊口”的基本生活需求。种种原因导致幼儿园男性教师很少。现有的男性教师在“技能与能力”方面与女性教师没有显著差异，但在自主学习的认知与情感以及行为与习惯方面均不如女性教师，在资源条件和学习机会方面得到的支持也弱于女性教师，在感受到的幼儿园文化氛围、与同事和领导以及家长的关系方面得到的支持弱于女性教师，在个人规划、幼儿园考核以及组织管理等方面得到的支持也不如女性教师。

研究通过方差分析得知，年龄31—35岁、教龄5—10年、学历为大专、职称为高级、年总收入为72001—96000元的幼儿园教师具有更良好的自主学习表现。有编制的幼儿园教师拥有更多资源条件，而无编制的幼儿园教师更易受到幼儿园规章制度的制约，但更积极进取，谋求学习机会。教师的职业发展是一种持续渐进的过程，可分为实习期、学徒期、专业期、专家期、杰出期和荣誉退休期。[①] 教龄为5—10年的幼儿园教师处于专业期，他们渴望进一步发展成为专家型教师，因此更加注重自主学习。根据《教师教育振兴行动计划（2018—2022年）》的要求，我国着重提升幼儿园教师培养规格层次，“为幼儿园培养一大批关爱幼儿、擅长保教的学前教育专业专科以上学历教师”。随着本科和研究生学历幼儿园教师的增多，中专学历甚至大专学

---

① 斯黛菲，沃尔夫，帕施，等．教师的职业生涯周期［M］．杨秀玉，赵明玉，译．北京：人民教育出版社，2012：4.

历的教师将面临更多提升学历的压力。研究发现，专科学历教师具有最高的自主学习水平，甚至超过了本科及以上学历的教师，他们主要是为了提升学历至本科而学习。在职称方面，高级职称的幼儿园教师有良好的自主学习行为和学习习惯，能够起榜样作用。我国幼儿园教师收入在教育乃至所有行业处于较低水平，年总收入为72001—96000元的幼儿园教师在幼教行业处于高水平；但据调查，2018年全国37城平均月薪已为7629元，也就是说年薪91548元只是平均水平，说明我国幼儿园教师总体收入不高。研究表明，广大幼儿园教师只需要社会平均水平的工资便可以取得最好的自主学习效果。毕竟自主学习也需要物质投入，过低的收入只能让幼儿园教师产生职业倦怠，从而失去自主学习的内在动机。

（三）幼儿园支持系统变量和背景变量对教师自主学习的影响

研究通过对支持系统变量的描述性统计分析发现，幼儿园对教师自主学习的支持重制度管理，轻资源供给。教师自主学习需要硬件，如电脑、网络、场地等，也需要软件，如各种教研科研机会、外出学习培训以及奖励制度。幼儿园提供的硬件设备较为完善，但软件条件较差。幼儿园对教师自主学习的支持主要有5个方面，得分最高的前两项为组织管理（4.49）和规章制度（4.28），而学习机会（3.38）和资源条件（3.53）排名最后。显然，幼儿园主要通过管理方式促进教师自主学习，如幼儿园整体发展规划统领教师个人职业发展计划，日常考核、检查、督促教师反思。但是，幼儿园提供给教师的学习机会和资源条件却欠佳。幼儿园内部学习机会处于中等水平，园所每学期对教师听课评课指导普遍4次及以上，9成以上幼儿园教师参加教研活动，但参与课题的不足8成。幼儿园教师获奖程度不高。近一年，66.9%的幼儿园教师所在幼儿园得区县级以上奖项人数不超过4名。

研究通过独立样本t检验发现，幼儿园的性质对教师个体的自主学习有显著影响。民办幼儿园教师在“认知与情感”“技能与能力”两方面高于公办幼儿园教师，公办幼儿园教师在“行为与习惯”方面高于民办幼儿园教师。总体而言，公办幼儿园的“资源条件”明显优于民办幼儿园，但民办幼儿园的“学习机会”“精神环境”优于公办幼儿园。已有研究表明，不同办园体制的幼儿园教师在生存状态上存在显著差异。其中，民办幼儿园的教师在工资待遇、外出培训等方面表现最低，但民办幼儿园教师的工作投入总体水平显著高于公办幼儿园教师。

研究经过深入访谈得知，民办幼儿园教师学历层次普遍低于公办幼儿园教师，福利待遇也稍逊于公办幼儿园教师，但民办幼儿园教师为了提高学历和工资待遇，谋求更好的职位和获得编制，会更深切地认识到自主学习的重要性。他们参与学习更加积极，寻找的学习机会更多。虽然民办幼儿园工作负荷更重，但管理相对民主，教师学习热情反而高于公办幼儿园教师。部分公办幼儿园存在的科层制管理、行政化领导的长官意识，加之已有的安稳工作，都制约了教师学习的积极性并影响教师的学习机会。不过，就自主学习的“行为与习惯”而言，公办幼儿园教师更占优势，他们的学习习惯更好，学习效果更佳，这与他们具有较高学历层次和相对良好的学习资源有关。

研究通过方差分析得知，大、中型幼儿园在“行为与习惯”“精神环境”“规章制度”和“组织管理”4个方面均优于小型幼儿园；而在“资源条件”“学习机会”方面，则是大型幼儿园优于中、小型幼儿园，且中型幼儿园优于小型幼儿园。整体而言，大、中型幼儿园在各方面均优于小型幼儿园，“资源条件”“学习机会”则是依据幼儿园规模大小依次递减。

省级示范园在“行为与习惯”“资源条件”“学习机会”“精神环境”和“组织管理”5个方面均比其他等级幼儿园高，三级园在所有7个方面均处于最劣势地位。省级示范园在多数方面都优于其他等级幼儿园，三级园在资源条件和学习机会方面尤其薄弱。当前的幼儿园等级评估标准以城市为中心的取向，导致资源过分集中，产生“好园越好，差园越差”的马太效应。

研究通过积差相关分析得出，支持系统中的5个因素与自主学习水平均呈显著正相关。根据决定系数大小，5个因素对自主学习水平的解释力从大到小依次为规章制度、精神环境、组织管理、学习机会和资源条件。

研究通过回归分析发现，教师人口学变量和幼儿园背景变量对自主学习各维度以及总体的解释率都很小，在0.3%和4.0%之间。增加幼儿园支持系统变量，则解释率增加34.3%—44.9%，这说明幼儿园的支持系统因素对教师自主学习产生了巨大影响。在教师自主学习水平影响因素的阶层回归分析中，资源条件、学习机会、精神环境、规章制度和组织管理的β值均是正数，表明它们对自主学习产生正向影响。依据β值和t值的大小，我们可看出，支持环境中影响力大小依次排序为规章制度、精神环境、组织管理、学习机会和资源条件。积差相关分析和回归分析结果一致，说明幼儿园支持系统是影响教师自主学习非常重要的因素，规章制度影响力最大，精神环境、组织管理、学习机会和资源条件影响力度逐渐减弱。

五、核心问题讨论

（一）幼儿园环境条件对教师自主学习的影响

诸多研究表明，幼儿园教师自主学习受内外部诸多因素的影响。教师自主学习的主要阵地在幼儿园，这是教师工作的第一场域，幼儿园应该提供相应的支持。教师的专业成长主要是在日常教育教学活动实践中逐步发展起来的。福瑞在教师教育相关研究中指出，教师入职两年以后，用于教师教育（培训学习）的时间逐渐减少，而从事教育实践的时间从10.0%逐渐增加到90.0%，教师开展教育实践需要在任教的学校完成。[①] 可见，研究教师的专业成长需要重视学校环境。在当前幼儿园教师教育由培训导向转为学习导向的背景下，幼儿园是教师自主学习最重要的场域，应为教师自主发展提供最深厚的土壤。幼儿园应该努力提供条件，促使教师更好地工作和学习，为教师自主学习打造稳固的平台。

自主学习是当前幼儿园教师专业发展的现实之需。研究表明，幼儿园管理、组织文化气氛、教师文化、规章制度、继续教育机会、幼儿园为教师提供的自主权、工作负担等因素与教师专业发展相关。如乔中彦针对广州农村地区幼儿园教师专业发展的研究发现，幼儿园环境对教师专业发展影响最大，

① Husén T. International encyclopedia of education［M］. 2nd ed. Oxford：Pergamon，1995：54.

幼儿园组织氛围、园长领导方式、教师专业自主权与教师专业发展均呈显著相关。[①] 陈金菊的研究表明，幼儿园组织氛围、规章制度和教师文化对教师的专业发展有直接影响。[②] 本研究亦发现，幼儿园的规章制度、精神环境、组织管理、学习机会和资源条件都会对教师的自主学习产生重要影响。

幼儿园的规章制度是幼儿园在教育实践过程中所制定的、起规范保障作用的各项规范要求。规章制度将幼儿园组织内每一职位的业务范围、工作程序、行为标准以明文形式确定下来，保证幼儿园各项工作有章可循。规章制度对教师行为具有约束和激励双重作用。有效的制度包括教师评价考核制度、进修培训制度等，它们都能够促进幼儿园教师的自主学习。

教师在幼儿园获取的精神体验来自领导、家长、教育行政部门等方面。如果领导者管理过于专制或者考核评价制度不公开、不透明，升职奖励与业绩不挂钩，就会降低幼儿园教师自主学习的动机。如果家长不理解、不支持幼儿园教师的工作，就会极大地挫伤幼儿园教师的工作积极性。

幼儿园的组织管理通常是以园长为首的领导者通过计划、组织、指挥、协调和控制等活动来实现。一般情况下，园长是园所行政工作的最高领导者，其领导风格直接决定了园所的组织氛围、教师文化和规章制度，对教师自主学习有显著影响。

各种各样的培训学习项目是拓宽幼儿园教师专业视野、提升其专业素养的重要途径。政府部门举办的培训项目通常有名额限制。如何选拔幼儿园教师参加外出培训既关乎园所管理制度的实施，也关乎教师个体学习机会的获得。资源条件是幼儿园为教师自主学习提供的重要物质基础。图书室、专用教室、专业书籍、网络资源等是广大幼儿园教师开展自主学习的前提条件。

（二）幼儿园教师自主学习呈现网络虚假繁荣

当前，以信息技术推动教师专业发展已成为各国共识。为了提高教师专

---

① 乔中彦．广州市农村地区幼儿教师专业发展影响因素之研究［D］．广州：广州大学，2011：40.

② 陈金菊．影响幼儿教师专业发展的幼儿园环境因素之研究［D］．广州：广州大学，2007：34.

业发展质量，各国政府纷纷出台政策，为教师教育现代化发展做好顶层设计。美国先后5次发布了国家教育技术计划（National Educational Technology Plan），提出通过技术实现教师个体与其他教师、数据、资源、专家和学习经验的联结。在我国学前教育领域，教师队伍的信息化发展也日益受到重视。2012年，教育部颁布的《幼儿园教师专业标准（试行）》将“现代信息技术知识”纳入通识性知识，列为幼儿园教师应该具备的专业知识。2013年开始实施的全国中小学教师信息技术应用能力提升工程已将幼儿园教师纳入其中。

目前，网络学习已成为教师学习新常态。幼儿园教师也应该利用网络促进自身专业发展。毕竟网络学习能够突破时空限制，改变以往必须面对面才能进行的学习形式。通过打造各种学习平台和提供多样化的技术手段，我们会使得教师的学习活动能够在任何地方、任何时间以任何手段进行，从而使得教师突破时空限制，选择适合自己的时间和空间进行学习，使教师拥有更多的信息获取渠道和潜在交流机会，以共同体形式更好地促进自身专业发展。[①] 专业发展有赖于教师自身的经验和智慧。教学实践是非常复杂而又个性化的现象，每名教师因知识结构、思维方式不同而有明显的差异。教师在交流和互动的文化氛围中，通过学习、探究可以形成丰富的教学资源，形成自己的实践智慧。

但是，当前幼儿园教师并不认可网络学习。网络学习方式是幼儿园教师最不喜欢、效果最差的方式。幼儿园教师的网络学习呈现出一种虚假繁荣。在教师教育信息化时代，学者们普遍认为网络学习是一种有效途径，但实际上网络学习的优势并没有在学前教育领域很好地发挥出来。究其原因，主要有以下几方面。

首先，专门针对幼儿园教师自主学习的网络资源较少。谭金波等对基础教育网络资源进行调研时发现，网络上提供的资源与教师的实际需求存在矛

① 富兰．教育变革新意义［M］．赵中建，陈霞，李敏，译．3版．北京：教育科学出版社，2005：48.

盾。62.4%的教师认为网上教育资源量很多，但能用的不多。[①] 网络教育资源的供需矛盾在学前教育阶段也很明显。幼儿园教师对网络资源的需求多种多样，包括五大领域专业知识、日常教育教学活动、环境创设、论文写作、课题申报等，目前网络资源多是经验性的环境创设、教案等内容。幼儿园教师需要的网络资源类型具有多元性，包括文本、音频、视频等，而当前网络资源多局限于文本且质量不高。

其次，幼儿园教师的教学无关性信息行为较多。本研究发现，随着互联网的普及，幼儿园教师的教育教学对网络的依赖性越来越强。但是，网络的开放性在使教师很方便地获取学习资源的同时，也很容易产生教学无关性信息行为，如浏览新闻、听音乐、看视频等；从互联网下载与工作无关的数据；从事利益交换活动，如购物、炒股等；进行虚拟世界的沟通活动，如网络聊天等。教师如果上网习惯不好，那么一旦坐到电脑前，很容易浪费一上午或一下午时间"闲逛"，大大降低学习效率。

最后，幼儿园教师对高质量网络学习资源的获得性差。一方面，目前专门针对幼儿园教师专业发展的网络资源不多，需要多建专业性网站、平台或数据库。另一方面，在专业学习资源有限的情况下，有些资源需要收费，这对于收入不高的幼儿园教师来说，代价较高，大大降低了其获取网络资源的意愿。另外，网络资源丰富多样，但幼儿园教师必须具备一定的能力和条件才能有效利用高质量的资源。普通检索只能获取基本信息，较高的信息检索能力可以大大提高检索到的资源的质量。这也是影响幼儿园教师利用网络进行自主学习的效果的一个因素。

（三）升职加薪对幼儿园教师自主学习的推力不足

升职加薪是人们职业发展的基本外部动力，是人们进行自主学习的动因和目的之一。良好的自主学习应能带来升职加薪的实惠，但这在幼儿园教师身上却"失灵"了，其原因值得深思。研究认为，首要原因是幼儿园教师工

① 谭金波，石晋阳，李艺．基础教育网络资源现状与教师需求的调查研究［J］．中国远程教育，2005（6）：63-66.

资待遇普遍很低，提升空间不大。本研究发现，许多幼儿园教师表示，即使通过自学，提升了专业水平，提高了学历层次，但自身待遇依然得不到很好的改善，学习对自己生存与发展的促进作用不明显、不及时、不实在。教师的薪资待遇与编制、职称评定等紧密相连，而我国幼儿园教师的编制和职称问题一直未能很好地得到解决。

同时，幼儿园教师自主学习与幼儿园内部管理、文化氛围密切相关。幼儿园的激励和评价制度应做到奖勤罚懒、奖优罚劣，用人制度应做到任人唯贤、人岗匹配和责权利对等。园长应起示范引领作用，民主规范管理，创设学习型幼儿园和团结和谐的园所氛围。幼儿园组织与管理应能助力幼儿园教师形成自主学习的意识与习惯。有无激励和评价机制，标准是否清晰合理，直接关系到幼儿园教师对学习的态度、体验和投入。如果幼儿园教师努力自学取得成效，却不能得到及时的反馈与回报，那么从经济学角度看，就失去了利益的诱导；从社会学角度看，就失去了精神鼓励；从专业角度看，就失去了成长的动力与阶梯。

第二节　幼儿园教师自主学习的条件保障

幼儿园教师自主学习是在实践中、行动中的学习，离不开具有学习、合作、交流与探究特性的大小环境。依据情境学习理论，幼儿园内外环境、幼儿家长、当地社区和地方政府的各类支持构成了幼儿园教师自主学习的“场域”和“情境”，教师置身其中，与其交流互动，才能实现“身份”的获得、转换和提升。

为了解我国幼儿园教师自主学习支持条件的现状和幼儿园教师对自主学习各类支持的需求，本研究以全国 31 个省区市的幼儿园园长及学前教育管理者为主要研究对象进行问卷调查，回收园长问卷 1478 份、学前教育管理者问卷 329 份，其中有效问卷分别为 1261 份、245 份，有效率分别为

85. 3%、74. 5%。

本研究的有效问卷共涉及全国 1261 所幼儿园。其中，东部地区 151 所，占 12. 0%；中部地区 477 所，占 37. 8%；西部地区 295 所，占 23. 4%；东北部地区 338 所，占 26. 8%。具体见表 2-8。

表 2-8　样本幼儿园基本情况

背景变量	类别	数量（单位：所）	占比（单位:%）
园所性质	公办园	729	57. 8
	民办园	532	42. 2
	合计	1261	100. 0
园所规模	大型	547	43. 4
	中型	390	30. 9
	小型	324	25. 7
	合计	1261	100. 0
园所等级	三级园	226	17. 9
	二级园	305	24. 2
	一级园	251	19. 9
	地市级示范园	159	12. 6
	省级示范园	301	23. 9
	缺失	19	1. 5
	合计	1261	100. 0

从园长所在幼儿园的性质来看，公办园 729 所，占总样本的 57. 8%；民办园 532 所，占总样本的 42. 2%。其中，公办园包括教育部门办园 482 所，占总样本的 38. 2%；党政军办园 31 所，占总样本的 2. 5%；国有企事业单位办园 101 所，占总样本的 8. 0%；乡镇中心园 56 所，占总样本的 4. 4%；街道或村办园 44 所，占总样本的 3. 5%；小区配套公办园 15 所，占总样本的 1. 2%。

一、幼儿园教师自主学习的各类支持状况

（一）总体情况

研究者对来自园长的1261份有效问卷进行了描述性统计分析，得到幼儿园教师自主学习支持系统各维度（即一级指标）平均得分的基本状况。在幼儿园教师自主学习支持系统的各维度中，幼儿园管理者自我报告的平均得分都处于3分和5分之间，因本研究问卷采用李克特5点计分法，这说明幼儿园教师自主学习支持系统情况在各个维度上的平均得分都处于“有点符合”和“非常符合”之间；换成100分制，即处于60分和90分之间。其中，组织管理分数最高，其后依次是规章制度、精神环境、学习机会，资源条件分数最低。这说明，当前幼儿园教师自主学习的主要外部推动力是管理、制度和精神氛围，来自幼儿园内外各方的资源条件相对最弱。从整体上看，所有项目的平均分为3.90，说明幼儿园教师自主学习的支持系统整体状况中等偏上，没有达到良好水平。具体见表2-9。

表2-9　幼儿园教师自主学习支持系统各维度平均得分摘要

维度	有效样本	最小值	最大值	项目数	平均值	标准差	排序
组织管理	1261	1.00	5.00	4	4.46	0.81	1
规章制度	1261	1.00	5.00	3	4.38	0.88	2
精神环境	1261	1.00	5.00	7	3.99	1.57	3
学习机会	1261	1.00	5.00	11	3.57	1.18	4
资源条件	1261	1.00	5.00	8	3.09	1.33	5

（二）幼儿园支持系统五大维度各变量分析

1. 资源条件各变量分析

从资源条件的描述性统计分析可以看出，平均值最大者为“物质”（4.32），其次为“时间”（3.18），平均值最小者为“经费”（2.43）。从平均值的高低可以看出，幼儿园为幼儿园教师自主学习提供的资源条件中支持

力度最大的是物质，其次是时间，支持作用较弱的是经费。再从标准差的数值看，6 个变量选项中以物质条件的标准差（0.95）最小，这表明物质条件是园长评分差异最小的资源条件。具体见表 2-10。

表 2-10　幼儿园教师自主学习的资源条件支持重要性次序等第摘要

资源条件	有效样本	最小值	最大值	平均值	标准差	排序
物质	1261	1.00	5.00	4.32	0.95	1
时间	1261	1.00	5.00	3.18	1.15	2
网络	1261	1.00	5.00	3.07	1.38	3
场地	1261	1.00	5.00	2.83	1.54	4
人力	1261	1.00	5.00	2.68	1.43	5
经费	1261	1.00	5.00	2.43	1.57	6

其中，“物质”和“时间”这两项的支持力度最大，这表明幼儿园为教师自主学习提供了较为丰富的物质支持和较充足的学习时间。但与幼儿园教师自主学习支持系统中的学习机会、精神环境、规章制度、组织管理等其他维度相比较，资源条件的整体平均得分相对较低。因此，在资源条件方面，幼儿园仍需加大支持力度，为教师自主学习提供更为有利的条件。值得关注的是，“网络”支持力度相对较大，这表明信息技术与教师培训有机融合、线上线下相结合的混合式研修越来越受到园长们的青睐，这顺应了当前教育技术信息化的发展趋势。但是，“场地”和“人力”得分较低，这说明在幼儿园师资匮乏的现状下，幼儿园教师鲜有自主学习的专门场地；园内能够进行专业引领的教师人数较少，幼儿园内部“传、帮、带”不足。最后，“经费”得分最低，这说明幼儿园给教师提供的经济上的支持与鼓励最少。

具体来看，幼儿园教师自主学习的网络资源支持包含网络课程、电子书、专业网站、QQ/微信群、无线网络等，其中占比最大的是 QQ/微信群和无线网络，分别为 92.7%和 78.7%；其后依次为网络课程（56.5%）、专业网站（37.7%）、电子书（20.5%）。可以看出，幼儿园为教师自主学习提供的网络资源支持主要是互动性的网络资源，如 QQ/微信群等；但指向专业学习与职业发展的学习型网络资源，如专业网站、电子书等，则相对薄弱。

幼儿园教师自主学习的物质资源支持包含学习桌、电脑、移动硬盘或U盘、打印机、摄像机等，其中占比最大的是电脑（91.4%），其后依次为打印机（86.7%）、学习桌（75.0%）、移动硬盘或U盘（72.5%）、摄像机（45.1%）。由此可以看出，大部分幼儿园为教师自主学习提供了较丰富的物质资源，包括电脑、打印机、学习桌、移动硬盘或U盘等。

幼儿园教师自主学习的场地支持包含阅览室、会议室、备课室、研讨室等，其中占比最大的为会议室（36.1%），其后依次为备课室（23.8%）、阅览室（21.5%）、研讨室（18.7%）。由此可以看出，幼儿园为教师自主学习提供的场地支持主要是供教师集体学习的会议室，教师需要的专门空间（如备课室、阅览室、研讨室等）则相对较少。

2. 学习机会各变量分析

从学习机会的描述性统计分析可以看出，平均值最大者为“保教活动”（4.41），其次为“园本培训”（4.38），平均值最小者为“科研活动”（2.46）。从平均值高低可以看出，幼儿园为教师自主学习提供的学习机会中支持力度最大的是保教活动，其次是园本培训，支持作用较弱的是科研活动。再从标准差的数值看，6个变量选项中以园本培训的标准差（0.92）最小，这表明在园本培训方面园长评分差异最小。具体见表2-11。

表2-11　幼儿园教师自主学习的学习机会支持重要性次序等第摘要

学习机会	有效样本	最小值	最大值	平均值	标准差	排序
保教活动	1261	1.00	5.00	4.41	1.70	1
园本培训	1261	1.00	5.00	4.38	0.92	2
外出培训	1261	1.00	5.00	3.46	1.31	3
教研活动	1261	1.00	5.00	3.25	1.26	4
学历提升	1261	1.00	5.00	2.87	1.47	5
科研活动	1261	1.00	5.00	2.46	1.39	6

在幼儿园学习机会的支持上，幼儿园给予的支持整体较好，其中，对

“保教活动”的支持力度最大。另外，幼儿园在“园本培训”“外出培训”“教研活动”等方面也给予了较高支持，这凸显了当前我国幼儿园教师全员培训制度组合拳的引领优势。然而，幼儿园对于教师自主学习的“科研活动”方面的支持力度略显薄弱。尽管当前幼儿园师资以专科层次为主，幼儿园的师资培养起点前移，幼儿园科研存在先天劣势，但为了教师专业成长与幼儿园的长远发展，科研应成为教师自主学习的必要路径和幼儿园创新发展的必由之路。

具体来看，幼儿园对教师学历提升的支持包含现金奖励、工资津贴提升、职称职务晋升、公开表扬、荣誉奖励、报销学费或差旅费等，各项奖励方式较为均衡，且力度均不大，按占比从大到小依次为公开表扬（23.8%）、工资津贴提升（22.7%）、现金奖励（20.8%）、报销学费或差旅费（17.9%）、荣誉奖励（12.2%）和职称职务晋升（10.5%）。由此可以看出，大部分幼儿园在学历提升方面为教师提供的支持较为薄弱，且没有将教师自主学习取得的学历成果与工资津贴、职称职务等直接挂钩，这在一定程度上削弱了教师提升学历的热情。然而，提升学历既是教师自主学习成果的一种体现，又可为促进教师深入学习提供有力支撑。因此，为提升教师自主学习水平，幼儿园应当加大工资津贴提升、职务职称晋升等奖励的力度。

幼儿园对教师参与科研活动的支持包含参与国家级课题、省级课题、市级课题、区县级课题、园本课题等，其中占比最大的为园本课题（73.3%），其后依次为省级课题（29.7%）、市级课题（29.3%）和区县级课题（29.2%），占比最小的为国家级课题（13.4%）。由此可以看出，幼儿园科研活动主要依托园本课题，教师基于科研活动的自主学习也大多是在园本课题中进行。

3. 精神环境各变量分析

从精神环境的描述性统计分析可以看出，平均值最大者为“人际关系”（4.46），其次为“家园合作”（4.38），平均值最小者为“教育部门支持”（3.23）。从平均值高低可以看出，幼儿园教师自主学习获得的最大精神环境支持是人际关系，其次是家园合作，之后是文化氛围和社区支持，来自教育部门的支持最少。幼儿园教师自主学习主要依靠幼儿园的支持力量，社区和地方教育部门未能提供足够的支撑力量。再从标准差的数值看，5 个变量选项中以人际关系（0.80）和家园合作（0.82）的标准差最小，这表明在精神环境支持中，园长评分差异最小的是人际关系和家园合作。具体见表 2-12。

表 2-12　幼儿园教师自主学习的精神环境支持重要性次序等第摘要

精神环境	有效样本	最小值	最大值	平均值	标准差	排序
人际关系	1261	1.00	5.00	4.46	0.80	1
家园合作	1261	1.00	5.00	4.38	0.82	2
文化氛围	1261	1.00	5.00	3.71	1.24	3
社区支持	1261	1.00	5.00	3.60	1.15	4
教育部门支持	1261	1.00	5.00	3.23	1.17	5

具体到教育行政部门的外部支持，从教育行政部门支持的描述性统计分析可以看出，平均值最大者为“教育督导与评估”（4.38），其次为“业务领导与管理”（4.33），再次为“教师培养与培训”（3.81），平均值最小者为“财政投入与支持”（3.62）。从平均值高低可以看出，学前教育管理者对教育部门支持的评价整体较好，且相差不大，其项目平均分均在 3.5 分和 4.5 分之间。其中支持最大的是教育督导与评估，其次是业务领导与管理，再次为教师培养与培训，支持作用最弱的是财政投入与支持。再从标准差的数值看，“教育督导与评估”“业务领导与管理”“教师培养与培训”和“财政投入与支持”4 个变量选项的标准差均较小，分别为 0.61、0.66、0.65、0.73，这表明学前教育管理者对教育行政部门的外部支持评分差异不大。具体见表 2-13。

表 2-13　幼儿园教师自主学习的教育部门支持重要性次序等第摘要

教育部门支持	有效样本	最小值	最大值	平均值	标准差	排序
教育督导与评估	245	1.00	5.00	4.38	0.61	1
业务领导与管理	245	1.00	5.00	4.33	0.66	2
教师培养与培训	245	1.00	5.00	3.81	0.65	3
财政投入与支持	245	1.00	5.00	3.62	0.73	4

依据上述分析可知，对教育部门的外部支持，园长与学前教育管理者的评分相差悬殊，前者认为其在“精神环境”中支持力度最小（3.29），后者认为其整体支持效果较好（4.04）。

4. 规章制度各变量分析

从规章制度的描述性统计分析可以看出，平均值均较高，从高到低依次为“评价考核”（4.55）、“园所规划”（4.49）和“教师规划”（4.11）。从平均值高低可以看出，幼儿园为教师自主学习提供的规章制度支持力度均较大，为教师自主学习提供了强有力的制度保障。再从标准差的数值看，“评价考核”“园所规划”和“教师规划”3个变量选项的标准差均较小，分别为0.81、0.85、0.98，这表明园长对幼儿园规章制度的评分差异不大，具有较高的一致性。具体见表2-14。

表2-14　幼儿园教师自主学习的规章制度支持重要性次序等第摘要

规章制度	有效样本	最小值	最大值	平均值	标准差	排序
评价考核	1261	1.00	5.00	4.55	0.81	1
园所规划	1261	1.00	5.00	4.49	0.85	2
教师规划	1261	1.00	5.00	4.11	0.98	3

幼儿园教师自主学习离不开相关配套制度的建设。健全幼儿园教师学习和培训制度有益于保障幼儿园教师自主学习的广泛开展，也有利于让自主学习成为幼儿园教师专业成长的有效路径。因此，幼儿园应加强教师自主学习的制度保障，为教师的自主学习提供有力的外部规范、督促与支持。首先，通过规章制度将幼儿园教师的自主学习规范化和常态化，使在职学习成为幼儿园教师职业生活不可分割的一部分；其次，将规章制度作为对教师的一种督促、提醒、激励和引导，使幼儿园教师能明确自主学习的目标、路径和方式；最后，利用规章制度评价幼儿园教师的自主学习效果和保教质量，实现教师成长、幼儿园进步与地方幼教发展的“三统一”。

5. 组织管理各变量分析

从组织管理的描述性统计分析可以看出，平均值均较高，从高到低依次为“领导以身示范”（4. 48）、“管理”（4. 47）、“组织”（4. 46）、“领导办学理念”（4. 44）。从平均值高低可以看出，各地对幼儿园教师自主学习提供的组织管理支持力度均较大，为幼儿园教师自主学习建立了较为健全的管理体制。再从标准差的数值看，“领导以身示范”“管理”“组织”和“领导办学理念”4 个变量选项的标准差均较小，分别为 0. 77、0. 85、0. 78、0. 83，这表明园长对幼儿园组织管理的评分差异不大，具有较高的一致性。具体见表 2-15。

表 2-15　幼儿园教师自主学习的组织管理支持重要性次序等第摘要

组织管理	有效样本	最小值	最大值	平均值	标准差	排序
领导以身示范	1261	1. 00	5. 00	4. 48	0. 77	1
管理	1261	1. 00	5. 00	4. 47	0. 85	2
组织	1261	1. 00	5. 00	4. 46	0. 78	3
领导办学理念	1261	1. 00	5. 00	4. 44	0. 83	4

需要注意的是，本研究问卷采用的是李克特 5 点计分法，以幼儿园园长作为调查对象，因此对于幼儿园教师自主学习支持系统的“组织管理”这一维度的评分，由园长对“领导办学理念”“领导以身示范”“组织”“管理”进行自评。由于操作规范上的差异，“组织管理”这一维度的评分均较高，在一定程度上存在自我评价趋良的现象。为了规避这一偏差，研究者采用三角验证法，分别对幼儿园教师和学前教育管理者关于同一问题的看法进行了调查。结果表明，幼儿园组织管理各层面的得分确实较高，差异较小。

二、影响幼儿园教师自主学习的内外条件

（一）教师学习动机

从教师学习动机的描述性统计分析可以看出，平均值最小者为“教师”（3. 08），其他项目平均值均较高，依次为“专业发展”（4. 62）、“幼儿园”（4. 50）、“教育部门”（4. 42）、“同事”（4. 39）、“职业取向”（4. 32）。从

平均值高低可以看出，幼儿园教师自主学习的动力主要来自职业取向和专业发展两个内部动力，以及来自幼儿园、教育部门和同事的外部动力，而教师自身的外部动力，即提高个人收入、评职称、调动工作，对教师自主学习的影响较小。具体见表 2-16。

表 2-16　幼儿园教师自主学习动机重要性次序等第摘要

教师学习动机		最小值	最大值	平均值	标准差	排序
内部动机	专业发展	1.00	5.00	4.62	0.69	1
	职业取向	1.00	5.00	4.32	0.97	5
外部动机	幼儿园	1.00	5.00	4.50	0.84	2
	教育部门	1.00	5.00	4.42	0.84	3
	同事	1.00	5.00	4.39	0.89	4
	教师	1.00	5.00	3.08	1.31	6

（二）幼儿园背景

1. 园所性质

在园所性质上，“资源条件”这一维度表现出显著差异，$p<0.01$，其他维度均未表现出显著差异，这表明公办园对教师自主学习的资源条件的支持显著高于民办园。具体见表 2-17。

表 2-17　不同性质幼儿园的教师自主学习支持系统各维度差异分析

维度	园所性质	平均值	标准差	F
资源条件	公办园（A）	3.14	0.85	100.70**
	民办园（B）	3.01	0.75	
学习机会	公办园（A）	3.59	0.75	97.14
	民办园（B）	3.53	0.65	
精神环境	公办园（A）	3.85	0.60	1.29
	民办园（B）	4.17	0.51	

续表

维度	园所性质	平均值	标准差	F
规章制度	公办园（A）	4.38	0.78	4.64
	民办园（B）	4.38	0.72	
组织管理	公办园（A）	4.45	0.77	4.35
	民办园（B）	4.48	0.62	

** $p<0.01$

公办园拥有更利于教师自主学习的资源条件，拥有更多财力、物力等方面的支持条件。为彰显学前教育的普惠性，有必要将资源条件向民办园倾斜。尽管我国2010年出台的《国务院关于当前发展学前教育的若干意见》明确规定，“民办幼儿园在审批登记、分类定级、评估指导、教师培训、职称评定、资格认定、表彰奖励等方面与公办幼儿园具有同等地位”，但是由于监管体系、经费来源等体制方面以及其他因素的影响，民办园在“资源条件”方面确实表现出明显的劣势。因此，发展学前教育必须坚持公益性和普惠性，努力构建覆盖城乡、布局合理的学前教育公共服务体系。我国政府鼓励社会力量以多种形式举办幼儿园，积极扶持民办幼儿园特别是面向大众、收费较低的普惠性民办幼儿园的发展。《国家中长期教育改革和发展规划纲要（2010—2020年）》也指出，要“建立政府主导、社会参与、公办民办并举的办园体制”，“积极扶持民办幼儿园”。

2. 园所等级

在园所等级上，除“精神环境”这一维度没有显著差异（$p>0.05$）外，“资源条件”“学习机会”“规章制度”和“组织管理”均表现出显著差异（$p<0.01$）。事后检验表明，除地市级示范园与一级园没有显著差异以外，幼儿园等级越高，园所的“资源条件”和“学习机会”对幼儿园教师自主学习的支持度就越高。具体而言，省级示范园显著高于其他4类幼儿园，地市级示范园显著高于二级园和三级园，一级园显著高于二级园和三级园，二级园显著高于三级园。在“规章制度”和“组织管理”层面，省级示范园显

著高于其他等级幼儿园，地市级示范园、一级园、二级园、三级园之间均没有显著差异。具体见表 2-18。

表 2-18　不同等级幼儿园的教师自主学习支持系统各维度差异分析

维度	园所等级	平均值	标准差	*F*	事后检验（LSD）
资源条件	三级园（A）	2.61	0.71	63.65^{***}	E>C>B>A E>D>B>A
	二级园（B）	2.90	0.76		
	一级园（C）	3.04	0.71		
	地市级示范园（D）	3.07	0.76		
	省级示范园（E）	3.68	0.69		
学习机会	三级园（A）	3.19	0.73	55.19^{***}	E>C>B>A E>D>B>A
	二级园（B）	3.40	0.58		
	一级园（C）	3.56	0.70		
	地市级示范园（D）	3.56	0.68		
	省级示范园（E）	4.05	0.57		
精神环境	三级园（A）	3.75	0.60	1.55	—
	二级园（B）	3.86	0.53		
	一级园（C）	3.81	0.59		
	地市级示范园（D）	4.77	0.52		
	省级示范园（E）	4.03	0.56		
规章制度	三级园（A）	4.26	0.82	6.12^{***}	E>A E>B E>C E>D
	二级园（B）	4.36	0.72		
	一级园（C）	4.31	0.83		
	地市级示范园（D）	4.35	0.68		
	省级示范园（E）	4.58	0.69		

续表

维度	园所等级	平均值	标准差	F	事后检验（LSD）
组织管理	三级园（A）	4.37	0.67	3.60**	E>A E>B E>C E>D
	二级园（B）	4.46	0.64		
	一级园（C）	4.42	0.79		
	地市级示范园（D）	4.40	0.72		
	省级示范园（E）	4.61	0.76		

*** $p<0.001$　** $p<0.01$

尽管园所等级评定以省级为单位开展，评定细则各不相同，但园所等级的划分均是依据《关于幼儿教育改革与发展的指导意见》、《幼儿园管理条例》、《幼儿园工作规程》（以下简称《规程》）、《幼儿园教育指导纲要（试行）》（以下简称《纲要》）等学前教育法规条例制定的，其评定维度及权重也大致一致。因此，不同等级的幼儿园在“资源条件”“学习机会”“规章制度”和“组织管理”等维度上都表现出显著差异。

3. 园所规模

在园所规模上，“资源条件”“学习机会”“精神环境”等维度表现出显著差异（$p<0.001$），“规章制度”和“组织管理”也有显著差异（分别为$p<0.01$，$p<0.05$）。事后检验表明：幼儿园规模越大，园所的“资源条件”和“学习机会”对幼儿园教师自主学习的支持度就越高，换言之，大型幼儿园显著高于中型幼儿园和小型幼儿园，中型幼儿园显著高于小型幼儿园；在“精神环境”和“规章制度”层面，大型幼儿园和中型幼儿园均显著高于小型幼儿园，但大型幼儿园与中型幼儿园的差异不显著，两类幼儿园均提供了较为完善的学习环境与管理制度；在“组织管理”层面，中型幼儿园显著高于大型幼儿园和小型幼儿园，这表明中等规模的幼儿园更易于管理，对于教师的学习组织也更加高效、便利。具体见表2-19。

表 2-19 不同规模幼儿园的教师自主学习支持系统各维度差异分析

维度	园所规模	平均值	标准差	F	事后检验（LSD）
资源条件	小型幼儿园（A）	2.64	0.72	100.73***	C>B>A
	中型幼儿园（B）	3.03	0.76		
	大型幼儿园（C）	3.39	0.77		
学习机会	小型幼儿园（A）	3.16	0.67	97.14***	C>B>A
	中型幼儿园（B）	3.56	0.65		
	大型幼儿园（C）	3.81	0.66		
精神环境	小型幼儿园（A）	3.76	0.58	1.29***	B>A C>A
	中型幼儿园（B）	3.90	0.51		
	大型幼儿园（C）	4.19	0.59		
规章制度	小型幼儿园（A）	4.27	0.78	4.64**	B>A C>A
	中型幼儿园（B）	4.44	0.67		
	大型幼儿园（C）	4.41	0.80		
组织管理	小型幼儿园（A）	4.41	0.61	4.35*	B>A B>C
	中型幼儿园（B）	4.55	0.60		
	大型幼儿园（C）	4.43	0.84		

*** $p<0.001$ ** $p<0.01$ * $p<0.05$

（三）地方政府支持水平

在来自地方政府的教育行政管理与支持上，“业务领导与管理”“教育督导与评估”和“教师培养与培训”均表现出显著差异（$p<0.001$），“财政投入与支持”也有显著差异（$p<0.05$）。事后检验表明：地方政府在“业务领导与管理”“教育督导与评估”“教师培养与培训”和“财政投入与支持”方面对幼儿园的支持力度越大，幼儿园教师自主学习支持系统的整体水平越高。具体见表 2-20。

表 2-20 教育部门支持水平各维度的差异分析

教育部门支持	支持水平	平均值	标准差	F	事后检验（LSD）
财政投入与支持	低等（A）	3.17	0.73	77.33*	B>C>A
	中等（B）	3.74	0.46		
	高等（C）	3.63	0.73		
业务领导与管理	低等（A）	3.85	0.63	78.98***	C>B>A
	中等（B）	4.62	0.47		
	高等（C）	4.83	0.24		
教育督导与评估	低等（A）	3.91	0.53	104.40***	C>B>A
	中等（B）	4.64	0.43		
	高等（C）	4.92	0.14		
教师培养与培训	低等（A）	3.42	0.51	101.99***	C>B>A
	中等（B）	3.86	0.49		
	高等（C）	4.67	0.34		

*** $p<0.001$ 　* $p<0.05$

上述情况表明，教育行政部门对幼儿园的领导监管有力。各级政府加强对学前教育的统筹协调，有助于健全教育部门主管、有关部门分工负责的工作机制，形成推动学前教育发展的合力。第一，在“财政投入与支持”层面，发展改革部门要把学前教育纳入当地经济社会发展规划，支持幼儿园建设发展。财政部门要加大投入，制定支持学前教育的优惠政策。各级政府要将学前教育经费列入财政预算，新增教育经费要向学前教育倾斜，保证财政性学前教育经费在同级财政性教育经费中占合理比例且有明显提高。各地根据实际研究制定公办幼儿园生均经费标准和生均财政拨款标准的同时，要制定优惠政策，鼓励社会力量办园和捐资助园。第二，在“业务领导与管理”层面，教育行政部门要完善政策，制定标准，充实管理、教研力量，加强学前教育的监督管理和科学指导。第三，在“教育督导与评估”层面，教育行政部门要完善幼儿园保教质量评估监管体系，健全学前教育教研指导网络。第四，在“教师培养与培训”层面，应建立幼儿园园长和教师培训体系，满足幼儿园教师多样化的学习和发展需求，还要创新培训模式，对幼儿园园长和教师进行全员专业培训，特别是对幼儿园园长和骨干教师进行国家级培训。

1. 财政投入与支持

从财政投入与支持的描述性统计分析可以看出，平均值最大者为“物质”（4.13），其次为“人力”（3.71），平均值最小者为“网络”（2.65）。从平均值高低可以看出，教育行政部门对幼儿园教师自主学习支持系统的财政投入与支持中，投入力度最大的是物质支持，其次是人力支持，支持作用较弱的是网络。再从标准差的数值看，6 个变量选项中以“物质”的标准差（1.06）最小，这表明学前教育管理者评分差异最小的是“物质”。具体见表 2-21。

表 2-21　财政投入与支持重要性次序等第摘要

财政投入与支持	有效样本	最小值	最大值	平均值	标准差	排序
物质	245	1.00	5.00	4.13	1.06	1
人力	245	1.00	5.00	3.71	1.36	2
经费	245	1.00	5.00	3.50	1.54	3
场地	245	1.00	5.00	2.96	1.17	4
时间	245	1.00	5.00	2.89	1.16	5
网络	245	1.00	5.00	2.65	1.49	6

2. 业务领导与管理

从业务领导与管理的描述性统计分析可以看出，平均值最大者为“横向组织”（4.58），其次为“纵向管理”（4.39），平均值最小者为“领导部署”（4.19）。从平均值高低可以看出，教育行政部门对幼儿园教师自主学习支持系统的业务领导与管理中，管理支持力度均较大，达到了“非常符合”的较高水平。再从标准差的数值看，3 个变量选项中以“横向组织”的标准差

(0.64) 最小，这表明学前教育管理者评分差异最小的是“横向组织”。具体见表2-22。

表2-22　业务领导与管理支持重要性次序等第摘要

业务领导与管理	有效样本	最小值	最大值	平均值	标准差	排序
横向组织	245	1.00	5.00	4.58	0.64	1
纵向管理	245	1.00	5.00	4.39	0.66	2
领导部署	245	1.00	5.00	4.19	0.91	3

3. 教育督导与评估

从教育督导与评估的描述性统计分析可以看出，“规划”和“考核”两个变量的平均值均较大，分别为4.23、4.46。从平均值高低可以看出，教育行政部门对幼儿园教师自主学习支持系统的教育督导与评估中，监管支持力度均较大，达到了“非常符合”的较高水平。再从标准差的数值看，“规划”和“考核”两个变量选项的标准差均不大，分别为0.80、0.68，这表明学前教育管理者对教育督导与评估两个变量的评分差异不大。具体见表2-23。

表2-23　教育督导与评估支持重要性次序等第摘要

教育督导与评估	有效样本	最小值	最大值	平均值	标准差	排序
考核	245	1.00	5.00	4.46	0.68	1
规划	245	1.00	5.00	4.23	0.80	2

4. 教师培养与培训

从教师培养与培训的描述性统计分析可以看出，平均值最大者为“保教活动”(4.34)，其次为“教研活动”(3.91)，平均值最小者为“园本培训”(3.14)。从平均值高低可以看出，教育行政部门对幼儿园教师自主学习支持系统的教师培养与培训中投入力度最大的是保教活动，其次是教研活动，支持作用较弱的是园本培训。再从标准差的数值看，5个变量选项中以科研活动的标准差(0.27)最小，这表明学前教育管理者评分差异最小的是科研活动。具体见表2-24。

表 2-24　教师培养与培训支持重要性次序等第摘要

教师培养与培训	有效样本	最小值	最大值	平均值	标准差	排序
保教活动	245	1.00	5.00	4.34	1.25	1
教研活动	245	1.00	5.00	3.91	1.21	2
外出培训	245	1.00	5.00	3.69	1.14	3
科研活动	245	1.00	5.00	3.29	0.27	4
园本培训	245	1.00	5.00	3.14	0.87	5

三、结论与讨论

（一）保教活动和园本教研是幼儿园教师自主学习的主要场域

本研究表明，幼儿园教师自主学习的主要场域和路径都是保教活动，教师的学习基于保教活动，在保教活动中反思和成长，教学相长。教师在实施保教活动的过程中，自身也得到了锻炼和提升，幼儿园日常的教学活动和人际交往是激发教师学习、带动教师实现专业成长的主要外部环境和动力。同样，幼儿园加强保教工作管理，提升保教质量，必然能促进幼儿园教师进步、儿童健康成长和幼儿园可持续发展，可谓“一举三得”。从这个角度而言，教师与幼儿园、教师与幼儿、幼儿园与地方幼教事业，都是命运的共同体。因此，各方促进幼儿园教师自主学习和专业成长，还是要以幼儿园的保教工作为抓手，基于幼儿园保教工作来引导教师的学习与发展。

另外，各方一致认为，幼儿园基于自身需要而有针对性地开展的园本培训与园本教研是做得最好、最有效果、最受欢迎的幼儿园教师培训方式，是促进和带动幼儿园教师自主学习最好的措施与路径。幼儿园教师实现自身专业发展的过程是一种实践性探究与学习的过程，同时也是幼儿园教师在实践中提升自主学习能力的过程。园本教研是以幼儿园为基本单位，以幼儿园教师等一线教育工作者为主体，以学前教育中发现的问题为主题，通过研究讨论促进幼儿园教师专业发展，基于行动研究的一种形式。园本教研取得实效的前提是需要业务精干的专业领导者来领导，需要幼儿园教育管理者架构起促进幼儿园教师自身专业成长的研讨机制。园本教研可以通过对一个个教学案例的深入探讨与分析，给参与研讨的教师提供生动具体的活动剖析，从而增进幼儿园教师对学前教育理念的正确理解。在园本教研中，对公开课和案例的观摩、探讨，能帮助幼儿园教师找到提升教育能力的方法。幼儿园教师可以针对自己在日常教育活动中所遇到的问题进行探讨，挖掘问题背后潜藏的教育价值，不断完善自己的教育理念，从而形成自己的一套教育模式。

园本教研和园本培训的实践经验也表明，只有发挥教师学习和发展的自主性，才能提升教研质量，切实发挥园本教研促进教师专业成长、改进教学效果、提升园所实力的作用。基于园本教研的教师学习强调“教”“研”“学”一体化，倡导教师在教研活动中充分利用个体内在的学习因素（如学习动机、学习策略等）和外在条件（如学习环境、学习资源等）进行主动学习。《国务院关于加强教师队伍建设的意见》明确指出，在继续推进各级各类教师培训的同时，要建设终身学习支持服务体系，促进教师自主学习。因此，从幼儿园管理的角度来看，为教师提供学习资源的支持是提升教研质量、促进教师自主学习的重要保障。可见，从理论和实践层面探索“幼儿园应为教师提供哪些学习资源”“如何更好地为教师提供这些学习资源”是很有必要的。

无论是幼儿园日常保教工作还是园本培训与教研，都是基于幼儿园这个主阵地，幼儿园才是幼儿园教师自主学习的“发源地”和“根据地”，是幼儿园教师专业成长的基地，也是幼儿园教师自主学习反馈和反哺的第一对象。因此，幼儿园教师自主学习唯有扎根工作第一线、扎根实践，才能开花结果。

（二）专业电子资源是幼儿园教师自主学习最稀缺的资源

本研究发现，无论教师、园长还是学前教育管理者，都认为教师自主学习的网络硬件与软件并不落后，学前教育管理者和园长甚至认为网络研修与培训开展得比较好，但幼儿园教师并不认可网络学习的效果，也不喜欢网络学习。究其原因，网络学习对教师自身调控力、抗干扰能力和意志力的要求较高，更主要的是缺乏足够的、高质量的、适合幼儿园教师的专业电子资源。

因此，我国学前教育相关专业网站和电子资源的建设迫在眉睫。

信息化时代为幼儿园教师的自主学习带来了机遇。随着21世纪信息化时代的来临，计算机网络技术和多媒体技术等信息技术开始蓬勃发展并广泛应用于各个领域，在线学习便是信息技术应用于教育领域后诞生的一种新型学习方式，也是信息化时代下终身学习体系的一个重要组成部分，具有其他传统的学习方式无法比拟的优势。第一，它打破了学习时间和空间的限制，只要有电脑和网络，幼儿园教师就可以根据自己的实际情况自主安排学习的时间和地点；第二，它能够最大限度地满足幼儿园教师个性化的学习需求，幼儿园教师可以自由地选择学习内容，自行制订学习计划，并根据自己的需要检索和下载相关的学习资源，进行有针对性的学习；第三，它能够为幼儿园教师搭建一个与不同地域的专家和同行进行广泛交流与深入讨论的平台，切实有效地发挥专家的引领作用和同伴的互助作用。我国应大力发展幼儿园教师网络研修社区，搭建基于网络社交媒体的教师学习共同体，开发基于地情、国情的学前教育专业电子资源，构建多样化的、开放与共享的幼儿园教师学习平台与资源库。

（三）经费投入不足是影响幼儿园教师自主学习的最主要因素

从前文分析可以看出，我国幼儿园教师自主学习水平与工资待遇高度正相关，一般工资收入高，自主学习水平就高，反之则低；幼儿园教师自主学习情况与幼儿园办园条件和水平也高度正相关，财政投入足的大型园、省级示范园的教师，自主学习情况较好，反之则较低；地方政府对幼儿园教师自主学习支持力度最小的是财政投入与支持，与公办幼儿园相比，民办幼儿园自负盈亏，获得的财政支持极少，对教师自主学习条件和行为习惯的支持都比较弱；各级各类幼儿园对教师自主学习支持力度最小的是经费、人力和场地。地方政府和幼儿园对教师自主学习的支持主要表现为规划、监督、管理和业务指导，经费上的投入微乎其微，经费短缺已成为制约我国幼儿园教师自主学习的最主要因素。

由于历史原因，我国各级政府对学前教育的投入几起几落，目前对学前教育的投入仍是整个教育领域的最短板。近年来，虽然幼儿园生均财政拨款数额快速提升，但是由于基数小，其额度仍较小，难以满足当前幼儿园教师队伍建设与发展的需要。在我国，学前教育投入主要是地方负责，更具体的是以县为主，我国各级政府特别是区县级政府应建立起良好的教师培养和培训财政投入保障机制，加强幼儿园教师的培养和培训，促进幼儿园教师可持续的专业发展。唯有如此，才能提升幼儿园保教质量，促进幼儿健康快乐成长，实现我国学前教育事业“幼有所育、学有所教”的伟大目标。

第三节　幼儿园教师自主学习水平与支持系统的区域差异

我国幅员辽阔，各地幼儿园教师自主学习水平和所获支持的差别较大。为了深入研究我国不同区域幼儿园教师自主学习水平与支持系统的特色和差异，以便相互借鉴、互补长短，缩小我国不同区域间幼儿园教师自主学习水平与支持系统的差异，促进我国学前教育均衡、可持续发展，本研究又对上述幼儿园教师问卷调查得到的数据进行了区域差异的分析。3111 份教师问卷中，东部区域 290 份，西部区域 810 份，东北部区域 493 份，中部区域 1518 份。

一、幼儿园教师自主学习水平与支持系统的区域差异总体描述

我国四大区域幼儿园教师自主学习水平与支持系统的总体描述与差异分析见表 2-25。从表中各维度的平均值可见，东北部在认知与情感、技能与能力、行为与习惯、学习机会、规章制度、组织管理上的平均值高于其他区域以及全国；西部在资源条件、精神环境上的平均值高于其他区域以及全国。也就是说，在幼儿园教师自主学习水平方面，东北部状态最好，教师自主学习水平在各方面均高于其他三个区域和全国平均水平。另外，在教师所获得

的支持方面，东北部幼儿园教师所获得的学习机会、规章制度、组织管理支持最佳；而西部地区在资源条件和精神环境两个方面最优，高于其他三个区域和全国平均水平。

我国四大区域的幼儿园教师自主学习水平存在显著差异。从总体水平来看，东北部幼儿园教师自主学习水平最高。经事后检验，在认知与情感上，东北部显著高于东部、西部和中部（$F=4.38$，$p<0.01$），这表明东北部幼儿园教师自主学习的认知与情感水平高于东部、西部和中部；而东部、西部和中部之间在此维度上并无显著差异。在技能与能力上，东北部显著高于东部、西部和中部（$F=10.10$，$p<0.001$），这表明东北部幼儿园教师自主学习的技能与能力更优；而东部、西部和中部之间在此维度上并无显著差异。在行为与习惯上，东北部依然显著高于中部、东部和西部（$F=21.78$，$p<0.001$），即东北部幼儿园教师自主学习的行为与习惯优于中部、东部和西部；而其他三个区域中，中部显著高于东部和西部，东部、西部之间不存在显著差异。

除了资源条件和精神环境以外，东部、西部、东北部和中部四大区域的幼儿园教师自主学习支持系统在学习机会、规章制度和组织管理上均存在显著差异。经事后检验，在学习机会上，东北部显著高于东部，且西部和中部均显著低于东部（$F=26.43$，$p<0.001$），这表明东北部、东部相较于西部和中部来说幼儿园教师所获得的自主学习机会更多。在规章制度上，东北部显著高于东部、西部和中部（$F=16.90$，$p<0.001$），这表明东北部幼儿园教师自主学习的相关规章制度较为完善。在组织管理上，东北部显著高于东部、西部和中部（$F=14.37$，$p<0.001$），且西部的平均值最低，这表明西部幼儿园教师自主学习相对缺乏组织管理方面的支持。具体见表 2-25。

表 2-25　不同区域幼儿园教师自主学习水平与支持系统的总体描述和差异分析

维度	区域	平均值	标准差	F	事后检验（LSD）	维度	区域	平均值	标准差	F	事后检验（LSD）
认知与情感	东部（A）	4.34	0.50	4.38**	C>A C>B C>D	学习机会	东部（A）	3.49	0.80	26.43***	C>A>B C>A>D
	西部（B）	4.34	0.45				西部（B）	3.30	0.77		
	东北部（C）	4.42	0.48				东北部（C）	3.64	0.71		
	中部（D）	4.34	0.48				中部（D）	3.31	0.80		
	全国	4.35	0.48				全国	3.38	0.79		
技能与能力	东部（A）	3.94	0.55	10.10***	C>A C>B C>D	精神环境	东部（A）	4.09	0.53	1.84	—
	西部（B）	3.93	0.54				西部（B）	4.43	8.22		
	东北部（C）	4.07	0.55				东北部（C）	4.19	0.53		
	中部（D）	3.92	0.53				中部（D）	4.01	0.55		
	全国	3.95	0.54				全国	4.15	4.22		
行为与习惯	东部（A）	3.56	0.50	21.78***	C>D>A C>D>B	规章制度	东部（A）	4.31	0.75	16.90***	C>A C>B C>D
	西部（B）	3.59	0.53				西部（B）	4.32	0.70		
	东北部（C）	3.81	0.54				东北部（C）	4.56	0.59		
	中部（D）	3.64	0.54				中部（D）	4.31	0.69		
	全国	3.65	0.54				全国	4.35	0.69		

续表

维度	区域	平均值	标准差	F	事后检验（LSD）	维度	区域	平均值	标准差	F	事后检验（LSD）
资源条件	东部（A）	3.86	0.90	2.28	—	组织管理	东部（A）	4.50	0.72	14.37***	C>A>B C>D>B
	西部（B）	4.63	20.20				西部（B）	4.40	0.72		
	东北部（C）	3.79	0.89				东北部（C）	4.66	0.61		
	中部（D）	3.45	0.96				中部（D）	4.48	0.69		
	全国	3.85	10.34				全国	4.49	0.69		

*** $p<0.001$　** $p<0.01$

二、幼儿园教师自主学习水平各维度的区域差异

（一）认知与情感的区域差异

幼儿园教师自主学习水平的认知与情感维度，包括重要性认识、情感态度、学习动机、学习意志和自我效能感。从我国四大区域以及全国幼儿园教师自主学习认知与情感各子维度的平均值可见，重要性认识、情感态度的平均值均较高，学习动机的平均值最低；东北部在情感态度、学习意志、自我效能感上的平均值高于其他区域以及全国。

在认知与情感维度上，四大区域存在显著差异。对该维度下的各子维度进行深入分析可见，不同区域幼儿园教师在自主学习的重要性认识、情感态度以及学习动机上不存在显著差异，均对自主学习具有较高的认知；但不同区域幼儿园教师在学习意志上呈现显著差异（$F=9.23$，$p<0.001$），经事后检验，东北部显著高于东部、西部和中部，东部、西部和中部之间并不存在显著差异，这表明东北部幼儿园教师的学习意志强于东部、西部和中部幼儿园教师；不同区域幼儿园教师在自我效能感上也呈现显著差异（$F=16.93$，$p<0.001$），经事后检验，东北部显著高于东部，且东北部和东部显著高于西部和中部，而西部和中部之间差异不显著，这表明西部和中部幼儿园教师的自我效能感都相对较低。具体见表 2-26。

表 2-26　不同区域幼儿园教师自主学习认知与情感水平的描述和差异分析

子维度	区域	平均值	标准差	*F*	事后检验（LSD）	子维度	区域	平均值	标准差	*F*	事后检验（LSD）
重要性认识	东部（A）	4.70	0.71	0.60	—	学习意志	东部（A）	4.37	0.59	9.23***	C>A C>B C>D
	西部（B）	4.74	0.61				西部（B）	4.33	0.59		
	东北部（C）	4.73	0.67				东北部（C）	4.50	0.58		
	中部（D）	4.71	0.66				中部（D）	4.39	0.58		
	全国	4.72	0.65				全国	4.39	0.59		
情感态度	东部（A）	4.66	0.69	2.33	—	自我效能感	东部（A）	4.37	0.71	16.93***	C>A>B C>A>D
	西部（B）	4.65	0.62				西部（B）	4.26	0.75		
	东北部（C）	4.72	0.64				东北部（C）	4.51	0.69		
	中部（D）	4.63	0.70				中部（D）	4.25	0.76		
	全国	4.65	0.67				全国	4.30	0.75		
学习动机	东部（A）	4.20	0.60	1.59	—						
	西部（B）	4.25	0.57								
	东北部（C）	4.25	0.60								
	中部（D）	4.20	0.60								
	全国	4.22	0.59								

*** $p<0.001$

（二）技能与能力的区域差异

从我国四大区域以及全国幼儿园教师自主学习技能与能力各子维度的平均值可见，调控能力的平均值最高，在 4 分以上；东北部在认知能力、调控能力、反思能力上的平均值高于其他区域以及全国。

在技能与能力维度上，四大区域也呈现出显著差异。对该维度下的各子维度进行深入分析可以看出，不同区域幼儿园教师在认知能力上存在显著差异（$F=10.71$，$p<0.001$），经事后检验，东北部高于东部、西部和中部，而中部平均值最低，这表明中部幼儿园教师在认知能力方面较为薄弱；不同区域幼儿园教师在调控能力上呈现显著差异（$F=7.99$，$p<0.001$），经事后检验，东北部显著高于东部、西部和中部，而东部、西部和中部三大区域间不存在显著差异，这表明东北部幼儿园教师的调控能力优于其他三个区域；不同区域幼儿园教师在反思能力方面也存在显著差异（$F=5.27$，$p<0.001$），事后检验发现，东北部高于东部、西部和中部，而东部平均值最低，可见东部幼儿园教师在反思能力方面较为欠缺。具体见表 2-27。

表 2-27　不同区域幼儿园教师自主学习技能与能力水平的描述和差异分析

子维度	区域	平均值	标准差	F	事后检验（LSD）
认知能力	东部（A）	3.82	0.60	10.71***	C>A C>B C>D
	西部（B）	3.81	0.57		
	东北部（C）	3.94	0.61		
	中部（D）	3.77	0.56		
	全国	3.81	0.58		
调控能力	东部（A）	4.29	0.76	7.99***	C>A C>B C>D
	西部（B）	4.24	0.73		
	东北部（C）	4.43	0.65		
	中部（D）	4.27	0.71		
	全国	4.29	0.71		

续表

子维度	区域	平均值	标准差	F	事后检验（LSD）
反思能力	东部（A）	3.81	0.64	5.27***	C>A C>B C>D
	西部（B）	3.84	0.67		
	东北部（C）	3.98	0.67		
	中部（D）	3.89	0.68		
	全国	3.88	0.67		

*** $p<0.001$

（三）行为与习惯的区域差异

从我国四大区域以及全国幼儿园教师自主学习行为与习惯各子维度的平均值可见，学习投入的平均值最低，在 3 分以下；东北部在学习内容、学习投入、学习成果的运用上的平均值高于其他区域以及全国。

在行为与习惯维度上，四大区域同样呈现出显著差异。对该维度下的各子维度进行深入分析可见，不同区域幼儿园教师在学习内容上存在显著差异（$F=11.32$，$p<0.001$），经事后检验，东北部高于中部，且东北部和中部均显著高于东部和西部，东部和西部之间差异不显著，这表明东北部和中部幼儿园教师的学习内容更为丰富；不同区域幼儿园教师在学习投入上呈现出显著差异（$F=18.78$，$p<0.001$），经事后检验，东北部高于东部、西部和中部，而东部、西部和中部三大区域间无显著差异，这表明东北部幼儿园教师对学习的投入水平较高；不同区域幼儿园教师在学习成果的运用上也呈现出显著差异（$F=7.24$，$p<0.001$），经事后检验，东北部在学习成果的运用上高于东部、西部和中部，而东部、西部和中部之间无显著差异，这可以看出东北部幼儿园教师在对学习成果的运用上呈现出较高水平。具体见表 2-28。

表 2-28　不同区域幼儿园教师自主学习行为与习惯水平的描述和差异分析

子维度	区域	平均值	标准差	F	事后检验（LSD）
学习内容	东部（A）	4.20	0.61	11.32^{***}	C>D>A C>D>B
	西部（B）	4.24	0.64		
	东北部（C）	4.42	0.60		
	中部（D）	4.30	0.62		
	全国	4.29	0.62		
学习投入	东部（A）	2.33	0.80	18.78^{***}	C>A C>B C>D
	西部（B）	2.34	0.83		
	东北部（C）	2.68	0.90		
	中部（D）	2.40	0.85		
	全国	2.42	0.86		
学习成果的运用	东部（A）	4.37	0.61	7.24^{***}	C>A C>B C>D
	西部（B）	4.38	0.60		
	东北部（C）	4.53	0.58		
	中部（D）	4.41	0.61		
	全国	4.42	0.61		

*** $p<0.001$

不同区域幼儿园教师对学习方式的选择大同小异。本研究将学习方式分为保教实践、教研活动、面授培训、网络学习、同他人交流、阅读书籍文章以及观摩体验等。其中，观摩体验是东部、西部、东北部、中部以及全国范围内所占比例最高的学习方式，这说明观摩体验是我国幼儿园教师最常采用的学习方式；其次是教研活动；而网络学习所占比例最小，这说明网络学习尚未成为促进我国幼儿园教师专业发展的重要学习路径。具体见表 2-29。

表 2-29　不同区域幼儿园教师学习方式的选择偏好（单位：%）

区域	保教实践	教研活动	面授培训	网络学习	同他人交流	阅读书籍文章	观摩体验	其他
东部	37.6	52.1	37.6	17.2	32.8	28.3	75.9	1.4
西部	40.6	55.6	32.5	14.9	33.2	29.3	79.3	1.4
东北部	28.0	56.4	44.0	14.8	26.2	31.8	77.7	2.2
中部	35.0	48.0	36.8	18.7	34.3	30.5	77.6	1.8
全国	35.6	51.7	36.9	17.0	32.6	30.2	77.9	1.7

不同区域幼儿园教师在学习效果的选择上与学习方式的情况大体一致。其中，观摩体验被认为是对自主学习帮助最大的学习方式，各区域所占比例均在 78.0%以上；其次是教研活动，各区域所占比例均在 48.0%以上；而网络学习被认为是帮助最小的学习方式，这说明网络学习在没有普及的情况下对幼儿园教师自主学习效果的影响并不显著。具体见表 2-30。

表 2-30　不同区域幼儿园教师自主学习的效果（单位：%）

区域	保教实践	教研活动	面授培训	网络学习	同他人交流	阅读书籍文章	观摩体验	其他
东部	37.6	50.7	36.2	7.2	38.6	29.0	79.0	1.0
西部	42.4	54.0	30.7	9.6	38.2	25.6	80.6	1.4
东北部	29.0	54.2	41.8	10.8	29.4	24.5	81.7	2.2
中部	37.0	48.9	36.3	13.6	35.7	24.6	78.3	2.2
全国	37.2	51.2	35.7	11.5	35.6	25.3	79.5	1.9

三、幼儿园教师自主学习支持系统各维度的区域差异

（一）学习机会的区域差异

学习机会包括幼儿园内部学习机会和外部学习机会。其中，幼儿园内部学习机会包括园内的保教活动、教研活动、科研活动、园本培训等。总体而言，我国四大区域幼儿园教师的内部学习机会存在显著差异，由多到少依次为东北部、东部、中部和西部，平均值分别为3.64、3.49、3.31、3.30；其中，东北部、东部幼儿园内部学习机会的平均值均显著高于西部和中部区域，且高于全国水平。

幼儿园内部学习机会的区域差异（$F=26.43$，$p<0.001$）与学习机会总体的区域差异保持一致，主要表现为东北部和东部两大区域的学习机会显著多于西部和中部。这表明东北部和东部幼儿园更注重通过保教活动、教研活动、科研活动、园本培训等内部学习机会来促进幼儿园教师自主学习。具体见表2-31。

表2-31　不同区域幼儿园内部学习机会的描述和差异分析

子维度	区域	平均值	标准差	F	事后检验（LSD）
内部学习机会	东部（A）	3.49	0.80	26.43^{***}	C>A>B C>A>D
	西部（B）	3.30	0.77		
	东北部（C）	3.64	0.71		
	中部（D）	3.31	0.80		
	全国	3.38	0.79		

*** $p<0.001$

幼儿园外部学习机会包括学历提升和外出培训。在幼儿园外部学习机会中，对于幼儿园教师学历提升的奖励也存在区域差异。学历提升的奖励有现

金奖励、公开表扬、荣誉奖励、职称职务晋升、工资津贴提升、报销学费或差旅费等方式。从总体上看，工资津贴提升、公开表扬是我国各区域中所占比例较高的学历提升后的奖励方式，而报销学费或差旅费、现金奖励在各区域中所占比例较低。这说明，我国幼儿园对教师学历提升的奖励力度相对强于非学历培训，如果教师学历提升了，一般在教师的工资津贴上会有所反映；但对幼儿园教师的外出非学历培训支持力度就非常弱。具体来看，我国东部幼儿园大多采用工资津贴提升（42.4%）的方式奖励教师学历提升；西部幼儿园大多采用其他方式奖励教师学历提升，如公开表扬（34.5%）；东北部幼儿园大多采用公开表扬（41.4%）的方式奖励教师学历提升；中部幼儿园大多采用工资津贴提升（37.2%）的方式奖励教师学历提升。这说明，我国东部和中部区域幼儿园教师学历提升后，工资津贴有所提高。前面的分析也表明，我国幼儿园教师自主学习主要动机是提升学历和促进个人专业发展，这或许与幼儿园的激励与评价机制有关。具体见表 2-32。

表 2-32　不同区域幼儿园教师学历提升奖励方式的分布情况（单位：%）

区域	现金奖励	公开表扬	荣誉奖励	职称职务晋升	工资津贴提升	报销学费或差旅费	其他
东部	19.3	26.9	18.3	17.2	42.4	14.1	30.3
西部	17.9	34.5	21.1	15.8	33.0	8.0	35.7
东北部	13.0	41.4	22.9	21.3	31.6	9.9	31.6
中部	18.8	34.0	22.5	16.5	37.2	9.2	33.4

幼儿园教师外出培训作为外部学习机会也存在区域差异。从总体上看，区县级、地市级培训与学习是我国各区域中所占比例较高的幼儿园教师外出培训类型，而国家级培训与学习在全国各区域中所占比例均最低。具体来看，东部幼儿园主要以区县级、地市级培训与学习为主（均为 82.8%）；西部幼儿园主要以区县级培训与学习为主（86.0%）；东北部、中部幼儿园主要以地市级培训与学习为主（分别是 79.1%、72.3%）。本研究表明，各级培训均能有效促进教师的自主学习与发展，而高层次的外出培训更能促进教师自主

学习的认知与情感、技能与能力、行动与习惯水平全面提升，这表明我国各级教师培训均有较好的质量与效果，尤其是国家级培训和省级培训效果良好，能强有力地推动教师的专业学习与发展。但可惜的是，我国面向幼儿园教师的国家级培训和省级培训机会相对较少，在这方面有待加强。具体见表2-33。

表 2-33　不同区域幼儿园教师外出培训机会的分布情况（单位：%）

区域	国家级培训与学习	省级培训与学习	地市级培训与学习	区县级培训与学习
东部	31.3	50.0	82.8	82.8
西部	37.8	53.3	71.0	86.0
东北部	52.5	70.4	79.1	76.7
中部	46.9	63.0	72.3	66.4

（二）规章制度的区域差异

规章制度分为幼儿园、个人、考核 3 个子维度。我国四大区域的幼儿园在教师自主学习的规章制度各子维度上均存在显著差异。经事后检验，在幼儿园层面，东北部显著高于东部、西部和中部（$F=12.27$，$p<0.001$）；在教师个人层面，东北部显著高于东部、西部和中部，东部和西部显著高于中部（$F=14.91$，$p<0.001$）；在考核制度层面，东北部显著高于东部（$F=13.26$，$p<0.001$）、西部和中部。具体见表2-34。

表 2-34　不同区域幼儿园自主学习规章制度的描述和差异分析

子维度	区域	平均值	标准差	*F*	事后检验（LSD）
幼儿园	东部（A）	4.47	0.78	12.27***	C>A C>B C>D
	西部（B）	4.45	0.79		
	东北部（C）	4.69	0.59		
	中部（D）	4.49	0.76		
	全国	4.51	0.75		

续表

子维度	区域	平均值	标准差	F	事后检验（LSD）
个人	东部（A）	4.09	1.00	14.91***	C>A>D C>B>D
	西部（B）	4.01	1.03		
	东北部（C）	4.27	0.96		
	中部（D）	3.92	1.04		
	全国	4.02	1.03		
考核	东部（A）	4.38	0.91	13.26***	C>A C>B C>D
	西部（B）	4.51	0.73		
	东北部（C）	4.70	0.61		
	中部（D）	4.53	0.73		
	全国	4.54	0.74		

*** $p<0.001$

（三）组织管理的区域差异

幼儿园的组织管理维度分为领导、组织、管理 3 个子维度。我国四大区域的幼儿园在组织管理各子维度上均存在显著差异。经事后检验，在领导层面，东北部显著高于东部、中部，东部和中部显著高于西部（$F=17.25$，$p<0.001$）；在组织层面，东北部显著高于东部、中部和西部（$F=11.33$，$p<0.001$）；在管理层面，东北部显著高于东部、中部和西部（$F=8.84$，$p<0.001$）。这表明，我国东北部幼儿园在组织管理上占据较大优势，其次为东部、中部，西部幼儿园教师自主学习的组织管理支持最弱，亟待加强。具体见表 2-35。

表 2-35　不同区域幼儿园自主学习组织管理的描述和差异分析

子维度	区域	平均值	标准差	*F*	事后检验（LSD）
领导	东部（A）	4.56	0.77	17.25***	C>A>B C>D>B
	西部（B）	4.41	0.82		
	东北部（C）	4.71	0.62		
	中部（D）	4.53	0.72		
	全国	4.53	0.74		
组织	东部（A）	4.54	0.71	11.33***	C>A C>B C>D
	西部（B）	4.46	0.72		
	东北部（C）	4.68	0.62		
	中部（D）	4.51	0.71		
	全国	4.53	0.70		
管理	东部（A）	4.29	1.00	8.84***	C>A C>B C>D
	西部（B）	4.23	0.97		
	东北部（C）	4.50	0.86		
	中部（D）	4.28	0.94		
	全国	4.31	0.95		

*** $p<0.001$

四、结论与讨论

本研究对我国东部、西部、东北部、中部四大区域共 3111 名幼儿园教师的自主学习水平及支持系统进行了调查，主要研究我国四大区域幼儿园教师在自主学习的认知与情感、技能与能力、行为与习惯、资源条件、学习机会、精神环境、规章制度和组织管理共 8 个维度上的发展现状和差异，以期互补长短。

（一）幼儿园教师自主学习水平的区域差异

从前表 2-25 分析可以看出，我国各区域幼儿园教师自主学习水平及支持系统具有一些共同之处。在 5 点量表中，四大区域幼儿园教师自主学习的认知与情感、技能与能力、行为与习惯 3 个维度的平均值都在 3. 56 以上，东北部尤为突出。这说明我国幼儿园教师特别是东北地区幼儿园教师的自主学习水平良好，教师们积极进取、勤于学习，具有较好的专业发展动力与能力，这有利于我国幼儿园教师学习社区、终身学习体系的构建以及学习型社会的建设。但是，我国四大区域的幼儿园教师自主学习水平差异显著，东北地区幼儿园教师的自主学习表现最为突出。研究发现，不同区域的幼儿园教师自主学习水平在认知与情感、技能与能力、行为与习惯等 3 个维度上均存在显著差异。其中，东北部在认知与情感、技能与能力、行为与习惯上的得分均最高，显著高于其他区域，而中部、西部的平均值则较低。

具体来看，在认知与情感方面，不同区域幼儿园教师在自主学习的学习意志、自我效能感上都存在显著差异。其中，东北部幼儿园教师自主学习的学习意志优于东部、中部和西部；东北部幼儿园教师自主学习的自我效能感优于东部，东部幼儿园教师自主学习的自我效能感优于中部和西部。这说明，东北部幼儿园教师自主学习的学习意志和自我效能感相较于其他区域更强，而中部和西部幼儿园教师自主学习的自我效能感较低。

在技能与能力方面，不同区域幼儿园教师在自主学习的认知能力、调控能力、反思能力上均存在显著差异，东北部幼儿园教师自主学习的认知能力、调控能力以及反思能力均优于东部、中部和西部，而东部、中部和西部之间并无显著差异。这说明，东北部幼儿园教师在自主学习的技能与能力的各个方面相较于其他区域均更强。

在行为与习惯方面，不同区域幼儿园教师在自主学习的学习内容、学习投入、学习成果的运用上分别存在显著的区域差异。其中，东北部幼儿园教师在学习内容方面优于中部，而中部幼儿园教师在学习内容方面优于东部和西部；东北部幼儿园教师在学习投入、学习成果的运用方面均优于东部、西部和中部。这说明，我国东北部和中部幼儿园教师的学习内容较为丰富，且东北部幼儿园教师相较于其他区域对学习的投入更多，对学习成果的运用更好。

（二）幼儿园教师自主学习支持系统的区域差异

从前文的分析可以看出，我国幼儿园教师自主学习的动机主要来自内部，教师为了提升学历、充实自我和不断进步而学习；外部的榜样示范，幼儿园的学习管理、组织领导与考评等也有较好的推动作用；幼儿园内外各类资源和精神环境总体欠佳，对幼儿园教师的自主学习支持力度较小；幼儿园为教师自主学习提供的经济支持与金钱鼓励极少，且与幼儿园教师自主学习水平不相关；各类在职培训与学习能带动教师的自主学习，但这类培训和学习的机会主要由幼儿园及地方政府提供，幼儿园教师获得省级以上培训学习的机会较少；幼儿园教师使用电脑、手机和网络的机会和时间很多，但教师并不将其作为最主要的、效果最好的和最喜欢的学习工具与途径；幼儿园教师更倾向于在参观、教学、园本教研、幼儿园课题研究等实践活动中进行自主学习，且认为实践类的活动效果优于集中讲座和网络学习。

研究表明，我国各区域幼儿园教师在学习机会、规章制度、组织管理等支持条件上存在显著差异，其中，东北部在学习机会、规章制度、组织管理上的得分均为最高，显著高于东部、中部、西部。西部虽然在幼儿园教师自主学习的资源条件、精神环境上得分最高，但四大区域在资源条件、精神环境上并不存在显著差异。

具体来看，在学习机会方面，不同区域幼儿园教师在自主学习的学习机会支持上存在显著差异，主要表现为东北部幼儿园教师学习机会显著多于其他区域，东部幼儿园教师学习机会多于中部和西部。这说明，幼儿园教师在学习机会上呈现出的区域差异与该区域的发展水平有较大关系。

在规章制度方面，不同区域幼儿园教师自主学习在规章制度执行、教师职业发展规划、教师考核支持上均存在显著差异，表现为东北部在幼儿园规章制度的执行、教师职业发展规划以及教师的考核上普遍优于其他区域，而中部幼儿园对教师职业发展规划的支持最少。

在组织管理方面，不同区域幼儿园在教师自主学习的领导、组织、管理支持上均存在显著差异，表现为东北部幼儿园在领导、组织、管理上的支持均优于其他区域，而西部幼儿园在领导层面的支持最少。这说明，东北部幼儿园对教师自主学习的组织管理更为重视。

在资源条件方面，我国四大区域虽然并未呈现出显著差异，但通过物质资源的支持情况仍可以看出，东部、东北部比西部、中部更重视对幼儿园教师自主学习所需物质资源的投入，这也与东部、东北部的经济发展水平有关，东部和东北部相对于经济条件和发展滞后的西部和中部来说更具优势。

（三）幼儿园教师自主学习水平与支持系统的差异一致性

综合幼儿园教师自主学习水平及支持系统的差异比较，我国各区域幼儿园教师自主学习的水平与支持系统呈高度正相关，表现出高度一致性，即幼儿园教师自主学习环境条件好的地区，幼儿园教师自主学习的综合水平相对较高，反之则低。这说明幼儿园教师自主学习与环境条件存在依存关系，自主学习虽然是教师个体的学习行为，但受幼儿园环境条件、当地社区和地方政府支持的制约。因此，良好的学习环境、丰富的学习机会、健全的管理体制以及各方的支持是激励幼儿园教师自主学习和不断进步必不可少的“情境”和“场域”。

另外，对幼儿园教师而言，硬件与软件、条件与机会、物质与文化气氛、领导与组织和管理、园内外条件以及幼儿园、地方到中央层级的支持等因素交织在一起，形成合力，构成了影响幼儿园教师自主学习的生态系统。而幼教干部、园长、专家和幼儿园教师之间良好的互动，构成了专业的论坛，共同搭建了幼儿园教师的学习型社区和学习共同体。

最后，需要特别指出的是，幼儿园教师自主学习水平及其环境条件都受地域经济、文化、教育等因素的制约。一般发达地区幼儿园经费投入较多，公办幼儿园占比较高，办园等级和条件较好，幼儿园教师自主学习水平和环境条件都相对占优。我国对东北区域的学前教育财政支持较多，而东部区域地方财政本身实力较强，因此这两个区域的幼儿园教师自主学习水平及其环境条件就相对较好；我国西部区域获得国家财政支持较多，资源条件较好，园所精神环境较佳，但受幼儿园办园水平和教师队伍建设水平所限，教师自主学习水平并未随之提高，尚未达到全国平均水平，出现了“输血仍贫血”的情况；而我国中部区域地方财力不足，中央财政支持有限，因此无论是幼儿园教师自主学习水平还是环境条件，都出现了明显的“中部塌陷”现象，这值得注意。

第三章　幼儿园教师自主学习及支持系统的区域案例

第一节　湖北省幼儿园教师自主学习及支持系统

我国实行“国务院领导，省地（市）统筹，以县为主”的学前教育管理体制。各省的地、市、县学前教育之间具有较高的同质性，但省际差别明显。为了深入研究幼儿园教师自主学习及支持系统的地域特色，服务地方学前教育发展，本研究以我国中部地区九省通衢之大省——湖北省为案例，分析湖北省幼儿园教师自主学习的现状、特征、支持系统等。

本研究采用随机抽样方法，选取幼儿园教师 1035 名。其中，女教师 1028 名，占 99.3%；男教师 7 名，占 0.7%。样本涉及湖北省十堰市（420，40.6%）、黄冈市（243，23.5%）、宜昌市（177，17.1%）、荆州市（71，6.8%）、荆门市（66，6.4%）、咸宁市（36，3.5%）、武汉市（17，1.6%）和襄阳市（5，0.5%），共 8 个城市。

样本教师涉及的幼儿园以公办园、大中型幼儿园、一级以上幼儿园为主。其中，公办幼儿园有 673 所，占比 65%；民办幼儿园有 362 所，占比 35%。大型幼儿园有 831 所，占比 80.3%；中型幼儿园有 117 所，占比 11.3%；数量最少的是小型幼儿园，有 87 所，占比 8.4%。教职工数量在 1—20 人的占比为 16.6%，21—40 人占比为 17.3%，41—60 人占比为 27.9%，61—80 人占比为 16.2%，81—100 人占比为 13.3%，101 人及以上占比为 8.7%。在幼儿园等级方面，省级示范园占比 51.9%，地市级示范园占比 26.9%，一级园占比 10.0%，二级园占比 2.2%，三级园占比 9.0%。

样本幼儿园教师以年龄 21—30 岁、教龄 5 年以内、学历大专及以上、职称三级为主体。具体年龄分布：20 岁及以下为 34 人，占比最低，为 3.3%；21—25 岁为 301 人，占比最高，为 29.1%；26—30 岁为 225 人，占比为 21.7%；31—35 岁为 146 人，占比为 14.1%；36—40 岁及 40 岁以上分别为 165 人、164 人，占比相当，分别为 15.9%、15.8%。

教龄在 5 年以内的为 480 人，占比最高，为 46.4%；5—10 年教龄为 364 人，占比为 35.2%；10 年以上为 191 人，占比为 18.5%。大专学历为 543 人，占比最高，为 52.5%；本科为 376 人，占比为 36.3%；中专及以下为 113 人，占比为 10.9%；硕士为 3 人，占比为 0.3%。三级职称的幼儿园教师最多，占比为 39.9%；一级职称的幼儿园教师占比为 31.8%；二级和高级职称幼儿园教师的占比分别为 17.6%、10.3%；正高级职称的幼儿园教师仅有 4 名，占比为 0.4%。

样本幼儿园教师中有部分教师身兼两职或数职，职务种类多样。其中，园长 6 名，占比 0.5%；副园长 16 名，占比 1.4%；保教主任 35 名，占比 3.1%；教研主任 19 名，占比为 1.7%；后勤主任 15 名，占比 1.3%；教研组长 49 名，占比 4.3%；年级组长 66 名，占比 5.8%；带班教师 835 名，占比 72.9%①。数据显示，带班教师数量最多，占比最高，也是本研究的主要研究对象。

本研究结合湖北省实际情况，将幼儿园教师的劳动关系归纳为 3 种，分别是：有编制；无编制，工资由当地教育部门支付；无编制，工资由幼儿园自筹支付。研究发现，幼儿园教师的劳动关系中“无编制，工资由幼儿园自筹支付”的教师占比最高，为 553 人，占 53.4%；其次为有编制的教师，有 438 名，占比为 42.3%；“无编制，工资由当地教育部门支付”的教师人数最少，仅有 44 名，占比为 4.3%。这说明，大多数幼儿园教师的劳动关系以“无编制，工资由幼儿园自筹支付”为主，其次是有编制的幼儿园教师。

---

① 有 6 名年级组长也是教研组长，所以，总人数为 1041 人，实际样本人数为 1035 人。

本研究根据实际情况将幼儿园教师年总收入分为 5 个等级，即 24000 元及以下、24001—48000 元、48001—72000 元、72001—96000 元、96000 元以上。幼儿园教师的年总收入在第一个等级即 24000 元及以下的最多，达到 502 人，占 48. 5%；其次为第二等级即 24001—48000 元的教师，有 433 名，占 41. 8%；之后的 3 个等级共计 100 人，占 9. 7%。由此可知，湖北省幼儿园教师整体的平均工资水平并不高。

一、湖北省幼儿园教师自主学习的现状

为进一步深入了解湖北省幼儿园教师自主学习水平各方面的具体情况，本研究将各维度进行细化，分别进行描述性统计与分析。

（一）认知与情感

在 5 点量表中，湖北省幼儿园教师在自主学习认知与情感的子维度上，重要性认识的平均值（4. 73）最高，说明绝大多数幼儿园教师都认为自主学习非常重要；学习动机的平均值（4. 24）最低，说明幼儿园教师自主学习的学习动机不足；情感态度的平均值（4. 66）较高，说明大多数幼儿园教师在自主学习过程中有愉悦的学习体验；自我效能感的平均值（4. 27）相对偏低；学习意志的平均值（4. 42）处于中间水平。5 个方面的平均值都在 4. 00 以上，说明湖北省幼儿园教师自主学习的认知与情感整体状况较为良好。具体见表 3-1。

表 3-1　湖北省幼儿园教师自主学习认知与情感水平

子维度	最小值	最大值	平均值	标准差
重要性认识	1. 00	5. 00	4. 73	0. 60
情感态度	1. 00	5. 00	4. 66	0. 64
学习意志	1. 20	5. 00	4. 42	0. 54
自我效能感	1. 00	5. 00	4. 27	0. 73
学习动机	1. 17	5. 00	4. 24	0. 57

（二）技能与能力

湖北省幼儿园教师在自主学习技能与能力的子维度上，调控能力的平均值（4.29）最高，标准差也最大，说明幼儿园教师在自主学习过程中体现出来的调控能力整体水平较高，但调控程度差异较大；反思能力和认知能力的平均值都不足4.00，处于相对偏低的水平。具体见表3-2。

表3-2　湖北省幼儿园教师自主学习技能与能力水平

子维度	最小值	最大值	平均值	标准差
调控能力	1.00	5.00	4.29	0.68
反思能力	1.50	5.00	3.91	0.67
认知能力	1.50	5.00	3.80	0.54

（三）行为与习惯

湖北省幼儿园教师在自主学习行为与习惯的子维度上，学习内容和学习成果的运用的平均值都大于4.00分，处于较高水平；学习投入方面的平均值为2.42，处于三者中的最低水平，说明教师在学习投入方面做得很不够，需要加强。虽然学习投入较少，但是经过自主学习而获得的知识和技能运用效果还是较好的。具体见表3-3。

表3-3　湖北省幼儿园教师自主学习行为与习惯水平

子维度	最小值	最大值	平均值	标准差
学习成果的运用	1.00	5.00	4.42	0.59
学习内容	1.50	5.00	4.33	0.58
学习投入	1.00	5.00	2.42	0.85

在学习方式上，观摩体验是湖北省幼儿园教师最喜欢的学习方式，教研活动居第二位；网络学习在教师喜欢度与帮助度两个方面均居最后一位，阅读书籍文章居倒数第二位。具体见图3-1。

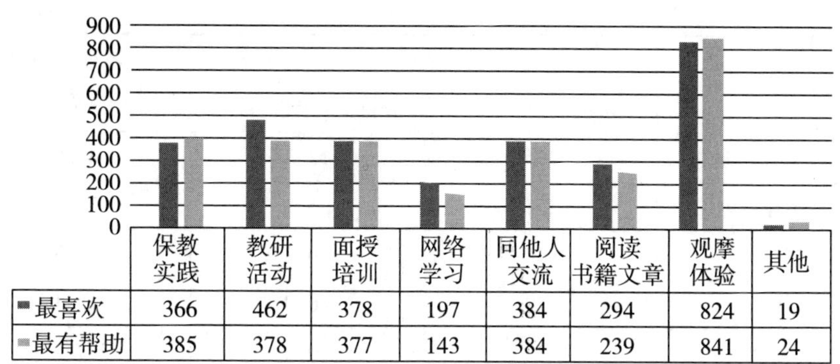

图 3-1　湖北省幼儿园教师最喜欢和最有帮助的学习方式（单位：次）

二、湖北省幼儿园教师自主学习支持系统的现状

为了深入了解湖北省幼儿园及地方政府对教师自主学习各方面支持的具体情况，本研究将各维度进行细化，分别进行描述性统计与分析。

（一）配套学习设施

在幼儿园给予教师的配套学习设施中，较多的是电脑、打印机、学习桌、工作间、移动硬盘或 U 盘、摄像机等。具体情况为：85. 3%的教师拥有电脑，78. 3%的教师拥有打印机，69. 6%的教师拥有学习桌，59. 1%的教师拥有工作间，47. 8%的教师拥有单位配发的移动硬盘或 U 盘，24. 3%的教师拥有摄像机。这说明大多数的幼儿园为教师配备有基本的学习设施，幼儿园之间差异较大。具体见表 3-4。

表 3-4　湖北省幼儿园配套学习设施情况

选项	响应		个案占比（单位:%）
	频数（单位：次）	占比（单位:%）	
工作间	612	15. 3	59. 1
学习桌	720	18. 0	69. 6
电脑	883	22. 0	85. 3

续表

选项	响应		个案占比（单位:%）
	频数（单位：次）	占比（单位:%）	
移动硬盘或U盘	495	12.3	47.8
摄像机	251	6.3	24.3
打印机	810	20.2	78.3
其他	239	6.0	23.1
总计	4010	100.0	387.5

（二）学习用房

在幼儿园提供给教师用于自主学习的用房中，有887名教师选择会议室，占比为85.7%；有740名教师选择备课室，占比为71.5%；有491名教师选择阅览室，占比为47.4%；有488名教师选择研讨室，占比为47.1%。从整体上来看，幼儿园均设有相应的公共用房用于教师自主学习，但具体情况各不相同。具体见表3-5。

表3-5　湖北省幼儿园用于教师自主学习的用房

选项	响应		个案占比（单位:%）
	频数（单位：次）	占比（单位:%）	
阅览室	491	18.8	47.4
会议室	887	34.0	85.7
备课室	740	28.4	71.5
研讨室	488	18.7	47.1
总计	2606	100.0	251.7

（三）图书室开放时间

从幼儿园图书室开放时间来看，每日开放时间为4小时及以上的占38.6%，每日开放时间为1小时的占18.0%，开放2小时的占13.9%，开放3小时的占4.8%，不开放图书室的占24.6%。这表明有近四分之一的样本幼儿园图书室不对教师开放或根本没有图书室。幼儿园图书室每日开放时间整体上偏少，利用率偏低。具体见表 3-6。

表 3-6　湖北省幼儿园图书室每日开放时间

选项	频数（单位：次）	占比（单位:%）
没有	255	24. 6
1 小时	186	18. 0
2 小时	144	13. 9
3 小时	50	4. 8
4 小时及以上	400	38. 6
合计	1035	100. 0

(四) 人力资源

幼儿园中获得省级、市级或区县级的荣誉或奖励的教师对在园教师具有榜样示范和引领作用，进而会对教师自主学习产生积极影响。研究发现，32. 0%的样本幼儿园有 1—2 名，30. 3%的样本幼儿园有 3—4 名，9. 2%的样本幼儿园有 5—6 名，22. 4%的样本幼儿园有 7 名及以上；还有 6. 1%的样本幼儿园没有。93. 9%的样本幼儿园都有获得省级、市级或区县级的荣誉或奖励的教师。具体见表 3-7。

表 3-7　湖北省幼儿园中获得省级、市级或区县级的荣誉或奖励的教师数量

选项	频数（单位：次）	占比（单位:%）
没有	63	6. 1
1—2 名	331	32. 0
3—4 名	314	30. 3
5—6 名	95	9. 2
7 名及以上	232	22. 4
合计	1035	100. 0

（五）网络资源

在幼儿园提供的网络资源中，93.4%的教师有QQ/微信群，63.2%的教师在单位有免费无线网络，62.2%的教师反映单位提供网络课程，41.4%的教师称单位提供专业网站，17.5%的教师反映幼儿园提供电子书，18.7%的教师选择其他网络资源。从中可以看出，在幼儿园的网络资源中，最普遍的是QQ/微信群，其次是无线网络，再次是网络课程。整体上，网络资源分配不均匀，有条件的幼儿园资源较多，条件相对较差的幼儿园学习资源相对较少。具体见表3-8。

表3-8　湖北省幼儿园网络资源提供情况

选项	响应		个案占比（单位：%）
	频数（单位：次）	占比（单位：%）	
网络课程	644	21.0	62.2
电子书	181	5.9	17.5
专业网站	428	14.0	41.4
无线网络	654	21.3	63.2
QQ/微信群	967	31.5	93.4
其他	194	6.3	18.7
总计	3068	100.0	296.4

（六）听评课指导

在幼儿园提供的听评课指导方面，教师们的选择依次是：平均每学期对其进行听评课4次及以上，占比39.1%；每学期听课评课3次，占比11.3%；每学期听课评课2次，占比28.6%；每学期听课评课1次，占比16.4%；没有任何听课评课活动，占比4.5%。这表明绝大多数幼儿园会对教师进行听评课指导，但频次有所不同，差异明显。具体见表3-9。

表 3-9　湖北省幼儿园平均每学期组织听课和评课指导情况

选项	频数（单位：次）	占比（单位:%）
没有	47	4.5
1 次	170	16.4
2 次	296	28.6
3 次	117	11.3
4 次及以上	405	39.1
合计	1035	100.0

（七）教研组和课题组

幼儿园教师参加教研组的比例从高到低依次为：参加 4 个及以上教研组活动的教师，占比为 32.0%；参加 1 个教研组活动的教师，占比为 26.4%；参加 2 个教研组活动的教师，占比为 16.2%；参加 3 个教研组活动的教师，占比为 12.8%；没有参加教研组活动的教师，占比为 12.7%。

幼儿园教师参加课题组的比例从高到低依次为：教师参加 1 个课题组，占 30.1%；参加 2 个课题组，占 22.5%；没有参加课题组，占 20.1%；参加 4 个及以上课题组，占 18.2%；参加 3 个课题组，占 9.1%。

从整体上来看，参加教研组和课题组的幼儿园教师居多，未参加的占少数。不同的教师具有不同的能力与资源，接触到的学习机会也不同，个体差异较大。具体见表 3-10。

表 3-10　湖北省幼儿园教师参加教研组和课题组的情况

选项	参加教研组		参加课题组	
	频数(单位：次)	占比(单位:%)	频数(单位：次)	占比(单位:%)
没有	131	12.7	208	20.1
1 个	273	26.4	312	30.1
2 个	168	16.2	233	22.5
3 个	132	12.8	94	9.1

续表

选项	参加教研组		参加课题组	
	频数(单位：次)	占比(单位:%)	频数(单位：次)	占比(单位:%)
4个及以上	331	32.0	188	18.2
合计	1035	100.0	1035	100.0

(八) 一对一指导

在幼儿园提供的一对一指导方面，90.6%的教师表示幼儿园会为新教师安排有经验的教师进行一对一指导，9.4%的教师表示幼儿园没有安排一对一指导。这表明绝大部分幼儿园都有一对一指导活动。具体见表3-11。

表3-11　湖北省幼儿园安排有经验教师对新教师进行一对一指导的情况

选项	频数（单位：次）	占比（单位:%）
是	938	90.6
否	97	9.4
合计	1035	100.0

(九) 园内培训和讲座

根据教师的反馈，幼儿园在近一年内邀请专家、名师等为本园教师开展培训和讲座的总体情况为：近一年内开展过1—3次的，占比45.8%；开展过4—6次的，占比26.9%；开展过7—9次的，占比7.3%；开展过10次及以上的，占比13.0%；没有开展过的，占比7.0%。我们从中发现，93.0%的幼儿园近一年内安排有培训和讲座，仅有极少数幼儿园没有开展过培训，幼儿园开展培训的频次差异较大。具体见表3-12。

表3-12　湖北省幼儿园邀请专家、名师等开展培训和讲座的次数（近一年）

选项	频数（单位：次）	占比（单位:%）
没有	72	7.0
1—3次	474	45.8

续表

选项	频数（单位：次）	占比（单位:%）
4—6 次	278	26. 9
7—9 次	76	7. 3
10 次及以上	135	13. 0
合计	1035	100. 0

（十）外出培训或学习

在幼儿园和地方政府为教师提供的外出培训或学习机会方面，42. 6%的幼儿园提供有国家级培训与学习，62. 6%的幼儿园提供有省级培训与学习，73. 6%的幼儿园提供有市级培训与学习，62. 4%的幼儿园提供有区县级培训与学习。整体上看，绝大多数幼儿园会为教师提供外出培训和学习的机会，培训和学习的级别为省级、市级、区县级的居多，国家级的培训与学习机会少一些。具体见表 3-13。

表 3-13　湖北省幼儿园为教师提供的外出培训或学习机会

选项	响应		个案占比（单位:%）
	频数（单位：次）	占比（单位:%）	
国家级培训与学习	441	17. 7	42. 6
省级培训与学习	648	26. 0	62. 6
市级培训与学习	762	30. 5	73. 6
区县级培训与学习	646	25. 9	62. 4
总计	2497	100. 0	241. 2

（十一）提升学历后的奖励

幼儿园在对教师提升学历后的奖励方面，普遍采用的是工资津贴提升和公开表扬，其次是荣誉奖励和现金奖励，职称职务晋升、报销学费或差旅费占比最小，当然还有其他奖励措施。数据显示，不同幼儿园在这几种奖励方法的使用上差异较大。具体见表 3-14。

表 3-14 湖北省幼儿园对教师提升学历后的奖励方式

选项	响应		个案占比（单位:%）
	频数（单位：次）	占比（单位:%）	
现金奖励	213	11.7	20.6
公开表扬	360	19.8	34.8
荣誉奖励	248	13.6	24.0
职称职务晋升	176	9.7	17.0
工资津贴提升	365	20.1	35.3
报销学费或差旅费	99	5.4	9.6
其他	356	19.6	34.4
总计	1817	100.0	175.7

三、湖北省幼儿园教师自主学习水平和支持系统的多元回归分析

本研究将“资源条件”“学习机会”“精神环境”“规章制度”和“组织管理”作为自变量，将幼儿园教师自主学习的认知与情感、技能与能力、行为与习惯3个维度上的平均值再求平均后的值“自主学习水平”作为因变量，进行逐步多元回归分析。研究发现，5个自变量对幼儿园教师“自主学习水平”均具有显著解释力，共可有效解释“自主学习水平”47.7%的变异量。

从每个变量解释力的高低来看，对“自主学习水平”最具解释力的为“规章制度”，解释变异量为36.9%；其次为“精神环境”，解释变异量为8.5%。从标准化回归系数来看，回归模型中的5个自变量的β值均为正数，表示对“自主学习水平”的影响均为正向。具体见表3-15。

表 3-15　湖北省幼儿园支持对教师自主学习水平的逐步多元回归分析

模型	R	R^2	ΔR^2	F	ΔF	B	β
截距						1.666	
规章制度	0.608	0.369	0.369	604.759***	604.759***	0.196	0.303
精神环境	0.674	0.454	0.085	428.931***	160.011***	0.237	0.295
资源条件	0.684	0.467	0.013	301.486***	25.900***	0.045	0.099
学习机会	0.688	0.474	0.007	231.905***	12.805***	0.056	0.090
组织管理	0.690	0.477	0.003	187.342***	5.257*	0.050	0.074

*** $p<0.001$　* $p<0.05$

四、湖北省幼儿园教师自主学习及支持系统的特征

我们通过以上研究，发现湖北省幼儿园教师自主学习及支持系统呈现如下几个方面的特征与问题。

（一）幼儿园教师自主学习的主观认知较高，但实际行动少而难

本研究对幼儿园教师自主学习水平现状的 3 个方面进行比较，得知教师在认知与情感方面的平均值最高，他们都认为自主学习很重要，也很必要。但是，实际的数据显示，行为与习惯的平均值较低，技能与能力的平均值最低，即幼儿园教师对自主学习重要性的认识停留在口头和观念中，付诸行动比较困难。我们进一步剖析幼儿园教师自主学习水平的具体情况得知，幼儿园教师自主学习的动机和意志力相对偏低，自我效能感有待加强，这是教师行动力弱的部分主观原因。另外，教师的自主学习技能和能力，尤其是反思能力和认知能力不足，也是造成行动弱的重要个人原因。外在客观原因，则包括幼儿园学习资源不足、竞争性不强、激励机制不健全、工作负担过重、家庭和社会支持较弱等。

（二）幼儿园支持对教师自主学习水平有显著的正向作用

从幼儿园支持与教师自主学习水平二者之间的回归分析可知，幼儿园支

持的5个方面均对教师自主学习水平有显著的正向作用。其中，幼儿园的规章制度有效解释36.9%的自主学习水平，精神环境有效解释8.5%，资源条件有效解释1.3%，学习机会有效解释0.7%，组织管理有效解释0.3%，以上共可有效解释幼儿园教师自主学习水平47.7%的总变异量。

我们进一步探究幼儿园各方面的支持对教师自主学习各维度的解释率可知，在认知与情感方面，幼儿园的规章制度有效解释29.4%的变异量，精神环境有效解释4.3%，组织管理有效解释2.0%，资源条件有效解释0.3%，以上共可有效解释认知与情感方面36.0%的变异量；在技能与能力方面，幼儿园的规章制度有效解释23.2%，精神环境有效解释5.1%，学习机会有效解释3.0%，以上共可有效解释技能与能力方面31.3%的变异量；在行为与习惯方面，幼儿园的精神环境有效解释29.9%，规章制度有效解释4.8%，学习机会有效解释3.0%，资源条件有效解释1.6%，以上共可有效解释行为与习惯方面39.3%的变异量。综上，幼儿园各方面的支持或多或少地都对幼儿园教师自主学习的每个维度产生了显著的正向作用。

（三）不同背景变量的幼儿园教师自主学习水平和支持呈现显著差异

本研究发现，不同规模的幼儿园在资源条件、学习机会和组织管理方面存在显著差异，如在资源条件方面，大型幼儿园显著高于中型幼儿园，中型幼儿园显著高于小型幼儿园。不同等级幼儿园的教师在自主学习认知与情感方面有显著差异，省级、市级示范园教师显著高于三级园教师。不同性质幼儿园的教师在自主学习的3个方面均有显著差异，并且在自主学习支持系统的资源条件、学习机会、精神环境和规章制度等方面也有显著差异。不同教龄的幼儿园教师在自主学习行为与习惯、资源条件等方面有显著差异，如在行为与习惯方面，5—10年的教师组显著高于5年以内的教师组。不同学历的幼儿园教师在自主学习行为与习惯、资源条件、学习机会和精神环境等方面有显著差异，如在精神环境方面，本科和大专学历的教师组显著高于中专及以下学历的教师组。不同职称和不同年总收入的幼儿园教师在自主学习行为与习惯、资源条件等方面都呈现显著差异。不同劳动关系的幼儿园教师在自主学习水平和支持系统两个方面均有显著差异。也就是说，教师和幼儿园的各方面条件对教师自主学习水平及支持系统都有明显的制约作用，四者之间呈高度正相关。

第二节　四川省幼儿园教师自主学习及支持系统

四川省作为我国西部大省，是西部地区教育发展的领军省份。因其幼儿园教师自主学习及支持状况应能较好地反映我国广大西部地区幼儿园教师自主学习的基本面貌和趋势，故本研究选其作为我国西部地区的个案进行深入研究。

本研究采用随机抽样的方法，从四川省各市、区、县中随机抽取在职幼儿园教师作为被试，总计发放问卷 550 份，回收问卷 515 份（回收率为 93.6%），其中有效问卷为 497 份。

样本教师所在幼儿园背景以公办园、中型以上幼儿园、二级幼儿园为主。从幼儿园的性质看，公办园占 52.5%，民办园占 47.5%。从幼儿园的规模看，小型幼儿园占 22.0%，中型幼儿园占 36.0%，大型幼儿园占 42.0%；教职工人数为 20 人及以下的占 25.4%，21—30 人的占 19.8%，31—40 人的占 9.9%，41—50 人的占 12.1%，51 人及以上的占 32.8%。从幼儿园等级看，三级园占 17.1%，二级园占 52.9%，一级园占 17.1%；地市级示范园占 4.2%，省级示范园占 8.7%。

样本教师以女性、年龄在 21—30 岁、教龄在 10 年以内、专科及以上学历、职称三级、无编制且工资由幼儿园自筹为主。从教师性别看，女性人数（99.4%）显著高于男性人数（0.6%）。从教师年龄看，20 岁及以下幼儿园教师有 49 人，占比 9.9%；21—25 岁幼儿园教师有 197 人，占比 39.6%；26—30 岁幼儿园教师有 106 人，占比 21.3%；31—35 岁幼儿园教师有 72 人，占比 14.5%；36—40 岁幼儿园教师有 37 人，占比 7.4%；40 岁以上幼儿园教师有 36 人，占比 7.2%。从教师教龄看，工作 5 年以内的占比 51.5%；5—10

年的占比26.4%；工作10年以上的占比22.1%。从教师学历看，中专及以下学历占比5.2%，大专学历占比62.6%，本科学历占比31.0%，硕士学历占比1.2%。从教师职称看，三级占比52.5%，二级占比22.3%，一级占比21.9%，高级和正高级分别占2.6%和0.7%。从用工形式与劳动关系看，有编制教师占13.5%，无编制且工资由教育部门支付的教师占20.5%，无编制且工资由幼儿园自筹支付的教师占66.0%。

为聚焦分析不同成长阶段幼儿园教师自主学习的现状，本研究将教龄和职称相结合，将幼儿园教师划分为新手型、熟手型和专家型教师。职称为高级及以上、教龄在10年以上的幼儿园教师称为专家型教师，职称为三级、教龄在5年以内的幼儿园教师称为新手型教师，处于两者之间的为熟手型教师。在样本中，新手型幼儿园教师240人，占比48.3%；熟手型幼儿园教师176人，占比35.4%；专家型幼儿园教师81人，占比16.3%。

一、四川省幼儿园教师自主学习的现状

四川省幼儿园教师自主学习分为认知与情感、技能与能力、行为与习惯3方面，平均值分别为4.41、3.98、3.62，标准差分别为0.46、0.64和0.66。这说明幼儿园教师对于自主学习价值的认识更高且趋向一致。幼儿园教师的自主学习技能与能力、行为与习惯的平均值较低且差别较大，这说明幼儿园教师自主学习技能与能力、行为与习惯有待加强。

（一）认知与情感

幼儿园教师自主学习的认知与情感，分为重要性认识、情感态度、学习动机、学习意志和自我效能感，平均值分别为4.75、4.65、4.34、3.39和4.30，标准差分别为0.51、0.56、0.53、0.69和0.52。这说明幼儿园教师对于自主学习的重要性认识和情感态度处于较高水平，学习动机较强。幼儿园教师的自我效能感较高，说明幼儿园教师能够秉持学习信念，相信自己能够通过自主学习提高教育教学水平。但幼儿园教师自主学习的学习意志比较弱且差别较大，这使得他们难以坚持学习。

（二）技能与能力

幼儿园教师自主学习的技能与能力分为认知能力、调控能力和反思能力，平均值分别为3.86、4.34和3.88，标准差分别为0.56、0.66和0.63。在各项指标中，幼儿园教师自主学习的调控能力的得分平均值相对最高，但是标准差较高，这说明不同背景下的幼儿园教师自主学习调控能力差异较大。相对而言，幼儿园教师的认知能力和反思能力平均值较低，这说明幼儿园教师这两项能力的水平相对较低，需要大力提升。

（三）行为与习惯

幼儿园教师自主学习的行为与习惯分为学习内容、学习投入和学习成果的运用，平均值分别为4.29、2.35、4.40，标准差分别为0.60、0.81、0.57。其中，学习内容和学习成果的运用平均值较高，这说明学习内容较丰富，包含对于幼儿园教师专业发展有益的内容，并且强调了专业理念与师德、专业知识和专业技能之间的结合，以及它们在教学活动中的有效运用、融会贯通。幼儿园教师的学习投入平均值较低，标准差较高，这说明幼儿园教师自主学习投入水平较低，且不同背景下幼儿园教师之间投入现状差异大。

研究进一步分析幼儿园教师学习投入的具体状况，发现幼儿园教师能坚持每周投入学习，对自身的教育教学活动进行反思，但对于通过阅读文章来主动吸收研究前沿的理论成果还不够重视，阅读量较小。总体来看，因为幼儿园教师日常保教活动和园内行政事务繁忙，缺乏个人自由支配时间，所以幼儿园教师自主学习投入时间较少，频率较低，无法进行长时间的有效学习。具体见表3-16。

表 3-16 四川省幼儿园教师自主学习投入情况

项目	选项	频数（单位：次）	占比（单位:%）
每月写反思日记的篇数	4 篇及以下	238	47.9
	5—8 篇	184	37.0
	9—12 篇	38	7.6
	13—16 篇	13	2.6
	17 篇及以上	24	4.8
	合计	497	100.0
每周投入学习与研究的时间	2 小时以下	33	6.6
	2—3 小时	156	31.4
	4—5 小时	132	26.6
	6—7 小时	64	12.9
	8 小时及以上	112	22.5
	合计	497	100.0
每周阅读专业文章的篇数	5 篇及以下	199	40.0
	6—10 篇	224	45.1
	11—15 篇	41	8.2
	16—20 篇	19	3.8
	21 篇及以上	14	2.8
	合计	497	100.0

幼儿园教师对自主学习方式的选择受多重因素影响。基于设定的学习目标和对学习内容的不同需求，幼儿园教师会选择多样的方式进行学习，按比例从高到低依次是：观摩体验（81.0%）、教研活动（58.0%）、保教实践（40.0%）、同他人交流（33.0%）、阅读书籍文章（27.0%）、面授培训（26.0%）、网络学习（15.0%）、其他方式（2.0%）。在学习方式的选择上，观摩体验的占比最高，说明这种方式最被幼儿园教师所喜爱；教研活动、保教实践也深受教师的欢迎；网络学习占比最低，这说明幼儿园教师们不喜欢

也不倾向于选择网络教育方式学习。

在使用各类学习方式进行学习产生的效果方面，观摩体验方式的占比最高（83.0%），其后分别是教研活动（57.0%）、保教实践（41.0%）、同他人交流（37.0%）、阅读书籍文章（24.0%）、面授培训（24.0%）、网络学习（9.0%），这说明幼儿园教师自主学习具有体验性、交互性、实践性、直观性等特征。具有虚拟、间接、远程特征的网络学习有效性最低。阅读书籍文章和面授培训具有系统性、理论性、抽象性等特征，与教师个人的工作与感性经验获得有一定距离，只有约四分之一的幼儿园教师表示喜欢并认为效果较好。

二、四川省幼儿园教师自主学习支持系统的现状

四川省幼儿园教师自主学习的支持系统分为资源条件、学习机会、精神环境、规章制度、组织管理，平均值分别为3.35、3.39、4.13、4.46、4.47。

（一）资源条件

幼儿园教师自主学习的资源条件包括物质、场地、人力和网络等。物质资源含学习桌、电脑、移动硬盘或U盘、摄像机、打印机等。场地资源即会议室、阅览室等。人力资源即指导者、名师等。三者的平均值分别为4.38、3.25、2.43，标准差分别为0.80、1.67、1.14。其中，物质资源最丰富，显著高于场地资源和人力资源，标准差显著低于其他两类资源。这说明幼儿园教师自主学习获得的物质资源更丰富，场地资源较为薄弱，人力资源最少，说明幼儿园教师的学习急缺人力资源支持，幼儿园教师自主学习缺乏“传、帮、带”。这是因为目前幼儿园教师队伍结构层次简单，学历水平偏低，造成幼儿园中高素质的理论和实践研究人才稀缺，它也体现了幼儿园教师队伍对高水平骨干教师指导的渴望。

在幼儿园教师所获的物质资源中，获得打印机、电脑、学习桌支持的平均值较高，标准差相对较小，说明幼儿园教师获得的物质资源支持趋向一致。在场地资源中，会议室的平均值较高，说明会议室在幼儿园教师自主学习中

的利用率最高；研讨室的平均值最低，说明幼儿园教师获得的此项支持最少，研讨室没有充分发挥其对于开展科研活动的价值。在网络资源中，QQ/微信群、无线网络的平均值更高，说明这两项在幼儿园教师自主学习中的占比较大，QQ/微信群以其易用性、可用性和便捷性，成为幼儿园教师开展学习的重要方式。电子书和专业网站的平均值较低，说明幼儿园教师学习使用率较低或幼儿园根本没有电子书和专业网站。具体见表 3-17。

表 3-17　四川省幼儿园教师自主学习所获物质、场地和网络资源支持的情况

资源条件		平均值	标准差
物质资源	打印机	0. 88	0. 33
	电脑	0. 83	0. 37
	学习桌	0. 66	0. 47
	工作间	0. 59	0. 49
	移动硬盘或 U 盘	0. 52	0. 50
	摄像机	0. 37	0. 48
	其他	0. 26	0. 44
场地资源	会议室	0. 91	0. 29
	阅览室	0. 52	0. 50
	备课室	0. 50	0. 50
	研讨室	0. 48	0. 50
网络资源	QQ/微信群	0. 94	0. 24
	无线网络	0. 71	0. 45
	网络课程	0. 59	0. 49
	专业网站	0. 34	0. 47
	电子书	0. 16	0. 37
	其他	0. 18	0. 39

（二）学习机会

在幼儿园教师自主学习所获学习机会中，内部学习机会的平均值为

3. 01，标准差较高，说明幼儿园教师获得内部学习机会的支持处于中等水平，不同背景下幼儿园教师所获得的内部学习机会差异大。幼儿园教师获得的学历提升奖励以工资津贴提升和公开表扬为主，外出培训以市级、区县级培训为主，说明幼儿园教师的奖励方式还可更多元化，培训等级和形式需国家和省市的大力支持。具体见表 3-18。

表 3-18　四川省幼儿园教师自主学习所获学习机会支持的情况

<table>
<tr><th colspan="3">学习机会</th><th>平均值</th><th>标准差</th></tr>
<tr><td colspan="3">内部学习机会</td><td>3. 01</td><td>0. 61</td></tr>
<tr><td rowspan="11">外部学习机会</td><td rowspan="7">学历提升</td><td>现金奖励</td><td>0. 24</td><td>0. 43</td></tr>
<tr><td>公开表扬</td><td>0. 37</td><td>0. 48</td></tr>
<tr><td>荣誉奖励</td><td>0. 23</td><td>0. 42</td></tr>
<tr><td>职称职务晋升</td><td>0. 13</td><td>0. 34</td></tr>
<tr><td>工资津贴提升</td><td>0. 39</td><td>0. 49</td></tr>
<tr><td>报销学费或差旅费</td><td>0. 10</td><td>0. 30</td></tr>
<tr><td>其他</td><td>0. 33</td><td>0. 47</td></tr>
<tr><td rowspan="4">外出培训</td><td>国家级培训与学习</td><td>0. 25</td><td>0. 44</td></tr>
<tr><td>省级培训与学习</td><td>0. 42</td><td>0. 49</td></tr>
<tr><td>市级培训与学习</td><td>0. 68</td><td>0. 47</td></tr>
<tr><td>区县级培训与学习</td><td>0. 89</td><td>0. 31</td></tr>
</table>

（三）精神环境

幼儿园教师自主学习的精神环境分为内部精神环境和外部精神环境。内部精神环境平均值为 4. 10，标准差为 0. 57；外部精神环境平均值为 4. 15，标准差为 0. 67。两类支持的平均值都较高，表明精神环境作为幼儿园教师专业成长中的心理支持，无论在幼儿园内部，还是在家长、社区和教育部门等外部，都对幼儿园教师开展自主学习、提升专业能力有重要价值，而且幼儿园教师对这两类支持评价较高。幼儿园教师所获内外部精神环境支持的平均值相差不大，说明幼儿园教师获得的内外部精神环境支持相近；从标准差上看，内部精神环境的标准差略小于外部精神环境，说明不同幼儿园教师获得的内部精神环境支持的差异小于外部精神环境支持的差异。

（四）规章制度

幼儿园教师自主学习的规章制度支持包括幼儿园规章、考核制度和教师个人职业发展规划，三者的平均值分别为 4.56、4.61、4.21，标准差分别为 0.66、0.62 和 0.87。在幼儿园、个人和考核的平均值中，幼儿园教师个人职业发展规划的平均值较低且标准差较大，说明幼儿园教师获得的促进个人职业发展的支持较少，幼儿园教师之间差异大，这进一步说明此类支持易受幼儿园教师和幼儿园背景因素的影响。针对幼儿园整体发展制定的规章和考核制度平均值相近，标准差相差不大，这说明就幼儿园内部的整体发展而言，幼儿园支持力度更大，不同幼儿园教师的评价趋向一致。

（五）组织管理

幼儿园教师自主学习的组织管理支持包括领导、组织和管理，平均值分别为 4.49、4.54、4.31，标准差分别为 0.72、0.63、0.91。三者平均值较高，表明幼儿园教师自主学习获得的组织管理支持较多；三者的标准差偏高，说明在不同幼儿园背景和幼儿园教师个人因素影响下，幼儿园教师所获得的组织管理支持有较大差异。在 3 项指标中，领导和组织的平均值相近，领导的标准差略高，说明在不同的园所背景下，幼儿园教师对于此内容的选择不一，幼儿园教师所获得的园所支持现状有差异。在 3 项指标中，管理的平均值相对较低且标准差偏高，说明幼儿园教师获得的园所管理支持较薄弱，且幼儿园教师之间所获得的支持差异较大。

三、四川省幼儿园教师自主学习及支持系统的差异分析

四川省与湖北省及其他省份有所不同，其省内幼儿园教师自主学习及支持系统的差异非常显著，故本研究在此进行差异分析。

（一）不同规模幼儿园教师自主学习及支持系统的差异分析

不同规模幼儿园的教师在自主学习水平的认知与情感、技能与能力上，

支持系统的规章制度和组织管理上没有明显差异；在自主学习水平的行为与习惯，支持系统的资源条件、学习机会和精神环境上表现出较大差异。

本研究针对自主学习水平与支持系统的 8 个维度进行差异检验，在幼儿园规模上，幼儿园教师自主学习的行为与习惯（$F=3.064$，$p<0.05$）、资源条件（$F=13.537$，$p<0.001$）、学习机会（$F=10.199$，$p<0.001$）、精神环境（$F=3.837$，$p<0.05$）存在显著差异。经事后检验，在行为与习惯上，大型幼儿园的教师显著高于小型幼儿园的教师；在资源条件和学习机会上，中、大型幼儿园均显著高于小型幼儿园；在精神环境上，中型幼儿园显著高于大型幼儿园。由此可知，中、大型幼儿园给教师提供的学习资源和机会比小型幼儿园多，由此形成的幼儿园教师自主学习行为和习惯也优于小型幼儿园。

经深入研究 4 个具有显著差异的维度内部与幼儿园规模的关系得出，在部分子维度上不同规模幼儿园的教师自主学习与支持系统存在显著差异。在行为与习惯上，不同规模幼儿园教师的学习投入（$F=9.927$，$p<0.001$）存在显著差异。经事后检验，中、大型幼儿园教师的学习投入显著高于小型幼儿园。

在资源条件上，不同规模幼儿园教师获得的场地资源（$F=7.506$，$p<0.01$）和人力资源（$F=23.552$，$p<0.001$）存在显著差异。经事后检验，在这两类资源上，中、大型幼儿园均显著高于小型幼儿园。

在学习机会上，不同规模幼儿园教师获得的内部学习机会（$F=9.332$，$p<0.001$）存在显著差异。经事后检验，中、大型幼儿园显著高于小型幼儿园。

在精神环境上，不同规模幼儿园教师获得的外部精神环境支持（$F=5.307$，$p<0.01$）差异显著。经事后检验，中型幼儿园显著高于大型幼儿园。

综上所述，小型幼儿园教师在自主学习所获场地和人力资源、内部学习机会和外部精神环境的支持上，均显著低于中型或大型幼儿园，这表明在规模限制下，小型幼儿园拥有的资源条件较少，由此提供给幼儿园教师的学习机会和精神环境皆较弱。在人力资源上，优秀幼儿园教师流向中、大型幼儿园，使得小型幼儿园内骨干教师缺乏，对幼儿园教师自主学习的支持和引导薄弱。具体见表 3-19。

表 3-19　不同规模幼儿园教师自主学习及支持系统的差异分析

维度		幼儿园规模	平均值	标准差	F	事后检验（LSD）
行为与习惯	学习内容	小型幼儿园（A）	4.30	0.63	0.018	—
		中型幼儿园（B）	4.29	0.61		
		大型幼儿园（C）	4.29	0.58		
	学习投入	小型幼儿园（A）	2.08	0.73	9.927^{***}	B>A C>A
		中型幼儿园（B）	2.35	0.79		
		大型幼儿园（C）	2.50	0.84		
	学习成果的运用	小型幼儿园（A）	4.41	0.52	0.022	—
		中型幼儿园（B）	4.40	0.60		
		大型幼儿园（C）	4.41	0.57		
资源条件	物质资源	小型幼儿园（A）	4.43	0.74	0.434	—
		中型幼儿园（B）	4.38	0.82		
		大型幼儿园（C）	4.34	0.83		
	场地资源	小型幼儿园（A）	2.72	1.74	7.506^{**}	B>A C>A
		中型幼儿园（B）	3.47	1.65		
		大型幼儿园（C）	3.34	1.59		
	人力资源	小型幼儿园（A）	1.82	0.83	23.552^{***}	B>A C>A
		中型幼儿园（B）	2.49	1.12		
		大型幼儿园（C）	2.70	1.18		
学习机会	内部	小型幼儿园（A）	2.79	0.60	9.332^{***}	B>A C>A
		中型幼儿园（B）	3.06	0.61		
		大型幼儿园（C）	3.08	0.59		

续表

维度		幼儿园规模	平均值	标准差	F	事后检验（LSD）
精神环境	内部	小型幼儿园（A）	4.16	0.57	1.838	—
		中型幼儿园（B）	4.13	0.53		
		大型幼儿园（C）	4.05	0.61		
	外部	小型幼儿园（A）	4.09	0.74	5.307**	B>C
		中型幼儿园（B）	4.28	0.61		
		大型幼儿园（C）	4.08	0.67		

*** $p<0.001$　** $p<0.01$

（二）不同性质幼儿园教师自主学习及支持系统的差异分析

不同性质幼儿园的教师在自主学习支持系统的资源条件、精神环境和组织管理上所获支持没有显著差异，但在自主学习水平的认知与情感、技能与能力、行为与习惯以及支持系统的学习机会和规章制度上表现出较大差异。

针对自主学习水平与支持系统的8个维度进行差异检验可知，在幼儿园性质上，幼儿园教师自主学习的认知与情感（$t=-2.881$，$p<0.01$）、技能与能力（$t=-4.012$，$p<0.001$）、行为与习惯（$t=-3.552$，$p<0.001$）、学习机会（$t=-2.832$，$p<0.01$）和规章制度（$t=-2.854$，$p<0.01$）存在显著差异。民办园在这几个维度上均显著高于公办园。总体来说，民办园教师自主学习的水平反而高于公办园。

经深入研究上述5项具有显著差异的维度内部与幼儿园性质的关系，发现不同性质幼儿园的教师在自主学习和支持系统的部分子维度上存在差异。

在认知与情感上，不同性质幼儿园教师自主学习的重要性认识、情感态度、学习动机均不存在显著差异，学习意志（$t=-3.823$，$p<0.001$）和自我效能感（$t=-3.479$，$p<0.01$）存在显著差异，民办幼儿园教师显著高于公办幼儿园教师。这是由于民办幼儿园教师的学习与自身的专业发展、个人职业规划和工资待遇息息相关，学习成果的运用会使得幼儿园教师获得更好的岗

位和工资福利。民办幼儿园教师学习意志和自我效能感显著高于工作稳定、工资福利由教育局或相关职能部门统一规划的公办幼儿园教师。

在技能与能力上，不同性质幼儿园教师自主学习的认知能力（$t=-2.763$，$p<0.01$）、调控能力（$t=-4.528$，$p<0.001$）和反思能力（$t=-3.242$，$p<0.01$）均存在显著差异，民办幼儿园教师显著高于公办幼儿园教师。这说明，大部分民办幼儿园教师有较强的研究和反思意识，对自己的专业发展有一定的思考和行动。

在行为与习惯上，不同性质幼儿园教师自主学习的学习内容（$t=-2.098$，$p<0.05$）和学习投入（$t=-3.813$，$p<0.001$）均存在显著差异，民办幼儿园教师显著高于公办幼儿园教师。这说明，民办幼儿园教师自主学习时间和频率显著高于公办幼儿园教师。

在学习机会上，不同性质幼儿园教师获得的内部学习机会（$t=-2.657$，$p<0.01$）存在显著差异，民办幼儿园教师获得的内部学习机会显著高于公办幼儿园教师。

在规章制度上，不同性质幼儿园整体的规章（$t=-2.643$，$p<0.01$）和教师个人的职业发展规划（$t=-2.351$，$p<0.05$）均存在显著差异，民办幼儿园教师所获得的幼儿园和个人的制度支持显著高于公办幼儿园教师。

综上所述，民办幼儿园教师在自主学习的学习意志、自我效能感、认知能力、调控能力、反思能力、学习内容和学习投入等方面都高于公办园；在获得的学习支持方面，民办幼儿园教师获得的内部学习机会、幼儿园整体规章和幼儿园教师个人职业发展规划的支持都优于公办幼儿园教师。具体见表3-20。

表 3-20 不同性质幼儿园教师自主学习及支持系统的差异分析

维度		幼儿园性质	平均值	标准差	t
认知与情感	重要性认识	公办园	4. 74	0. 53	-0. 216
		民办园	4. 75	0. 60	
	情感态度	公办园	4. 63	0. 54	-0. 903
		民办园	4. 67	0. 58	
	学习动机	公办园	4. 31	0. 50	-1. 151
		民办园	4. 37	0. 59	
	学习意志	公办园	4. 31	0. 53	-3. 823***
		民办园	4. 49	0. 53	
	自我效能感	公办园	4. 20	0. 70	-3. 479**
		民办园	4. 42	0. 73	
技能与能力	认知能力	公办园	3. 79	0. 54	-2. 763**
		民办园	3. 93	0. 57	
	调控能力	公办园	4. 21	0. 70	-4. 528***
		民办园	4. 48	0. 63	
	反思能力	公办园	3. 80	0. 58	-3. 242**
		民办园	3. 98	0. 67	
行为与习惯	学习内容	公办园	4. 24	0. 57	-2. 098*
		民办园	4. 35	0. 63	
	学习投入	公办园	2. 22	0. 74	-3. 813***
		民办园	2. 50	0. 87	
	学习成果的运用	公办园	4. 37	0. 54	-1. 556
		民办园	4. 45	0. 61	
学习机会	内部	公办园	2. 94	0. 61	-2. 657**
		民办园	3. 09	0. 60	

续表

<table>
<tr><th colspan="2">维度</th><th>幼儿园性质</th><th>平均值</th><th>标准差</th><th>t</th></tr>
<tr><td rowspan="6">规章制度</td><td rowspan="2">幼儿园</td><td>公办园</td><td>4.48</td><td>0.72</td><td rowspan="2">−2.643**</td></tr>
<tr><td>民办园</td><td>4.64</td><td>0.57</td></tr>
<tr><td rowspan="2">个人</td><td>公办园</td><td>4.13</td><td>0.91</td><td rowspan="2">−2.351*</td></tr>
<tr><td>民办园</td><td>4.31</td><td>0.81</td></tr>
<tr><td rowspan="2">考核</td><td>公办园</td><td>4.56</td><td>0.66</td><td rowspan="2">−1.845</td></tr>
<tr><td>民办园</td><td>4.66</td><td>0.56</td></tr>
</table>

*** $p<0.001$　** $p<0.01$　* $p<0.05$

（三）不同等级幼儿园教师自主学习及支持系统的差异分析

不同等级幼儿园的教师在自主学习水平的认知与情感和支持系统的规章制度、组织管理上没有明显的差异，但在自主学习水平的技能与能力、行为与习惯和支持系统的资源条件、学习机会、精神环境上表现出较大的差异。

针对自主学习水平与支持系统的 8 个维度进行差异检验，研究发现在幼儿园等级上，幼儿园教师自主学习的技能与能力（$F=2.902$，$p<0.05$）、行为与习惯（$F=2.838$，$p<0.05$）、资源条件（$F=17.446$，$p<0.001$）、学习机会（$F=2.832$，$p<0.01$）、精神环境（$F=2.899$，$p<0.05$）存在显著差异。经事后检验，在技能与能力上，二级园教师显著高于三级园、一级园和地市级示范园教师；在行为与习惯上，二级园、一级园和省级示范园教师均显著高于三级园教师；在资源条件上，省级示范园显著高于其他等级的幼儿园，一级园显著高于二级园和三级园，地市级示范园显著高于三级园。在学习机会和精神环境上，从高到低依次是省级示范园、一级园、二级园、地市级示范园和三级园，不同等级幼儿园之间学习机会的差距大于精神环境的差距。

通过深入研究不同幼儿园等级背景下幼儿园教师自主学习 5 个维度内部的差异状况，得出子维度的差异检验表。在技能与能力上，不同等级幼儿园教师自主学习的调控能力（$F=3.201$，$p<0.05$）存在显著差异。经事后检验，二级园教师自主学习的调控能力显著高于三级园和地市级示范园教师。

在行为与习惯上，不同等级幼儿园教师的学习投入（$F=4.002$，$p<0.01$）差异显著。经事后检验，一级园教师的学习投入显著高于二级园教师，省级示范园与二级园教师的学习投入均显著高于三级园教师。

在资源条件上，不同等级幼儿园的教师在获得的物质资源（$F=6.038$，$p<0.001$）、场地资源（$F=3.925$，$p<0.01$）和人力资源（$F=28.701$，$p<0.001$）上存在显著差异。经事后检验，在物质资源上，省级示范园显著高于二级园和三级园，一级园、二级园均显著高于三级园；在场地资源上，一级园显著高于三级园，省级示范园显著高于地市级示范园、二级园和三级园；在人力资源上，省级示范园、地市级示范园、一级园均显著高于二级园和三级园，二级园显著高于三级园。

在学习机会上，不同等级幼儿园的教师在获得的内部学习机会（$F=7.178$，$p<0.001$）上存在显著差异，省级示范园显著高于二级园和三级园，一级园、二级园均显著高于三级园。

在精神环境上，不同等级幼儿园的教师在获得的外部精神环境支持（$F=5.564$，$p<0.001$）上存在显著差异，二级园显著高于地市级示范园，地市级示范园、一级园均显著高于三级园。

总体而言，幼儿园等级越高，自主学习条件越好。三级园教师自主学习的调控能力，学习投入，物质、场地和人力资源，内部学习机会和外部精神环境平均值均较低，说明幼儿园等级对于幼儿园教师自主学习水平和支持系统的影响集中于二级和三级等级较低的幼儿园。对于一级园以上的幼儿园，幼儿园教师自主学习水平和支持系统的各维度差异均不显著。具体见表 3-21。

表 3-21　不同等级幼儿园教师自主学习及支持系统的差异分析

维度		幼儿园等级	平均值	标准差	F	事后检验（LSD）
技能与能力	认知能力	三级园（A）	3.82	0.60	2.123	—
		二级园（B）	3.92	0.57		
		一级园（C）	3.76	0.50		
		地市级示范园（D）	3.73	0.51		
		省级示范园（E）	3.80	0.49		

续表

维度		幼儿园等级	平均值	标准差	F	事后检验（LSD）
技能与能力	调控能力	三级园（A）	4. 17	0. 67	3. 201*	B>A B>D
		二级园（B）	4. 42	0. 66		
		一级园（C）	4. 32	0. 61		
		地市级示范园（D）	4. 10	0. 56		
		省级示范园（E）	4. 34	0. 69		
	反思能力	三级园（A）	3. 78	0. 59	1. 837	—
		二级园（B）	3. 95	0. 65		
		一级园（C）	3. 84	0. 63		
		地市级示范园（D）	3. 69	0. 68		
		省级示范园（E）	3. 88	0. 55		
行为与习惯	学习内容	三级园（A）	4. 18	0. 55	1. 470	—
		二级园（B）	4. 34	0. 60		
		一级园（C）	4. 24	0. 71		
		地市级示范园（D）	4. 23	0. 39		
		省级示范园（E）	4. 36	0. 53		
	学习投入	三级园（A）	2. 15	0. 77	4. 002**	C>B B>A E>A
		二级园（B）	2. 32	0. 79		
		一级园（C）	2. 58	0. 92		
		地市级示范园（D）	2. 24	0. 74		
		省级示范园（E）	2. 56	0. 77		
	学习成果的运用	三级园（A）	4. 28	0. 48	1. 670	—
		二级园（B）	4. 44	0. 58		
		一级园（C）	4. 37	0. 62		
		地市级示范园（D）	4. 33	0. 52		
		省级示范园（E）	4. 49	0. 55		

续表

维度		幼儿园等级	平均值	标准差	F	事后检验（LSD）
资源条件	物质资源	三级园（A）	4.04	0.94	6.038***	E>B>A C>A
		二级园（B）	4.41	0.81		
		一级园（C）	4.44	0.73		
		地市级示范园（D）	4.38	0.59		
		省级示范园（E）	4.70	0.47		
	场地资源	三级园（A）	2.88	1.71	3.925**	C>A E>A E>B E>D
		二级园（B）	3.24	1.68		
		一级园（C）	3.46	1.64		
		地市级示范园（D）	2.71	1.23		
		省级示范园（E）	3.95	1.50		
	人力资源	三级园（A）	1.65	0.75	28.701***	C>B>A D>B>A E>B>A
		二级园（B）	2.30	1.01		
		一级园（C）	3.00	1.09		
		地市级示范园（D）	3.19	1.47		
		省级示范园（E）	3.21	1.25		
学习机会	内部	三级园（A）	2.74	0.58	7.178***	E>B>A C>A
		二级园（B）	3.02	0.62		
		一级园（C）	3.16	0.58		
		地市级示范园（D）	2.95	0.47		
		省级示范园（E）	3.22	0.60		
精神环境	内部	三级园（A）	4.08	0.54	0.297	—
		二级园（B）	4.10	0.59		
		一级园（C）	4.14	0.55		
		地市级示范园（D）	4.00	0.67		
		省级示范园（E）	4.09	0.53		

续表

维度		幼儿园等级	平均值	标准差	F	事后检验（LSD）
精神环境	外部	三级园（A）	3.89	0.72	5.564^{***}	D>A B>D C>A
		二级园（B）	4.22	0.68		
		一级园（C）	4.19	0.58		
		地市级示范园（D）	3.92	0.69		
		省级示范园（E）	4.32	0.50		

*** $p<0.001$　** $p<0.01$　* $p<0.05$

（四）不同教龄的幼儿园教师自主学习及支持系统的差异分析

不同教龄的幼儿园教师在自主学习水平的认知与情感、技能与能力，以及支持系统的资源条件、学习机会和组织管理上没有明显的差异，但在自主学习水平的行为与习惯以及支持系统的精神环境和规章制度上表现出较大差异。

研究结果显示，不同教龄的幼儿园教师在自主学习的行为与习惯（$F=5.116$，$p<0.01$）、精神环境（$F=3.713$，$p<0.05$）、规章制度（$F=3.917$，$p<0.05$）上存在显著差异。经事后检验，在行为与习惯上，教龄在10年以上的幼儿园教师显著高于教龄在5年以内的幼儿园教师；在精神环境和规章制度上，教龄在5年以上的幼儿园教师显著高于教龄在5年以内的幼儿园教师。这说明，新手幼儿园教师自主学习的行为与习惯还未形成，同时在精神环境和规章制度上得到的幼儿园的支持不如教龄更长的两类幼儿园教师。

通过深入研究不同教龄幼儿园教师自主学习在上述3个维度内部的差异，发现在行为与习惯上，不同教龄的幼儿园教师的学习投入（$F=4.177$，$p<0.05$）存在显著差异。经事后检验，教龄在10年以上的幼儿园教师的学习投入显著高于教龄在5年以内的幼儿园教师。

在精神环境上，不同教龄的幼儿园教师在内部和外部精神环境上均没有显著差异，这说明虽然在此维度上差异显著，但是子维度上的平均值相差较小，不同教龄幼儿园教师的内外精神环境差异均不显著。

在规章制度上，不同教龄的幼儿园教师所获得的幼儿园整体规章的支持

（$F=5.059$，$p<0.01$）呈显著差异，经事后检验，10 年以上教龄的幼儿园教师显著高于 5 年以内教龄的幼儿园教师。具体见表 3-22。

表 3-22　不同教龄幼儿园教师自主学习及支持系统的差异分析

维度		教龄	平均值	标准差	F	事后检验（LSD）
行为与习惯	学习内容	5 年以内（A）	4.25	0.56	2.571	—
		5—10 年（B）	4.29	0.64		
		10 年以上（C）	4.40	0.63		
	学习投入	5 年以内（A）	2.25	0.79	4.177*	C>A
		5—10 年（B）	2.42	0.78		
		10 年以上（C）	2.50	0.88		
	学习成果的运用	5 年以内（A）	4.36	0.54	2.289	—
		5—10 年（B）	4.42	0.62		
		10 年以上（C）	4.49	0.58		
精神环境	内部	5 年以内（A）	4.04	0.55	2.773	—
		5—10 年（B）	4.15	0.62		
		10 年以上（C）	4.18	0.56		
	外部	5 年以内（A）	4.09	0.68	2.306	—
		5—10 年（B）	4.22	0.66		
		10 年以上（C）	4.22	0.66		
规章制度	幼儿园	5 年以内（A）	4.48	0.66	5.059**	C>A
		5—10 年（B）	4.58	0.73		
		10 年以上（C）	4.71	0.51		
	个人	5 年以内（A）	4.13	0.89	2.656	—
		5—10 年（B）	4.34	0.78		
		10 年以上（C）	4.25	0.90		
	考核	5 年以内（A）	4.56	0.64	1.788	—
		5—10 年（B）	4.64	0.63		
		10 年以上（C）	4.68	0.54		

** $p<0.01$　* $p<0.05$

（五）不同学历的幼儿园教师自主学习及支持系统的差异分析

不同学历的幼儿园教师在自主学习水平的行为与习惯以及支持系统的学习机会、精神环境和组织管理上没有显著差异，但在自主学习水平的认知与情感、技能与能力以及支持系统的资源条件、规章制度上表现出较大的差异。

研究结果显示，不同学历的幼儿园教师在自主学习的认知与情感（$F=3.087$，$p<0.05$）、技能与能力（$F=3.370$，$p<0.05$）、资源条件（$F=7.780$，$p<0.001$）、规章制度（$F=4.174$，$p<0.05$）上存在显著差异。经事后检验，在认知与情感上，大专学历的幼儿园教师显著高于中专及以下、硕士学历的幼儿园教师，中专及以下学历的幼儿园教师显著高于硕士学历的幼儿园教师；在技能与能力上，大专学历的幼儿园教师显著高于本科和硕士学历的幼儿园教师；在资源条件上，硕士学历的幼儿园教师显著高于其他学历层次的幼儿园教师。在规章制度上，对幼儿园整体规章的评价，从高到低依次是中专及以下、大专、本科和硕士；对教师个人职业规划的评价，从高到低依次是本科、大专、中专及以下、硕士；总体而言，不同学历的幼儿园教师对规章制度的评价越高，差异越小；评价越低，差异越大。

在深入探究不同学历的幼儿园教师自主学习在4个维度上的差异后可知，在认知与情感上，不同学历幼儿园教师自主学习的学习动机（$F=2.927$，$p<0.05$）和学习意志（$F=6.203$，$p<0.001$）存在显著差异。经事后检验，大专和本科学历幼儿园教师的学习动机显著高于中专及以下学历的幼儿园教师，中专及以下、大专和本科学历幼儿园教师的学习意志显著高于硕士学历的幼儿园教师。这表明在学习动机上，中专及以下学历的幼儿园教师显著弱于高学历层次幼儿园教师；在学习意志上，硕士学历的幼儿园教师显著弱于其他学历的幼儿园教师，学历处于“高原地带”反而降低了自主学习的坚持性。

在技能与能力上，不同学历的幼儿园教师在自主学习的认知能力（$F=2.778$，$p<0.05$）和反思能力（$F=3.127$，$p<0.05$）上存在显著差异。经事后检验，大专学历幼儿园教师的认知和反思能力均显著高于本科学历的幼儿园教师。究其原因，许多大专学历教师正在谋求获得本科学历。

在资源条件上，不同学历幼儿园教师自主学习获得的场地资源支持（$F=4.063$，$p<0.01$）和人力资源支持（$F=8.079$，$p<0.001$）存在显著差异。经

事后检验，本科学历的幼儿园教师所获场地资源支持显著高于大专及以下学历的幼儿园教师，硕士学历的幼儿园教师获得的人力资源支持显著高于其他3类幼儿园教师，本科学历的幼儿园教师获得的人力资源支持显著高于大专和中专及以下学历的幼儿园教师。

在规章制度上，不同学历幼儿园教师获得的幼儿园整体规章（$F=2.709$，$p<0.05$）和教师个人职业规划（$F=2.985$，$p<0.05$）的支持存在显著差异。经事后检验，在幼儿园整体规章上，大专及以下学历的幼儿园教师显著高于硕士学历的幼儿园教师；在个人职业发展规划上，大专和本科学历的幼儿园教师显著高于硕士学历的幼儿园教师。具体见表 3-23。

表 3-23 不同学历幼儿园教师自主学习及支持系统的差异分析

维度		学历	平均值	标准差	F	事后检验（LSD）
认知与情感	重要性认识	中专及以下（A）	4.54	0.86	1.777	—
		大专（B）	4.77	0.49		
		本科（C）	4.75	0.63		
		硕士（D）	4.50	0.55		
	情感态度	中专及以下（A）	4.65	0.49	0.002	—
		大专（B）	4.65	0.53		
		本科（C）	4.65	0.63		
		硕士（D）	4.67	0.52		
	学习动机	中专及以下（A）	4.03	0.58	2.927*	B>A C>A
		大专（B）	4.38	0.51		
		本科（C）	4.35	0.60		
		硕士（D）	4.33	0.53		
	学习意志	中专及以下（A）	4.36	0.50	6.203***	A>D B>D C>D
		大专（B）	4.41	0.53		
		本科（C）	4.40	0.55		
		硕士（D）	3.47	0.53		
	自我效能感	中专及以下（A）	4.23	0.65	0.954	—
		大专（B）	4.32	0.74		
		本科（C）	4.31	0.71		
		硕士（D）	3.83	0.41		

续表

维度		学历	平均值	标准差	*F*	事后检验（LSD）
技能与能力	认知能力	中专及以下（A）	3.74	0.57	2.778*	B>C
		大专（B）	3.91	0.56		
		本科（C）	3.80	0.56		
		硕士（D）	3.46	0.33		
	调控能力	中专及以下（A）	4.29	0.70	1.610	—
		大专（B）	4.37	0.64		
		本科（C）	4.30	0.70		
		硕士（D）	3.83	0.41		
	反思能力	中专及以下（A）	3.73	0.67	3.127*	B>C
		大专（B）	3.95	0.61		
		本科（C）	3.79	0.65		
		硕士（D）	3.58	0.67		
资源条件	物质资源	中专及以下（A）	4.12	0.99	1.138	—
		大专（B）	4.37	0.79		
		本科（C）	4.43	0.79		
		硕士（D）	4.33	0.82		
	场地资源	中专及以下（A）	2.77	1.70	4.063**	C>A C>B
		大专（B）	3.11	1.64		
		本科（C）	3.61	1.64		
		硕士（D）	3.67	2.07		
	人力资源	中专及以下（A）	1.92	0.94	8.079***	D>C>B D>C>A
		大专（B）	2.32	1.10		
		本科（C）	2.66	1.18		
		硕士（D）	3.83	0.98		

续表

维度		学历	平均值	标准差	F	事后检验（LSD）
规章制度	幼儿园	中专及以下（A）	4.65	0.56	2.709*	A>D B>D
		大专（B）	4.59	0.61		
		本科（C）	4.48	0.73		
		硕士（D）	4.00	1.10		
	个人	中专及以下（A）	3.96	1.00	2.985*	B>D C>D
		大专（B）	4.23	0.86		
		本科（C）	4.26	0.84		
		硕士（D）	3.33	1.21		
	考核	中专及以下（A）	4.62	0.57	5.772	—
		大专（B）	4.67	0.55		
		本科（C）	4.51	0.71		
		硕士（D）	3.83	1.17		

*** $p<0.001$　** $p<0.01$　* $p<0.05$

（六）不同职称的幼儿园教师自主学习及支持系统的差异分析

不同职称的幼儿园教师在自主学习水平的认知与情感、技能与能力以及支持系统的学习机会、精神环境、规章制度和组织管理上没有明显的差异，但在自主学习水平的行为与习惯以及支持系统的资源条件上表现出较大的差异。

研究结果显示，不同职称的幼儿园教师在自主学习的行为与习惯（$F=3.551$，$p<0.01$）、资源条件（$F=2.57$，$p<0.05$）上存在显著差异。经事后检验，在行为与习惯上，二级职称幼儿园教师显著高于三级和一级职称幼儿园教师；在资源条件上，二级职称幼儿园教师显著高于三级职称幼儿园教师。幼儿园教师在这两个维度上的差异只存在于职称级别较低的三级之间，更高级别职称的幼儿园教师之间不存在显著差异。

研究在深入研究不同职称幼儿园教师在上述两个维度上的差异后可知，

在行为与习惯上，不同职称幼儿园教师的学习投入（$F=3.503$，$p<0.01$）存在显著差异。经事后检验，二级职称幼儿园教师显著高于三级职称幼儿园教师，这说明高职称的幼儿园教师的学习投入没有显著差异，职称最低的两级幼儿园教师学习投入存在显著差异，职称较高的幼儿园教师学习积极性更高，学习投入更多。

在资源条件上，不同职称幼儿园教师获得的物质资源支持（$F=3.303$，$p<0.05$）和人力资源支持（$F=5.715$，$p<0.001$）存在显著差异。经事后检验，在物质资源支持上，二级职称幼儿园教师显著高于三级和一级职称幼儿园教师；在人力资源支持上，二级和一级职称幼儿园教师显著高于三级职称幼儿园教师。这说明，资源条件的支持在高级和正高级职称的幼儿园教师上不存在显著差异，幼儿园教师职称越低获得的支持越少，且差异明显。具体见表 3-24。

表 3-24　不同职称幼儿园教师自主学习及支持系统的差异分析

维度		职称	平均值	标准差	F	事后检验（LSD）
行为与习惯	学习内容	三级（A）	4.26	0.59	2.320	—
		二级（B）	4.41	0.51		
		一级（C）	4.23	0.70		
		高级（D）	4.48	0.72		
		正高级（E）	3.83	0.14		
	学习投入	三级（A）	2.24	0.76	3.503^{**}	B>A
		二级（B）	2.57	0.83		
		一级（C）	2.40	0.86		
		高级（D）	2.39	0.83		
		正高级（E）	2.42	1.38		
	学习成果的运用	三级（A）	4.36	0.56	1.331	—
		二级（B）	4.49	0.50		
		一级（C）	4.40	0.66		
		高级（D）	4.59	0.61		
		正高级（E）	4.22	0.39		

续表

维度		职称	平均值	标准差	F	事后检验（LSD）
资源条件	物质资源	三级（A）	4.33	0.79	3.303*	B>A B>C
		二级（B）	4.60	0.61		
		一级（C）	4.24	0.96		
		高级（D）	4.46	0.88		
		正高级（E）	4.33	0.58		
	场地资源	三级（A）	3.20	1.66	0.319	—
		二级（B）	3.23	1.66		
		一级（C）	3.36	1.68		
		高级（D）	3.54	1.71		
		正高级（E）	3.67	2.31		
	人力资源	三级（A）	2.20	1.04	5.715***	B>A C>A
		二级（B）	2.66	1.23		
		一级（C）	2.65	1.17		
		高级（D）	2.92	1.32		
		正高级（E）	3.00	1.00		

*** $p<0.001$　** $p<0.01$　* $p<0.05$

（七）不同劳动关系的幼儿园教师自主学习及支持系统的差异分析

不同劳动关系的幼儿园教师在自主学习水平的认知与情感、行为与习惯，以及支持系统的学习机会、精神环境、规章制度和组织管理上没有明显的差异，但在自主学习水平的技能与能力以及支持系统的资源条件上表现出较大的差异。

不同劳动关系的幼儿园教师在自主学习的技能与能力（$F=4.162$，$p<0.05$）、资源条件（$F=5.083$，$p<0.01$）上存在显著差异。经事后检验，在技能与能力上，无编制且工资由幼儿园自筹支付的幼儿园教师显著高于有编制的幼儿园教师；在资源条件上，有编制的幼儿园教师显著高于无编

制的幼儿园教师。编制对于幼儿园教师获得自主学习的资源条件支持有着显著影响，有固定编制的幼儿园教师更易获得幼儿园的资源支持；无编制且工资由幼儿园自筹支付的幼儿园教师，其工资由幼儿园根据幼儿园教师的工作绩效支付，使得该类幼儿园教师的学习需求高于有编制的幼儿园教师。

在深入研究不同编制背景下幼儿园教师自主学习的现状后，可得出不同编制幼儿园教师在两个维度内部的差异分析。

在技能与能力上，不同编制背景幼儿园教师的调控能力（$F=9.278$，$p<0.001$）存在显著差异。经事后检验，无编制且工资由幼儿园自筹支付的幼儿园教师的调控能力显著高于无编制且工资由教育部门支付的幼儿园教师和有编制的幼儿园教师，无编制且工资由教育部门支付的幼儿园教师的调控能力显著高于有编制的幼儿园教师。因此，在三类编制背景幼儿园教师中，有编制的幼儿园教师自主学习的调控能力较低，其原因是有编制的幼儿园教师工作稳定；无编制的幼儿园教师在工作不稳定且工资与工作绩效相关的情况下，学习自主性更强。

在资源条件上，不同编制幼儿园教师在物质资源和场地资源支持上无显著差异，但在人力资源支持（$F=26.905$，$p<0.001$）上存在显著差异。经事后检验，有编制的幼儿园教师获得的此类支持显著高于无编制的幼儿园教师。有编制的幼儿园教师作为教育部门统筹调配的群体，在我国现行教师政策“身份制”特征的影响下，受到国家政策和幼儿园管理制度的优待。因此，在人力资源支持上，幼儿园应更多引进有编制的优秀教师，增强对其专业化发展有益的专家引领和指导，以促进实践经验丰富的幼儿园教师的交流和幼儿园整体师资队伍的建设。具体见表 3-25。

表 3-25　不同劳动关系幼儿园教师自主学习及支持系统的差异分析

维度		劳动关系	平均值	标准差	*F*	事后检验（LSD）
技能与能力	认知能力	有编制（A）	3.74	0.61	1.883	—
		无编制，工资由当地教育部门支付（B）	3.87	0.56		
		无编制，工资由幼儿园自筹支付（C）	3.88	0.55		
	调控能力	有编制（A）	4.06	0.67	9.278***	C>B>A
		无编制，工资由当地教育部门支付（B）	4.27	0.67		
		无编制，工资由幼儿园自筹支付（C）	4.42	0.63		
	反思能力	有编制（A）	3.81	0.60	1.576	—
		无编制，工资由当地教育部门支付（B）	3.82	0.63		
		无编制，工资由幼儿园自筹支付（C）	3.92	0.64		
资源条件	物质资源	有编制（A）	4.36	0.77	0.417	—
		无编制，工资由当地教育部门支付（B）	4.44	0.73		
		无编制，工资由幼儿园自筹支付（C）	4.36	0.83		
	场地资源	有编制（A）	3.27	1.71	1.086	—
		无编制，工资由当地教育部门支付（B）	3.04	1.64		
		无编制，工资由幼儿园自筹支付（C）	3.32	1.66		

续表

<table>
<tr><th colspan="2">维度</th><th>劳动关系</th><th>平均值</th><th>标准差</th><th>F</th><th>事后检验（LSD）</th></tr>
<tr><td rowspan="3">资源条件</td><td rowspan="3">人力资源</td><td>有编制（A）</td><td>3.33</td><td>1.06</td><td rowspan="3">26.905***</td><td rowspan="3">A>B
A>C</td></tr>
<tr><td>无编制，工资由当地教育部门支付（B）</td><td>2.34</td><td>1.14</td></tr>
<tr><td>无编制，工资由幼儿园自筹支付（C）</td><td>2.27</td><td>1.07</td></tr>
</table>

*** $p<0.001$

（八）不同成长阶段幼儿园教师自主学习及支持系统的差异分析

不同成长阶段的幼儿园教师在自主学习水平的认知与情感、技能与能力以及支持系统的学习机会和组织管理上没有明显差异，但在自主学习水平的行为与习惯以及支持系统的资源条件、精神环境和规章制度上表现出较大的差异。

研究可知，不同成长阶段的幼儿园教师在自主学习的行为与习惯（$F=5.476$，$p<0.01$）、资源条件（$F=3.350$，$p<0.05$）、精神环境（$F=3.418$，$p<0.05$）和规章制度（$F=4.539$，$p<0.05$）上存在显著差异。经事后检验，在行为与习惯、精神环境上，熟手型和专家型幼儿园教师均显著高于新手型幼儿园教师。在资源条件上，专家型幼儿园教师获得的支持显著高于新手型和熟手型幼儿园教师。在规章制度上，熟手型幼儿园教师获得的支持显著高于新手型幼儿园教师。在幼儿园教师自主学习水平上，熟手型和专家型幼儿园教师的自主学习行为与习惯优于新手型幼儿园教师；在幼儿园教师自主学习的支持系统上，新手型幼儿园教师在资源条件、精神环境和规章制度上所获得的支持显著低于其他类型的幼儿园教师，在幼儿园中处于不利位置。

深入研究不同成长阶段的幼儿园教师在上述 4 个维度内部的差异可知，在行为与习惯上，不同成长阶段的幼儿园教师在学习投入（$F=4.466$，$p<0.05$）上存在显著差异。经事后检验，专家型幼儿园教师的学习投入显著高

于新手型幼儿园教师。

在资源条件上，不同成长阶段幼儿园教师获得的人力资源支持（$F=5.800$，$p<0.01$）存在显著差异，专家型幼儿园教师显著高于熟手型和新手型幼儿园教师。

在精神环境上，不同成长阶段幼儿园教师在内部和外部环境上没有显著差异，这说明虽然在此维度上差异显著，但是在子维度上，不同成长阶段幼儿园教师的平均值相差较小，所获支持没有显著差异。

在规章制度上，不同成长阶段幼儿园教师获得的幼儿园整体规章支持（$F=4.548$，$p<0.05$）和幼儿园教师个人职业发展规划支持（$F=3.411$，$p<0.05$）存在显著差异。经事后检验，在幼儿园整体规章上，专家型幼儿园教师获得的支持显著高于新手型幼儿园教师。在幼儿园教师的个人职业发展规划上，熟手型幼儿园教师获得的支持显著高于新手型幼儿园教师。这说明幼儿园在制定整体规章和个人职业发展规划时较多考虑园内的骨干教师，给予其更多支持。具体见表 3-26。

表 3-26　不同成长阶段幼儿园教师自主学习及支持系统的差异分析

维度		教师类型	平均值	标准差	F	事后检验（LSD）
行为与习惯	学习内容	新手型（A）	4.23	0.55	2.520	—
		熟手型（B）	4.34	0.62		
		专家型（C）	4.37	0.68		
	学习投入	新手型（A）	2.26	0.80	4.466*	C>A
		熟手型（B）	2.38	0.74		
		专家型（C）	2.57	0.96		
	学习成果的运用	新手型（A）	4.34	0.53	2.761	—
		熟手型（B）	4.44	0.61		
		专家型（C）	4.50	0.60		

续表

维度		教师类型	平均值	标准差	F	事后检验（LSD）
资源条件	物质资源	新手型（A）	4.33	0.76	0.808	—
		熟手型（B）	4.41	0.84		
		专家型（C）	4.43	0.87		
	场地资源	新手型（A）	3.18	1.67	0.875	—
		熟手型（B）	3.27	1.68		
		专家型（C）	3.46	1.63		
	人力资源	新手型（A）	2.37	1.07	5.800**	C>A C>B
		熟手型（B）	2.32	1.07		
		专家型（C）	2.81	1.41		
精神环境	内部	新手型（A）	4.05	0.53	1.961	—
		熟手型（B）	4.14	0.63		
		专家型（C）	4.16	0.54		
	外部	新手型（A）	4.08	0.68	2.619	—
		熟手型（B）	4.21	0.66		
		专家型（C）	4.24	0.67		
规章制度	幼儿园	新手型（A）	4.47	0.67	4.548*	C>A
		熟手型（B）	4.62	0.67		
		专家型（C）	4.68	0.54		
	个人	新手型（A）	4.12	0.87	3.411*	B>A
		熟手型（B）	4.34	0.85		
		专家型（C）	4.22	0.88		
	考核	新手型（A）	4.55	0.63	1.771	—
		熟手型（B）	4.66	0.63		
		专家型（C）	4.64	0.58		

** $p<0.01$　* $p<0.05$

四、四川省幼儿园教师自主学习水平及支持系统的相关分析

研究发现，四川省幼儿园教师自主学习的水平与支持系统之间均呈现显著的相关性，且相关系数均呈正向，说明幼儿园教师自主学习水平和支持系统之间存在显著的正相关。总体来看，幼儿园教师自主学习水平和资源条件、学习机会呈低度相关，和精神环境、规章制度、组织管理呈中度相关。从幼儿园教师自主学习水平的具体内容来看，幼儿园教师自主学习的认知与情感和资源条件、学习机会呈低度相关，和精神环境、规章制度及组织管理呈中度相关。幼儿园教师自主学习的技能与能力和资源条件、学习机会呈低度相关，和精神环境、规章制度、组织管理呈中度相关。幼儿园教师自主学习的技能与习惯和资源条件呈低度相关，和学习机会、精神环境、规章制度、组织管理呈中度相关。具体见表 3-27。

表 3-27　幼儿园教师自主学习及支持系统的相关分析

维度	认知与情感	技能与能力	行为与习惯	资源条件	学习机会	精神环境	规章制度	组织管理	自主学习水平
认知与情感	1.000								
技能与能力	0.640*** (R^2=0.410)	1.000							
行为与习惯	0.536*** (R^2=0.282)	0.556*** (R^2=0.309)	1.000						
资源条件	0.270*** (R^2=0.073)	0.180*** (R^2=0.032)	0.364*** (R^2=0.132)	1.000					
学习机会	0.305*** (R^2=0.093)	0.259*** (R^2=0.067)	0.404*** (R^2=0.163)	0.445*** (R^2=0.198)	1.000				
精神环境	0.497*** (R^2=0.247)	0.462*** (R^2=0.213)	0.465*** (R^2=0.216)	0.343*** (R^2=0.118)	0.341*** (R^2=0.116)	1.000			
规章制度	0.568*** (R^2=0.323)	0.556*** (R^2=0.309)	0.501*** (R^2=0.251)	0.293*** (R^2=0.086)	0.328*** (R^2=0.108)	0.585*** (R^2=0.342)	1.000		
组织管理	0.500*** (R^2=0.250)	0.422*** (R^2=0.178)	0.429*** (R^2=0.184)	0.323*** (R^2=0.104)	0.332*** (R^2=0.110)	0.554*** (R^2=0.307)	0.747*** (R^2=0.558)	1.000	
自主学习水平	0.836*** (R^2=0.699)	0.868*** (R^2=0.753)	0.836*** (R^2=0.699)	0.321*** (R^2=0.103)	0.383*** (R^2=0.147)	0.559*** (R^2=0.312)	0.637*** (R^2=0.406)	0.528*** (R^2=0.279)	1.000

*** $p<0.001$

五、结论与讨论

（一）结论

1. 幼儿园教师对自主学习的重要性有正确认识，总体处于中高水平

从研究结果可知，目前四川省幼儿园教师自主学习处于中等偏上水平，在认知与情感上，幼儿园教师的水平尤其突出，已树立正确的自主学习观念，并且能够坚定学习意志，激发学习动机，从情感态度上保证自主学习的开展。幼儿园教师自主学习的技能与能力、行为与习惯的水平相对弱一些，但也居于中等水平。综合而言，幼儿园教师现已基本了解自主学习的价值，对自身学习能力的提升、学习习惯的培养有了明确的要求。

2. 不同幼儿园和教师个人背景下幼儿园教师自主学习及支持系统存在显著差异

从幼儿园背景的角度研究四川省幼儿园教师的自主学习，探究幼儿园的性质对幼儿园教师进行自主学习的影响和幼儿园对教师自主学习所提供的支持得出：公办园教师获得的学习支持较少，且自主学习总体水平稍低于民办园教师。

不同规模幼儿园的教师在自主学习的行为与习惯上差异显著，其中学习投入和学习方式运用的效果差异更加明显。在支持系统方面，不同规模幼儿园的教师自主学习所获得的资源条件、学习机会和精神环境支持均存在不同程度上的差异。总体而言，中大型幼儿园的教师自主学习和所获支持水平更高，但小型幼儿园的教师对于此类支持的需求更盛，学习热情更高。

不同等级幼儿园的教师在自主学习的技能与能力、行为与习惯上均存在显著差异，其中幼儿园教师的调控能力和学习投入差异尤其显著。在不同等级幼儿园对幼儿园教师自主学习提供的支持中，资源条件、学习机会和精神环境的差异显著，尤其是物质资源、场地资源、人力资源、内部学习机会和外部精神环境方面差异尤其突出。总体而言，幼儿园等级越高，自主学习条件越好，但三级园对于此类支持的需求更强，教师学习动机强烈。

不同幼儿园的教师结构多样，类型、层次复杂。不同背景的幼儿园教师自主学习的表现和获得的支持存在差异。不同教龄幼儿园教师在自主学习的行为与习惯上差异显著，尤其体现在学习投入和学习方式上，教龄更长的幼儿园教师要显著高于新入职的幼儿园教师。在支持系统层面，教龄长的幼儿园教师所获得的精神环境和规章制度的支持要显著高于新入职的幼儿园教师，但新入职的年轻幼儿园教师对于这两类支持的需求更大。

不同学历幼儿园教师在自主学习的认知与情感、技能与能力上存在显著差异，突出体现在学习动机、学习意志、认知能力和反思能力上。在支持系统层面，不同学历幼儿园教师在自主学习获得的资源条件上存在显著差异。学历越高的教师获得的资源条件越丰富，然而一旦达到本科及以上学历，他们的学习活动就骤然下降。

不同职称幼儿园教师在自主学习的行为与习惯上存在显著差异，获得的资源条件支持也存在差别，其中二级职称的幼儿园教师在两个维度上显著高于其他职称的幼儿园教师。

不同劳动关系的幼儿园教师在技能与能力上存在差异，尤其在调控能力上差异显著，表现为无编制且工资由幼儿园自筹支付的幼儿园教师的调控能力优于其他两类幼儿园教师。在支持系统层面，不同劳动关系的幼儿园教师获得的资源条件支持存在差异，在人力资源支持上差异显著，有编制教师获得的条件优于无编制教师。

不同成长阶段幼儿园教师在自主学习的行为与习惯上存在显著差异，尤其表现在学习投入、学习方式以及方式运用的效果上。在学习投入上，新手型幼儿园教师显著弱于专家型幼儿园教师；在学习方式的选择上，不同类型幼儿园教师偏好也有区别，网络学习和同伴交流的方式在新手型幼儿园教师中的利用率要高于其他类型的教师。在支持系统层面，不同成长阶段幼儿园教师获得的资源条件、精神环境和规章制度的支持都有差别，在这些支持中，专家型幼儿园教师获得的人力资源和网络资源的支持要显著优于其他两类幼儿园教师；对于精神环境和规章制度的支持，新手型幼儿园教师的需求显著高于其他类型幼儿园教师。

3. 支持系统对幼儿园教师自主学习水平有重要影响

本研究主要聚焦于分析四川省幼儿园教师当前自主学习水平的现状及与所获得的支持之间的关系，从而对合理构建幼儿园教师自主学习支持系统提供建议。本研究从当前幼儿园教师所获得的自主学习支持出发，了解对提升幼儿园教师自主学习水平最有效的支持措施，以提升幼儿园教师的自主学习能力，培养良好的自主学习行为与习惯，从而促进幼儿园教师的专业发展。

本研究中幼儿园对教师自主学习的支持内容分五大类，分别为资源条件、学习机会、精神环境、规章制度和组织管理。通过数据分析可以得知，规章制度、精神环境和学习机会分别作为幼儿园教师的学习引导、心理支持和途径支持，从幼儿园教师内外不同角度，对幼儿园教师自主学习总体水平有不同程度的影响，其中尤以规章制度的影响最为显著。通过分析五类支持内容对幼儿园教师自主学习不同维度的影响得知，规章制度和精神环境对幼儿园教师自主学习的认知与情感、技能与能力、行为与习惯均有重要影响，且影响力最为显著；学习机会对幼儿园教师自主学习的认知与情感、行为与习惯有重要影响；资源条件只对幼儿园教师自主学习的行为与习惯有重要作用。

（二）讨论

1. 幼儿园教师自主学习行为与习惯的培养

从研究结果可知，四川省幼儿园教师自主学习的行为与习惯在自主学习的三个维度中处于较低的水平，且存在显著差异。幼儿园教师自主学习的行为与习惯会受到幼儿园教师所在幼儿园的规模和等级，以及幼儿园教师的教龄、职称、成长阶段等自身因素的影响。幼儿园的规模和等级在中等偏上层次的幼儿园教师，其自主学习的行为与习惯优于其他幼儿园的教师，教龄短、职称偏低的新手型幼儿园教师对于自主学习的行为与习惯养成的需求更强。在自主学习的投入和方式的选择上，幼儿园背景更优、资历更强的幼儿园教师学习投入更大，且倾向于选择查阅书籍等与理论、实证相关的方式。公办幼儿园教师因为工作稳定，离职压力较小，自主学习水平反而低于民办幼儿园教师，这说明我国公办幼儿园需要不断创新，营造良好学习氛围，加强学习考核与制度化管理，以推动教师终身学习，终身发展。

从学历维度分析差异，发现大专和本科层次的幼儿园教师自主学习水平较高，硕士和中专层次的教师自主学习水平较低。我国规定幼儿园教师必须具有专科以上学历，许多教师为学历达标或提升学历到本科层次而学习，但达到硕士层次后，学习热情、态度与投入反而下降，这不利于幼儿园教师专业素养的不断提升，也不利于培养高层次学前教育人才；而中专层次教师学历尚未达标，自主学习的各个维度都处于最低水平，亟待加强。

另外，幼儿园教师的自主学习投入普遍较低，且不同背景的幼儿园教师之间差异显著，主要原因是幼儿园教师工作量大，日常保教活动和行政工作繁重，杂事较多，疲于应付，没有充足的时间和精力进行自主学习，且自主学习受到幼儿园内外和教师自身学习压力、激励机制和资源等因素的限制。

2. 规章制度和精神环境对幼儿园教师自主学习的支持

自主学习是幼儿园教师作为主体的一种学习方式，不仅要求幼儿园教师要有自主学习的意识，掌握自主学习的方式，明确自主学习的内容，还需要外界对幼儿园教师自主学习提供充足的支持。

从研究中我们可知，对幼儿园教师自主学习水平最具影响力的支持条件是规章制度，无论是对幼儿园教师自主学习的认知与情感、技能与能力，还是对行为与习惯，规章制度都处于最具影响力的地位。这说明，幼儿园制定清晰的学习目标和规划、严格而细致的学习制度尤为重要；另外，帮助幼儿园教师制订个别化的学习计划并提出明确具体的学习要求，对幼儿园教师的学习和发展具有不可估量的“支架作用”。

其次是精神环境，这是幼儿园教师成长中一种隐形的推动力，不仅依靠幼儿园内部和谐的人际关系和主动学习的气氛，还需要社会大众、幼儿家长、教育部门领导等多方合力的支持。社会心理学认为，一个人的发展在很大程度上取决于社会心理环境。社会经济文化的发展水平，全社会对教育和幼儿园教师的地位与价值的认识，作为社会环境影响着幼儿园教师自主的工作和学习状态，特别是社会对学校和幼儿园教师所寄予的期望会以多种形式影响幼儿园教师的自主学习与发展。这种期望可以成为幼儿园教师审视自我的标准，激发幼儿园教师的自我意识和学习动力；但是，当周围环境和期望带来压迫感时，会限制幼儿园教师自我发展的愿望和追求。从幼儿园内部来说，为幼儿园教师创造的文化氛围、提供的心理支持比物质条件和资源更容易对幼儿园教师的自主学习产生影响。因为精神环境作为幼儿园教师自主学习的一种心理支持，通过营造集体的学习气氛，能为幼儿园教师减轻工作压力和家庭压力，增强幼儿园教师自主学习的内部动机，由此激发幼儿园教师自主学习的欲望，使其学习意志更加坚定。而家长、教育部门和社会公众对幼儿园教师的心理环境支持，主要集中在家园关系的处理、幼儿园教师社会地位的提升和教育部门对幼儿园教师自主学习的人文关怀。这些社会因素作为幼儿园教师自主学习的外部推动力，其支持的力度也对幼儿园教师自主学习水平有着重要影响。

第三节　香港特别行政区幼稚园教师自主学习及支持系统

香港特别行政区是中华人民共和国不可分割的一部分。本研究拟调查香港幼稚园教师自主学习的现状，并为香港幼稚园教师的自主学习构建相应的支持系统，以丰富香港地区幼稚园教师自主学习的相关研究，为提升香港地区幼稚园教师专业发展能力提供实证依据，并将其与内地幼儿园教师自主学习及支持系统进行比较，相互取长补短。

本研究采用问卷调查法，共调查 123 名香港幼稚园教师。与内地样本相比，香港幼稚园样本教师平均年龄大 5 岁；教龄稍长，以 10 年左右居多；学历层次偏高，以本科为主；收入水平也高于内地，但在香港地区仍属于中下层次；六成以上教师工资由幼儿园支付，且只与幼儿园签订劳动用工合同；所在幼儿园以 10 个班及以上的大型幼儿园为主。样本教师的基本信息见表 3-28。

表 3-28　样本教师的基本情况

背景变量	类别	样本量	占比（单位:%）
性别	男	0	0.0
	女	123	100.0
年龄	20 岁及以下	8	6.5
	21—25 岁	8	6.5
	26—30 岁	47	38.2
	31—35 岁	38	30.9
	36—40 岁	14	11.4
	40 岁以上	8	6.5
教龄	3 年及以下	20	16.3
	4—9 年	56	45.5
	10—15 年	26	21.1
	16—20 年	15	12.2
	20 年以上	6	4.9
职务	保教主任	3	2.4
	年级组长	5	4.1
	带班教师	96	78.1
	其他	19	15.5
年收入	24000 元及以下	8	6.5
	24001—48000 元	25	20.3
	48001—72000 元	8	6.5
	72001—96000 元	12	9.8
	96000 元以上	70	56.9
学历	大专	36	29.3
	本科	69	56.1
	硕士	18	14.6

续表

背景变量	类别	样本量	占比（单位:%）
编制	有编制	39	31.7
	无编制，工资由当地教育部门支付	6	4.9
	无编制，工资由幼稚园自筹支付	78	63.4
园所规模	小型园（1—5 个班）	2	1.6
	中型园（6—9 个班）	4	3.3
	大型园（10 个班及以上）	117	95.1

一、香港幼稚园教师自主学习的现状

（一）幼稚园教师自主学习及支持系统的总体状况

数据显示，在教师自主学习水平中，认知与情感维度表现最佳，这说明香港幼稚园教师对于自主学习的认知程度较高，普遍认同自主学习的重要价值，并对自主学习持有积极的情感与态度；但行为与习惯维度得分最低，说明香港幼稚园教师的自主学习行为与习惯尚待增强。在自主学习支持系统中，组织管理、规章制度维度表现较好，资源条件、学习机会维度得分较低且标准差较高，说明香港幼稚园教师对组织管理、规章制度的支持认可度较高，对资源条件、学习机会的支持评价不一，因此教师在这两项支持上的需求仍较为强烈，还需要香港幼稚园的大力支持。具体见表 3-29。

表 3-29　香港幼稚园教师自主学习及支持系统的总体状况

维度		平均值	标准差
自主学习水平	认知与情感	4.05	0.46
	技能与能力	3.82	0.47
	行为与习惯	3.61	0.44
自主学习支持	资源条件	3.33	0.73
	学习机会	3.55	0.75
	精神环境	3.72	0.57
	规章制度	3.85	0.60
	组织管理	3.94	0.57

（二）幼稚园教师自主学习的现状

研究通过数据的收集与整理，主要是通过平均值、标准差或占比对香港幼稚园教师自主学习水平进行描述性分析，以了解香港幼稚园教师自主学习水平各维度概况。

1. 认知与情感

香港幼稚园教师自主学习的认知与情感，包括重要性认识、情感态度、学习动机、学习意志和自我效能感 5 个子维度，平均值分别为 4.25、4.21、3.96、3.83 和 3.98，标准差分别为 0.66、0.60、0.50、0.58 和 0.64。其中教师自主学习的重要性认识得分最高，其后依次为情感态度、自我效能感、学习动机和学习意志，其中重要性认识这一子维度的标准差较大，这表明香港幼稚园教师普遍认同教师自主学习的重要价值，但不同背景下的教师对自主学习的价值认知程度仍有较大差异。另外，香港幼稚园教师对自主学习持积极乐观的态度，对自主学习的能力和效果具有一定的自信，但学习动机不足，学习意志不够坚定，尚待加强。

2. 技能与能力

香港幼稚园教师自主学习的技能与能力分为认知能力、调控能力和反思能力，平均值分别为 3.72、3.89 和 3.71，标准差分别为 0.57、0.47 和

0.65。在技能与能力的子维度中，教师自主学习的调控能力得分最高，且标准差最低。这表明香港幼稚园教师对自主学习的调节与掌控能力普遍较强，但自主学习认知能力不高，对于自主学习的效果与经验的反思总结能力也尚待提升。

3. 行为与习惯

本研究对香港幼稚园教师自主学习的行为与习惯，主要从学习内容、学习投入、学习方式与效果、学习成果的运用 4 个方面进行考察。具体情况如下。

（1）学习内容

教师自主学习内容分为专业理念与师德、专业知识、专业技能 3 个方面，香港幼稚园教师得分平均值分别为 3.61、4.12 和 4.09，标准差分别为 0.55、0.60 和 0.60。这说明香港幼稚园教师关于专业知识与专业技能的学习较为充足，而关于专业理念与师德的学习内容普遍较少，教师对于专业理念与师德的内容学习重视度不足。

（2）学习投入

教师自主学习投入情况主要从频率（每月写反思日记的篇数）、时间（每周投入学习与研究的时间）、阅读量（每周阅读专业文章的篇数）3 个方面进行考察。调查发现，香港幼稚园教师自主学习频率较高，但投入的总时间较少，对通过阅读专业文章来了解理论前沿这一学习路径还不够重视，学习呈碎片化状态。具体见表 3-30。

表 3-30　香港幼稚园教师自主学习投入现状

项目	选项	频数（单位：次）	占比（单位:%）
频率（每月写反思日记的篇数）	4 篇及以下	15	12.2
	5—8 篇	10	8.1
	9—12 篇	2	1.6
	13—16 篇	4	3.3
	17 篇及以上	92	74.8

续表

项目	选项	频数（单位：次）	占比（单位:%）
时间（每周投入学习与研究的时间）	2 小时以下	28	22.8
	2—3 小时	11	8.9
	4—5 小时	30	24.4
	6—7 小时	16	13.0
	8 小时及以上	38	30.9
阅读量（每周阅读专业文章的篇数）	5 篇及以下	77	62.6
	6—10 篇	35	28.5
	11—15 篇	6	4.9
	16—20 篇	1	0.8
	21 篇及以上	4	3.3

（3）学习方式与效果

在香港幼稚园教师最倾向的学习方式中，出现频次较高的是同他人交流（56.3%），其后依次为观摩体验（52.1%）、教研活动（42.0%）、面授培训（40.3%）、网络学习（24.4%）、保教实践（22.7%）、阅读书籍文章（21.8%）。同他人进行经验交流和观摩体验的学习方式更受教师欢迎，其选择率均超过一半。这两种学习方式均属于互动交流学习，这是教师自主学习的首选方式，互动交流学习方式下的教师学习态度更为积极。但本研究表明，香港幼稚园教师针对群体学习的认知能力最低，教师普遍认为自己不擅长在人际交往中向他人学习，而教师自主学习方式中同他人交流的学习方式占比最高，因此更应进一步提升香港幼稚园教师互动交流学习的能力和信心，以最大限度地发挥互动交流学习的效果。另外，研究显示，教师们普遍认为网络学习的有效性不高，学习过程中的意志力不足，对这一方式的选择率较低。作为信息化学习的重要方式，网络学习的有效性和受欢迎度较低这一境况与教育信息化的时代发展趋势不甚匹配。具体见图 3-2。

（4）学习成果的运用

教师自主学习成果的运用，分为知识运用、教学模仿和活动设计，香港

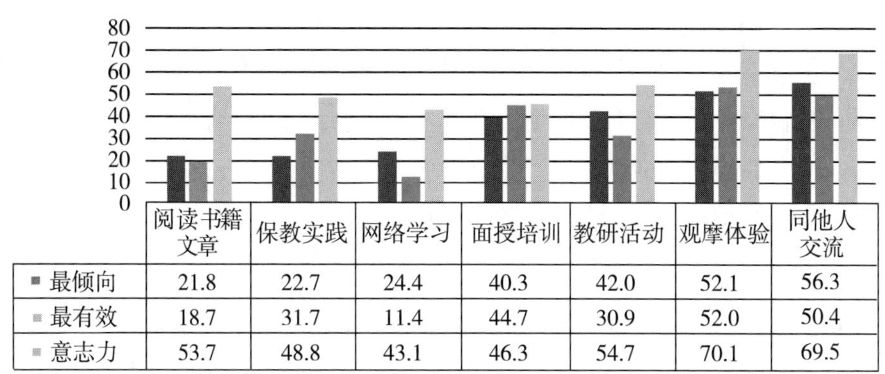

图 3-2　香港幼稚园教师自主学习方式现状（单位：%）

幼稚园教师得分平均值分别为 4.07、3.98 和 3.98，标准差分别为 0.60、0.71 和 0.67。数据显示，68.3%的教师经常用所学知识进行反思或研讨，63.4%的教师经常将观摩过的优质课运用到教学活动中，62.6%的教师经常根据所学知识进行教学改革创新，说明香港幼稚园教师善于通过比较、模仿等方式将已学知识加以运用，但在运用策略提升已有知识结构上较为不足。

二、香港幼稚园教师自主学习支持系统的现状

研究对香港幼稚园教师自主学习的资源条件、学习机会、精神环境、规章制度、组织管理等方面进行描述性统计，以了解香港幼稚园教师自主学习所获支持的各维度概况。

（一）资源条件

1. 学习设施与书刊

在物质条件方面，香港幼稚园为教师学习提供的设施中，出现频次最高的是电脑（90.9%）与打印机（83.5%），其后依次为移动硬盘或 U 盘（70.2%）、摄像机（67.8%）、学习桌（66.1%）、工作间（62.8%）。这表明绝大部分香港幼稚园教师享有基础的学习设施，但总体来看，幼稚园为教

师提供专门工作间的情况较少。

在幼稚园为教师学习提供的书籍期刊方面，超过 65.8%的教师认为园所为教师提供专业书籍与期刊的情况良好。专业阅读本身与教师成长之间有着一种天然的联系，教师专业阅读具有其专业价值，具体表现在：一是完善知识结构，二是生成专业智慧，三是构建专业精神。

2. 学习空间

在幼稚园为教师提供的学习用房调查中，备课室占比最高（56.1%），其后依次为阅览室（43.1%）、会议室（38.2%）、研讨室（17.1%）。在图书室开放时间调查中，82.1%的幼稚园图书室开放时间超过 4 小时。整体看来，幼稚园为教师提供阅读用房情况良好，但研讨室提供情况有待改善。

3. 网络资源

在为教师学习提供的网络资源方面，香港幼稚园最常为教师提供的网络资源是电子书（58.9%），其后依次为网络课程（48.7%）、专业网站（47.0%）、无线网络（39.3%）、QQ/微信群（6.8%）、其他（6.8%）。这表明，幼稚园为教师提供的网络资源中，静态学习资源（电子书）更易被使用，即教师对电子书的下载与存储率较高；动态学习资源（网络课程、专业网站等）的利用率相对较低，说明教师获得的动态学习资源的支持较少；基础性信息化设施（无线网络）的配备情况有待加强。在此需要说明的是，与内地不同，香港地区的日常即时通信工具多为 WhatsApp，而非 QQ/微信，因此 QQ/微信使用率并不能说明香港幼稚园的信息化资源建设情况。

（二）学习机会

1. 内部学习机会

香港幼稚园为教师学习提供的内部学习机会分为专门的保教活动、教研活动、科研活动和园本培训，香港幼稚园教师每年获得的上述各类内部学习机会平均值分别为 4.08 次、3.43 次、4.27 次、2.51 次。其中，教师参加科研活动的机会最多，其后为保教活动和教研活动，而参加园本培训的机会最少。

2. 外部学习机会

外部学习机会主要通过外出培训和学历提升两个方面进行考察。香港幼稚园教师在外出培训方面，多为区级培训（88.1%），国家级培训（5.5%）与香港特别行政区政府级培训（5.5%）较少，即更高层次的外出培训机会较少。

在学历提升奖励方式方面，香港幼稚园教师学历提升后获得支持与鼓励的方式从高到低分别为现金奖励（55.7%）、报销学费或差旅费（53.9%）、其他（20.0%）、职称职务晋升（15.7%）、工资津贴提升（8.7%）、荣誉奖励（5.2%）和公开表扬（3.5%）。这说明香港幼稚园对教师学历提升的激励，更重视经济刺激而非精神激励。

（三）精神环境

本研究对教师自主学习的精神环境主要通过内部精神环境（文化氛围、人际关系）与外部精神环境（家长、教育部门、社区）加以考察。各方面的平均值分别是 4.02、3.97、3.99、2.80、3.59，标准差分别是 0.91、0.65、0.75、0.80、0.70 。数据显示，香港幼稚园教师自主学习内部精神环境更为良好，其中文化氛围的得分略高于人际关系，且文化氛围标准差较大，表明不同背景下教师所感知到的文化氛围差异较大；但外部精神环境得分欠佳，外部精神环境中教育部门与社区为教师营造的自主学习精神环境得分最低，且 3 类外部精神环境支持的标准差相差不大，说明教师获得的外部精神环境支持相近。这说明香港幼稚园教师与家长关系属中等水平，社区和教育部门为教师营造的自主学习精神环境不佳。

（四）规章制度

本研究对教师自主学习的规章制度支持主要通过规章、职业发展规划、教师考核 3 个方面进行考察，平均值分别是 3.80、3.70、4.03，标准差分别是 0.70、0.75、0.78。数据显示，教师考核的平均值较高，规章的平均值中等，而职业发展规划的平均值最低；3 个方面的标准差相差不大。这表明，大部分教师认为幼稚园对教师的学习考核严格，但规章制度建设稍弱，给教师提供的职业发展规划更加不足。

（五）组织管理

本研究对教师自主学习的组织管理支持主要从园长表率、组织学习、民主管理 3 个方面进行考察，平均值分别是 3.78、3.75、3.70，标准差分别为 0.69、0.50、0.74。数据显示，园长表率的平均值稍高，说明教师认为幼稚园园长能通过制定办学理念、以身示范为教师自主学习提供良好支持；组织学习与民主管理的平均值依次低于园长表率，且民主管理的标准差最大，这说明幼稚园在组织学习与民主管理方面表现欠佳，且相较于组织学习，不同背景因素下教师所获得的民主管理支持差异更为明显。

三、香港幼稚园教师自主学习及支持系统的差异分析

香港幼稚园教师自主学习和支持系统各维度都呈现出较大差异。具体见下文分析。

（一）幼稚园教师自主学习的差异分析

下面将采用单因素方差分析、事后多重检验（方差具有同质性，采用 LSD 检验；方差不具有同质性，采用 Tamhane 检验）、独立样本 t 检验，探讨不同背景因素（年龄、教龄、学历、收入和园所规模）下教师自主学习水平（认知与情感、技能与能力、行为与习惯）的差异。

1. 不同年龄的幼稚园教师自主学习的差异分析

（1）认知与情感维度

不同年龄的香港幼稚园教师在自主学习认知与情感维度上，除自我效能感外，在重要性认识、情感态度、学习动机、学习意志以及总体表现方面具有显著差异。在重要性认识方面，40 岁以上的教师显著高于 20 岁及以下、26—40 岁的教师，31—35 岁的教师显著高于 21—25 岁的教师；在情感态度上，40 岁以上的教师显著高于 20 岁及以下、26—40 岁的教师，31—35 岁教师显著高于 25 岁及以下的教师；在学习动机上，40 岁以上的教师显著高于 30 岁及以下的教师，31—35 岁的教师显著高于 20 岁及以下、26—30 岁的教师；在学习意志方面，40 岁以上的教师显著高于 35 岁及以下的教师，36—

40 岁的教师显著高于 30 岁及以下的教师；在总体的认知与情感方面，40 岁以上的教师显著高于其余年龄段教师，26—40 岁的教师显著高于 20 岁及以下的教师。这表明，香港幼稚园教师在认知与情感各子维度与总体方面的表现普遍呈现出随着年龄增长而上升的趋势，而整个上升过程并非线性、均衡的。具体见表 3-31。

表 3-31　不同年龄幼稚园教师自主学习认知与情感水平的差异分析

维度	年龄	样本量	平均值	标准差	*F*	事后检验
重要性认识	20 岁及以下（A）	8	3. 75	0. 50	3. 085*	Tamhane 检验 F>A F>C F>D F>E D>B
	21—25 岁（B）	8	4. 00	0. 00		
	26—30 岁（C）	47	4. 19	0. 68		
	31—35 岁（D）	38	4. 26	0. 71		
	36—40 岁（E）	14	4. 33	0. 71		
	40 岁以上（F）	6	5. 00	0. 00		
情感态度	20 岁及以下（A）	8	3. 50	0. 58	6. 691***	Tamhane 检验 F>A F>C F>D F>E D>A D>B
	21—25 岁（B）	8	4. 00	0. 00		
	26—30 岁（C）	47	4. 11	0. 58		
	31—35 岁（D）	38	4. 33	0. 56		
	36—40 岁（E）	14	4. 33	0. 71		
	40 岁以上（F）	6	5. 00	0. 00		
学习动机	20 岁及以下（A）	8	3. 67	0. 30	3. 602**	LSD 检验 F>A F>B F>C D>A D>C
	21—25 岁（B）	8	3. 88	0. 46		
	26—30 岁（C）	47	3. 83	0. 54		
	31—35 岁（D）	38	4. 10	0. 54		
	36—40 岁（E）	14	4. 04	0. 20		
	40 岁以上（F）	6	4. 39	0. 26		

续表

维度	年龄	样本量	平均值	标准差	F	事后检验
学习意志	20岁及以下（A）	8	3.55	0.66	2.697*	LSD检验 F>A　E>A F>B　E>B F>C　E>C F>D
	21—25岁（B）	8	3.60	0.80		
	26—30岁（C）	47	3.76	0.49		
	31—35岁（D）	38	3.79	0.66		
	36—40岁（E）	14	4.04	0.49		
	40岁以上（F）	6	4.40	0.40		
自我效能感	20岁及以下（A）	8	3.75	0.50	2.076	—
	21—25岁（B）	8	3.75	0.50		
	26—30岁（C）	47	3.93	0.47		
	31—35岁（D）	38	3.96	0.94		
	36—40岁（E）	14	4.11	0.33		
	40岁以上（F）	6	4.67	0.58		
认知与情感（总体）	20岁及以下（A）	8	3.64	0.22	5.602***	Tamhane检验 F>A F>B F>C　C>A F>D　D>A F>E　E>A
	21—25岁（B）	8	3.85	0.34		
	26—30岁（C）	47	3.96	0.37		
	31—35岁（D）	38	4.09	0.56		
	36—40岁（E）	14	4.17	0.38		
	40岁以上（F）	6	4.69	0.21		

*** $p<0.001$　** $p<0.01$　* $p<0.05$

（2）技能与能力维度

不同年龄的香港幼稚园教师在自主学习技能与能力维度的认知能力、调控能力方面具有显著差异。在认知能力上，26岁及以上的教师显著高于20岁及以下的教师；在调控能力上，40岁以上的教师显著高于20岁及以下的教师。数据显示，香港幼稚园教师在自主学习技能与能力各子维度及总体水平上的表现呈现随年龄的增加而上升的趋势。具体见表 3-32。

表 3-32　不同年龄幼稚园教师自主学习技能与能力水平的差异分析

维度	年龄	样本量	平均值	标准差	F	事后检验
认知能力	20 岁及以下（A）	8	3.19	0.12	2.760*	LSD 检验 C>A D>A E>A F>A
	21—25 岁（B）	8	3.44	0.12		
	26—30 岁（C）	47	3.63	0.35		
	31—35 岁（D）	38	3.54	0.49		
	36—40 岁（E）	14	3.59	0.35		
	40 岁以上（F）	6	3.83	0.13		
调控能力	20 岁及以下（A）	8	3.38	0.44	3.952**	LSD 检验 F>A
	21—25 岁（B）	8	3.88	0.23		
	26—30 岁（C）	47	3.96	0.33		
	31—35 岁（D）	38	3.95	0.58		
	36—40 岁（E）	14	3.82	0.37		
	40 岁以上（F）	6	4.33	0.26		
反思能力	20 岁及以下（A）	8	3.63	0.79	0.351	—
	21—25 岁（B）	8	3.50	0.00		
	26—30 岁（C）	47	3.67	0.47		
	31—35 岁（D）	38	3.78	0.84		
	36—40 岁（E）	14	3.75	0.64		
	40 岁以上（F）	6	3.83	0.93		
技能与能力（总体）	20 岁及以下（A）	8	3.40	0.39	1.835	—
	21—25 岁（B）	8	3.60	0.07		
	26—30 岁（C）	47	3.75	0.29		
	31—35 岁（D）	38	3.75	0.57		
	36—40 岁（E）	14	3.72	0.31		
	40 岁以上（F）	6	4.00	0.33		

** $p<0.01$　* $p<0.05$

(3) 行为与习惯维度

不同年龄的香港幼稚园教师在自主学习行为与习惯维度的学习内容、学习成果的运用方面具有显著差异。在学习内容上，40岁以上的教师显著低于40岁及以下的教师；在学习成果的运用上，40岁以上的教师显著低于31—35岁的教师。数据显示，教师自主学习行为与习惯水平在一定程度上随年龄的增加而上升，但在40岁之后，教师学习内容与学习成果的运用平均值呈现骤降趋势，在学习投入方面反而呈现上升趋势。这表明，40岁之后教师的学习投入水平较高，但学习内容逐渐贫乏，学习成果的运用程度降低；这一年龄段的教师虽然经常阅读专业期刊和书籍，学习并撰写反思日记，不断投入时间进行研究与学习，但根据所学知识思考解决工作中的问题、进行教学改革、设计教学活动的成果运用水平不高，这与40岁以上教师进入学习与发展的“高原期”有关。具体见表3-33。

表3-33 不同年龄幼稚园教师自主学习行为与习惯水平的差异分析

维度	年龄	样本量	平均值	标准差	F	事后检验
学习内容	20岁及以下(A)	8	3.69	0.44	5.942***	LSD检验 A>F B>F C>F D>F E>F
	21—25岁(B)	8	3.75	0.19		
	26—30岁(C)	47	3.86	0.32		
	31—35岁(D)	38	4.01	0.51		
	36—40岁(E)	14	3.95	0.47		
	40岁以上(F)	6	3.00	0.78		
学习投入	20岁及以下(A)	8	2.88	0.34	0.448	—
	21—25岁(B)	8	3.00	0.00		
	26—30岁(C)	47	3.20	0.87		
	31—35岁(D)	38	3.26	0.77		
	36—40岁(E)	14	3.23	1.17		
	40岁以上(F)	6	3.39	0.82		

续表

维度	年龄	样本量	平均值	标准差	*F*	事后检验
学习成果的运用	20 岁及以下（A）	8	3.92	0.15	1.164*	LSD 检验 D>F
	21—25 岁（B）	8	3.92	0.30		
	26—30 岁（C）	47	4.01	0.49		
	31—35 岁（D）	38	4.10	0.52		
	36—40 岁（E）	14	4.05	0.52		
	40 岁以上（F）	6	3.56	1.24		

*** $p<0.001$　* $p<0.05$

2. 不同教龄的幼稚园教师自主学习的差异分析

下面探讨不同教龄的香港幼稚园教师在自主学习水平各维度上的差异，由于在技能与能力维度上无显著差异，在此不另讨论。

（1）认知与情感维度

不同教龄的香港幼稚园教师在自主学习认知与情感维度的自我效能感方面具有显著差异，4—15 年教龄与 20 年以上教龄的教师显著高于 3 年及以下教龄的教师。数据显示，教龄为 16—20 年的教师自主学习的重要性认识、情感态度以及总体表现均较为良好，但该年龄段教师在学习动机、学习意志、自我效能感等方面出现下滑的原因尚不清楚。另外，数据显示，教龄 3 年及以下的教师在自主学习的自我效能感上表现欠佳，而当度过这一阶段后，教师自主学习动机水平会进入一个加速上升期。教师在最初任教的几年中处于实习导入阶段，在此阶段中教师更多地是在学习教师这一角色、适应学校的运作、努力表现自己等；在平稳度过了实习导入阶段后，教师才会进入自身能力建设阶段。而在能力建设阶段的教师开始注重自身的教学能力、教学质量、教学方法等，为促进自身的专业发展，教师会主动积极地运用多种手段和方法进行自主学习。所以，教龄 3 年及以下的教师在自主学习的自我效能感上表现较差。因此关注教龄 3 年及以下的教师，帮助其稳健度过环境适应期，为其创造良好的工作环境，是提升教师自主学习水平方面值得探讨的话题。具体见表 3-34。

表 3-34　不同教龄幼稚园教师自主学习认知与情感水平的差异分析

维度	教龄	样本量	平均值	标准差	F	事后检验
重要性认识	3 年及以下（A）	20	4. 10	0. 31	0. 913	—
	4—9 年（B）	56	4. 30	0. 69		
	10—15 年（C）	26	4. 15	0. 73		
	16—20 年（D）	15	4. 47	0. 64		
	20 年以上（E）	6	4. 17	0. 98		
情感态度	3 年及以下（A）	20	4. 00	0. 46	1. 734	—
	4—9 年（B）	56	4. 21	0. 59		
	10—15 年（C）	26	4. 19	0. 63		
	16—20 年（D）	15	4. 53	0. 52		
	20 年以上（E）	6	4. 17	0. 98		
学习动机	3 年及以下（A）	20	3. 88	0. 51	1. 159	—
	4—9 年（B）	56	3. 90	0. 55		
	10—15 年（C）	26	4. 08	0. 46		
	16—20 年（D）	15	4. 01	0. 35		
	20 年以上（E）	6	4. 22	0. 34		
学习意志	3 年及以下（A）	20	3. 52	0. 54	2. 432	—
	4—9 年（B）	56	3. 80	0. 50		
	10—15 年（C）	26	3. 97	0. 60		
	16—20 年（D）	15	4. 00	0. 73		
	20 年以上（E）	6	4. 03	0. 69		
自我效能感	3 年及以下（A）	20	3. 60	0. 68	3. 493**	Tamhane 检验 B>A C>A E>A
	4—9 年（B）	56	3. 96	0. 50		
	10—15 年（C）	26	4. 23	0. 59		
	16—20 年（D）	15	4. 00	0. 93		
	20 年以上（E）	6	4. 33	0. 52		

续表

维度	教龄	样本量	平均值	标准差	F	事后检验
认知与情感（总体）	3 年及以下（A）	20	3. 82	0. 42	2. 074	—
	4—9 年（B）	56	4. 04	0. 41		
	10—15 年（C）	26	4. 13	0. 47		
	16—20 年（D）	15	4. 20	0. 52		
	20 年以上（E）	6	4. 18	0. 60		

** $p<0.01$

（2）行为与习惯维度

不同教龄的香港幼稚园教师在自主学习行为与习惯维度的学习内容、学习成果的运用方面具有显著差异。在学习内容上，10—15 年教龄的教师显著高于 3 年及以下教龄的教师，16—20 年教龄的教师显著高于 4—15 年教龄的教师；在学习成果的运用上，10—15 年教龄的教师显著低于 4—9 年教龄的教师和 16—20 年教龄的教师。具体见表 3-35。

表 3-35　不同教龄幼稚园教师自主学习行为与习惯水平的差异分析

维度	教龄	样本量	平均值	标准差	F	事后检验
学习内容	3 年及以下（A）	20	3. 75	0. 47	3. 841**	LSD 检验 C>A B>D C>D
	4—9 年（B）	56	3. 92	0. 36		
	10—15 年（C）	26	4. 03	0. 35		
	16—20 年（D）	15	3. 50	0. 84		
	20 年以上（E）	6	3. 75	0. 22		
学习投入	3 年及以下（A）	20	2. 90	0. 69	1. 447	—
	4—9 年（B）	56	3. 24	0. 81		
	10—15 年（C）	26	3. 40	0. 73		
	16—20 年（D）	15	3. 04	1. 14		
	20 年以上（E）	6	3. 50	0. 49		

续表

维度	教龄	样本量	平均值	标准差	F	事后检验
学习成果的运用	3 年及以下（A）	20	4.00	0.43	2.926*	LSD 检验 C>B C>D
	4—9 年（B）	56	3.99	0.51		
	10—15 年（C）	26	4.26	0.37		
	16—20 年（D）	15	3.69	0.78		
	20 年以上（E）	6	3.95	0.61		

** $p<0.01$　* $p<0.05$

3. 不同学历的幼稚园教师自主学习的差异分析

下面探讨不同学历的香港幼稚园教师在自主学习水平各维度上的差异，由于在技能与能力维度上无显著差异，在此不另讨论。

（1）认知与情感维度

不同学历的香港幼稚园教师在自主学习认知与情感维度的学习动机与学习意志两方面具有显著差异，本科学历的教师显著高于硕士学历的教师，这表明本科学历教师的学习动机水平与学习意志的坚定程度均高于硕士学历教师，总体反映出香港幼稚园教师自主学习认知与情感总体水平随学历升高而降低的趋势。具体见表 3-36。

表 3-36　不同学历幼稚园教师自主学习认知与情感水平的差异分析

维度	学历	样本量	平均值	标准差	F	事后检验
重要性认识	大专（A）	36	4.42	0.55	2.393	—
	本科（B）	69	4.20	0.58		
	硕士（C）	18	3.70	0.82		
情感态度	大专（A）	36	4.28	0.45	1.039	—
	本科（B）	69	4.16	0.66		
	硕士（C）	18	4.10	0.57		

续表

维度	学历	样本量	平均值	标准差	F	事后检验
学习动机	大专（A）	36	3.88	0.50	5.894**	LSD 检验 B>C
	本科（B）	69	4.01	0.39		
	硕士（C）	18	3.57	0.72		
学习意志	大专（A）	36	3.72	0.71	2.847*	LSD 检验 B>C
	本科（B）	69	3.95	0.49		
	硕士（C）	18	3.46	0.54		
自我效能感	大专（A）	36	3.89	0.75	0.832	—
	本科（B）	69	4.02	0.58		
	硕士（C）	18	3.90	0.57		
认知与情感（总体）	大专（A）	36	4.04	0.48	2.572	—
	本科（B）	69	4.07	0.41		
	硕士（C）	18	3.75	0.40		

** $p<0.01$　* $p<0.05$

（2）行为与习惯维度

不同学历的香港幼稚园教师在自主学习行为与习惯维度的学习投入方面有显著差异。在学习投入上，硕士学历的幼稚园教师显著高于大专学历的幼稚园教师。具体见表 3-37。

表 3-37　不同学历幼稚园教师自主学习行为与习惯水平的差异分析

维度	学历	样本量	平均值	标准差	F	事后检验
学习内容	大专（A）	36	3.84	0.65	0.98	—
	本科（B）	69	3.83	0.39		
	硕士（C）	18	3.90	0.27		

续表

维度	学历	样本量	平均值	标准差	F	事后检验
学习投入	大专（A）	36	3.05	0.92	4.871**	Tamhane检验 C>A
	本科（B）	69	3.31	0.73		
	硕士（C）	18	3.68	0.41		
学习成果的运用	大专（A）	36	4.02	0.76	0.152	—
	本科（B）	69	4.00	0.39		
	硕士（C）	18	3.97	0.19		

** $p<0.01$

4. 不同收入的幼稚园教师自主学习的差异分析

下面探讨不同收入的香港幼稚园教师在自主学习水平各维度上的差异，由于在行为与习惯维度上无显著差异，在此不另讨论。

（1）认知与情感维度

不同收入的香港幼稚园教师在自主学习认知与情感维度的学习意志、自我效能感、总体表现方面具有显著差异。在学习意志方面，年收入在96000元以上的教师显著高于年收入为24001—48000元的教师；在自我效能感方面，年收入在72001—96000元的教师显著高于年收入为24001—72000元的教师，年收入在96000元以上的教师显著高于年收入为24001—72000元的教师；在总体表现上，年收入在96000元以上的教师显著高于年收入为24001—48000元的教师。这体现了香港幼稚园教师自主学习认知与情感水平在一定程度上随收入增加而上升的趋势。具体见表3-38。

表 3-38 不同收入幼稚园教师自主学习认知与情感水平的差异分析

维度	年收入	样本量	平均值	标准差	F	事后检验
重要性认识	24000 元及以下（A）	8	4.25	0.89	2.143	—
	24001—48000 元（B）	25	4.00	0.76		
	48001—72000 元（C）	8	4.25	0.46		
	72001—96000 元（D）	12	4.00	0.85		
	96000 元以上（E）	70	4.39	0.55		
情感态度	24000 元及以下（A）	8	4.25	0.46	2.210	—
	24001—48000 元（B）	25	3.96	0.68		
	48001—72000 元（C）	8	4.25	0.46		
	72001—96000 元（D）	12	4.00	0.60		
	96000 元以上（E）	70	4.33	0.58		
学习动机	24000 元及以下（A）	8	3.71	1.03	0.568	—
	24001—48000 元（B）	25	3.98	0.39		
	48001—72000 元（C）	8	4.00	0.38		
	72001—96000 元（D）	12	3.96	0.33		
	96000 元以上（E）	70	3.98	0.48		
学习意志	24000 元及以下（A）	8	3.55	0.73	2.743*	LSD 检验 E>B
	24001—48000 元（B）	25	3.58	0.65		
	48001—72000 元（C）	8	3.65	0.32		
	72001—96000 元（D）	12	3.97	0.47		
	96000 元以上（E）	70	3.94	0.55		
自我效能感	24000 元及以下（A）	8	4.25	0.46	4.572**	LSD 检验 D>B D>C E>B E>C
	24001—48000 元（B）	25	3.64	0.81		
	48001—72000 元（C）	8	3.50	0.54		
	72001—96000 元（D）	12	4.08	0.52		
	96000 元以上（E）	70	4.11	0.55		

续表

维度	年收入	样本量	平均值	标准差	F	事后检验
认知与情感（总体）	24000 元及以下（A）	8	4.00	0.63	2.607*	LSD 检验 E>B
	24001—48000 元（B）	25	3.83	0.52		
	48001—72000 元（C）	8	3.93	0.36		
	72001—96000 元（D）	12	4.00	0.46		
	96000 元以上（E）	70	4.15	0.39		

$^{**}p<0.01$　$^{*}p<0.05$

（2）技能与能力维度

不同收入的香港幼稚园教师在自主学习技能与能力维度的调控能力与总体表现方面具有显著差异。在调控能力上，年收入为 48001—72000 元以及 96000 元以上的教师显著高于年收入为 24001—48000 元的教师；在总体表现上，年收入为 96000 元以上的教师显著高于年收入为 24001—48000 元的教师。这体现了教师自主学习技能与能力水平在一定程度上随收入增加而上升的趋势。具体情况见表 3-39。

表 3-39　不同收入幼稚园教师自主学习技能与能力水平的差异分析

维度	年收入	样本量	平均值	标准差	F	事后检验
认知能力	24000 元及以下（A）	8	3.75	0.33	1.317	—
	24001—48000 元（B）	25	3.49	0.39		
	48001—72000 元（C）	8	3.38	0.44		
	72001—96000 元（D）	12	3.54	0.38		
	96000 元以上（E）	70	3.60	0.38		
调控能力	24000 元及以下（A）	8	4.25	0.46	4.544**	Tamhane 检验 C>B E>B
	24001—48000 元（B）	25	3.68	0.43		
	48001—72000 元（C）	8	4.00	0.00		
	72001—96000 元（D）	12	3.63	0.43		
	96000 元以上（E）	70	3.97	0.47		

续表

维度	年收入	样本量	平均值	标准差	F	事后检验
反思能力	24000元及以下（A）	8	3.88	0.69	2.202	—
	24001—48000元（B）	25	3.42	0.62		
	48001—72000元（C）	8	3.63	0.69		
	72001—96000元（D）	12	4.00	0.67		
	96000元以上（E）	70	3.76	0.62		
技能与能力（总体）	24000元及以下（A）	8	3.66	0.45	2.487*	LSD检验 E>B
	24001—48000元（B）	25	3.53	0.39		
	48001—72000元（C）	8	3.67	0.33		
	72001—96000元（D）	12	3.72	0.46		
	96000元以上（E）	70	3.78	0.40		

** $p<0.01$　* $p<0.05$

5. 不同规模幼稚园的教师自主学习的差异分析

下面探讨不同规模幼稚园的教师在自主学习水平各维度上的差异，由于在行为与习惯维度上无显著差异，在此不另讨论。

（1）认知与情感维度

不同规模园所的香港幼稚园教师在自主学习认知与情感维度的学习动机、学习意志以及总体表现方面具有显著差异。在学习动机上，中型园教师的表现优于大型园教师，大型园教师的表现优于小型园教师；在学习意志与总体水平上，中型园与大型园的教师表现优于小型园教师。具体见表3-40。

表 3-40　不同规模幼稚园教师自主学习认知与情感水平的差异分析

维度	园所规模	样本量	平均值	标准差	F	事后检验
重要性认识	小型园（A）	2	3. 50	0. 71	1. 597	—
	中型园（B）	4	4. 50	0. 58		
	大型园（C）	117	4. 26	0. 66		
情感态度	小型园（A）	2	4. 00	0. 00	0. 581	—
	中型园（B）	4	4. 50	0. 58		
	大型园（C）	117	4. 21	0. 61		
学习动机	小型园（A）	2	3. 00	0. 24	6. 270**	LSD 检验 B>C>A
	中型园（B）	4	4. 46	0. 42		
	大型园（C）	117	3. 96	0. 48		
学习意志	小型园（A）	2	2. 40	0. 85	6. 763**	LSD 检验 B>A C>A
	中型园（B）	4	3. 95	0. 38		
	大型园（C）	117	3. 85	0. 56		
自我效能感	小型园（A）	2	2. 50	2. 12	6. 252**	—
	中型园（B）	4	4. 25	0. 96		
	大型园（C）	117	4. 00	0. 57		
认知与情感（总体）	小型园（A）	2	3. 08	0. 78	5. 718**	LSD 检验 B>A C>A
	中型园（B）	4	4. 33	0. 49		
	大型园（C）	117	4. 06	0. 43		

** $p<0.01$

（2）技能与能力维度

不同规模园所的香港幼稚园教师在自主学习技能与能力维度的反思能力方面具有显著差异，中型园与大型园教师的表现优于小型园教师。具体见表3-41。

表 3-41 不同规模幼稚园教师自主学习技能与能力水平的差异分析

维度	园所规模	样本量	平均值	标准差	F	事后检验
认知能力	小型园（A）	2	3.63	0.18	0.161	—
	中型园（B）	4	3.88	0.43		
	大型园（C）	117	3.86	0.58		
调控能力	小型园（A）	2	3.75	0.35	1.271	—
	中型园（B）	4	4.25	0.29		
	大型园（C）	117	3.89	0.47		
反思能力	小型园（A）	2	2.50	0.71	3.841*	LSD 检验 B>A C>A
	中型园（B）	4	3.88	0.63		
	大型园（C）	117	3.73	0.63		
技能与能力（总体）	小型园（A）	2	3.29	0.41	1.566	—
	中型园（B）	4	4.00	0.43		
	大型园（C）	117	3.82	0.47		

* $p<0.05$

（二）幼稚园教师自主学习支持系统的差异分析

下面将采用单因素方差分析、事后多重检验探讨不同背景下香港幼稚园教师自主学习支持（资源条件、学习机会、精神环境、规章制度和组织管理）的差异。这里仅以教师自主学习支持系统的一级维度作为分析对象。自主学习支持系统各维度在年龄、园所规模方面无显著差异，在此不另探讨。

1. 不同教龄幼稚园教师的自主学习支持系统的差异分析

下面探讨不同教龄香港幼稚园教师自主学习所获支持的差异。数据表明，不同教龄的香港幼稚园教师在自主学习的精神环境方面差异显著。具体来说，教龄 10—15 年的教师显著高于教龄 3 年及以下的教师，且教龄 10—15 年的教师感知到的精神环境在各教龄段中为最佳。具体见表 3-42。

表 3-42 不同教龄幼稚园教师自主学习支持系统的差异分析

维度	教龄	样本量	平均值	标准差	F	事后检验
资源条件	3 年及以下（A）	20	3. 10	0. 97	1. 458	—
	4—9 年（B）	56	3. 26	0. 80		
	10—15 年（C）	26	3. 55	0. 48		
	16—20 年（D）	15	3. 51	0. 45		
	20 年以上（E）	6	3. 33	0. 37		
学习机会	3 年及以下（A）	20	3. 48	1. 13	1. 406	—
	4—9 年（B）	56	3. 43	0. 70		
	10—15 年（C）	26	3. 67	0. 42		
	16—20 年（D）	15	3. 72	0. 78		
	20 年以上（E）	6	4. 04	0. 66		
精神环境	3 年及以下（A）	20	3. 38	0. 59	4. 184**	Tamhane 检验 C>A
	4—9 年（B）	56	3. 74	0. 47		
	10—15 年（C）	26	4. 02	0. 43		
	16—20 年（D）	15	3. 71	0. 88		
	20 年以上（E）	6	3. 47	0. 41		
规章制度	3 年及以下（A）	20	3. 67	0. 43	2. 197	—
	4—9 年（B）	56	3. 79	0. 57		
	10—15 年（C）	26	4. 09	0. 64		
	16—20 年（D）	15	3. 80	0. 69		
	20 年以上（E）	6	4. 17	0. 66		
组织管理	3 年及以下（A）	20	3. 93	0. 43	0. 284	—
	4—9 年（B）	56	3. 90	0. 67		
	10—15 年（C）	26	4. 03	0. 53		
	16—20 年（D）	15	3. 88	0. 55		
	20 年以上（E）	6	4. 02	0. 25		

续表

维度	教龄	样本量	平均值	标准差	F	事后检验
自主学习支持（总体）	3 年及以下（A）	20	3.51	0.46	2.351	—
	4—9 年（B）	56	3.62	0.47		
	10—15 年（C）	26	3.87	0.30		
	16—20 年（D）	15	3.72	0.55		
	20 年以上（E）	6	3.81	0.33		

** $p<0.01$

2. 不同学历幼稚园教师的自主学习支持系统的差异分析

下面探讨不同学历香港幼稚园教师自主学习所获支持的差异。数据表明，不同学历香港幼稚园教师自主学习的精神环境有显著差异，本科学历的教师显著高于大专学历的教师，这在一定程度上表明学历提升对教师自主学习支持条件改善的重要作用。具体见表 3-43。

表 3-43　不同学历幼稚园教师自主学习支持系统的差异分析

维度	学历	样本量	平均值	标准差	F	事后检验
资源条件	大专（A）	36	3.42	0.74	1.947	—
	本科（B）	69	3.44	0.61		
	硕士（C）	10	3.00	0.74		
学习机会	大专（A）	36	3.60	0.71	1.559	—
	本科（B）	69	3.68	0.73		
	硕士（C）	10	3.25	0.73		
精神环境	大专（A）	36	3.56	0.56	4.594*	LSD 检验 B>A
	本科（B）	69	3.87	0.49		
	硕士（C）	10	3.85	0.50		
规章制度	大专（A）	36	3.71	0.68	2.391	—
	本科（B）	69	3.98	0.56		
	硕士（C）	10	3.87	0.36		

续表

维度	学历	样本量	平均值	标准差	F	事后检验
组织管理	大专（A）	36	3.94	0.57	2.357	—
	本科（B）	69	3.99	0.48		
	硕士（C）	10	3.58	0.94		
自主学习支持（总体）	大专（A）	36	3.65	0.51	2.821	—
	本科（B）	69	3.79	0.36		
	硕士（C）	10	3.51	0.47		

* $p<0.05$

3. 不同收入幼稚园教师的自主学习支持系统的差异分析

下面探讨不同收入香港幼稚园教师自主学习所获支持的差异。数据表明，不同收入香港幼稚园教师自主学习所获支持有显著差异。具体来说，在资源条件方面，年收入高于 24000 元的教师所获得的支持显著高于年收入 24000 元及以下的教师；在学习机会方面，年收入为 24001—48000 元和 96000 元以上的教师所获得的支持显著高于年收入 24000 元及以下的教师；在精神环境方面，年收入为 24001—72000 元和 96000 元以上的教师所获得的支持显著高于年收入 24000 元及以下的教师，年收入为 96000 元以上的教师所获支持显著高于年收入为 72001—96000 元的教师；在规章制度方面，年收入为 24001—72000 元和 96000 元以上的教师所获支持显著高于年收入 24000 元的教师，年收入为 96000 元以上的教师所获支持显著高于年收入 72001—96000 元的教师；在自主学习支持总体水平方面，年收入为 96000 元以上的教师所获支持显著高于年收入 24000 元及以下和 72001—96000 元的教师，这表明收入增加对教师自主学习支持条件提升的重要作用。具体见表 3-44。

表 3-44　不同收入幼稚园教师自主学习支持系统的差异分析

维度	年收入	样本量	平均值	标准差	*F*	事后检验
资源条件	24000 元及以下（A）	8	2.00	1.18	9.924^{***}	LSD 检验 B>A C>A D>A E>A
	24001—48000 元（B）	25	3.43	0.56		
	48001—72000 元（C）	8	3.08	1.17		
	72001—96000 元（D）	12	3.31	0.58		
	96000 元以上（E）	70	3.48	0.52		
学习机会	24000 元及以下（A）	8	2.63	0.48	5.247^{**}	Tamhane 检验 B>A E>A
	24001—48000 元（B）	25	3.68	0.63		
	48001—72000 元（C）	8	3.38	1.47		
	72001—96000 元（D）	12	3.21	0.96		
	96000 元以上（E）	70	3.70	0.57		
精神环境	24000 元及以下（A）	8	3.04	0.95	5.078^{**}	LSD 检验 B>A C>A E>A E>D
	24001—48000 元（B）	25	3.65	0.61		
	48001—72000 元（C）	8	3.88	0.56		
	72001—96000 元（D）	12	3.49	0.36		
	96000 元以上（E）	70	3.85	0.47		
规章制度	24000 元及以下（A）	8	3.17	0.64	6.111^{***}	LSD 检验 B>A C>A E>A E>D
	24001—48000 元（B）	25	3.77	0.58		
	48001—72000 元（C）	8	3.92	0.39		
	72001—96000 元（D）	12	3.47	0.36		
	96000 元以上（E）	70	4.01	0.57		
组织管理	24000 元及以下（A）	8	4.12	0.45	3.592	—
	24001—48000 元（B）	25	3.81	0.41		
	48001—72000 元（C）	8	4.08	0.51		
	72001—96000 元（D）	12	3.44	0.89		
	96000 元以上（E）	70	4.03	0.54		

续表

维度	年收入	样本量	平均值	标准差	F	事后检验
自主学习支持（总体）	24000 元及以下（A）	8	2.99	0.58	9.659***	Tamhane 检验 E>A E>D
	24001—48000 元（B）	25	3.67	0.44		
	48001—72000 元（C）	8	3.67	0.56		
	72001—96000 元（D）	12	3.38	0.42		
	96000 元以上（E）	70	3.81	0.33		

*** $p<0.001$　** $p<0.01$

四、香港幼稚园教师自主学习及支持系统的相关分析

运用 SPSS 22.0 数据统计软件对香港幼稚园教师自主学习水平与支持的相关性进行分析发现，香港幼稚园教师自主学习水平与支持之间呈极其显著相关（$p<0.001$），相关系数为 0.473（中度相关）。这表明香港幼稚园教师自主学习水平与支持之间的相关性良好，进而可以开展对香港幼稚园教师自主学习水平与支持的各维度的相关分析，以便更好地梳理自主学习水平与支持之间的具体关系。

采用皮尔逊相关分析发现，香港幼稚园教师自主学习认知与情感、技能与能力，与自主学习支持中的规章制度和组织管理呈极其显著相关；而行为与习惯，与自主学习支持中的资源条件、学习机会呈显著相关，与精神环境、规章制度、组织管理呈极其显著相关。显著相关系数在 0.236 和 0.656 之间，这表明香港幼稚园教师的自主学习水平与支持之间的相关度较高，这是进一步开展回归分析的先决条件。具体见表 3-45。

表 3-45　香港幼稚园教师自主学习与支持系统各维度的相关分析

维度		自主学习水平			自主学习支持				
		认知与情感	技能与能力	行为与习惯	资源条件	学习机会	精神环境	组织管理	规章制度
自主学习水平	认知与情感	1.000							
	技能与能力	0.656***	1.000						
	行为与习惯	0.388***	0.461***	1.000					
自主学习支持	资源条件	0.060	0.053	0.262**	1.000				
	学习机会	0.089	0.150	0.271**	0.627***	1.000			
	精神环境	0.163	0.131	0.385***	0.348***	0.236**	1.000		
	组织管理	0.516***	0.412***	0.394***	0.108	0.149	0.314***	1.000	
	规章制度	0.522***	0.408***	0.460***	0.418***	0.328***	0.559***	0.470***	1.000

*** $p<0.001$　** $p<0.01$

五、研究结论

本研究采用量化研究方法，旨在考察香港幼稚园教师自主学习现状及不同背景下教师自主学习的差异，并揭示目前香港幼稚园教师自主学习的现状、特点和问题。

（一）幼稚园教师自主学习及支持系统的基本情况

总体来说，在自主学习水平方面，香港幼稚园教师对于自主学习的认知程度较高，教师们普遍认同自主学习的重要价值，并对自主学习有积极的情感与态度，但在自主学习行为与习惯的形成方面尚待加强。在自主学习支持方面，香港幼稚园园长在办学理念方面与时俱进，在自主学习上能做到以身示范，但在为教师提供自主学习的网络与纸质资源、学习设施与学习用房方面有待加强。与内地相比，香港幼稚园在为教师提供学习机会方面表现更佳，但教师自主学习总体水平不如内地。

在认知与情感方面，重要性认识得分最高，其后依次为情感态度、自我效能感、学习动机、学习意志。这表明香港幼稚园教师普遍认同教师自主学习的重要价值，对其持积极乐观的态度，对自身自主学习能力和效果具有一定的自信，但学习动机不足（内在动机较高，外在动机相对较低），学习意志力不够坚定（教师自主网络学习时所受诱惑更多），应有针对性地增强教师外在学习动机与网络学习时的坚定意志。

在技能与能力方面，调控能力得分最高，其后依次为认知能力和反思能力。这表明香港幼稚园教师在自主学习的技能与能力中，对自主学习的调节与掌控能力较强，具有一定的自主学习认知能力，但对于自主学习的效果与经验的反思总结能力尚待提高。鉴于教师的批判质疑能力较低，因此应更加注重对教师自主学习中的批判质疑能力的帮助与支持，以更好地提升教师自主学习水平。

在行为与习惯维度的学习内容方面，关于专业知识与技能的学习较为充足，而关于专业理念与师德的学习内容较少；在学习投入方面，香港幼稚园教师自主学习频率得分较高，学习时间与阅读量相对较低，这表明教师经常性地开展学习，但每次学习的时长与阅读内容不足，由此显示出香港幼稚园教师的自主学习多为碎片化学习的特点；在学习方式方面，与他人进行经验交流和观摩体验的学习方式更受教师欢迎，因此应着重增加教师与他人进行经验交流与观摩体验的机会，但在学习效果方面又发现教师与他人交流、群体学习的效果较差，这表明香港幼稚园教师互动交流学习的有效率较低。在教师自主学习成果的运用中，教学模仿与活动设计层面的知识运用水平也稍显不足。

在资源条件维度的物质条件方面，园所为教师提供专业书籍与期刊情况良好，但应着重关注教师专门工作间的开设与使用情况；在场地条件方面，82.1%的幼稚园图书室开放时间超过 4 小时，幼稚园在此方面对教师自主学习的支持表现良好，但在研讨室的开设方面仍需加强；在网络资源方面，香港幼稚园教师所感知到的网络资源提供情况尚不尽如人意，网络学习的学习效果较差，研究发现，园所为教师提供的网络资源中，相较于动态学习资源，静态学习资源更易被感知，这表明动态网络资源的利用率及效用尚待提升。

在学习机会维度的内部学习机会方面，幼稚园教师参加科研活动的机会最多，参加园本培训的机会较少。在外部学习机会中，幼稚园教师在外出培训方面，多为区级培训，更高层次的外出培训机会较少；70.0%左右的教师在学历提升时，得到幼稚园的资助补贴与待遇提升，其中教师获得的现金奖励与报销学费或差旅费方面的支持最多。因此，在一定程度上，香港幼稚园教师的自主学习水平和效果与工作待遇相关联。

在精神环境方面，教师学习的内部精神环境更为良好，其中文化氛围的得分略高于人际关系，而外部精神环境欠佳。研究发现，外部精神环境中教育部门与社区为教师塑造的学习环境得分较低，教育部门组织观摩、教研活动较少，周边社区营造的学习气氛也相对不高。因此，应在不断改善幼稚园内部精神环境的同时，加强建设与教育部门、社区合作的跨界学习共同体，全方位地提升教师自主学习水平。

在规章制度方面，幼稚园对教师教学的考核较为重视，而在为个人提供职业发展规划方面尚待加强。教师的职业发展规划是实现教师职业生涯积极发展和学校发展双赢的重要手段，是教师职业生涯管理的核心，因此应注重对教师职业发展规划的指导与帮助。

在组织管理方面，教师认为幼稚园领导在办学理念、以身示范方面表现较好，而在倾听民意的民主管理层面表现欠佳。民主管理是现代园所管理的精髓，是“以人为本”管理思想的具体体现。幼稚园实行民主管理，可以使教职工有机会参与幼稚园的决策和管理过程，发挥其主体作用，最大限度地调动他们的积极性。因此，应注重提升香港幼稚园民主管理层面的表现。

（二）幼稚园教师自主学习及支持系统各维度的差异

在认知与情感、技能与能力、行为与习惯、资源条件、学习机会、精神环境、规章制度、组织管理方面，不同背景变量下的幼稚园教师自主学习存在差异。

在教师自主学习水平上：在年龄方面，教师自主学习水平中认知与情感、技能与能力、行为与习惯的水平在一定程度上随年龄增长而上升。在教龄方面，教师自主学习水平中认知与情感、行为与习惯的水平在一定程度上随教龄增加而得到提升。在学历方面，不同学历教师的学习动机与学习意志具有显著差异，本科学历的教师显著高于硕士学历的教师；在学习投入上，硕士学历的教师显著高于大专学历的教师。在收入方面，体现了教师自主学习水平中认知与情感、技能与能力的水平在一定程度上随收入增加而上升的趋势。在园所规模方面，体现了香港幼稚园教师自主学习水平中认知与情感、技能与能力的水平随幼稚园规模增长而提升的趋势。

在教师自主学习支持上：在年龄、园所规模方面，教师自主学习支持无显著差异。在教龄方面，精神环境呈现显著差异，但精神环境与教龄之间并不是简单的线性关系，教龄10—15年的教师感知到的精神环境在各教龄段中为最佳。在学历方面，精神环境有显著差异，本科学历的教师显著高于大专学历的教师，这在一定程度上表明学历提升对教师自主学习支持条件改善的重要作用。在收入方面，教师自主学习支持水平随收入增长而出现非线性、曲折增长，这在一定程度上表明收入增加对教师自主学习支持条件提升的重要作用。

（三）幼稚园教师自主学习支持对自主学习水平的影响

香港教师自主学习水平与支持之间呈显著相关，相关系数为0.473（中度相关）。香港幼稚园教师自主学习在认知与情感、技能与能力层面，与自主学习支持中的规章制度与组织管理呈极其显著相关；而香港幼稚园教师自主学习在行为与习惯层面，与自主学习支持中的资源条件、学习机会呈显著相关，与精神环境、规章制度、组织管理呈极其显著相关。显著相关系数在0.236和0.656之间。鉴于教师自主学习水平与支持的良好相关关系，本研究继续开展了自主学习支持对教师自主学习水平的影响研究。在控制了人口学统计变量后，香港幼稚园教师自主学习支持对教师自主学习总体水平具有一定的解释力，规章制度与组织管理两个维度对教师自主学习水平产生正向影响，回归分析中的决定系数（R^2）为0.281，模型检验的F值为12.389（$p<0.001$，达到极其显著水平）。研究表明，规章制度与组织管理是影响教师自主学习水平的有力要素，下面有必要结合香港地区独特的幼稚园教育背景来分析规章制度与组织管理两大维度影响教师自主学习水平的原因。

(四) 幼稚园教师自主学习及支持系统的特征

香港幼稚园教师自主学习及支持系统都具有明显的特征，且与内地具有较多相似之处。

1. 幼稚园教师自主学习动机主要源自内部动机

调查发现，香港幼稚园教师自主学习动机主要为内部动机，其中最主要的内部动机为追求个人专业发展，其次为解决工作中的实践问题。另外，教师自主学习动机具有内外动机共存的特性，提升薪资与职称、园所要求、同事带动、教育部门要求这 4 项外部动机的比例均超过 52.0%，其中追求薪资与职称的提升是教师自主学习最重要的外部动机。这表明教师自主学习主要由内部动机驱使，同时也受外部动机牵引。外部动机虽然能促进成功的学习并增加建设性的行为，但也有一定局限：受外部动机驱使的学习者，只会付出成功完成任务所需的最少的行动和认知努力，并且一旦强化停止，他们就有可能终止学习行为。因此，如何强化内部动机，并促使外部动机源源不断向内部动机转化，应是提升香港幼稚园教师自主学习动机水平的重要途径。

2. 幼稚园教师自主学习时间呈分割、碎片状态

调查发现，香港幼稚园教师开展自主学习频率得分较高（4.2 分），而学习时长得分（3.2 分）紧邻理论中值（3.0 分），相对较低，这表明教师虽然经常性地开展学习，但每次学习的时长相对较短，其学习内容具有小块分割的特性，因此香港幼稚园教师的自主学习呈碎片化的样态，体现出碎片化学习的趋势。

碎片化学习是学习者在自然情境中，根据自我学习需求，利用多样化学习媒体、零散时间和随机式的空间，学习零碎知识内容的学习方式，具有学习时间更可控和灵活、分割后的学习内容更容易获取、学习时间短且更容易维持学习兴趣、知识的吸收率有所提升等方面的优势。但对于幼稚园教师而言，碎片化学习也具有以下不足。第一，碎片化学习不易形成完整知识体系。虽然碎片化知识因为相对简单而更容易吸收，但由于知识之间的联系被中断，无法形成完整的体系，因而可能难以在幼稚园教师的日常教育与工作中发挥作用，易给人以“好像学到了很多，但又感觉好像什么都没学会”的印象。

第二，碎片化学习易导致教师的被动肤浅学习。大量的短、频、快且图文并茂的碎片化信息进一步加剧信息超载现象，增加大脑的认知负荷和选择难度，易导致幼稚园教师被动接受、缺少深度思考，不利于持续性的教师专业发展。因此，如何趋利避害，最大限度地发挥碎片化学习的效能以提升香港幼稚园教师自主学习水平，值得探讨。

3. 幼稚园教师自主学习形式倾向于经验交流和观摩体验

调查发现，在教师最倾向的学习方式中，与他人进行经验交流和观摩体验的学习方式更受教师欢迎，其选择率均超过一半，这两种学习方式均属于互动交流学习，因此互动交流学习是教师自主学习的首选方式。在互动交流学习中，教师针对教学设计、教育教学等进行面对面交流，这一过程其实就促进了个体知识的社会化，使有经验的教师平时难以言传的隐性知识通过这种方式为全体教师所感知，成为大家的共同财富。教师之间在相互观课、评课时进行的评价与反思又形成一种集体理念的外化，并在交流学习之后的磨课中内化、重组，使教师个体和团体不断完成知识的传递和创生。此外，对于教师群体来说，集体互动交流学习可以促成一种共享、合作、包容的氛围，亦有助于营造良好的自主学习氛围。

另外，教师们普遍认为网络学习的有效性不高，学习过程中的意志力不足，对网络学习这一方式的选择率较低。作为信息化学习的重要方式，网络学习的有效性和受欢迎度较低这一境况与教育信息化的时代发展趋势不甚匹配。幼儿已成为信息时代的“原住民”，幼稚园教师也应与时俱进地开展信息化学习，充分利用海量资源更新知识的储备，将信息化内容寓于教育活动当中。针对教师信息化学习动力不足的问题，本研究认为这与教师网络学习中的意志力不足紧密相关。通过教师学习意志力调查发现，在所有学习方式中教师网络学习的意志力最为薄弱。信息化学习需要较强的学习自主性，避免被无关信息吸引导致迷航。由于网络学习中的单向输出与延时反馈，学习者往往缺乏持续学习的支持力，进而影响学习者在网络自主学习中的效果。因此园所可构建兼具双向输出与智能特性的信息化学习平台，以提升教师信息化学习的自主性与有效性。

除此之外，调查发现，香港幼稚园教师并不青睐阅读书籍文章这一学习方式，其倾向性及有效性较低，然而专业阅读具有系统化本体性知识、强化实践性知识、生成专业智慧、构建专业精神等重要的专业发展价值。有研究认为，由于教师缺乏专业阅读引领，很容易使阅读成为一种量的平面积累，而难以对知识进行系统整合、提升解决实际问题的思维力，进而降低教师对专业阅读的倾向性与有效性认知。因此，园所应引领教师专业阅读，为教师专业阅读创造有利的条件。

4. 幼稚园教师自主学习内容重专业知识与技能

调查发现，在教师自主学习内容中，关于专业知识与专业技能的学习较为充足，而关于专业理念与师德的学习内容较少。这表明香港幼稚园教师的自主学习对于专业理念与师德的内容学习重视度不足。专业理念与师德是幼稚园教师从事保育和教育实践工作的情感和动力基础，拥有不同专业理念与师德的教师，会以不同的热情与态度对待幼儿和各项日常工作，同时自我发展的意识、积极性以及工作的创造性也会不同。香港幼稚园教师对于专业理念与师德的重视程度不足可能源于以下两点原因。首先，政策推行力度不足。早在 2003 年，香港教师及校长专业发展委员会（前师训会）就在《学习的专业·专业的学习：教师专业能力理念架构及教师持续专业发展》文件中提出教师专业能力发展的六个基本价值观念：坚信学生人人能学；弘扬师德，关爱学生；尊重差异，多元取向；恪尽本职，献身教育；团队协作，乐于分享；持续学习，追求卓越。但这六个基本价值观念在整个“教师专业能力理念架构”中的比重远小于专业发展知识与能力，且其推行并未配套相应指标。其次，专业理念与师德的内隐性与间接特性所致。专业理念与师德属于价值观范畴，更加内隐与抽象，对行动具有方向指引作用，不似专业知识技能可直接用来解决工作中的问题。教师自主学习是基于工作需要，自我发起与调节的学习，学习的针对性、直接目的性易使得教师更多关注知识与技能，而专业理念与师德具有内隐性且变化缓慢，功能也更加长远和间接，因而教师对专业理念与师德的学习重视不足。因此，应增强教师对专业理念与师德的重视程度，引导教师建立高尚的基本信念、价值观及态度。

5. 幼稚园教师反思实践的能力尚显不足

反思能力对教师的专业成长至关重要，是否具有反思能力是影响新手教师能否迅速成长为专家型教师的一个重要因素。香港幼稚园教师对于自主学习的效果与经验的反思能力有待提升。这里需要进一步强调，在香港幼稚园教师自主学习的反思能力中，自我反思能力较强，而批判质疑能力较低。教师的批判质疑能力即在分析、判断、评论学术成果时所体现出来的综合素质。批判质疑能力有利于教师在更高的认识水平上对学术权威专家和学术研究成果做出分析、判断与评论、反思。教师反思能力水平越低，教师就越缺乏动机去探索新的教学实践，进而阻碍教育教学质量的改善。另外，香港幼稚园教师自主学习成果转化深度不足也进一步体现了教师反思能力上的问题。教师所从事的教育教学工作本质上是一种实践性活动，教师通过不断学习与反思，将学习成果纳入自己的实践性知识，进而对实践性知识进行转化、重组，走向深度实践，最终提升教育教学的有效性。在香港幼稚园教师自主学习成果运用中，68.3%的教师经常用所学知识进行反思或研讨，63.4%的教师经常将观摩过的优质课灵活运用到教学活动中，62.6%的教师经常根据所学知识进行教学改革创新，说明相较于自主学习成果的表层运用，教师在将自主学习成果深度转化方面有所不足，在学以致用、从“知”到“行”的转化上仍有上升空间。因此，有必要提升教师自主学习中的反思能力，促进自主学习成果的深度转化。

6. 幼稚园教师自主学习与经济回报高度相关

为进一步探究香港幼稚园对于教师自主学习发展的激励方式，本研究在调查问卷里设置了一道多选题，调查教师学历提升后园所的奖励情况。数据表明，55.7%的教师认为学历提升后可得到现金奖励，53.9%的教师认为可报销学费或差旅费，15.7%的教师认为可得到职称职务晋升，8.7%的教师认为可得到工资津贴提升，5.2%的教师认为可得到荣誉奖励，3.5%的教师认为可得到公开表扬。因此，香港幼稚园教师自主学习与经济回报有较为直接的关联特性，经济上的直接回报是激励教师自主学习的巨大诱因，这有助于直接激发教师自主学习与发展的积极性，也有助于园所内形成专注学习与发展的良好风气，营造教师自主学习的纯净生态圈。

本研究认为这种特性的形成与香港地区独特的幼稚园教育背景有关。首先，香港幼稚园具有极大的自主管理权。由于香港特别行政区政府自 1999 年起实施校本管理政策，幼稚园自主管理资源，执行高透明度和问责性的幼稚园管治及日常行政工作，所以幼稚园本身对于教师各方面的管理具有极大的自主权。其次，香港幼稚园教师薪酬待遇的决定方式使然。香港特别行政区政府于 2007 年 9 月 1 日推行学券制，取消了当年颁布的幼稚园教师标准薪级表，将幼稚园教师的工资交由幼稚园和市场决定，并表示会监察幼稚园教师的工资待遇问题，但由于香港幼稚园全属私营机构（由志愿团体或私人开办），教师薪资待遇本身与各幼稚园的办学背景、制度管理、经济实力密切相关，幼稚园教师通过自主学习与发展达成学历提升后较易得到由幼稚园决定的薪资待遇提升。

7. 园所规章制度和组织管理显著影响幼稚园教师自主学习水平

调查表明，在控制所有的人口学统计变量后，规章制度、组织管理维度对教师自主学习水平有正向显著解释力，而资源条件、学习机会和精神环境维度对教师自主学习水平无显著解释力。本研究认为这种特点的形成与以下两点原因有关。

一方面，合理的制度与监督是教师自主学习的外在保障和驱动力。本研究显示，香港幼稚园教师对于园所内与学习相关的制度与监督较为满意，其中 62.6%的教师认为幼稚园制定了专门的业务学习的规章制度，61.0%的教师认为幼稚园能做到对教师反思日记、教案、学习记录等的适度监督，42.7%的教师认为幼稚园能结合业务学习协助教师制定职业规划。可见大部分教师认为幼稚园能制定良好的与学习相关的规章制度，能做到适度监督。罗宾斯和阿尔维的研究认为，适度监督的行为可使教师感知领导的重视与认可，激发教师学习的主动性，提升教师的学习与发展水平。① 因此，幼稚园

① 罗宾斯，阿尔维. 校长之道：只为成就教师和学生［M］. 刘国伟，译. 哈尔滨：黑龙江教育出版社，2016：123-130.

合理的学习制度与适度监督有力地影响着教师自主学习水平，而幼稚园如何协助教师制定个性化的职业规划以不断满足教师专业发展的进阶要求值得关注。

另一方面，园长在教师自主学习中发挥了良好的示范与引领作用。香港特别行政区政府自1999年起实施校本管理政策，赋权幼稚园设计和实施以幼儿为中心及素质为本的教育活动及课程、管理资源，执行具有透明度和问责性的幼稚园管治工作。在以校本方式推动教学专业团队发展的政策下，领导层可行使更大的自主权并承担更重的责任，为教师的持续专业发展提供更为广阔的空间与更为有力的支持。面对不断提高的教育要求，幼稚园领导人员担当日益重要的学习者与开拓者角色是全球大势所趋。国外优良教育制度的相关研究显示，越来越多的人认同有效的领导对改善教育成果十分重要，许多具有优良教育制度的国家和地区（如新加坡、澳大利亚维多利亚州和加拿大安大略省等）都制定了积极的策略以发展学校领导能力，包括在系统层面向具有潜质的领导人员提供早期支持，专门为有志成为学校领导层的人士设计领导能力课程，协助他们发挥潜能。同样，香港特别行政区政府也特别成立教师及校长专业发展委员会，请其就制定校长在不同阶段专业发展的政策及策略，向政府提供意见。教师及校长专业发展委员会提出，新任校长在上任后2—3年内必须修完有关行政与发展、入职启导及建立网络的指定课程，包括考察形式的领导研习班。另外，新任校长必须根据个人和学校的需要，参加持续专业发展活动，并按年向所属办学团体或校董会提交个人持续专业发展资料册。香港特别行政区又于2002年9月开始推行为在职校长而设的持续专业发展政策，规定校长必须在3年内参加至少150小时持续专业发展活动，包括有系统的学习、实践学习、为教育界及社会服务等模式的活动。由此，香港特别行政区的幼稚园园长专业素养不断提升，在幼稚园教师自主学习与发展中发挥了重要的榜样示范作用。

第三篇　活动学习篇

第四章　教学反思与幼儿园教师自主学习

第一节　教学反思概述

基于日常教学的反思是我国幼儿园教师自主学习的首要选择，教学反思是幼儿园教师最喜爱、学习效果最好、最务实和最便捷的自主学习途径与方式。本章将专门探讨幼儿园教师基于日常教学工作的反思与自主学习。

一、教学反思的内涵

关于什么是教学反思还没有公认的定义。我国很多学者将反思视为教师专业素质的重要组成部分。熊川武将教学反思定义为教学主体借助行动研究，不断探究与解决自身和教学目的以及教学工具等方面的问题，将学会教学（learning how to teach）与学会学习（learning how to learn）结合起来，努力提升教学实践的合理性，使自己成为学者型教师的过程。其基本含义包括三层：第一，教学反思以探究和解决教学问题为基点；第二，教学反思以追求教学实践合理性为动力；第三，教学反思是全面发展教师的过程。[①]

本研究所指的教学反思是教师在一定的教育理论的指导下，及时发现教育实践中存在的问题，积极寻求解决问题的有效策略，丰富和完善自身教育理论知识，努力提升教育实践的合理性，促进自身专业发展。

---

① 熊川武．反思性教学［M］．上海：华东师范大学出版社，1999：3.

二、教学反思的内容

申继亮等将教学反思的内容划分为以下五个方面：第一，课堂教学指向，对影响教育活动的因素以及教育活动本身的利弊进行系统的探究；第二，学生发展指向，主要对影响学生能力与发展的相关因素进行梳理与分析；第三，教师发展指向，对影响教师专业成长的相关因素进行系统的剖析；第四，教育改革指向，重点关注宏观教育体制改革的实效性等；第五，人际关系指向，关注如何与学生、学生家长以及同事建立和谐融洽的关系。[①] 张天扬认为，教师的教学反思主要涉及三方面内容，即对教育理念的反思、对教学目标设计的反思与对教学过程的反思。[②] 总之，教师教学反思的内容具有多样性，涉及教师教育教学工作以及教师专业成长的方方面面，大致可分为教育实践、教育理念、学生成长以及教师发展四个方面。

三、教学反思的过程

费奥斯坦和费尔普斯在讨论教学过程中教师做什么时，认为教师要做的工作从认知角度可划分为如下四个阶段。

第一阶段：计划（行动前阶段）。这一阶段，教师要反思并决定教什么、怎样教、教谁、怎样评价学生等问题，如：我所教的知识值得教学吗？现在呈现合适吗？教材说明了什么？学生愿意听吗？如何处理教师和学生、教与学的关系？等等。其中，学会运用文件夹（portfolios）极为重要。

第二阶段：教学（交互行动阶段）。要思考的问题包括：我现在应该做些什么？我阐述明白了吗？我怎样全面解释这一概念？我需要发给学生学习材料吗？我怎样引发和维持学生的兴趣？等等。

---

① 申继亮，刘加霞．论教师的教学反思［J］．华东师范大学学报（教育科学版），2004，22（3）：44-49.

② 张天扬．对中小学教师教学反思的思考［J］．教育探索，2012（1）：121-122.

第三阶段：分析和评价（反思阶段）。要思考的问题包括：我是否喜欢反思？我是否喜欢分析决定和行动？我的自我评价有效吗？什么是无效的？为什么？等等。

第四阶段：运用（投射阶段）。教师运用抽象和假设思维，试图预测学生对不同教学方法的反应。教师可能会问，我如果运用另外一种方法，情况将如何？投射思维的结果是教师形成对将来教学的指导原则，焦点是“下一次”。教师的反思和投射会让我们发现做大部分事情是通过尝试—错误的方式学习的。一位好的、有经验的教师会一步一步引导学生深入学习，他们知道什么是有效的、什么是无效的，他们保证下一次有不同的做法，取得更好的效果。投射阶段的学习要转化为责任，需要教师具有高水平的内在动力。

四个阶段可能是重叠的，每一阶段的决定可能在另一阶段产生作用。同时，阶段之间界限不明确，每一阶段也不能单独进行。

在创造学生参与的课堂环境时，教师要考虑的问题包括：课堂管理的含义是什么？为什么课堂管理很困难？成功的教师是如何管理课堂的？教师常用的管理课堂的方法有哪些？教师的哪些品质有助于形成良好的课堂氛围？等等。

教师在课程设计和实施中需考虑的问题包括：什么是课程？课程包括哪些类型？课程是如何编制和组织的？哪些因素塑造了课程？有哪些文化和个性差异？价值取向是否中立？计算机技术和评价软件的选择和运用方式是什么样的？等等。①

四、教学反思的策略

王恩惠指出，教师可以通过对教学反思进行重新认识、诉求教育理论的观照、寻求专家引领和同伴帮助、根植于自己的教学实践等四个途径进行教

① 费奥斯坦，费尔普斯．教师新概念：教师教育理论与实践［M］．王建平，赵云来，康翠萍，等译．北京：中国轻工业出版社，2002：147-152.

学反思，并提出创设教学反思的良好氛围、加强教学反思的理论学习和加强专家对合作教师的帮助等三条策略。[①]

概言之，以教学实践为基础的教学反思策略包括四种：第一，自传反思视角，教师从自身的经历中反思，反躬自问；第二，学生视角，通过学生的反应与活动看问题；第三，与同事和专家合作，通过同事与专家的视角看问题，与同事和专家切磋；第四，对教育理论和文献进行批判性学习，通过阅读教育文献，为教学提供新视角。

五、教学反思的水平

马克斯·范梅南提出了教师反思水平发展的三阶段理论。

水平 1：技术反思水平，这是最低水平的反思，主要是为了实现教育目标而考虑方法、技巧方面的问题。处于技术反思水平的幼儿园教师，更注重对“怎么教”的程序性问题进行反思，缺乏对教育活动的深入剖析与检讨。

水平 2：实用行动水平，略高于水平 1，主要指对有关教育实践的一些假设、趋向以及教学策略运用效果的反思。处于该反思水平的幼儿园教师能够根据具体的情境分析问题，重视情境对于实践的意义，开始对幼儿和教师的行为进行分析，以确定目标与策略是否适宜。

水平 3：批判反思水平，即反思的最高水平，指反思与教育实践相联系的伦理道德方面的问题。处于批判反思水平的幼儿园教师能够自信地处理问题，并且在决策的过程中会辩证分析，综合考虑道德、伦理及社会政治因素。他们欢迎同行的评价并常常质疑自己的行为，努力寻求多种可行的方案。

还有研究者将教师的教学反思分为三个层次，即描述性反思、比较性反思和批判性反思。描述性反思涉及这样一个问题：发生了什么？一旦问题被定义，教师常常会反思或思考这个问题，这标志着从描述性反思转向比较性反思。批判性反思则常常涉及做出一个判断，即什么是理解、改变或做这件

---

① 王恩惠．教学反思的失真及回归本真路径［J］．中国教育学刊，2009（3）：67-69.

事情的最好方式。定义“最好”意味着考虑实践的含义，权衡相关的目标、价值和伦理。[①]

综观以上对教学反思水平的研究分析，尽管不同的研究者对教学反思水平的层次有不同的理解，但他们普遍都认为：第一，反思有不同的层次与水平；第二，低层次的反思具有技术性、主观性及僵化的特点；第三，反思水平越高，对知识的主观性、真理的相对性等方面的认识越深刻。随着个人反思水平的不断提高，教师个人的主观能动性得以彰显，创新性不断增强。

第二节 幼儿园教师教学反思的意义及研究设计

教学反思是幼儿园教师在职学习和实现专业成长的最主要途径。反思本身就是一种学习过程或方式。对幼儿园教师而言，教学反思具有多重意义。

一、幼儿园教师教学反思的意义

更多学识来自对经验的反思，而不是经验本身。教学反思是促进教师专业成长的有效途径之一。教学反思可以促使教师形成新的理解力，如改进教师的反思行动能力、形成新的教育教学信念和价值观、改善教师的情绪状态或品质等，也可以促使教师由常识性思维者变成教育学思维者。拉博斯凯提出，教学反思就是要把常识性思维者转变成教育学思维者。常识性思维者注重自我定向，在教学中依赖个人经验，把教师比作传递者，对学生的学习需要缺乏意识；而教育学思维者注重学生定向，在教学中以对自我、儿童、教材的认识为依据，把教师比作促进者，考虑学生的发展和学习的需要，对学

① 布鲁克菲尔德. 批判反思型教师 ABC［M］. 张伟，译. 北京：中国轻工业出版社，2002：10.

生的发展有长远见解。[①] 教学反思也能提升教师独立自由的人格，让教师成为教学的主人，充分发挥其主体性；促使教师解决教学中的问题，改善教学效果，不断提升教学质量。对幼儿园教师而言，教学反思具有如下几个方面的意义。

（一）理论与实践有效结合，促进教师专业成长

《幼儿园教师专业标准（试行）》指出，幼儿园教师要“主动收集分析相关信息，不断进行反思，改进保教工作”，“针对保教工作中的现实需要与问题，进行探索和研究”。这就要求幼儿园教师不断地提高自身的教育教学能力和科研水平。

为学患无疑，疑则有进。科学研究始于发现问题和提出问题。反思不是简单的回顾，而是对教育实践存在的问题进行深入的剖析与思考，具有研究的性质。幼儿园教师对教学进行反思，主要目的是为改进教学和促进自身专业成长。教学反思有助于提升幼儿园教师发现问题、分析问题和解决问题的能力，实现教与学的统一、教学与科研的统一。幼儿园教师只有不断在学习中反思，在实践中研究，对自己的教育理念与教育行为进行分析和思考，才能修正和完善专业知识与理念，逐渐从经验型教师走向专家型教师。因此，教学反思是提高幼儿园教师教学实践水平、教育理论素养和科研能力的最好方式，是促进幼儿园教师专业成长与自我发展的有效途径之一。

（二）以幼儿为本，促进幼儿身心全面和谐发展

幼儿园教师是幼儿成长过程中的“重要他人”，对幼儿的身心全面和谐发展具有重要影响。一方面，教学反思可以促使幼儿园教师关注幼儿的行为。教育建立在对教育对象充分了解的基础上。不了解或忽视幼儿身心发展的水平和特点，从书本上片面地理解幼儿，容易导致师幼之间的误解和教育过程中矛盾与冲突的产生，从而不利于幼儿的身心全面发展。教学反思要求幼儿园教师在理性思考的基础上加深对教育规律和幼儿学习规律的认识，积极探索解决问题的新思想和新措施，进行理论提升。因此，教学反思有助于促使

---

① 熊川武．反思性教学［M］．上海：华东师范大学出版社，1999：105.

教师关注和了解幼儿，理解幼儿的兴趣与需要，掌握幼儿身心发展的规律，尊重幼儿的个体差异，实现因材施教。另一方面，教学反思有助于幼儿园教师意识到自身行为对幼儿产生的影响。教学反思强调幼儿园教师对自身保教行为及行为背后的依据进行监控、回顾与分析，并在此基础上不断调整和改善自身的教育观念与行为方式，更好地为幼儿身心健康发展服务，实现以幼儿为本。

（三）提高保教质量，促进幼儿园可持续发展

幼儿园教师是决定幼儿园保教质量最关键的要素，幼儿园教师对岗位职责的遵守以及劳动的质量是幼儿园平安、稳定和可持续发展的首要条件。教师与幼儿园是共生互动的两个主体，相互制约、相互促进并共同进步。唯有幼儿园教师用心施教，反思学习，不断提高保教质量，幼儿园才能在学前教育行业立足并不断拓展，从而提升办园水平，实现一次又一次的跨越，不断发展。

二、研究设计

本研究旨在探讨以下几方面的问题：第一，幼儿园教师教学反思的现状；第二，幼儿园教师教学反思的问题及影响因素；第三，促进幼儿园教师教学反思的策略。本研究综合采用文献法、问卷调查法、访谈法和作品分析法等方法，其中以问卷调查法和作品分析法为主、访谈法和文献法为辅，尽可能准确、全面、完整地收集与本研究相关的数据材料。

（一）文献法

通过在中国期刊全文数据库、万方数据库及有关书籍中收集国内外有关教学反思、教师专业发展、教科研等方面的资料，本研究对相关理论进行了梳理。

（二）问卷调查法

本研究以安徽省亳州市 3 所幼儿园为调查对象。在参照已有相关研究的基础之上，本研究编制了《幼儿园教师教学反思的现状调查问卷》。问卷内容包括四部分，第一部分为研究对象的基本信息，包括幼儿园教师的性别、年龄、教龄、学历、职称以及当前职务等方面。第二至第四部分为问卷的主体部分，内容包括幼儿园教师对教学反思的认识、教学反思的频率、教学反思的内容、教学反思的方法、教学反思的动机、教学反思的水平、教学反思过程中所遇到的困惑等 7 个方面。本调查共发放幼儿园教师问卷 167 份，回收 162 份，有效问卷 160 份，有效回收率 95. 8%。在整理问卷后，本研究运用 SPSS 21. 0 对问卷调查的封闭式问题进行归纳整理和统计分析。对于开放式问题，本研究根据幼儿园教师的回答对问题进行归类分析，以作为研究的补充资料。问卷调查样本教师的基本情况具体见表 4-1。

表 4-1　问卷调查样本教师的基本情况

背景变量	类别	样本量	占比（单位:%）
性别	男	15	9. 4
	女	145	90. 6
所在班级	小班	58	36. 3
	中班	47	29. 4
	大班	55	34. 4
教龄	0—2 年	31	19. 4
	3—5 年	49	30. 6
	6—9 年	60	37. 5
	10 年及以上	20	12. 5
学历	大专以下	20	12. 5
	大专	89	55. 6
	本科	45	28. 1
	硕士及以上	6	3. 8

（三）访谈法

本研究在问卷调查的基础上，针对调查中发现的一些突出问题，选取了 15 名幼儿园教师和 2 名园长进行访谈。对幼儿园教师的访谈主要围绕教学反思的内涵、教学反思对自身专业成长的作用、教学反思中的困惑与困难以及对于教学反思希望幼儿园给予哪些帮助和支持等方面展开；对园长的访谈则围绕着如何营造反思氛围、如何支持幼儿园教师进行教学反思等方面展开。案例访谈样本教师的基本情况具体见表 4–2。

表 4–2　案例访谈样本教师的基本情况

姓名	学历	教龄	职务
S	大专	2 年	教师
C	大专	2 年	教师
Z	大专	3 年	教师
F	大专	3 年	教师
C	大专	5 年	教师
L	本科	2 年	教师
Z	本科	2 年	教师
D	本科	2 年	教师
C	本科	2 年	教师
W	本科	2 年	教师
Z	大专	8 年	教师
C	大专	9 年	教师
C	大专	9 年	教师
W	大专	11 年	教师
H	大专	16 年	教研组长
F	本科	16 年	园长
C	本科	22 年	园长

（四）作品分析法

本研究收集 3 所幼儿园教师的反思日记，共计 84 篇，运用作品分析法对反思日记进行客观、系统、量化的分析。

第三节　幼儿园教师教学反思的现状

《幼儿园教师专业标准（试行）》指出，教师要“把学前教育理论与保教实践相结合”，“坚持实践、反思、再实践、再反思，不断提高专业能力”。教学反思作为促进教师专业发展的内在动力，日益受到幼儿园及幼儿园教师的高度重视。毋庸置疑，教学反思有助于推动幼儿园教师突破习以为常的教育惯性，不断审视、改进自身的教学行为，提高保教活动的质量，促进自身专业成长。目前越来越多的幼儿园都在积极提倡教学反思。那么在幼儿园实际工作中，教学反思实施的具体情况如何？其促进幼儿园教师专业发展的价值是否得以真正实现？鉴于此，我们有必要了解和呈现幼儿园教师教学反思的现状，发现其中存在的问题并提出相应的解决策略。

一、对教学反思的认识

幼儿园教师对教学反思的认识是影响其进行教学反思的重要因素之一。教师只有充分认识到教学反思对自身专业成长的价值，才能更好地激发其内在动力。本研究认为，幼儿园教师对教学反思的认识包括对教学反思重要性的认识、对教学反思效果的认识以及对教学反思内涵的理解等。

（一）对教学反思重要性的认识

研究发现，大多数幼儿园教师意识到了教学反思的重要性。其中，24.4%的幼儿园教师认为教学反思在自身专业成长过程中具有“非常重要”的作用，59.4%的幼儿园教师认为教学反思在自身专业成长过程中具有“重要”作用，10.0%的幼儿园教师认为教学反思“不太重要”，6.2%的幼儿园教师认为教学反思“不重要”。

不同学历和不同教龄的幼儿园教师在对教学反思重要性的认识方面，不存在显著差异。如在“是否赞成优秀教师=教学+反思”，即是否认为优秀教师就是擅长教学反思的教师方面，不同学历的幼儿园教师之间没有显著差异。具体见表 4-3。

表 4-3　不同学历的幼儿园教师对教学反思重要性认识的差异分析

项目	选项	大专以下	大专	本科	硕士及以上	χ^2	df	p
赞成优秀教师 = 教学 + 反思	是	65.0%	75.3%	75.6%	83.3%	1.246	3	0.742
	否	35.0%	24.7%	24.4%	16.7%			

经卡方检验，不同学历的幼儿园教师对“您是否赞成优秀教师=教学+反思”的回答不存在显著差异，但“幼儿园教师学历越低，越轻视教学反思对成为优秀教师的作用”这一趋势令人担忧。

不同教龄的幼儿园教师对“您是否赞成优秀教师=教学+反思”的回答也不存在显著差异。在不同教龄的教师中，均有七成以上的教师认为优秀的幼儿园教师应善于进行教学反思，只有约两成的教师否定这一论断。由此可见，幼儿园教师普遍意识到了教学反思的重要性，对教学反思之于自身专业成长的重要价值持肯定态度。而工作 6—9 年的熟手型幼儿园教师更为重视教学反思对成为优秀幼儿园教师的作用，这值得大家注意。具体见表 4-4。

表 4-4　不同教龄的幼儿园教师对教学反思重要性认识的差异分析

项目	选项	0—2 年	3—5 年	6—9 年	10 年及以上	χ^2	df	p
赞成优秀教师 = 教学 + 反思	是	77.4%	77.6%	83.3%	75.0%	0.980	3	0.806
	否	22.6%	22.4%	16.7%	25.0%			

（二）对教学反思效果的认识

研究发现，52.5%的幼儿园教师认为教学反思“收获大”，28.7%的幼儿园教师认为“收获一般”，11.3%的幼儿园教师认为“收获不大”，7.5%的幼儿园教师认为“没有收获”。通过对幼儿园教师的访谈，我们了解到，大部分幼儿园教师认为，“同事之间的交流与合作，对自身的工作很有帮助”，“教学反思能使自己静下心来思考保教活动中存在的问题，培养自己的反思意识，提升自己的反思能力”，“教学反思是一个自我修正的过程，只有不断总结保教活动中的经验与教训，才能逐渐提高自身保教活动的质量”。还有一些教师认为，“教学反思能推动自己去观察、了解幼儿，加深对幼儿的认识和理解，促进幼儿身心健康和谐发展”。由此可见，幼儿园教师对教学反思的作用普遍持肯定态度，认为教学反思对自身专业发展具有比较重要的价值。不同学历和不同教龄的幼儿园教师对教学反思效果的认识，同样不存在显著差异。

（三）对教学反思内涵的理解

对教学反思的内涵，10.6%的幼儿园教师表示“完全了解”，53.8%的幼儿园教师表示“了解”，21.2%的幼儿园教师表示“了解一些”，14.4%的幼儿园教师表示“不了解”。在对“您认为什么是教学反思”的回答中，70.0%的幼儿园教师将教学反思理解为对教育教学工作的总结，如认为教学反思就是“对前一个阶段教学活动的总结”，“回顾自己教学活动的过程”，“总结与回顾教育教学经验，不断提升自我的过程”，“教学活动后的总结”。然而，教学反思并不仅仅等同于教学回顾，它要求幼儿园教师对隐藏在教育实践背后的教育观念和教育价值等进行理性的分析、判断与解释。由此可见，大部分幼儿园教师对教学反思内涵的理解较为肤浅。

二、教学反思的频率

研究发现，每天进行教学反思的幼儿园教师仅有6.3%，18.7%的幼儿园教师一星期进行1次教学反思，48.1%的幼儿园教师一个月进行1次教学反思，14.4%的幼儿园教师一个学期才进行1次教学反思，不进行教学反思的幼儿园教师占12.5%。由此可见，大部分幼儿园教师进行教学反思的频率并不高，他们工作做得多，但对工作的思考偏少。

三、教学反思的内容

幼儿园教师教学反思的内容主要包括对教育实践、教育理念、幼儿成长状况以及自身发展情况的反思。研究发现，93. 8%的幼儿园教师会对教育实践内容进行反思，即对活动目标、活动设计、活动环境、活动内容、活动方式、活动效果进行反思。68. 8%的幼儿园教师会对幼儿成长状况进行反思，即对幼儿的经验水平、学习特点、个性特征及在学习过程中遇到的问题进行反思。51. 3%的幼儿园教师会对教育理念进行反思，即对教学活动蕴含的潜在教育理念进行反思。48. 1%的幼儿园教师会对自身发展情况进行反思，即对教育观、学生观以及与他人之间的关系等进行反思。由此可见，幼儿园教师教学反思的内容不够全面和完整，这不利于幼儿的全面和谐发展、幼儿园保教质量的整体提升和幼儿园教师专业素质的整体提高。具体见表 4-5。

表 4-5　幼儿园教师教学反思内容的分布情况

选项	响应		个案占比（单位:%）
	频数（单位：次）	占比（单位:%）	
教育实践	150	93. 8	32. 4
幼儿成长	110	68. 8	23. 8
教育理念	82	51. 3	17. 7
自身发展	77	48. 1	16. 6
其他	44	27. 5	9. 5

四、教学反思的方法

幼儿园教师对“教学反思”一词并不陌生。在日常保教活动中，教师已经在自觉或不自觉地通过各种途径进行反思。幼儿园教师在教学反思中最常采用的方法是“想一想”。47. 5%的幼儿园教师采用“想一想”的方法进行教学反思，如教师们提到“对于保教活动中存在的问题，我喜欢在头脑中想一想，加深印象”。23.6%的幼儿园教师采用与人交流的方式进行反思，即采用“谈一谈”的方式进行教学反思，如教师们认为“我比较喜欢和同事交流自己的想法和困惑”，“自己思考问题的角度比较单一，听取别人的意见会使自己对问题的分析更加全面具体”。11.3%的幼儿园教师采用阅读文献的方法进行教学反思，如“遇到比较专业的问题时，我会通过搜索网络或查阅相关文献帮助自己思考”。仅9.4%的教师采用写反思日记的方式进行教学反思。如教师们提到“幼儿园教师一般懒于写反思日记”，“工作太忙，无法坚持下来”。仅有7.5%的教师进行研究，用研究推动个人的教学反思。多数幼儿园教师表示“对研究没有兴趣”“不知道如何研究”等。选择“做研究”的12名幼儿园教师中，8名具有硕士学历，1名具有本科学历，3名有大专学历。总体而言，学历较高的幼儿园教师具有更好的研究素养与研究习惯，他们更倾向于通过做研究的途径进行教学反思。由此可见，教学反思方法的选择受主客观条件的影响，幼儿园教师个人的时间、经历、学习和研究能力等都会影响教师自主学习方法的选择。

五、教学反思的动机

幼儿园教师进行教学反思的动机，包括促进自身专业发展、促进幼儿全面发展、完成幼儿园布置的工作、个人的兴趣爱好和其他方面，分别占90.6%、85.6%、74.4%、18.8%和9.4%。调查结果显示，多数幼儿园教师意识到了教学反思是促进幼儿全面发展和实现自我专业成长的有效途径。然而，值得注意的是，仍然有74.4%的幼儿园教师为了完成幼儿园布置的任务进行教学反思。仅18.8%的幼儿园教师选择因为个人兴趣爱好而进行教学反思。当被问及“如果幼儿园没有强制的教学反思规定，您是否会主动进行教学反思”时，多数幼儿园教师的回答是“不会”或“很少”。有的教师表示，“幼儿园要我们写教学反思，我们有任务要求，一周交一篇反思日记”，“教学反思是我园对教师的硬性要求，同备课教案一起上交，园长要检查”。由此可见，尽管目前大多数幼儿园教师已经认识到了教学反思对自身专业发展的价值，但教学反思动机主要来自外部压力，内在主动性较弱，消极对付情况居多，这势必影响反思性学习的效果和质量。具体见表 4-6。

表 4-6　幼儿园教师教学反思动机的分布情况

选项	响应		个案占比（单位:%）
	频数（单位：次）	占比（单位:%）	
促进自身专业发展	145	90.6	32.5
促进幼儿全面发展	137	85.6	30.7
完成幼儿园布置的工作	119	74.4	26.7
个人的兴趣爱好	30	18.8	6.7
其他	15	9.4	3.4

六、教学反思的水平

按照范梅南教师反思水平发展的三阶段理论，本研究中幼儿园教师的教学反思水平状况如下：处于技术反思水平的共 95 人，占 59.4%；处于实用行动水平的共 56 人，占 35.0%；处于批判反思水平的共 9 人，占 5.6%。总体来看，幼儿园教师的教学反思水平不高，多数教师的教学反思水平处于技术反思层面，将反思结果应用于实际工作的能力和辩证思考、综合判断的能力都不足。

（一）学历与教学反思水平

研究对幼儿园教师的学历进行单因素方差分析，发现不同学历的幼儿园教师的教学反思水平不存在显著差异（$F=1.271$，$p>0.05$），但学历为硕士及以上的幼儿园教师在反思能力水平上的平均分稍高于学历为硕士以下的教师。

究其原因，幼儿园教师在职前所接受的教育为其教学反思能力的发展提供了一定的基础，但他们在职前所接受的教育多以学习抽象知识和弹、唱、跳、画等技能为主，对思维的训练、科研与反思能力的培养相对不足。另外，教学反思意识的增强和反思能力的提高，均需要教师在教育实践中不断磨炼。具体见表 4-7。

表 4-7　不同学历的幼儿园教师教学反思水平的差异分析

学历	样本量	平均值	*F*	*p*
大专以下	20	76.45	1.271	0.286
大专	89	74.91		
本科	45	71.93		
硕士及以上	6	81.50		

（二）教龄与教学反思水平

研究对幼儿园教师的教龄进行单因素方差分析，发现不同教龄的幼儿园教师的教学反思水平存在显著差异（$F=3.683$，$p<0.05$）。比较后发现，教龄 0—2 年的幼儿园教师与教龄 10 年及以上的幼儿园教师的教学反思能力存在显著差异，教龄 10 年及以上的幼儿园教师比教龄 0—2 年的幼儿园教师教学反思能力的平均分高出 9.91 分。由此可见，教龄 10 年及以上的幼儿园教师的教学反思水平显著高于教龄 0—2 年的幼儿园教师的教学反思水平。

究其原因，教龄 0—2 年的幼儿园教师的教学经验不足，在教育理念和方法上需要继续学习、提高，如对教学活动的监控、调节能力较差，常规性的课后反思习惯没有形成。教龄 10 年及以上的幼儿园教师从教时间较长，教育经验丰富，在活动目标的制定、活动内容的选择、活动方法与策略的使用以及活动环境的创设上更加成熟，具有反思与调整的能力，同时具有较好的教研、科研条件与能力。他们更能及时捕捉保教实践中的问题，积极寻求解决问题的有效策略。具体见表 4-8。

表 4-8　不同教龄的幼儿园教师教学反思水平的差异分析

教龄	样本量	平均值	F	p
0—2 年	31	70.69	3.683	0.013
3—5 年	49	73.49		
6—9 年	60	74.65		
10 年及以上	20	80.60		

（三）任教年级与教学反思水平

研究对幼儿园教师的任教年级进行单因素方差分析，发现不同年级的幼儿园教师的教学反思水平不存在显著差异（$F=1.911$，$p>0.05$），但大班教师教学反思水平的平均分比中班教师的教学反思水平的平均分高 3.06 分，小班教师教学反思水平的平均分比中班教师教学反思水平的平均分高 3.67 分。究其原因，小班和大班属于幼儿园教育阶段的进出期，小班是幼儿从家庭进入幼儿园的关键阶段，大班是幼儿从幼儿园进入小学的重要时期。处在这两个教育阶段的教师面临更多来自园方和家长的询问和关注，更加重视在日常生活中观察幼儿身心的变化，更注重运用不同的教育方法与策略引导幼儿，帮助幼儿实现顺利过渡。同时，幼儿园一般会将教育能力较强、保教经验较为丰富的幼儿园教师配备到这两个年级。因此，小班和大班教师的教学反思水平略高于中班的教师。具体见表 4-9。

表 4-9　不同年级的幼儿园教师教学反思水平的差异分析

年级	样本量	平均值	F	p
大班	55	74.51	1.911	0.151
中班	47	71.45		
小班	58	75.12		

七、教学反思中的困惑与困难

当被问及“您在教学反思中遇到的困惑与困难有哪些”时，教师提到最多的是缺乏教育理论知识，反思不深刻。57.5%的幼儿园教师认为“在教学反思的过程中，我常常不能运用教育理论知识解释保教活动中出现的教育现象，教学反思像简单回顾与总结”，“教学反思缺乏理论支撑，对保教活动中出现的许多问题束手无策，很难找到有效的解决办法，不利于自身教育水平的提高”，“由于缺乏理论知识，在面对问题时，我找不到适当的解决方法，下次遇到类似的情况，问题又会重新出现”。

44.4%的幼儿园教师表示，在面对纷繁复杂的教育现象和事件时，不知道哪些内容可以成为反思的对象，在进行教学反思的过程中找不到反思点，不知道反思什么。有教师表示：“幼儿园领导规定每周要交一篇反思日记，我每次都为写什么而头疼，找不到教学反思的问题。”“面对日常的保教活动，如何从中找出有价值的反思点，是一件让我头疼的事。”“经常对周围发生的教育现象习以为常，不知道对哪些事件进行反思。”“教学反思的问题找不准，缺少价值。”

40.0%的幼儿园教师提到缺少教学反思的精力与时间。有教师说：“平时忙着备课，创设班级环境，准备玩教具……一大堆事情要完成，哪有时间进行教学反思。”“一周除了带班、进行业务学习，真正属于自己的时间并不多，根本没有多余的时间和精力认真地进行教学反思。”“幼儿园的琐事较多，往往忙于处理这些杂务，无暇顾及教学反思。”

还有17.5%的幼儿园教师提到园领导并不重视教学反思，如“对于反思日记，园长也不怎么细看，也很少批阅”“幼儿园很少对教师的教学反思提供一定的支持”“幼儿园没有这方面要求”等。可见，幼儿园教师在教学反思的过程中存在一些困惑与困难。

关于“教学反思中遇到困惑时，您最希望得到谁的帮助”这一问题，48.1%的幼儿园教师最希望得到专家的帮助与引领。有教师说：“由于自身教育理论水平不高，在反思过程中遇到困惑时，尤其希望得到专家面对面的指导。”“个人反思缺乏较好的理论支持，也难以出现新的突破，在遇到困惑时，希望得到专家及时的专业引领。”26.9%的幼儿园教师表示在教学反思过程中遇到困惑时，最希望得到同事的帮助。有教师认为：“总是自己一个人反思，容易受到自身思维的局限，在教学反思过程中遇到困难时，有必要和其他老师进行交流，学习他们的长处。”“同事之间的交流与沟通是解决问题最有效的一种形式。”13.8%的幼儿园教师在反思中遇到困惑时，更倾向于获得领导的帮助。有教师提出：“面对反思中的困惑，我希望园长能够伸出援助之手，帮助我们找问题，想策略。”“写好的反思日记最好能得到园长的认真批阅与点拨，反思效果会更好，问题解决会更有效。”此外，还有11.3%的幼儿园教师在教学反思中遇到困惑时，选择求助于书本、网络、同学和家人等。

第四节　幼儿园教师教学反思的特征

“思”是“教学反思”的中心词，教学反思重在思考。幼儿园教师作为教育者，其教学反思与其他各级各类学校教师的教学反思具有许多相同的特点，但也有一些专业特色。幼儿园教师的教学反思或反思性学习具有如下几方面的特征。

一、问题性

问题是教学反思的动力和方向，问题性是教学反思的核心特征之一。这里的问题不仅指教育活动中存在的困难与难题，还包括能够引发个体探究和思考的对象、主题和情境。幼儿园教师的教学反思通常具有明确的任务指向和目标定位，是为了解决实际工作中的问题，化解工作中的矛盾、困难与疑惑，提高保教质量而进行的教学反思。问题基于情境，依赖于一定条件，因此幼儿园教师的教学反思是在幼儿园日常生活中产生并发展着的。离开了幼儿园的场景和一日保教生活，幼儿园教师的教学反思就成了“无源之水”。问题具有层次之分和难度之别，教师的反思能力与水平决定着其发现问题和解决问题的能力，反过来，其经常触及的问题的多样性和复杂性最终也会总体制约教师的反思水平和自主学习的能力。

二、实践性

不同于理论研究者，幼儿园教师的教学反思不是为了获得理论知识，而是以改善自身教育实践为目的，具有明显的实践性。首先，教学反思起源于幼儿园教师在教育教学实践中遇到的困惑、难点或不理想的状况等。它以教学实践中出现的问题为研究对象，而不以学术理论问题为研究对象。其次，教学反思贯穿教育实践全过程。教学活动前的反思，可以对自己的预案、教学活动中可能出现的问题进行预测性思考，通过分析重新梳理教学内容。教学活动中的反思，可以在教学活动的过程中，根据教学前的预测有针对性地观察教学活动的实际开展情况，发现其中可能存在的问题，及时调整教学活动，确保教学活动高效率、高质量地进行。教学活动后的反思，是指事后对事件进行反思，对整个教学活动进行思考性回顾，积累反思经验，提高反思能力。教育过程是一个连续的整体，教育反思贯穿于教育实践全过程。最后，教学反思要回归教育实践。所谓回归实践，是指幼儿园教师将教学反思得到的对策和启示转化为指导后续保教活动的具体措施，依据新的认识对原有保教活动中出现的问题进行调整。教学反思是对教育实践的反思，是在教育实践中的反思，是为教育实践而反思。

三、研究性

反思以探究和解决问题为出发点，有别于自发的、无意识的回顾和总结，要求幼儿园教师以强烈的“自省意识”深入而精细地检视自己在保教活动中的所见所闻、所言所行，以批判的态度对待日常生活中习以为常的教育现象，捕捉教育教学实践中存在的问题，对问题进行理性、批判性的分析和建设性的思考，多角度探索解决问题的有效策略。教学反思具有研究的性质，贯穿于教育研究的全过程。幼儿园教师在日常工作中的反思性学习如同行动研究一样，需要科学设计并遵循严密的研究过程，对工作中收集到的经验与事实进行有效归纳与分析，从而得出令人信服的科学结论。

四、批判性

教学反思是教师自我诘难、自我剖析的过程。教师要承受各种压力和负担，要付出智慧和精力，要经历许多挫折、困惑及迷茫，要吸收许多新理念，抛弃许多旧理念，这都要求反思主体具有批判的态度和理性的思考。如果没有敢于正视自己缺点的勇气，就难以收到良好的效果。只有以批判的态度反观自己的所言所行，以挑剔的眼光看待自身的教育实践，才能思之深、思之广，真正发现教育实践中存在的问题，在探索并解决问题的过程中促进自身专业成长。幼儿园教师只有不断追求完美与卓越，才有行动与思想的扬弃，在否定之否定中成长。幼儿园教师在学习与工作中批判意识与能力的提高，一方面取决于个人的学识与专业修养，另一方面取决于幼儿园的民主规范管理、合理时间安排和良好学习支持条件创设。

五、发展性

教育是一种精神实践，反思能使人扬弃旧有的思维模式，并生成解决实践问题的新能力，实现自我超越。幼儿园教师的专业成长要经历长期的自我修炼，才能逐渐由新手型教师成长为熟手教师，并最终成为专家型教师。教学反思具有鲜明的目的指向性，即改善教师的教育实践和提高教师的教育教学能力。教学反思的最终目的是优化教学，促进幼儿园教师不断提高自主学习能力、觉察能力、理论分析能力，逐渐由常识性思维者转变为教育学思维者，由经验型教师转变为研究型教师。教学反思是幼儿园教师改进保教实践，凭借自身努力促进自身专业成长的有效途径。

当然，幼儿园教师受工作岗位和职责、工作状态的影响，其教学反思也具有即时性、细致性、活动性、对象性等特征。如前所述，幼儿园教师一般就工作中的问题和情境随机进行反思，边想边做是幼儿园教师工作的常态，幼儿园教师的反思性学习具有即时性和活动性的特征。幼儿园教师女性偏多，情感细腻，而幼儿园保教活动相对琐碎，所以反思具有细致、细腻的特征。幼儿园教师反思学习的对象和问题通常指向幼儿及保教活动，具有“他者”特征，较少反躬自问和关注自己。

第五节　幼儿园教师教学反思存在的问题

教学反思虽然已是幼儿园教师总结保教经验、促进自身专业发展的重要途径之一，但是在实际的幼儿园工作中，幼儿园教师的教学反思仍然存在着一些问题，这些问题在一定程度上影响了教学反思价值的实现。研究通过对幼儿园教师教学反思现状的描述与分析，为探讨影响幼儿园教师教学反思的内外因素提供依据。

一、教学反思的被动性

幼儿园教师的教学反思意识较薄弱，缺乏教学反思的内在自觉性和主动性。虽然大多数幼儿园教师对教学反思影响自身专业发展的重要作用持肯定态度，但其教学反思仍停留在被动阶段，没有将反思视为自己的自觉行动。不同教龄的幼儿园教师对“您是否会主动进行教学反思”的回答不存在显著差异（$\chi^2=0.479$，$df=3$，$p>0.05$）。33.5%—45.0%的幼儿园教师不会主动进行教学反思，只有55.0%—64.5%的幼儿园教师会主动进行教学反思。具体见表4-10。

表4-10 不同教龄的幼儿园教师教学反思主动性的差异分析

项目	选项	0—2年	3—5年	6—9年	10年及以上	χ^2	df	p
是否会主动进行教学反思	是	64.5%	61.2%	60.0%	55.0%	0.479	3	0.923
	否	33.5%	38.8%	40.0%	45.0%			

在访谈过程中，一些幼儿园教师无奈地表示："自从要求进行教学反思后，每天花费很多时间应付，心理压力很大。""为了应付常规检查，有时候实在没有东西好写，就只好到学前教育方面的杂志上找一段话抄。""学期结束时，突击完成反思任务的现象也是常有的。"三分之一以上的幼儿园教师将教学反思看作一项外在任务，常为了满足幼儿园的制度要求而被动反思，没有养成教学反思的习惯，反思往往流于形式，缺乏实效。

幼儿园教师的教学反思水平较低。调查发现，59.4%的幼儿园教师的教学反思水平处于技术反思水平。研究对幼儿园教师的84篇反思日记分析后发现，78篇反思日记是从教学活动准备、教学活动过程、教学活动结束进行回顾，反思像记"流水账"，公式化现象严重。

"本次活动通过对诗歌的学习让幼儿产生对老师的喜爱之情，体会到老师的辛苦。在提问环节中，幼儿能够用连贯的语言大胆表达对老师的爱，幼儿的语言有了很大的发展，朗诵诗歌时情感充沛。"（W教师）

"本次活动目标基本达成，在活动过程中，幼儿对故事十分感兴趣，对教师提出的问题也能积极回答，积极动脑。故事的主旨是激发幼儿的环保意识，对幼儿的环保教育也有积极效果。"（S教师）

"活动之前，我用提问的方式引发幼儿的兴趣，幼儿纷纷举手回答我的问题。在学习诗歌时，我先让幼儿完整欣赏一遍，再带幼儿配乐朗诵。最后，幼儿基本能完整朗诵诗歌，活动效果很好。"（S教师）

"在本次活动中，我让幼儿先动手操作，然后让他们互相讨论，最后请

几位小朋友总结一下。活动目标基本达成，教学效果良好。”（H 教师）

以上 4 名教师的教学反思具有一定的代表性。部分教师仅对活动目标进行反思，反思集中在对教育效果的简单评价上。部分教学反思仅是对教育活动的简单记录。研究对教师的反思日记进行分析后发现，多数教师的教学反思重视感性描述，缺乏理性思考。

“今天中午吃午餐时，小玉又不吃青菜了。只要遇到自己不喜欢吃的东西，不管我和张老师怎么诱导，她也不吃，真拿她没办法。”（W 教师）

“今天户外活动，我带小朋友在操场上练习跳绳。在整个活动中，淘气的浩浩像猴子一样，上蹿下跳。我不断提醒他遵守活动规则，可是不到一会儿，他又重蹈覆辙。”（C 教师）

“这些孩子太‘皮’了，每天闹哄哄的，想让他们安静下来就得扯着嗓子喊。唉，一天下来，都说不出话了。”（Z 教师）

从上述 3 名幼儿园教师的反思日记中，我们可以看出幼儿园教师的教学反思仅停留在对教育现象的感性描述上，缺乏对行为、事件背后的教育理念的理性分析与深入研究，也较少提出解决问题的有效策略，只是平铺直叙地道明观察到的教育现象“是什么”，没有继续深入追问“为什么”和“怎么办”。教学反思作为教师专业发展的有力工具，其实效性没有得到充分发挥，这在一定程度上导致幼儿园教师的教学水平停留在原有水平上。究其原因，一方面，正如幼儿园教师所言，“平时忙着备课，创设班级环境，准备玩教具……一大堆任务要完成，哪有时间进行教学反思”；另一方面，幼儿园教师对教学反思的内涵缺乏正确、全面的认识与理解，将教学反思简单地等同于教学回顾与总结。这也凸显出幼儿园教师的理论知识水平不高，找不到值得深入思考的“反思点”，不知道反思什么以及怎样反思。

二、教学反思的途径单一

幼儿园教师主要通过自我反思，即内省式反思进行教学反思。选择通过同伴帮助和专家引领途径进行教学反思的幼儿园教师仅分别占 48.1% 和

38.8%。可见，幼儿园教师教学反思途径单一化问题较突出。内省式反思虽然有其自身的优点，但缺点也不可避免，如保教活动中很多问题和想法稍纵即逝，因为没有及时记录，所以很快就会忘记。同时，内省式反思难以对问题进行深入剖析与思考，不利于改进教学、积累经验、促进自身专业发展。具体见表4-11。

表4-11　幼儿园教师教学反思途径的分布情况

选项	响应		个案占比（单位:%）
	人数（单位：人）	占比（单位:%）	
自我反思	146	91.3	32.2
幼儿反应	120	75.0	26.5
同伴帮助	77	48.1	17.0
专家引领	62	38.8	13.7
家长反馈	48	30.0	10.6

在独立反思与合作反思之间，幼儿园教师更倾向于独立反思。54.4%的幼儿园教师倾向于进行独立反思，45.6%的幼儿园教师倾向于进行合作反思。同时，研究通过访谈了解到，幼儿园很少开展合作反思，教研活动反思的机会较少，教师之间缺乏有效的沟通与交流，如教师们提出："和同事们谈论的机会并不多。""在保教活动中遇到问题时，只会和关系比较好的同事谈一谈。""在教研活动时，正儿八经谈论教学或研究的较少，家长里短的事情说得比较多。""同事见面也只是随便聊聊，不深刻，有时我想多说一些，对方也不一定想往下探讨。"由此可见，幼儿园教师的教学反思途径较为单一，教师之间缺乏相互沟通、学习的条件与机会，专家引领更是不足，这不利于发挥教学反思在促进幼儿园教师专业成长中的作用，在一定程度上影响了保教活动的质量和效果。

三、教学反思的内容片面

幼儿园教师教学反思的内容较多地集中在思考保教活动的成功之处上，往往忽视了思考保教活动的失败之处。59.4%的幼儿园教师更倾向对成功之处进行反思，对失败之处不去反思或较少反思。研究通过访谈了解到，幼儿园教师往往为了维护自己的形象和自尊，惧怕触及问题，不愿在同事面前暴露自己的弱点，如幼儿园教师说："我为什么不敢反思自己的失败之处？因为自尊心太强，不愿亮出自己的问题。""不想在园长和其他老师面前暴露自己的不足，害怕找出缺陷。""害怕面对自己，自己的问题自己知道就行。"

幼儿园教师更注重对集体教学活动的反思，缺乏对幼儿园一日生活其他方面的关注。研究对幼儿园教师 84 篇反思日记进行分析后发现，记录教学活动的反思日记 43 篇，占比为 51.2%；记录生活活动的反思日记 26 篇，占比为 31.0%；记录游戏活动的反思日记 9 篇，占比为 10.7%；记录家园合作的反思日记 6 篇，占比为 7.1%。幼儿园教师表示，"反思是为了上好课"，"公开课和示范课需要做反思"。许多幼儿园教师将幼儿的生活环节和游戏环节作为教师休息和调整的时间，将家园合作作为日常交接工作，并未深入思考和精心设计。

四、教学反思与实践相脱离

幼儿园教师进行教学反思的意义在于，对自己保教活动中遇到的问题进行深入思考，在此过程中，不断调整与改善自身教育行为，提高保教活动的质量。因此，教学反思需要与实践相结合，应贯穿教学实践的全过程。然而，研究通过调查发现，幼儿园教师的教学反思与实践相脱离的现象较为严重，主要表现在以下两方面。

一方面，教学反思时间滞后。幼儿园教师运用的反思多为开展活动之后的回顾与反思，活动前的反思与活动中的反思不足。在 160 名样本教师中，

60.0%幼儿园教师的教学反思仅局限于活动开展后，12.5%的幼儿园教师的反思发生在教学活动中，27.5%的幼儿园教师认为有活动前的教学反思。幼儿园教师普遍缺少活动前与活动中的反思。不同时间的教学反思具有不同的功能。教学活动前的反思，指前瞻性地对自己的预案进行反思，结合以往的教学经验，预测教学活动中可能会出现的问题，通过分析重新梳理教学内容并做好活动安排。教学活动中的反思，指在教学活动的过程中，根据教学前的预测，有针对性地观察教学活动的实际开展情况，发现其中可能存在的问题，及时调整教学活动，确保教学高效率、高质量地进行。教学活动后的反思，指事后对事件进行的总结性反思，对整个教学活动进行回顾，积累经验。活动之后的反思仅有利于提高下一次活动的效果，但对当时开展的活动而言，则是对“木已成舟”的结果的认可和接纳，并无任何促进作用。

另一方面，教学反思较少回归教育实践，没有形成闭环。所谓回归实践，是指幼儿园教师将教学反思得到的对策和启示转化为指导后续保教活动的具体措施，依据新的认识对原有保教活动中的问题进行调整。教学反思的最终目的并不仅仅是引导幼儿园教师思考保教活动中存在的问题，还需要教师通过教学反思全面总结保教活动中的经验和教训，使其系统化、理论化，以便更好地指导以后的教育教学工作，并在此基础之上不断改进。有效的教学反思常常是有行为跟进的反思，缺乏行为跟进的教学反思难以取得良好的效果。然而，在关于“您是否会将教学反思的结论运用于后续的教学实践”的问卷调查中，仅有13.1%的幼儿园教师一直坚持将教学反思的结论运用于后续的教学实践，28.1%的幼儿园教师经常这样做，40.0%的幼儿园教师只是偶尔这样做，18.8%的幼儿园教师从不这样做。可见，在反思回归教育实践方面，幼儿园教师并未形成良好习惯，这不利于提高幼儿园教师的保教能力和专业素质。

第六节 影响幼儿园教师教学反思的因素

影响幼儿园教师教学反思的因素有很多，主要包括教师个人、幼儿园、幼儿家长以及社会四方面。不过，教学反思作为幼儿园教师在职期间的自主学习，教师个人因素和幼儿园因素更为关键。

一、教师个人因素

外因只能通过内因发挥作用。在教学反思的过程中，幼儿园教师是影响其教学反思成败的关键因素。

（一）幼儿园教师对教学反思的认识与理解

幼儿园教师对教学反思的认识与理解，在一定程度上影响其教学反思的水平与动力。对教学反思缺乏正确认识的幼儿园教师往往将教学反思与教学回顾相混淆，习惯就经验论经验，难以与教育理论相联系，从而导致教学反思停留在原有的水平上，浮于表面，缺乏深刻性。没有真正意识到教学反思对自身专业发展价值的幼儿园教师，往往将教学反思看作一种额外的负担，反思动力不足，形式化现象严重，难以提高教学反思对自身专业成长的实效。幼儿园教师只有正确认识教学反思的内涵与价值，才能激发自身较强的反思意识，产生教学反思的动力，进而将教学反思付诸教育实践，不断实现自身的进步与提升。因此，对反思的认识，直接影响着教师的反思水平。

（二）幼儿园教师的教育理论素养

有效的教学反思需要大量的理论知识作为支撑。幼儿园教师的教育理论素养，直接影响反思的实践效果。一方面，幼儿园教师只有具备丰富的教育理论知识，才能及时发现教育实践中存在的问题。另一方面，幼儿园教师只有在理论层面上对教育实践中出现的问题进行探讨，才能正确揭示教育实践规律，改善教育实践水平，提高保教质量，促进自身专业成长。缺乏丰富教育理论知识的幼儿园教师，即使有强烈的教学反思的需要与意识，也难以取得良好的反思效果。通过与教育理论的对话，幼儿园教师能够不断突破自身理智上的偏颇和行动上的“故步自封”，逐渐实现由经验型教师向专家型教师的转变。因此，是否具有丰富的教育理论知识，是影响幼儿园教师进行有效教学反思的重要因素之一。研究表明，具有较高学历的幼儿园教师的教学反思频率和水平均高于较低学历的教师。

（三）幼儿园教师的教育实践经验

教学反思不是抽象、空洞的思辨活动，必须以教育实践活动为基础。教育实践经验不仅会影响幼儿园教师是否进行教学反思，还会影响他们反思什么以及以何种方式进行教学反思等。教学实践经验可以帮助幼儿园教师剖析保教活动中存在的问题，使教学反思进一步深入。在教学反思过程中，幼儿园教师应不断反省自己的经验模式，汲取教育实践中的新元素，防止形成经验定式，从而使教育实践经验能够不断地促进自身的教学反思。

研究表明，随着教龄的增加，幼儿园教师的教学反思水平有所提高。但是，在教龄达到 10 年以后，一些幼儿园教师产生职业倦怠，已有的实践经验让教师感到满足，反思频率下降。教龄 6—9 年的幼儿园教师对教学反思重要性的认识达到顶峰（83. 3%）以后，教龄 10 年及以上的幼儿园教师赞成优秀教师应具有反思品质的占比开始出现下降趋势（75. 0%），而工作 10 年的幼儿园教师一般 30 多岁，如此年轻就开始出现懈于反思的职业倦怠，这值得关注。这说明，实践经验并不总是积极作用于幼儿园教师的专业成长，实践经验要转化为教师成长的基础与动力还需要一些外在支持条件，如专家引领、幼儿园学习环境的创设等。

（四）幼儿园教师的教学反思技术

教学反思需要依靠一定的方式、途径、手段、步骤与程序，这些因素互相交织在一起，共同体现了幼儿园教师教学反思的水平。在教育教学实践中，许多幼儿园教师的教学反思“走了样、失了真、变了味”，其主要原因之一就是他们没有掌握教学反思的技术。有效的教学反思，需要幼儿园教师掌握标准化的操作步骤，运用科学的反思方法与策略。每一种方法都有它的运用范围，每一个环节都有它的注意事项。幼儿园教师只有熟练掌握这些，才能实现教学反思的实际效用。同时，幼儿园教师对教学反思技术的掌握与运用，在一定程度上也反映出其教学反思的能力与水平。幼儿园教师在教学反思的过程中，一定要注意灵活运用各种教学反思的方法和策略，从而提高反思的实效性。

（五）幼儿园教师的个性品质

反思需要主体具有乐观开朗、虚心、专心和责任心等个性品质。乐观开朗指抱有积极态度，自信而能包容、接纳不同意见。虚心指愿意听取他人的建议与意见，同时不盲从权威。专心指敢于批判性地对待事物，克服恐惧和不确定的心理。责任心指乐于积极探索真知，坚持不懈。幼儿园教师只有具有了接受和运用反思的态度，即反思的勇气、坚持性和责任感，才能认识到理论知识和实践经验在教学反思过程中的作用，才会主动反思教育教学活动。因此，幼儿园教师的个性品质对其教学反思具有一定的影响。

二、幼儿园因素

幼儿园作为教师工作和学习的主要场所，在促进教师积极主动地反思自身保教实践方面具有重要的作用。幼儿园环境是影响幼儿园教师教学反思的重要外部因素之一。幼儿园环境可分为物质环境、制度环境和精神环境三种形态。

（一）幼儿园的物质环境

幼儿园的物质环境是幼儿园的各种物质构成与存在，是影响幼儿园教师教学反思的物质基础，制约着教师教学反思的内容与方法。如幼儿园是否为教师提供足够的办公和学习空间、相关专业书籍，是否配备电脑以方便教师上网查询教育资源等，都在一定程度上影响着教师教学反思的积极性与效果。

（二）幼儿园的制度环境

幼儿园的制度环境是保证幼儿园得以正常运行的相对稳定的行为规范、价值标准与管理机制。过于严格的管理机制不利于幼儿园教师进行教学反思。园领导对幼儿园教师要求过高、日常工作管理过严、时间占用过满、没有合理的教研制度、学习评价与激励机制不合理等，都会导致他们没有自我独立反思的时间、空间、机会与条件，其主动调控自己教育活动和行为的动力得不到有效激发，只能被动地、按部就班地运用外在的要求指导自己的教育活动。这显然不利于幼儿园教师深入细致地进行教学反思，也不利于其教学反思水平的提高。

教学反思需要幼儿园教师经历回忆教育教学活动内容、找出问题、分析现象并通过查阅相关资料或讨论等方式寻找解决问题的有效策略等环节，这些都需要充足的时间与精力。缺乏充足的时间保障，就难以产生高质量的教学反思。时间与精力是影响幼儿园教师进行教学反思的关键因素。目前，我国幼儿园大多强调保教结合。幼儿园教师必须首先承担对幼儿日常生活的看护和照料工作，确保幼儿生活安全、身体健康、习惯良好，为他们的健康成长提供良好的前提条件。幼儿园教师工作量大、工作强度高。可以说，很多幼儿园教师全天基本都处于紧张忙碌的状态中，缺少反思的时间与精力，往往顾不上教学反思，或被动反思、敷衍了事。

（三）幼儿园的精神环境

幼儿园的精神环境是幼儿园内部的各种人际关系与精神氛围。教学反思不是幼儿园教师个人的事情，专家、幼儿园领导、同事等都应该对其教学反思给予引领与支持。人际互动更能调动幼儿园教师反思的积极性和主动性。幼儿园如果能创建各类型、各层级的学习型组织，建立“传、帮、带”的制度，经常开展一些学习活动，让幼儿园教师能随时就近找到学习的知音与同伴，得到学习上的指点，那么教师的反思性学习就可能通过交流和碰撞而产生和发展，从而提高其教学反思水平。另外，轻松和谐的人际氛围、浓郁的学习气氛、同事之间的友好合作气氛也是激发教师自主学习的重要因素。幼儿园是教师工作的场景和学习发生的地方，幼儿园的整体学习氛围将直接影响教师学习的积极性。在适宜的园所环境中，幼儿园教师通常能够将外部的学习要求与压力转变为自己自觉的行为与动力。

三、幼儿家长因素

幼儿园是家园互动与合作相对较多的一个阶段。当前，幼儿家长对幼儿的教育越来越重视，进而对幼儿园教师提出了更高的要求，对幼儿园各项工作也更加关注，这在一定程度上迫使教师不断进行教学反思，努力提高保教质量。家长是幼儿园教师的重要合作伙伴，家长的意见与要求是促进幼儿园教师教学反思的动力之一。通过家长的反馈，教师能够积极地反思教育实践，不断提高教育活动的合理性与有效性，促进幼儿身心全面和谐发展。

四、社会因素

幼儿园教师的教学反思与社会环境有密切联系，影响幼儿园教师教学反思的社会因素主要包括我国传统文化、幼儿园教师的社会地位与物质待遇两方面。

一方面，幼儿园教师的教学反思受到我国传统文化的影响。我国的传统文化强调师道尊严，对教师的定位是“传道、授业、解惑”。“师道不立，其教不成。”虽然孔子、韩愈等著名教育家曾强调“弟子不必不如师，师不必贤于弟子”，“学然后知不足，教然后知困。知不足，然后能自反也”，但在传统教育中，“教师本位”“知识本位”的观念一直占据主导地位。传统文化加之于教师的“师道尊严”“学高为师”的思维定式，在一定程度上导致教师不愿意怀疑自身的教育观和学生观、反思自身教育实践的合理性。

另一方面，幼儿园教师的社会地位和物质待遇，在一定程度上会对其教学反思产生影响。目前，我国幼儿园教师在社会地位、工资、福利保障等方面均与中小学教师有一定的差距，这也是幼儿园教师整体素质难以提高的重要原因之一。如有的幼儿园教师认为：“幼儿园教师这个职业属于高危职业，风险太大，不想干太久。”“幼儿园教师社会地位不高，不想太使劲工作。”“我们那里对幼儿园管得不严，不出事就行，不需要太动脑子。”对幼儿园保教工作规范与约束不够、期望不高，对幼儿园教师印象不佳等，都是影响幼儿园教师用心教学、不断反思的外在消极因素。

当然，以上影响幼儿园教师教学反思的因素都不是孤立存在的，而是相互交织在一起，共同发挥作用。对于不同的幼儿园教师而言，在专业发展的不同阶段和不同的教学反思活动中，各因素发挥的作用并不相同，并不是一以贯之。在幼儿园实际工作中，教师的教学反思具有情境性和不确定性，故需要辩证而灵活地看待各因素对教师教学反思的影响。

第七节　促进幼儿园教师教学反思的策略

我国幼儿园教师基于教学反思的自主学习总体处于中等水平，远没有达到良好以上水平。日常教学是推动幼儿园教师学习的首要因素，也是幼儿园教师自主学习的主要对象、内容、途径与策略，故急需加强。下文将从教师个人、幼儿园和社会三个方面提出促进幼儿园教师教学反思的有效策略。

一、幼儿园教师的个人提升

自主学习是个人自觉发起、维持和调控的学习，基于教学的反思性自主学习亦然。教学反思是教师专业成长的重要内在途径，是幼儿园教师走向成熟的催化剂，是督促幼儿园教师不断进步、超越自己的有效方式。幼儿园教师教学反思能力的形成主要依赖于教师在各类活动中的努力与磨炼。幼儿园教师应正确认识和理解教学反思的内涵与价值，不断提高自身理论素养，明确教学反思的基本步骤，掌握教学反思的途径与方法，并在此基础之上不断提高教学反思能力与水平，实现自身的专业成长。

（一）积极反思，养成教学反思的习惯

幼儿园教师的专业成长过程就是不断反思、调整与重构自己教育理论的过程。因此，教学反思应成为幼儿园教师的一种自觉行为，不是出于无奈，不是迫于任务，不是限于特定情境，而是时时、处处、事事中的一种自然而然的思考习惯。幼儿园教师只有正确理解教学反思的含义与特点，切身体会教学反思对其专业发展的价值，增强教学反思的责任感，树立教学反思的自信心，才能逐渐养成教学反思的习惯。

1. 提高认识，增强教学反思的责任感

是否反思、反思什么、如何反思、反思到什么程度等，在很大程度上依靠反思者的责任感。责任感强的幼儿园教师，教学反思意识也比较强。他们会时时刻刻监控自己的保教活动，自觉进行教学反思。责任感不强的幼儿园教师，除非迫于外在压力，否则很少主动进行教学反思，缺乏进行教学反思的内在需要和追求。因此，幼儿园教师应认识到爱岗敬业、教书育人的重要意义，增强对学前教育事业、对幼儿、对自身专业发展的责任感，细心体察教育实践中的得与失，及时总结教育活动的经验与教训，将反思贯穿于教育活动全过程，激发自身进行教学反思的内在动力，逐渐树立教学反思意识，使教学反思从不自觉到自觉、从自觉到习惯。

2. 端正态度，树立教学反思的自信心

坚定的意志和自信心是幼儿园教师坚持进行教学反思的保证。教学反思是反思主体自我诘难、自我剖析的过程，其实质是对日常生活中习以为常的行为图式和思维图式的抗拒和颠覆，通过批判对自己的教育教学行为进行理性剖析。它要求幼儿园教师具有反思的信心、勇气与坚定的意志，能够持续不断地、自觉地、积极地对自己的教育行为与教育理念进行深入思考，即使遇到挫折与困惑，也应坚持不懈，做到工作不止，反思不息。

因此，幼儿园教师应端正教学反思的态度，不仅要对保教活动中的成功、积极因素进行总结与提升，更要对失败、消极的因素进行一定的批判与超越。幼儿园教师应勇于寻找自己的问题，从容大度地面对自己的问题；敢于用“不满”的心态和批判的眼光去重视、审视和考察自己已有的行为，筛选并

淘汰不良的习惯；能以豁达的胸怀接受他人的诘难，善于倾听他人的意见，理智地坚持己见。同时，教学反思是一个持续不断的过程，需要持之以恒，坚持不懈。不管遇到多少困难，幼儿园教师都应有坚定的意志，树立教学反思的自信心。

（二）依托教育理论的观照，提高教学反思水平

幼儿园教师的教育理论水平决定了教学反思的深度和水平。丰富的教育理论知识是幼儿园教师进行有效教学反思的重要思维“能源”，系统的专业理论知识是幼儿园教师进行教学反思的前提和基础。教育理论来源于教育实践，又高于教育实践。学习教育理论可以帮助幼儿园教师“识别”自己的教育实践，清楚地理解教育实践中出现的困惑，有效地指导教育实践。因此，教育理论是幼儿园教师教学反思的先导，教学反思是在教育理论引领下进行的。只有将保教实践中出现的问题上升到理论层面并进行思考与分析，才能找出问题背后的本质原因。“缺乏理论素养”和“反思视野狭窄”是幼儿园教师教学反思的现实尴尬。为了提高反思能力与水平，幼儿园教师应求诸教育理论的观照，不断提高自身教育理论修养。

一方面，在专业阅读中积累教育理论。教学反思需要专业知识与教育理论的支撑，缺乏专业理论指导的教学反思是肤浅的反思。幼儿园教师应养成良好的阅读习惯，通过阅读，多渠道收集信息，扩大视野。在阅读的过程中，教师应注意把握作者的意图，洞察其思想内涵，既要吸收其合理内核，又要对其持批判审视的态度。在教学反思的过程中，教师可以通过查阅相关资料，借助有关理论对反思的问题进行深入剖析，为寻找有效的问题解决策略提供可能。除了参阅相关书籍和杂志以外，幼儿园教师还可以通过观摩优秀幼儿园教师的教育教学活动、听学术报告、观看“教育电视节目”和“教育电影”等活动来进行自我反思。思而激学，学得更有效；学而启思，思得更深刻。幼儿园教师应在专业阅读中丰富自己的教育理论，在与大师、优秀教师的对话中反思自己的教育教学行为，将读与教、读与思、读与研等结合起来。

另一方面，注重将教育理论与教育实践相结合，在实践中不断体会教育理论的本质与精髓。幼儿园教师应重视在教育实践中学习教育理论知识，将教育经验上升至理论层面来加以认识，然后再回到教育实践层面对其进行验证。有效的教学反思，需要幼儿园教师将自己的教育实践与教育理论相结合，将教育理论融入活生生的幼儿园一日活动中，在实践中充分探究、理解、运用与发扬教育理论，真正掌握教育教学规律，更加理智、全面与辩证地看待问题，不断提高自身的教育教学能力和水平。

（三）掌握教学反思的步骤，提高教学反思的有效性

教师的教学反思是一个过程，具有基本的步骤。反思过程是幼儿园教师在一定的教育理论指导下，以自己的保教活动为思考对象，对自己的教育行为、教育理念进行批判性的认识与思考。反思过程一般包括四个基本阶段：第一，积累经验阶段，主要是指幼儿园教师及时捕捉教育实践中存在的问题，明确问题的结构与性质；第二，观察分析阶段，幼儿园教师广泛收集相关信息，以批判性的眼光反观支配自身教育行为的“所采用的理论”，思考其与自己“所倡导的理论”是否一致，明确问题的根源所在；第三，归纳概括阶段，幼儿园教师开始积极寻求新的教育策略、教育思想来解决面临的问题，改变自身的教育行为，这也是认识的升华；第四，实践验证阶段，幼儿园教师在教育教学实践中检验上一阶段形成的假设和概括。在检验的过程中，教师会遇到新的问题，从而开始新一轮的教学反思。具体见图 4-1。

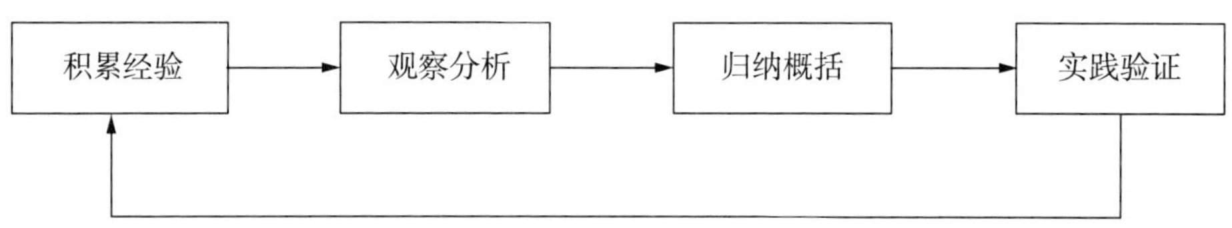

图 4-1　教学反思的过程

在实际的教学反思过程中，以上四个阶段通常界限不甚分明，前后交错。教学反思的基本过程要求幼儿园教师掌握反思的基本步骤，努力做到以问题为教学反思的开端、以分析为教学反思的核心、以实践为教学反思的延伸，从而逐渐提高教学反思的有效性，促进自身专业成长与幼儿全面发展。

1. 以问题为教学反思的开端

问题性是教学反思的核心特征之一。在教育教学过程中，凡是能引发幼儿园教师思考和探究的主题都是问题。问题是教学反思的核心，发现问题、提出问题是教学反思的关键。有了问题，才能思之广、思之深，而不是泛泛而论。幼儿园教师可以多留意自己保教活动的“细微之处”，从习以为常的幼儿园的一日生活细节之处寻找有价值的问题；也可以对照教育理念，发现自身保教活动中存在的问题；还可以在与幼儿家长、同事和专家的沟通交流中，收集一些新的教育信息，捕捉其中存在的问题。同时，幼儿园教师要注意既分析教学中的成功之处，也分析其失败之处，认真回顾、总结教学的成功经验，使其系统化、理论化，从而有利于教学经验的交流与推广，提高教师的整体素质；教师也要勇于面对教学的失败之处，认真分析失败的原因，探寻解决问题的有效策略，不断促进自身的专业成长。教育是一项系统工程，不是幼儿园单方面的工作。在教学反思的过程中，幼儿园教师要注意与家长建立互补、合作的关系，唤起家长的参与意识，不断丰富家长的育儿知识，提高家长的育儿能力。

2. 以分析为教学反思的核心

对问题进行理性的批判性分析和建设性思考，是教学反思的核心。教师的行为受其内隐的“所采用的理论”的制约，它像是一只“无形的手”，不知不觉地影响着教师在幼儿园实际工作中的行为。调整与改善幼儿园教师教育行为的关键是发现其行为背后的“所采用的理论”。幼儿园教师应具有强烈的自省意识，以批判的眼光审视自己在保教活动中的所言所行、所见所闻，对问题的分析不能就事论事、就行为论行为、浮于表面，既要分析教育活动成功的原因，又要敢于剖析教育活动失败的原因。对于幼儿园一日活动中司空见惯的教育现象，教师也应问一问自己“为什么”“如何改进”，及时捕捉日常生活中有价值的问题，让反思伴随整个教育过程。同时，教学反思是一个持续不断进行的活动，需要坚持不懈的努力。

3. 以实践为教学反思的延伸

教学反思不仅是教学回顾，还要求幼儿园教师以批判的眼光看待自身的教育实践，在回顾中发现实践中存在的问题与不足，积极探寻调整与改进的策略，进行新的行动尝试。有行为跟进的教学反思才是有效的反思，才能真正促进幼儿园教师的专业成长。智慧只有运用到教育实践中，才能产生更大的价值，才能达到通过教学反思促进教师专业发展的目的。因此，幼儿园教师应及时将通过教学反思得到的启示、体会、对策转化为指导后续保教活动的具体措施，并将其付诸教育实践，在新一轮的教学实践中发现新的问题，开始新的教学反思，不断调整自身的教育教学行为，提高保教活动质量。总之，幼儿园教师在日常的教育教学工作中，应按照科学的步骤进行教学反思，提高反思的效果。

（四）综合利用多种反思方式，拓展教学反思途径

教学反思的方式和途径有很多。为了提高教学反思的质量，幼儿园教师应做到灵活运用各种反思方式。

1. 在自我对话中反思

幼儿园教师在教学反思的过程中应重视自我，关注自己的已有知识与经验以及内心深处的真实想法，充分利用自身的保教实践，善于自我剖析与检讨。教学反思不应是从“网络”到“文本”、从“文本”到“文本”的“复制”与“粘贴”。这样的教学反思缺乏想象力与创造力，也缺乏深度。幼儿园教师的教学反思应立足于自己的保教实践、知识与经验以及情感。离开自身的教育实践谈反思，往往是“拾人牙慧”，平淡无奇，也经不起时间和实践的检验。幼儿园教师应静下心来，以踏实的心态研究自己的教育教学实践，思考教育实践中存在的问题，如通过视频记录自己的教育实践过程，通过视频回放技术再现自己的教育行为，思考其中存在的困惑，从而为自己的教学反思提供参考。唯有如此，教学反思才具体实在，具有指导性和针对性，充满自己的思想、风格与智慧，富有个性。

2. 加强沟通与交流，在合作中反思

教学反思的实质是进行自我剖析，最终实现自我发展，但这并不代表教学反思的过程不需要合作。独立反思往往具有一定的局限性，容易囿于自我经验的重复，不利于拓展教学反思的深度与广度。合作反思有助于教学反思走向深入。同时，合作反思能够为幼儿园教师提供情感上的支持，增强教师交流问题、分担互助的团队意识，消除教师的无助感与孤立感，使教学反思走向开放。幼儿园教师在教学反思的过程中，应注重寻求专家引领、同伴帮助，重视与同事、名师、专家之间的交流与探讨，善于学习他人的优点，倾听大家的想法和建议，勇于袒露自我，展示自己内心真实的想法，虚心接受他人的意见与建议。

一方面，重视聆听专家的指导，走进同行的课堂。幼儿园教师应积极参加各种培训、听课、评课活动，聆听相关讲座，扩大理论视野，不断提高自己的思想认识水平，增强独立思考的能力，在听课中理解、审视别人的教育教学理念和方式，在学习他们长处的同时发现自身存在的问题，并不断加以调整与改进。

另一方面，请专家、名师与同行走进自己的课堂。在教育实践中，幼儿园教师应主动邀请专家与同行走进自己的课堂，让他们指出自己教学中存在的问题，虚心接受他人的意见与建议，帮助自己跳出认识上的误区，在与专家、同事的深入交流和碰撞中不断提高自己的观察力与反思力，使自己从经验型教师向研究型、专家型教师转变。同时，家长对幼儿的了解更加全面、细致，教师应重视与家长的沟通与交流，积极倾听家长的意见与建议，通过多种途径加强与家长的合作。

3. 撰写反思日记，以写促思

撰写反思日记可以帮助幼儿园教师厘清思路，促进幼儿园教师的细致观察和全面思考。文字性材料作为总结性的东西，可以为今后的教育教学工作提供参考。撰写反思日记能督促幼儿园教师参阅资料、翻看书籍，积累教育理论，促进幼儿园教师的专业成长。因此，幼儿园教师应勤于动笔，发出自己的声音，在写作中促进自己的反思。

一方面，幼儿园教师应明确撰写反思日记的目的。教师撰写反思日记的目的在于监控、调节自己的教育行为，促进自我反思，其内容应重在“思”，尤其是对自身教育教学实践的思考。如果只是为了应付领导检查而写，那就只是浪费时间和精力，不利于实现教学反思的真正价值。

另一方面，幼儿园教师在撰写反思日记时应遵循以下要求。

第一，要及时。教师在教育教学实践中常会产生一些好的想法，如果没有及时捕捉、及时记录，就很难长久保持在记忆中，因此幼儿园教师要养成及时记录和撰写反思日记的习惯。

第二，要关注细节。幼儿园教师要善于从日常生活的细微之处发现问题，打破思维惯性，从习以为常、司空见惯的现象中挖掘新意。

第三，要持之以恒。撰写反思日记应坚持不懈，以免养成疏于思考的习惯。幼儿园教师应勤于思考，勤于动笔，乐于反思，乐于总结。

第四，要提高利用率。幼儿园教师撰写反思日记的作用在于，对自己保教活动中遇到的问题进行深入思考，从而逐渐确立科学的教育观念，提高保教活动质量，促进自身的专业发展。因此，教师不能将撰写的反思日记“束之高阁”，而应对其进行系统回顾与梳理，及时总结教育教学的经验与教训，使其系统化、理论化，以便更好地指导后续保教工作，并在此基础之上不断调整与提升。

以上各种方法和途径各有优势，幼儿园教师可以根据自己的喜好和能力灵活运用。只有这样，教学反思的价值才能得到最大限度的发挥。

二、幼儿园的条件保障

幼儿园教师教学反思能力的形成与发展，离不开幼儿园为其提供的物质条件、制度保障与精神氛围。因此，为了促进幼儿园教师的教学反思，提高幼儿园教师的反思水平，幼儿园应重视教学反思，营造良好的反思氛围；完善规章制度，激发幼儿园教师教学反思的积极性；提供专业引领，为幼儿园教师的教学反思提供支持与辅导。

（一）重视教学反思，营造良好的反思氛围

良好的精神文化环境不仅能有效调动幼儿园教师参与研究的兴趣和热情，也能为幼儿园教师的深入反思创设良好的环境。鼓励创新、崇尚研究、宽松亲和的园所文化环境有利于反思型幼儿园教师的成长。园长作为幼儿园的领

导者与管理者，在营造激励幼儿园教师进行教学反思的园所氛围中发挥不可替代的作用。为了创设人文关爱、亲和宽松、进取创新的园所精神环境，园长要以身作则，积极投身教育科研活动，为幼儿园教师起到榜样示范作用，支持幼儿园教师进行教学反思。同时，园长应树立正确的教师观，尊重每位教师，主动参与幼儿园教师的教学反思活动，指导教师找准问题，不断质疑，以疑促思，以思促行。在教育实践中，园长要敢于揭示自己在管理或教育工作中遇到的问题与困惑，虚心听取他人的意见，积极了解教师对本园管理方面的想法与建议，善于发现教师身上的闪光点和存在的问题，启发教师思考，及时肯定和鼓励教师的创见，从而创设一种浓厚的反思氛围，激励教师开展教学反思，为教师在反思中成长创设支持性环境。

（二）完善规章制度，激发幼儿园教师教学反思的积极性

对幼儿园教师的管理需要科学化、制度化，亦需避免追求形式、追求量化指标的“伪科学管理”倾向的出现。因此，幼儿园应注意健全各项管理制度，对不符合教师时间需要、不利于教师进行教学反思的规章制度进行调整。反思只有转化为教师个人积极主动的行为，才会真正促进其专业成长。幼儿园管理者应注意完善幼儿园的各项管理制度，发挥制度对教师反思和成长的激励作用，激发幼儿园教师进行教学反思的积极性，使反思成为教师工作的内在需求。

1. 健全教科研制度，提高幼儿园教师教学反思的水平

教科研工作是幼儿园工作的重要内容。幼儿园教师应参与教科研活动，成为教科研活动的一员。完善的教科研制度是提高幼儿园教师教学反思水平的有力保障。幼儿园应建立相应的教科研制度，如班级教科研工作实施制度、教师参与教科研奖励制度等。通过这些制度的建立，幼儿园可以规范教科研活动，增强教师的教科研意识，调动教师参与教科研活动的积极性，从而为今后教科研工作的顺利进行打下坚实的基础。同时，幼儿园应严格按照科学的研究程序实施教科研活动。在具体的教科研活动中，幼儿园要重视引导幼儿园教师不断质疑，学会思考，提高教学反思的能力与水平。

2. 改革教学管理制度，为幼儿园教师的教学反思提供保障

一方面，变强制性教学反思为弹性教学反思，正确地认识反思的质与量。教学反思作为促进幼儿园教师专业发展的有效手段，已经得到广大幼儿园的认可和重视。很多幼儿园都制定了相关的制度和要求，如强制性规定幼儿园教师进行教学反思，硬性要求教师每周或每月上交多少篇反思日记等。这种硬性的教学反思管理机制会在一定程度上给教师造成心理压力，易挫伤教师教学反思的积极性，使教学反思沦为教师的负担，导致教师将教学反思作为一项外在任务来完成，敷衍了事，疲于应付，反思流于形式，逐渐走进“日日谈反思、天天写反思，能力却没有得到相应增强”的怪圈。因此，幼儿园不必强制性规定教学反思的频率、字数或形式，而是应制定一些引导性策略，引导教师学会写教学反思，学会利用各种方式进行教学反思；应制定一些激励性策略，引导教师自觉反思，要求教师“深反思”“精反思”；鼓励教师有感而发，哪怕是点滴体会，都应是自己的真实感悟；提高教师撰写反思日记的积极性，激发教师进行教学反思的内在动力，使教学反思真正成为教师专业发展的内在需求和有力工具。

另一方面，为幼儿园教师提供充足的思考时空和条件。是否有充足的时间与精力是影响幼儿园教师进行教学反思的重要因素之一，正如教师所言，平时要忙着写教案、创设班级环境、制作玩教具等，“哪有时间进行教学反思”。可见，幼儿园教师缺乏充足的时间与精力进行教学反思。因此，园长应合理安排幼儿园教师的一日生活，为教师提供一定的反思时间和空间，如缩减班额、配备助教、改革带班制度，减轻教师的工作负担和心理压力，给予教师更多的自主权，让他们在更宽阔、更自由、更开放的时空中深入思考，挖掘更有价值的反思内容。

3. 改革教育评价制度，增强幼儿园教师的自我管理能力

一方面，重视发挥幼儿园教师自评的功能。《纲要》指出，幼儿园教育工作评价以教师自评为主。自我评价能最大限度调动教师的主观能动性，激发教师调整工作的内在需要。为了帮助幼儿园教师对教育工作进行深刻反思，在形成正确自我评价的过程中提高反思能力，幼儿园应把他评为主转变为教

师自评为主，让教师自觉地进行自我反思，自主评价，自我监控，自主提高。另一方面，强调幼儿园教师反思能力的提高。重视评价对教师专业发展的促进作用，将评价与指导相结合，改变将对教师的评定和奖惩同教学反思相联系的做法，激发教师进行教学反思的内在动力。在教学反思的过程中，注重引导教师将注意力集中在发现问题、分析问题与解决问题上，尽量淡化对教师个人的评价，形成宽松、和谐的教学反思氛围和环境。

（三）提供专业引领，为幼儿园教师的教学反思提供支持与辅导

幼儿园教师不仅需要个体反思，也需要集体力量的激励和支持。幼儿园应为教师搭建合作反思的平台，提供专业引领，提升教师教学反思的深度。

1. 开展园内教研活动，通过集体研讨促使教学反思走向深入

研而不教，只能是空谈；教而不研，只能停步不前。幼儿园应经常开展教研活动，为教师提供相互学习、取长补短的机会。幼儿园在集体研讨中应注意以下问题：第一，要精心选择和确立研讨的主题。研讨的主题应来源于教育实践中值得深入思考的问题，只有这样，才能激发教师的思考。第二，要引导幼儿园教师掌握相应的技巧，如积极倾听、真诚敞开心扉等。第三，要注意将集体研讨的结论运用于教育实践。集体研讨后，幼儿园应要求教师将集体智慧运用于教学实践，在实践中进一步进行结论验证，并以此为基础再次组织研讨，不断提高教师的反思水平与能力。同时，幼儿园还可以邀请一些教学反思工作做得好的教师开展相关讲座，介绍他们进行教学反思的方法与途径，以达到经验交流的目的，使其他教师在发现别人长处的过程中，认识到自身存在的问题，从而不断提高教学反思能力。除此之外，幼儿园还可以设立“信息之窗”“反思空间”“反思在线聊天室”等，为教师搭建反思交流的平台，满足教师获取信息、自我提高的需要。

2. 建立导师团队，为提高教师的教学反思水平提供专业引领

教学反思不仅仅是幼儿园教师个人的事，园长、其他教师、教育权威人士等都应对其教学反思给予帮助与支持。对幼儿园教师而言，由于受到主客观条件的限制，其教学反思的水平与深度都有待提升。专家的高位引领有利于研究走向深入，使理论与实践更好地结合，使研究有更大的突破。因此，

幼儿园应为教师提供专家指导的机会。幼儿园应积极创设与专家交流的平台，定期邀请专家来园开展相关讲座，丰富幼儿园教师的理论知识。同时，幼儿园还可以邀请专家直接参与幼儿园教学反思的集体研讨。在集体研讨的过程中，专家有目的、有针对性地给予幼儿园教师点拨与引领，指导教师寻找教学反思的切入点，深入探讨问题背后的原因及改进策略。幼儿园还可以广泛发现社会名师资源，开展跨区、跨地域、跨国界的拜师活动，真正达到通过教学反思促进教师专业成长的目的。

3. 为教师提供专业学习资源

幼儿园可为教师购买一定数量的专业图书和电子资源库，订阅专业报纸、杂志，为教师提供必要、及时的信息，鼓励教师阅读教育经典著作，启迪思维与智慧，调动教师自主学习的积极性、主动性，使教师在收集、整理信息的过程中，不断积累教育理论知识，提高教育理论素养，促进自身反思能力和水平的提高。

积极向上的心理氛围、合作的园所文化、互动共享的交流平台、开放民主的发展空间、示范引领的楷模群体，能为提高教师的教学反思能力、促进教师的专业发展提供有利条件。

三、全社会的关照与支持

幼儿园教师的素质高低是影响学前教育事业发展的关键条件。社会作为影响幼儿园教师专业成长的重要因素之一，理应在促进幼儿园教师的教学反思方面有所作为，为幼儿园教师的专业发展提供一定的支持。

（一）保障幼儿园教师的合法权益，提高幼儿园教师的职业声望

健全的福利保障体系是幼儿园教师的专业发展的物质支撑。社会应为幼儿园教师的专业发展提供强有力的物质条件，不断改善幼儿园教师的福利、工资待遇，提高幼儿园教师的职业地位，激发幼儿园教师专业发展的内在自觉，为幼儿园教师的教学反思提供物质保障。同时，社会应形成重视幼儿园教师、尊重幼儿园教师的良好氛围，认识到幼儿园教师工作的专业性，重视幼儿园

教师的职业劳动，为幼儿园教师提供一定的支持与帮助。

（二）构建区域教研与学习团队，加强幼儿园教师培训

为了促进幼儿园教师的有效学习，各级地方政府可以提供更为广泛的专业支持与引领。第一，严格幼儿园教师准入制度，提高幼儿园教师准入条件，加强幼儿园教师职业的专业化程度。第二，建立职前培养与职后培训一体化体系，构建一体化的幼儿园教师教育培养体系，促进幼儿园教师可持续专业发展。第三，建立幼儿园教师研修社区和学习共同体，引导本区域幼儿园教师进行经验分享、合作学习和共同研究，促进各幼儿园之间的取长补短、相互关照和“传、帮、带”。

（三）完善教师在职学习制度，构建学习型社会

为了促进幼儿园教师在工作中的自主学习与反思，国家需要进一步完善幼儿园教师学习与教育制度，给予必要的经费支持，组织开展多样化的、专门的幼儿园教师培训活动。另外，全社会要形成“人人爱学、家家崇学、处处能学、时时可学”的社会风尚。唯有如此，幼儿园教师才能做到“做中学、做中思”，将日常工作认同为自主学习的过程，不断反思，追求卓越，实现毕生学习与发展。

第五章　基于园本培训的幼儿园教师自主学习

第一节　园本培训及研究设计概述

园本培训是当前幼儿园培训的重要方式之一，也是幼儿园教师实现自主学习不可或缺的平台和路径。园本培训与幼儿园教师自主学习相互依存。教师自主学习是园本培训的基础和重要目的之一，园本培训是教师自主学习的“助推器”，能有效推动教师的自主学习。本章对园本培训中的幼儿园教师自主学习做专门探讨。

一、园本培训的内涵

园本培训的概念起源于校本培训。所谓校本培训是指根据学校课程建设和整体规划的需要，由学校发起、组织，旨在满足教师工作需要的培训活动。目前，校本培训已经成为各国教师在职培训的主要形式。[①] 本研究中的园本培训与校本培训概念类似，都是在职教师参与继续教育的一种进修模式。园本培训的概念在我国尚无统一、广泛认可的界定。有学者认为，园本培训必须立足于本园实际，要将教师培训与幼儿园课程、文化紧密结合。也就是说，

① 王建军. 教师专业发展：提升学校教育内涵的关键 [J]. 思想·理论·教育，2003 (5)：15-19.

园本培训一定要结合幼儿园的现状及需要来展开。还有学者将园本培训定义为以幼儿园为本位，由幼儿园计划、组织，针对幼儿园教师的师德师风、专业理论与技能、科研能力等进行的培训。总之，园本培训具有多个层面的内涵。首先，园本培训是以促进教师成长与幼儿园发展为目标；其次，园本培训聚焦于教师的工作实际；最后，园本培训的对象是幼儿园教师，主阵地是幼儿园。

本研究所指的园本培训是幼儿园基于本园发展和教师专业成长的需要，以幼儿园为组织单位，充分利用园内外资源开展的以解决本园实际问题为导向、服务于本园教师的在职培训活动。

二、园本培训的特征

园本培训是由幼儿园规划并组织实施的，以本园教师为培训对象，以幼儿园自身发展需求为根本的在职培训活动，其区别于其他培训活动的主要特征是紧密联系教育教学，体现和关照幼儿园和教师个性。参照我国学者夏宇虹[①]的梳理，本研究将园本培训的特征概括如下：第一，培训目标的指向性。园本培训以幼儿园和教师的发展为目标。第二，培训内容的针对性。园本培训以幼儿园发展的要求、教师专业学习与发展需求、教育教学中的实际问题为培训的主要内容。第三，培训组织的自主性。幼儿园自主拟定园本培训计划，安排园本培训时间、内容及形式，在组织管理上充分自主。第四，培训对象的特定性。园长是培训的第一负责人，以幼儿园为培训基地，幼儿园教师是培训对象。第五，培训活动的实践性。园本培训是基于教育教学实践活动展开的，以解决问题为导向，从实践中来并服务于实践。第六，培训形式的灵活性。

三、幼儿园教师参与园本培训的意义

“学而不思则罔，思而不学则殆。”园本培训作为促进幼儿园教师有效学

① 夏宇虹. 理性看待园本培训的利与弊［J］. 学前教育研究，2006（Z1）：13-15.

习与反思的“助推器”，在一定程度上促进教师的问题解决与反思能力提升、个性发展以及终身学习，影响儿童学习与发展以及园所的整体文化氛围，对教师自身、儿童及幼儿园的发展均具有重要意义。

（一）夯实理论知识与实践能力，提升教师专业素养

园本培训着眼于教师的现实问题解决，对教师的教育教学工作具有强烈的指导性与引领性。教师在参与园本培训的过程中，可针对自身专业知识与实践能力上的不足，获取专业成长源源不竭的动力，实现从“要我学”到“我要学”的质变。园本培训满足不同教师的需要，提高教师的专业化水平和教育教学的质量，最终使幼儿园教师的专业化走上由外控发展到内控发展的道路。幼儿园教师通过参与园本培训，由被动的听众变为主动、平等的交流者，在加强自我学习与修炼的同时，与园长、专家、同伴不断对话，在理论和实践间不断游走，从而萌发自身分析、反思、解决教育实践问题的积极性与创造性，在不断学习与实践、对话与反思中提升自身的专业素养。

（二）理解儿童，促进儿童学习与发展

幼儿园教师作为儿童的支持者、合作者、引导者，对儿童的学习与发展具有重要意义。随着时代的进步，儿童发展特点与水平、人们对儿童的认识与理解也在发生着变化。近年来，学前教育理论与实践越来越凸显儿童的地位，“儿童本位”的教育观逐渐受到推崇与认可。然而现实中的部分教师对儿童缺乏理解与尊重，习惯用控制的手段开展一日活动，这在一定程度上暴露了其“儿童观”的偏颇，需要通过园本培训逐渐纠正与扭转。2012 年，教育部颁布的《3—6 岁儿童学习与发展指南》（以下简称《指南》）为幼儿园教师理解儿童提供了科学依据。各地幼儿园广泛开展了大量与《指南》相关的园本培训，极大促进了教师对儿童的理解与科学评价，推动了儿童的学习与发展。除了全国通用的《指南》外，各园教育实践中鲜活而千差万别的儿童教育活动案例以及近些年来兴起的“学习故事”也是开展园本培训的重要素材。它们促使教师既关注儿童发展的一般规律，又对儿童的个体差异性有了更深刻的认识，在理论学习的基础上获取更多有关儿童发展的感性经验，在推动教师专业化发展的同时，促进儿童的学习与发展。

（三）激发幼儿园活力，有利于学习型组织建设

终身学习是21世纪重要的概念，幼儿园必须坚持学习型组织的建设理念，顺应时代形势变化。在学习型组织中，学习就是工作的核心，工作就是学习的场所。由于园本培训可以有效促进教师学习与工作的统一，因此园本培训与学习型组织的建设理念不谋而合。事实上，园本培训内容是基于幼儿园与教师发展的现实问题解决的，对激发幼儿园活力具有重要作用。高质量的园本培训有利于营造良好的学习氛围，激发教师自主学习的内驱力，打造会学习的教师群体，从而促进学习型幼儿园的建设。事实上，幼儿园教师参与园本培训是建设学习型幼儿园必不可少的环节之一。

四、研究设计

本研究旨在了解幼儿园教师在园本培训中自主学习的状况，探寻影响教师在园本培训中学习效果的因素，为提高幼儿园教师在园本培训中的学习质量提出建议，并在优化园本培训活动的同时，有效推动幼儿园教师的专业学习和成长。本研究以问卷调查法为主、访谈法和文献法为辅，尽可能准确、全面、完整地收集数据材料。

首先，自编《园本培训中幼儿园教师自主学习调查问卷》。问卷包括6个维度，分别是学习动机（包含内部动机和外部动机）、学习内容（包含专业理念与师德、专业知识、专业能力）、学习方式（包含接受性学习、合作性学习、自主学习）、学习外部支持条件（包含学习制度、学习资源、学习环境）、学习时间（包含内控、外控）、学习结果（包含专业理念与师德、专业知识、专业能力）。

其次，对问卷进行信效度检验，以保证研究及结果的有效性与可靠性。在内容效度上，研究者邀请2名学前教育专家、2名幼儿园园本培训负责人、5名幼儿园教师和4名研究生对问卷的各个子项目及题目的表述进行了细致阅读，并就争论点展开讨论与修订，使最终修订后的问卷呈现出较好的内容效度。在信度上，研究者对收集到的数据用SPSS 22.0进行检验，得出各维

度的 Cronbach α 系数分别为 0.806、0.837、0.852、0.811、0.831、0.816，证明本研究具有良好的信度。随后，研究者采用有目的的分层随机抽样的方式，选择在湖北省武汉市城区 8 所幼儿园发放问卷，其中：公办园 4 所，发放问卷 115 份，回收问卷 104 份，有效问卷 99 份；民办园 4 所，发放问卷 86 份，回收问卷 75 份，有效问卷 72 份。

最后，本研究在运用问卷调查法的基础上，采取目的性抽样的方法，随机选取公办园和民办园各 1 所，与园本培训负责人及教师进行正式或非正式的访谈，了解幼儿园教师在园本培训过程中的学习动机、学习内容、学习方式等，重点研究幼儿园教师在园本培训中的内心活动状态。

第二节　园本培训中幼儿园教师自主学习的现状

《幼儿园教师专业标准（试行）》明确指出，幼儿园教师是履行幼儿园教育教学工作职责的专业人员，需要经过严格的培养与培训，具有良好的职业道德，掌握系统的专业知识和专业技能。幼儿园教师要树立“终身学习”的理念，通过各种途径提升自身的专业素质与能力。园本培训对教师胜任工作岗位、实现专业发展具有重要意义。本部分将在分析研究结果的基础上，探讨当前园本培训中幼儿园教师自主学习的现状，就其中存在的问题进行原因分析。

一、园本培训中幼儿园教师自主学习概况

根据对问卷数据的描述性统计分析，幼儿园教师在园本培训中的自主学习各项目的平均得分都介于 3.60 分和 4.40 分之间，若以 100 分计算，即处于 72 分和 88 分之间；问卷所有项目的平均分为 4.05，这说明园本培训中的幼儿园教师自主学习整体状况较好。幼儿园将园本培训视为教师素养提升的有效

途径，教师通过园本培训切实提升了自身专业知识与能力，参与园本培训的态势良好。其中，学习结果得分最高，学习时间得分最低。学习结果得分最高，体现了园本培训活动具有及时性和实践性的特点，这说明园本培训将教师的工作与学习做了较好的衔接，教师在工作中遇到的问题能够通过园本培训得到及时解决，从而缩短了理论转化为实践的过程。学习时间得分最低，表明教师在园本培训中的自主学习时间不够充足，这与幼儿园日常工作较为琐碎、繁重从而压缩了教师的自主学习时间有关，也与教师本人对学习投入的自主性有关。具体见表 5-1。

表 5-1　园本培训中幼儿园教师自主学习概况

维度	样本量	维度平均分	标准差	项目数	项目平均分
学习动机	171	25. 57	4. 51	7	3. 73
学习内容	171	25. 90	2. 89	6	4. 32
学习方式	171	30. 04	3. 96	7	4. 29
学习外部支持条件	171	27. 98	3. 65	7	4. 00
学习时间	171	26. 12	4. 88	7	3. 65
学习结果	171	30. 41	3. 73	7	4. 34
总体状况	171	166. 01	16. 34	41	4. 05

接下来，我们对园本培训中幼儿园教师自主学习的 16 个子维度得分情况进行统计分析，以便对幼儿园教师在园本培训中的自主学习状况做更深入、细致地探讨。具体见图 5-1。

（一）学习动机

本研究将学习动机分为内部动机和外部动机两类。内部动机反映教师个人内心对学习的渴求和向往，外部动机即“为完成外部任务”“获得外部认可”等动因。根据图 5-1 所示，园本培训中幼儿园教师自主学习的内部动机得分明显高于外部动机，这说明幼儿园教师参与园本培训的主要动机是个人的内在驱动力，大部分教师都有较为强烈的自我提升意愿，因而能积极参与园本培训的学习。教师外部动机较弱，可能与外部激励不足有关。如访谈中

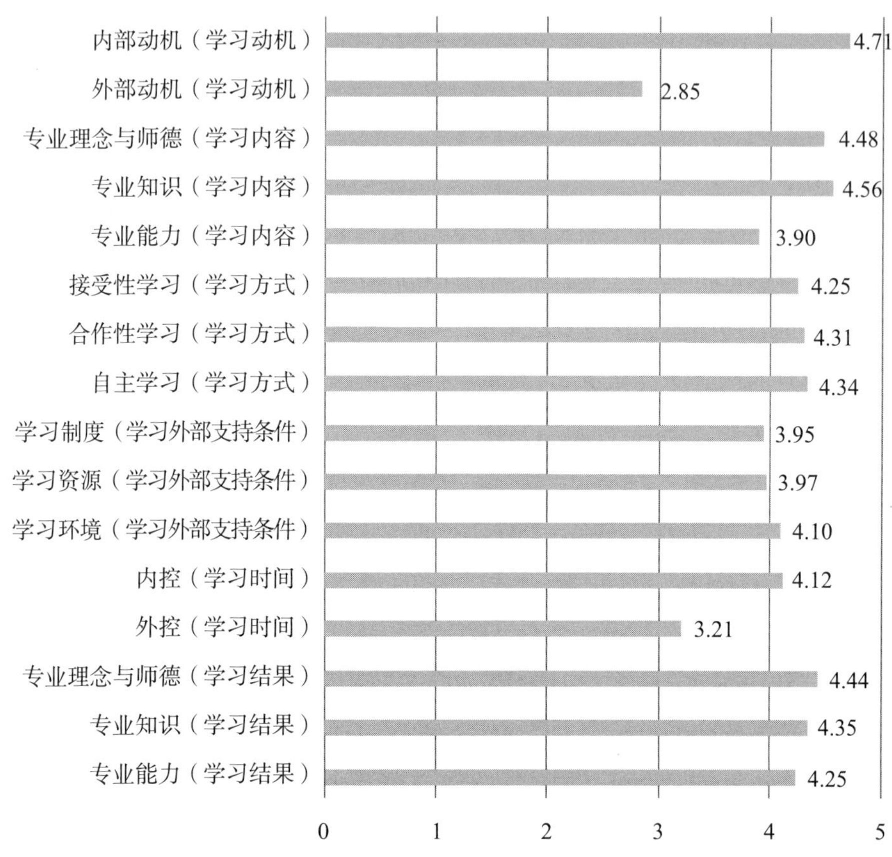

图 5-1　园本培训中幼儿园教师自主学习各子维度平均得分

有教师提出："幼儿园并没有特别鼓励老师参加职后学习，进行学历提升或者参加各种学习培训班全凭自愿，所有费用都需自理，并且对评职称也没有什么好处，可以说参不参加都一样，只有真正热爱学习的老师才会自主学习。"还有老师表示："园本培训是幼儿园日常工作任务，与奖金福利无关。""只要不影响考勤，园本培训参不参加无所谓，如果手头有别的事，只要领导说一下，就可以不参加学习。"可见，外部因素对教师自主学习积极性的促进作用并没有得到真正发挥，由此导致教师自主学习的外部动机较弱。幼儿园对园本培训的主体支持和激励不够，不足以带动教师的学习热情。在性别、园所性质、教龄及学历等因素上，教师自主学习的内外部动机都未表现出显著差异（$p>0.05$）。在职称因素上，教师的内部学习动机（$F=2.83$，$p<0.05$）表现出显著差异。事后检验表明，二级教师得分显著低于其他职称的教师。具体见表 5-2。

表 5-2　园本培训中幼儿园教师学习动机的差异分析

背景变量	类别	内部动机			外部动机		
		平均值	标准差	F	平均值	标准差	F
职称	无	4.74	0.38	2.83*	2.82	1.09	0.85
	二级教师	4.53	0.44		2.91	1.22	
	一级教师	4.77	0.45		2.77	1.08	
	高级教师	4.86	0.17		3.44	1.21	

* $p<0.05$

由此可见，二级教师在园本培训中的自主学习内部动机有待加强。一般而言，二级教师入职时间短，理论知识较为丰富而实践经验不足。有些教师还未建立起对幼儿园教师这一职业的认同感，就已经产生了离职的念头，因此自主学习的内部动机不足。有些教师缺乏对自身职业的追求。有些刚入编的二级教师，认为捧上了“铁饭碗”，从此可以高枕无忧。还有些教师对培训内容不感兴趣，学习欲望不强。在访谈中，有教师表示：“这份职业太辛苦了，责任还大，我的好几个同学都转行了，我不知道自己还能坚持多久。”还有教师说：“我已具备应对日常教学工作的能力，没有必要再培训日常教学能力。”“园本培训的大部分内容我在大学都学过，没有必要再‘炒现饭’。”“本学期培训的多媒体操作技能我原本就会，有点浪费我的时间。”可见，教师自主学习的动机与教师个人的当前状态、学习品质以及园本培训内容等多方面因素有关。营造“尊师重教”的社会环境以增强教师的职业认同感，选择与教师需求相匹配的园本培训内容，培养教师积极好学的良好品质，都可增强幼儿园教师的自主学习动机。

（二）学习内容

本研究将学习内容分为三类：专业理念与师德，即教师的教育理念和思想道德素养；专业知识，即教师的学前教育专业的学科知识；专业能力，即教师胜任这一职业所要具备的专业能力。如图 5-1 所示，在三类学习内容中，教师在专业知识上的平均得分最高，说明园本培训内容以专业知识的学习为主，对专业能力和专业理念与师德的学习关注较少。我们通过访谈得知，园本培训一般以幼教文件学习为主，如《纲要》《指南》《规程》等，兼顾五大领域课程教法等知识，以观摩、讨论和听报告的形式为主。这些对知识拓展有帮助，但对能力提升与情意培养帮助不大。

研究发现，在不同性质园所工作的教师在专业理念与师德（$t=3.31$，$p<0.01$）和专业知识（$t=3.29$，$p<0.01$）的学习上表现出显著差异，在专业能力（$t=0.92$，$p>0.05$）的学习上未表现出显著差异；不同职称的教师在专业理念与师德（$F=0.85$，$p>0.05$）和专业能力（$F=2.40$，$p>0.05$）的学习上未表现出显著差异，在专业知识（$F=3.81$，$p<0.05$）的学习上表现出显著差异。具体见表 5-3。

表 5-3　园本培训中幼儿园教师学习内容的差异分析

背景变量	类别	专业理念与师德			专业知识			专业能力		
		平均值	标准差	t/F	平均值	标准差	t/F	平均值	标准差	t/F
园所性质	公办园	4.62	0.53	3.31**	4.68	0.46	3.29**	3.95	0.80	0.92
	民办园	4.30	0.72		4.40	0.59		3.84	0.72	
职称	无	4.41	0.69	0.85	4.76	0.57	3.81*	3.80	0.75	2.40
	二级教师	4.64	0.55		4.50	0.33		4.21	0.79	
	一级教师	4.50	0.56		4.47	0.57		3.90	0.72	
	高级教师	4.69	0.46		4.50	0.18		3.88	0.88	

** $p<0.01$　* $p<0.05$

不同性质的幼儿园，其园本培训内容存在较大差别。相较于民办园，公办园针对园本培训中学习内容的安排，更重视“专业理念与师德”和“专业知识”。这可能是因为民办园新手教师比例高，开展园本培训的目的是让教师能够尽快胜任幼儿园教育教学工作，因而园本培训以专业能力方面的学习为主，忽视了看上去与实际工作联系不大的学习，如“专业理念与师德”“专业知识”。民办幼儿园的领导和教师应该意识到，合格的幼儿园教师除了需要具备良好的专业能力，还应具备专业理念、师德与专业知识，后者是基础，绝对不可或缺。近年来，民办幼儿园教师虐童案时有发生，本质上反映了这些教师在专业理念与师德上的缺失，从中可窥见民办幼儿园在园本培训内容规划上存在一定问题。事实上，在教师素质提升上只有做到全面兼顾，才能实现幼儿园和教师的可持续发展。

在职称因素上，研究表明，无职称教师专业知识的学习显著比有职称的教师更丰富。这反映了无职称教师对专业知识的学习更为重视，也从侧面反映了无职称教师专业知识的缺乏。在访谈中，有无职称的年轻教师说道：“我本身不是幼教专业的，正好赶上这些年幼儿园老师缺口大，我本身也爱唱歌、跳舞，喜欢小孩，所以转行来当幼儿园老师。这几年边做边学，知道了大量的学前教育专业知识。”还有教师说道：“因为没有编制，所以没有评职称，首先要解决考编的问题。考编要考大量的专业知识，所以我特别重视专业知识的学习，希望能帮助自己顺利考上编制。”这说明，作为幼儿园教师中的弱势群体，部分无职称教师为了自身的发展前途，学习了大量的学前教育专业知识。相反，部分有职称的教师在专业知识学习上存在惰性。如一位园本培训负责人提出：“我们幼儿园有大量的中高级教师，专业才能本身是过硬的，因此不需要经常培训，我们一般是对新手教师培训得比较多。”一名骨干教师也提出：“这一行我干了几十年，那些专业知识都是换汤不换药，带好孩子才是硬道理。”由此可见，相较于无职称教师，部分有职称教师在专业学习上反而存在着懈怠现象。因此，幼儿园在园本培训内容与频次的安排上，应具备一定的危机意识，按需分层、分类培训。园本培训在强调无职称教师自主学习的同时，应兼顾有职称教师的长远专业发展，统筹规划好培训内容、对象与频次，做到有的放矢。

（三）学习方式

本研究将教师在园本培训中采用的学习方式分为三类：接受性学习，指教师依赖于他人传授的灌输式学习；合作性学习，指教师通过小组研讨、合作等形式开展学习；自主学习，指教师自主制定学习目标、开展学习活动的过程。由图 5-1 得知，教师在合作性学习和自主学习上得分相当，在接受性学习上得分低。这与园本培训内容的针对性与实践性有关。由于园本培训解决的是具体教育情境中的现实问题，因此相较接受性学习这种被动式的学习方式而言，教师在园本培训中更倾向于发挥个人的自主性与团队的合作性。

在这三种学习方式的运用上，公办园教师都显著优于民办园教师。不同性别、教龄、职称、学历的教师在三类学习方式的运用上均未表现出显著差异。一般而言，公办园教师入职门槛较高，人才筛选程序更为规范和复杂，因此，教师从学历层次到学习能力都更胜一筹，在学习方法的运用上也更灵活与适宜，在园本培训中运用的学习方式也比民办园教师更丰富多元。具体见表 5-4。

表 5-4　园本培训中幼儿园教师学习方式的差异分析

背景变量	类别	接受性学习			合作性学习			自主学习		
		平均值	标准差	t	平均值	标准差	t	平均值	标准差	t
园所性质	公办园	4.36	0.63	2.69**	4.44	0.66	2.74**	4.46	0.69	2.69**
	民办园	4.10	0.63		4.14	0.74		4.18	0.68	

** $p<0.01$

（四）学习外部支持条件

学习外部支持条件有学习制度、学习资源、学习环境三类。学习制度，即保障教师在园本培训中的学习顺利开展的相应行为准则；学习资源，即支持教师在园本培训中学习的软件和硬件条件；学习环境，即实现教师在园本培训中学习的物质和精神氛围。根据图 5-1 所示，在学习外部支持条件上，学习环境对幼儿园教师在园本培训中的学习支持最大，学习制度与学习资源的支持力度均较弱。这一方面反映出幼儿园教师在自主学习的物质环境上获得了较大支持，但在学习资源上急需外部支持，如图书资源、课程资源、专家资源等，另一方面反映了当前园本培训中教师自主学习制度还不完善，或制度的实施不足。

不同性质园所的教师在园本培训中获得的学习外部支持条件也不尽相同。其表现为，园所性质不同，教师的学习资源（$t=2.13$，$p<0.05$）与学习环境（$t=3.09$，$p<0.01$）有显著差异，在学习制度（$t=1.49$，$p>0.05$）方面未表现出显著差异。具体见表 5-5。

表 5-5　园本培训中教师学习外部支持条件的差异分析

背景变量	类别	学习制度			学习资源			学习环境		
		平均值	标准差	t	平均值	标准差	t	平均值	标准差	t
园所性质	公办园	4.01	0.63	1.49	4.09	0.83	2.13^{*}	4.22	0.62	3.09^{**}
	民办园	3.86	0.67		3.82	0.76		3.92	0.64	

** $p<0.01$　* $p<0.05$

可见，公办园园本培训中的学习资源和学习环境显著优于民办园。通过访谈得知，一些民办园教师流动性高，部分幼儿园领导希冀“只要马儿跑，不要马儿吃草”，对教师队伍“只用不培”。如有园长表示：“我们幼儿园教师流动约三分之一左右，变动很大，好不容易培养出来了，却翅膀硬了，考编到公办园了。”部分民办园领导对园本培训与教师自主学习、成长的关系认识不足，造成民办园园本培训的学习资源和环境支持力度弱，加之大部分民办园规模小，整体师资水平不如公办园，从而造成园内骨干教师引领园本培训的深度和力度有限。如有园本培训负责人说：“老师上课水平的提高关键靠老师个人经验的积累，老师们各带各的班，没时间搞专门的培训。”也有园长认为：“大部分老师能力水平差不多，谁培训谁呢?”此外，由于国家对民办园的财政支持相对薄弱，民办园出于节约成本的考虑，也很少邀请园外专家入园指导教师的学习与成长。

（五）学习时间

学习时间分为内控（教师个人对学习时间的控制）时间和外控（外界对教师自主学习的影响）时间。图 5-1 表明，教师内控时间得分明显高于外控时间。这体现了教师作为成人学习者，有着强烈的自我概念，渴望在学习成长中享有自由选择、规划权，能自觉抵制外部强加的培训或学习。在访谈中，几名年轻教师都表示："我知道自己在专业知识上还有很多欠缺，愿意匀出个人时间来学习。""希望园部可以给老师留一些时间，让我们按照个人规划与需要去学习。"此外，研究发现，不同性别教师的外控时间（$t=-3.53$，$p<0.05$）以及不同性质园所教师的内控时间（$t=3.87$，$p<0.01$）有显著差异，具体见表 5-6。

表 5-6　园本培训中教师学习时间的差异分析

背景变量	类别	内控时间			外控时间		
		平均值	标准差	t	平均值	标准差	t
性别	男	3.94	0.83	-0.59	2.67	0.27	-3.53*
	女	4.13	0.64		3.22	1.01	
园所性质	公办园	4.28	0.59	3.87**	3.27	1.00	0.87
	民办园	3.91	0.65		3.13	1.01	

** $p<0.01$　* $p<0.05$

女教师的自主学习时间受外界的影响要明显高于男教师。这是因为在传统"男主外、女主内"的性别刻板印象影响下，女性在社会中承担"相夫教子"的职责。对于女教师而言，她们不但要完成教师角色的工作任务，又要履行好传统女性的家庭角色，因而在园本培训中，自主学习时间较多地受到外界影响。园本培训的组织者应充分考虑女性教师的家庭职责，弹性安排园本培训的时间。

公办幼儿园教师自我管理的学习时间显著高于民办幼儿园。这与公办幼儿园在教师管理上给予教师更多的自主性有关。由于公办幼儿园教师流动较少，教师结构较为固定，成熟型与骨干型教师占比较高，因此在教师管理上可以适当放手，给教师留有自主安排学习时间的余地。访谈中，有公办园教师表示："我们每周都有固定的学习时间，有时是集中学习，有时是自主学习，领导要求每周上交学习笔记。”相对来说，民办园教师流动大，以年轻教师为主体，专业发展上急需引领，需要幼儿园安排明确的学习任务，在园本培训中的自主学习更多地受到外界控制。此外，民办园教师的保教任务更为繁重，经验不足的民办园教师需要花费更多时间完成各项班级工作，无暇顾及园本培训中的学习。如一名民办园园本培训负责人说道：“班上孩子多，老师经验不足，我们的培训时间一般安排在孩子们午睡时。如果有学习任务，那老师中午就不能休息了。”可见，部分民办园教师的自主学习是建立在牺牲个人休息时间的基础之上，不利于教师专业发展的可持续性。民办幼儿园要在确保班级各项工作顺利开展的基础上，给予教师更多的自主学习时间，激活教师内在的学习欲望。另外，民办幼儿园要优化师幼比，适当减轻教师的工作压力。

（六）学习结果

教师在园本培训中的学习结果有三类：专业理念与师德（反映教师教育观念的变化）、专业知识（反映教师专业知识上的成长与收获）、专业能力（反映教师教育教学能力的改变）。如图 5-1 所示，园本培训中教师收获最大的是在专业理念与师德以及专业知识方面；在专业能力上，教师的学习效果欠佳。这反映出幼儿园对教师专业能力的培训有待加强，不仅在频次上需要增加，而且在内容上应与教师需求更为匹配，在形式上凸显操作性与实践性。尽管爱泼斯坦提出，精心筹备的在职培训能提高幼儿园教师的教学实践能力，但能力的提高并非一蹴而就，教师在园本培训中学会的方法技能仅代表该学习阶段的成果，若缺乏长期的思考、实践与运用，则会快速遗忘。教师专业知识和理念的改变更依赖于教师的感性经验，可能得益于某场报告、某次教研活动或某本专业图书中的观点正好与当下的自己发生了心灵的碰撞，这类知识比能力更易于习得并消化吸收。幼儿园在强调专业知识学习的同时，切不可忽略能力的培养，并且在能力培养上不能“纸上谈兵”，应落实到实践工作中，长期坚持。

研究结果表明，不同性质园所的教师在专业理念与师德（$t=3.75$，$p<0.001$）、专业知识（$t=3.67$，$p<0.001$）、专业能力（$t=4.27$，$p<0.001$）的

提升效果上表现出显著差异，并且均表现出公办园教师明显优于民办园教师的特点。不同教龄的教师在园本培训中获得的专业知识（$F=2.47$，$p<0.05$）与专业能力（$F=3.29$，$p<0.01$）的提升效果表现出显著差异，事后检验表明，在专业理念与师德上，教龄6—15年的幼儿园教师学习效果最好；在专业知识和专业能力上，教龄16年及以上的幼儿园教师学习效果相对更好。不同职称的教师对于专业知识的学习效果有明显差异（$F=3.40$，$p<0.05$），事后检验表明，有职称的教师明显高于没有职称的教师。具体见表5-7。

表5-7 园本培训中教师学习结果的差异分析

背景变量	类别	专业理念与师德			专业知识			专业能力		
		平均值	标准差	t/F	平均值	标准差	t/F	平均值	标准差	t/F
园所性质	公办园	4.59	0.52	3.75***	4.48	0.54	3.67***	4.42	0.62	4.27***
	民办园	4.24	0.67		4.15	0.64		4.01	0.63	
教龄	1—2年	4.33	0.64	0.77	4.13	0.64	2.47*	4.00	0.66	3.29**
	3—5年	4.47	0.64		4.42	0.61		4.33	0.59	
	6—10年	4.55	0.59		4.48	0.49		4.26	0.48	
	11—15年	4.59	0.49		4.45	0.61		4.38	0.79	
	16—20年	4.43	0.53		4.51	0.50		4.50	0.50	
	20年以上	4.44	0.63		4.52	0.47		4.56	0.44	
职称	无	4.37	0.66	1.99	4.25	0.64	3.40*	4.17	0.67	1.46
	二级教师	4.67	0.53		4.57	0.47		4.39	0.54	
	一级教师	4.43	0.52		4.49	0.51		4.37	0.61	
	高级教师	4.44	0.49		4.52	0.73		4.13	0.95	

*** $p<0.001$　** $p<0.01$　* $p<0.05$

首先，相对于民办园教师，公办园教师在学习结果的三个方面均成效显著。该结果可能与公办园教师队伍更为稳定，对教育事业有着长期持续的追求，因而在园本培训中表现出较好的学习态度和积极性有关。观念在一定程度上能左右人们的行为，教师将培训中的学习视为事关个人发展的重要环节，学习效果则会提升。另外，这可能与民办园组织的园本培训质量有关。若要改善民办园教师园本培训的学习效果，不仅要提高教师对学习重要性的认识，引导其树立积极上进的学习态度，还需要优化民办园的园本培训活动，提升园本培训质量。

其次，不同教龄的幼儿园教师在专业理念与师德、专业知识和专业能力上的学习结果呈现出不同的发展特点。在专业理念与师德上，教龄 15 年及以内的幼儿园教师的学习效果随工作时间的延长而逐步上升，但工作 16 年及以上的幼儿园教师的学习效果开始明显下降，幼儿园教师可能更多依赖个人实践经验而不是外在培训形成专业理念与师德。在专业知识和专业能力上，虽然教龄 11—15 年的幼儿园教师专业知识的学习效果稍有波动，教龄 6—10 年的幼儿园教师专业能力的学习效果有短时下降，但总体上，幼儿园教师专业知识与能力的学习效果随年龄增长而逐步提高。故园本培训要充分考虑到不同教龄、不同发展阶段幼儿园教师的特点及需求，对教龄 15 年及以内的幼儿园教师，应加强专业理念与师德教育，稳定岗位与职业思想，提高师风师德；对工作 16 年及以上的幼儿园教师，应帮助其克服职业倦怠，与时俱进，更新专业理念。而对幼儿园教师进行专业知识与能力的培训，则要注意制订长期可持续发展的阶梯式计划，逐步提高培训目标与内容要求，加深难度，引导幼儿园教师的专业知识与能力走向更高的水平。

最后，有职称的教师的园本培训学习结果在专业知识方面显著优于无职称的教师。一般而言，有职称的教师已经确定了自己的职业方向，在学习背景上更加专业，有着对教育事业的执着追求与美好情怀，工作中积累了丰富的经验，在园本培训期间善于把个人经验与学习内容有机结合，从而将感性经验上升至理性层面，专业知识学习效果自然较好。针对无职称教师的园本培训，要格外重视理论知识生活化和实践化，由浅入深、层层递进，与教师的一日工作紧密相连，以便其内化与吸收。

二、园本培训中幼儿园教师自主学习的特点

根据上文对园本培训中幼儿园教师自主学习的现状与差异的综合梳理与分析，我们可更深入地总结园本培训中幼儿园教师自主学习的特点。

（一）幼儿园教师自主学习的心理特点

所谓教师自主学习的心理特点，旨在强调教师个体在学习过程中发生的一系列内化活动。从学习动机的产生，到学习内容的习得、学习方式的选择，最后到学习效果的反馈，都是教师发于内心、在自我意识导向下产生的一系列学习行为。

1. 学习动机偏内在和实用性

幼儿园教师作为具备一定工作经验的成人，具有独立自主的意识和行为，学习行为大多由内在驱动。心理学家哈维格斯特提出，人在成年早期、中期和晚期都会有各自相应的社会职责和发展任务，因此会产生不同的学习意识。相比于职前人员，幼儿园教师更能清晰认识为什么学、学什么和怎么学的问题，能够根据幼儿园的行为规范要求、自身教育教学和发展的需要，主动制订学习计划、选择学习内容和方式，在学习的不同阶段随时反思总结个人的学习经验和效果，获得快速发展。不可否认，幼儿园教师也存在谋求更好职位、获取更多报酬等外在学习动机，但是绝大多数教师都希望通过学习增加个人工作满意度，实现自我价值。正如本研究的发现，在园本培训中教师的自主学习动机方面，内部动机得分（4.71）明显高于外部动机得分（2.85），这说明主要是内在驱动力促使幼儿园教师参加园本培训和学习。

幼儿园教师“即学即用”的动机也比较强。一方面，教师自主学习大多是为了解决实践过程中遇到的困惑，而非形成系统化的专业理论知识；另一方面，几乎所有教师都会产生对教育改革的渴望，希望通过重新架构、得到新能力而解决现实教育难题，获取教育新经验，这属于“实时问题解决”的学习。因此，幼儿园教师的学习动机呈现“实用性”的特点，有实用价值又兼具本土可行性的园本培训更容易调动教师的学习动机。

2. 学习内容注重综合性和经验性

不同于职前课程的独立性和系统性，幼儿园教师在工作中面对的是不断成长变化的幼儿，因此只要是与教育对象全面健康成长有关的教育和保育知识都是教师应掌握的。在某种程度上，职前教育分门别类的课程设置不能完全满足幼儿园教师在真实教学情境中的所有需要。对于教师来说，解决任意一个真实的教学问题都会涉及个人多方面的知识。综合、系统地运用所学专业理论知识与能力，决定了幼儿园教师在园本培训中的学习内容应具有综合性与广泛性。

幼儿园教师的学习强调基于个体原有知识经验的学习，即经验性学习，类似于奥苏泊尔提出的“有意义学习”，即“运用已有的知识经验去解释经验并得出结论，并对解释和推论的过程进行反思的过程”①。幼儿园教师在学习内容上侧重经验性。经过实践检验的经验性知识，有利于激励教师创造性地运用个人经验和教育理论，最终使知识常用常新，达到灵活施教的效果。

3. 学习方式凸显迁移性和建构性

所谓学习迁移是指一个人在一种情境中的学习影响他在其他情境中的学习。幼儿园教师在园本培训时倾向于将在实践中习得的经验性知识重新组合并移用到理论的学习中。这种学习方式有利于教师对学习内容进行内化，帮助教师了解教育行为背后的理论依据，以找到优化自身教育行为的方向与具体措施，使理论与实践产生对话，促进学习行为的持续发生。

要使幼儿园教师的自主学习取得实效，仅采用个人工作经验迁移式的学习方式是不够的，教师必须能够实现个人对知识的“意义建构”，即有意识地感知情境，对感知到的事物赋予意义，最终将这些意义内化成自己的人生经历。对于幼儿园教师来说，意义建构一方面体现在教师主动地把学习到的理论知识运用于实践，形成具体教育教学场景中对某类（某个）理论知识的个性化解读，另一方面体现在把自己或他人的教育实践经验升华到理论层面，在“实践—理论—再实践—再理论”的多次碰撞中，实现专业成长。

---

① 宋善炎，丁向阳．“有意义学习”与“有意义的学习经历”［J］．教育科学研究，2010（3）：63-65+69.

4. 学习过程干扰多

作为成人学习者，幼儿园教师在社会中扮演着多种角色。幼儿园教师社会角色的复杂性决定了其在学习中必然会受到多种外界因素的干扰，从而影响学习效果。研究证明，在诸如社会、幼儿园、家庭、个体心理等多种干扰因素中，对幼儿园教师自主学习效果影响最大的是教师个体的生理因素。随着年龄增长而产生的生理性衰退（如记忆力衰退、感觉功能退化、反应速度衰退、体力下降等）给幼儿园教师的学习带来一定障碍，导致其学习效果不佳。教龄 6—10 年的幼儿园教师的专业能力学习效果和教龄 11—15 年的幼儿园教师的专业知识学习效果均有短时下降，而这段时间正是女性的最佳生育年龄，生育对幼儿园教师专业学习与成长具有非常明显的影响。以女性为主体的幼儿园教师群体的自主学习时间容易受到家庭因素的干扰。这说明幼儿园教师学习的干扰因素较多，甚至有些干扰难以抗拒。

5. 学习效果强调实用性

幼儿园教师自主学习效果强调实用性，几乎不存在“非功利性学习”。幼儿园教师倾向于将“能否马上用于教育教学实践”作为评价学习效果的标准。在他们看来，“全新经历—模仿行动—反思—调整—系统化的教育行为—迁移行为”的学习周期应该紧凑，园本培训的学习应该在短时间内取得成效，帮助自己解决目前遇到的实际问题，否则很难判断学习效果。事实上，有用的知识不一定在每种教育情境中都能发挥作用。它有时与教师、幼儿的个人特点有关，有时与教育资源、环境有关。教师在评价学习效果时却鲜少考虑这些因素。用时少、学习后能在工作中直接运用、对班级和教师产生良好外部评价的学习是幼儿园教师认为的最好的园本培训学习方式。

（二）幼儿园教师自主学习的活动特点

园本培训中教师自主学习的活动特点，主要是指教师受园本培训外部环境的影响，在自主学习活动的目标、任务、过程上表现出的特征与规律。

1. 学习目标层次在循环中逐渐提升

园本培训中的教师自主学习，是在实践的基础上，进行多次关于同一主题不同方面的学习，并依培训次序转变学习重点，提高难度层次，使教师在

“实践—培训—再实践—再培训”的动态过程中，不断获得专业成长。幼儿园教师基于个人已有经验，在多次同主题、不同难度的园本培训活动中主动吸收、内化培训知识，进而调整和改善自身的教育实践行为和方法，形成个性化的以幼儿、学科、教育三者为支点的课程理念与教育指导策略，从而更有效地促进自身和幼儿的主动学习和发展。

2. 学习任务兼具迫切性和长期性

在园本培训中，教师自主学习以满足现实保教工作需求为导向，兼具迫切性和长期性。幼儿在园的一日生活具有整体性与连续性，需要教师调动自身的知、情、意、行来组织。教师自身的薄弱之处不仅影响幼儿当下的发展，还会对幼儿的持续发展产生影响。满足教师即学即用的学习需求，不仅能帮助教师解决困难，还能使教师在学习过程中理解幼儿的真实需求与感受，准确理解和把握幼儿发展的水平，避免凭主观臆断指导幼儿，从而不断调整教育行为，同时有利于教师进一步理解幼儿园教育规律、幼儿学习特点和方式，不断反思教育策略的适宜性。

3. 学习过程重视系统学习与个性彰显

园本培训中的教师自主学习，可以让学习者获得系统的引导和提升。培训者通过设计和提出关键问题，引导教师实现思维和行动的多方参与。教师在不断参与中进行亲身体验和思考，主动调动原有经验，在与培训者和同事的不断交流、碰撞中形成有关问题的新认识，并在培训者的帮助和引导下进行学习内容的概括和升华。教师将个人经验和在培训中获得的体验与幼儿教育理念相联系，实现从实践经验向理性观念的转变。

与传统教师培训不同，园本培训格外看重教师自主学习的个性化表现，突出教师自主学习的自我引导作用。园本培训强调每位教师通过亲身参与教育实践，感受与体悟教育规律，掌握幼儿学习特点和关键经验，结合自身优势与特长，创造性地研究具有自身特色的教育教学与班级管理方法，体现自主学习过程与结果的个体差异性。更重要的是，园本培训将学前教育理念和策略用于教学实践的过程，也可作为培训的内容。教师能够直观感受新理论指导下的实践形态，在模仿与创新中逐渐形成个人的教育教学、环境创设和班级管理的风格，获得从理论学习向实践运用转化的能力。

第三节　园本培训中幼儿园教师自主学习的影响因素

本部分尝试基于问卷数据，采用多元回归分析、路径分析等方法，对园本培训中幼儿园教师自主学习的各个因素与学习结果的关系强度进行分析，探寻园本培训中幼儿园教师自主学习的路径，发现究竟哪些因素会对幼儿园教师在园本培训中的自主学习产生影响。

一、园本培训中幼儿园教师自主学习结果的影响因素分析

为了探求幼儿园教师自主学习结果的影响因素，本研究把学习结果维度作为因变量，把学习动机、学习内容、学习方式、学习外部支持条件和学习时间 5 个维度作为自变量，应用多元回归分析的逐步回归法，建立回归方程式。结果显示，5 个自变量中，进入多元回归模型的显著变量有 4 个，学习动机变量因回归系数未达显著水平被自动排除于回归模型之外，这表明学习方式、学习时间、学习内容和学习外部支持条件对学习结果有显著的解释力，具体见表 5-8。

表 5-8　园本培训中幼儿园教师自主学习影响因素对学习结果的逐步多元回归分析

模型	R	R^2	ΔR^2	F	ΔF	B	β
截距						0.720	
学习方式	0.607	0.369	0.369	98.80***	98.79***	0.262	0.272
学习时间	0.675	0.456	0.087	70.35***	28.45***	0.194	0.266
学习内容	0.713	0.508	0.052	57.43***	12.92***	0.246	0.224
学习外部支持条件	0.727	0.528	0.021	46.49***	10.94***	0.181	0.177

*** $p<0.001$

进入回归方程式的自变量为学习方式、学习时间、学习内容和学习外部支持条件。4 个自变量与学习结果因变量的多元相关系数为 0.727，决定系数（R^2）为 0.528，最后回归模型的整体性检验 F 值为 46.49（$p<0.001$）。4 个自变量可有效解释学习结果 52.8%的变异量。按照每个自变量解释力的高低，对学习结果最具解释力的是学习方式自变量，其解释变异量为 36.9%；其次为学习时间，其解释变异量为 8.7%；其余 2 个自变量的解释力分别为 5.2%和 2.1%。根据标准化回归系数，回归模型中的 4 个解释变量的 β 值均为正数，即它们对学习结果的影响均为正向。

由以上结果可知，幼儿园教师在园本培训中的自主学习结果主要受学习方式的影响，受学习时间、学习内容、学习外部支持条件的影响较小。为了更清晰地呈现园本培训中幼儿园教师自主学习各因素之间的相互作用情况，本研究接下来通过路径分析，探究幼儿园教师自主学习各因素之间的关系。

二、园本培训中幼儿园教师自主学习的路径分析

本研究使用多元回归分析的强迫进入法，通过建构园本培训中的幼儿园教师自主学习路径图，探究园本培训中幼儿园教师自主学习各因素之间的相互作用关系，具体见图 5-2。

本研究按照各因素间的标准化回归系数值，可以得出各因素对学习结果的效果值：学习动机对学习时间、学习内容和学习方式的标准化直接效果值分别为 0.310、0.094、0.229；学习外部支持条件对学习方式、学习时间、学习内容和学习结果的直接效果值分别为 0.523、0.391、0.462、0.177；学习内容对学习结果和学习方式的直接效果值分别为 0.224 和 0.495。路径分析模型图中的各个路径系数值的显著性检验都达到 0.01 的显著水平。

基于路径图可以得出，园本培训中的幼儿园教师自主学习结果受学习内容、学习时间、学习外部支持条件和学习方式的直接影响，但 4 个因素对学习结果的影响程度不同，学习方式的影响最大，其后依次为学习时间、学习内容和学习外部支持条件。由于学习动机和学习外部支持条件对学习内容产

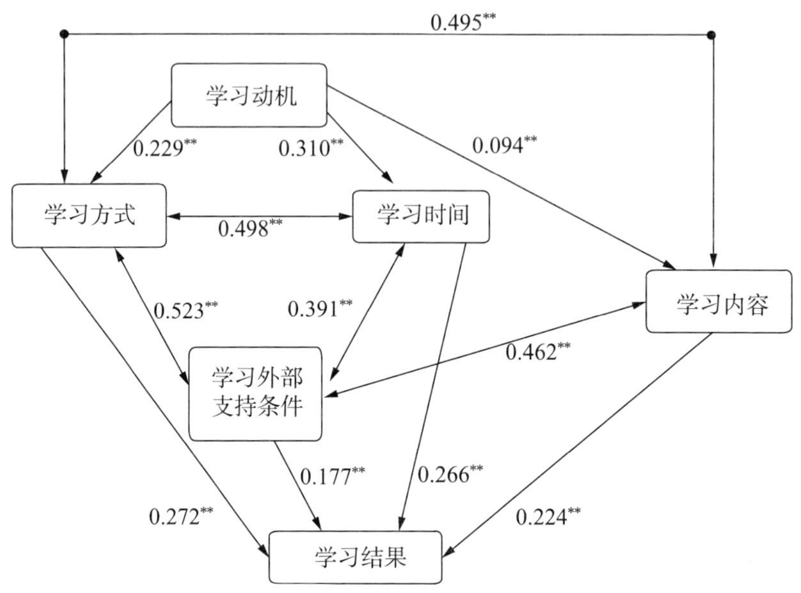

图 5-2 园本培训中的幼儿园教师自主学习路径

** $p<0.01$

生直接影响，因而学习动机会对学习结果起到间接影响的作用。这意味着，如果教师有强烈的学习动机和愿望却不开展实际的学习活动，那么也不可能取得理想的学习成果。此外，学习内容与学习方式的选择也互为影响。

影响园本培训中幼儿园教师自主学习效果的决定性因素为学习内容、学习时间、学习外部支持条件和学习方式。只有科学规划园本培训的学习内容，引导教师采用适宜的学习方式，给予教师足够的学习时间和良好的学习资源，教师才能在园本培训中切实取得优质的学习成果。

园本培训中幼儿园教师自主学习路径图还体现出这一点：虽然教师自主学习动机是学习效果的影响因素之一，但它只是间接影响因素。教师需要高度重视园本培训中的学习，但如果空有一腔学习热情与渴求，却不采取实际行动，那么很难有实际意义上的成长和进步。此外，如果幼儿园片面强调学习环境与资源、学习制度的建设，忽视实际的、具体的园本培训活动，园本培训也不会达到应有的效果。

三、园本培训中幼儿园教师自主学习的影响因素

根据对园本培训中幼儿园教师自主学习的路径分析，我们可知园本培训中教师自主学习的影响因素复杂多元，不同因素所占比重不一，因素之间并非简单的线性关系，而是交错复杂。概括而言，园本培训中幼儿园教师的自主学习主要受教师个人、园本培训、幼儿园、政府及社会等因素的影响。

（一）教师个人

教师作为园本培训中自主学习活动的主体，对培训的学习过程与结果起决定性作用。教师学习意愿是否强烈，学习方法是否适当，以及学习时间安排是否充足与合理，都会影响园本培训中教师的自主学习效果。

本研究在分析教师学习动机与学习结果之间的关系时发现，只有内部动机对教师学习结果的作用是显著的，这说明教师对于培训与学习的渴求程度非常高，即自主学习意愿强烈，也会影响他们在培训中的学习效果。对园本培训学习本身具有积极态度的教师，能够在培训活动中将培训与个人的优势、兴趣和需要相结合，反思自身教育教学实践中存在的问题，寻求解决策略，使学习活动成为工作不可或缺的一部分，达到较好的自主学习效果。应该注意到，不论是在学习结果标准化回归方程式中，还是在构建的园本培训中的幼儿园教师自主学习路径图中，学习动机对学习结果均不起直接影响作用。这反映出，学习意愿淡薄的教师在培训中学习效果不会理想，但是学习意愿浓厚的教师也不是必然会取得理想的学习效果。徒有强烈学习意愿而不行动，只能是空想。

本研究表明，学习方式直接影响学习结果，影响因子比重最大，这与已有研究结论一致。由此可见，园本培训中教师自主学习方法的选择和运用至关重要。恰当、适宜的学习方法总是能使教师在培训中取得事半功倍的效果。如果教师自主学习方法不当，则只能事倍功半，难以产生实效。

教师的学习方式与学习内容、学习时间以及学习动机也存在一定联系。本研究在分析不同类型学习方式与学习结果间的关系时发现，合作性学习对

教师学习结果的作用最显著，这说明强调教师之间相互帮助、共同进步的合作性学习能够促使教师在思想观念的碰撞中，最大限度地澄清问题、反思观点、厘清思路与困惑，进而提升个人能力和专业发展水平。另外，自主学习的学习方式因凸显教师作为主体对学习活动和个体的支配和控制作用，从而成为影响教师园本培训学习效果的第二因素。

学习时间是否充足也是影响幼儿园教师学习结果的关键因素。如果没有足够的学习时间作保证，幼儿园教师势必无法获得丰富的专业知识、扎实的实践能力以及科学的教育理念。不投入时间，徒有学习发展的热忱或适宜的学习方法，也无法使教师在园本培训上取得理想效果。

除此之外，不同教龄、职称、园所性质、性别的教师在自主学习的各个方面表现出不同的特征，从而对教师的自主学习产生影响。

（二）园本培训

幼儿园教师自主学习活动的产生与发展和园本培训本身的组织与实施质量密不可分。培训目标是否聚焦，培训内容是否具体，培训方式是否多元化，培训者素质是否与本园教师相契合等，都会影响教师自主学习的效果。

研究表明，教师自主学习的时间、方式、内容与外部支持条件直接影响学习结果。这些因素又与园本培训的设计与组织密不可分。同时，它们之间还存在着错综复杂的交互关系，如园本培训的时间长短影响教师是蜻蜓点水式地走过场，还是深入学习；园本培训内容偏理论性还是偏操作性，会影响教师的学习动机与学习参与度；园本培训方式是讲座式还是研讨式，会影响教师进行合作性学习、接受性学习还是自主学习；园本培训的外部支持条件如何，会影响教师的学习动机以及对学习的时间投入。

除此之外，由于教师个人基本情况（如职称、教龄等）对自主学习会产生影响，所以园本培训的计划与设计是否考虑到上述因素并合理组织与安排，关系到教师自主学习活动能否顺利开展以及学习效果能否达成。

培训者素质，即培训者能否在培训活动中合理定位角色，采用适宜的知识传递方式，也会影响园本培训中教师自主学习的效果。幼儿园教师在园本培训中的学习活动符合成人学习的普遍规律，即成人是主动的学习者，并且需要在安全、被尊重的精神与人际环境中学习。培训者在园本培训中应成为学习者的“协助者”。建立平等关系是快速深入个体内心世界的最优方式。只有当教师的学习动机与热情被积极调动与点燃，才能使教师在园本培训中表现出最好的学习状态，从而充分发挥园本培训的效果。

（三）幼儿园

教师在园本培训中学习质量的高低，与幼儿园环境的营造不可割裂。我们通过对园本培训中幼儿园教师自主学习影响因素的解释力分析可知，在幼儿园层面，影响教师自主学习效果的因素主要是幼儿园外部支持条件，包括幼儿园学习制度、学习资源与学习环境。

在园本培训中的幼儿园教师自主学习路径图中可以看到，教师的学习结果受学习外部支持条件的直接影响。结合不同类型学习外部支持条件与教师自主学习结果之间的关系分析，我们可以得出，园本培训管理制度与教师自主学习效果具有较大关联。研究结果表明，幼儿园园本培训管理制度是否完善，影响着教师的学习效果。健全的园本培训管理制度，有利于指引园本培训中教师自主学习活动的开展，同时使得教师的学习活动有了相对客观、理性的评估准则。因此，园本培训管理制度应成为教师在园本培训中实现自身价值持续发展的先决条件。

幼儿园学习资源包括物质资源（如图书、期刊等）、网络学习资源（如园本课程资源库、网络研修平台等）、人才资源（如骨干教师、学科带头人等）等。学习资源是否丰富和可利用也影响着教师的自主学习活动。丰富的学习资源可使园本培训活动由单一走向整合，并以其多变性与丰富性对教师时刻发出学习的召唤，激发教师的内在学习动机，在源源不断的支持下，持续推进其自主学习行为的产生，从而实现全方位的专业成长。幼儿园为教师提供学习资源是提升培训质量、促进教师自主学习的重要保障。

幼儿园园本培训的整体环境、氛围和人际关系对园本培训中教师自主学习的效果会产生一定影响。巴克依据生态心理学理论提出，环境在很大程度上激发和形成人在环境中的行为方式。我国研究者曹如军也认为，学校的教学文化和学习氛围为教师自主学习提供了支持。本研究对不同类型学习外部支持条件与教师自主学习结果之间的关系进行分析，不仅表明园本培训学习制度与教师自主学习效果密切相关，还表明园本培训学习环境也会影响教师的学习效果。幼儿园管理者在园本培训氛围的营造中起着关键作用。幼儿园通过为教师营造良好的培训学习环境，可以保证教师在宽松的培训氛围中，自由、愉快地交流与合作学习，共同发现问题、分析与解决问题。活跃的幼儿园学习气氛有助于提高教师学习的自觉性和自主性，从而为教师自主学习效果的提升奠定基础。

（四）政府及社会

政府对园本培训中教师自主学习的效果起着宏观性通盘筹划的影响作用。一般而言，政府在教师自主学习经费的投入、政策法规的扶持等方面起着重要作用，影响并制约园本培训中教师的学习效果。本研究通过访谈园本培训负责人得知，不论是公办园还是民办园，园本培训中教师自主学习的经费支持与制度保障均存在不足。幼儿园教师在园本培训中的学习需要完善的政策加以保障。然而，当前我国针对幼儿园教师园本培训中的学习而制定的政策、法规较少，真正具体的实施方案则更是稀有。虽然政府不断强调要重视、保障教师的园本培训以及提高教师在培训中的学习质量，但因缺乏明确的政策法规，在实际开展过程中总是会出现法律效力被行政权力替代的现象①，从而造成园本培训中教师自主学习的效果不佳。这一点在民办园的园本培训中表现得最为明显。

社会文化以及社区环境对幼儿园教师的自主学习也会产生影响。社会公民的整体学习态度以及社区环境中是否有支持公民学习的相关配套设施，影响着每一名社会成员的学习态度与行为。幼儿园教师作为社会的一员，既受到社会学习氛围的影响，又以其自身的自主学习行为与态度倾向对幼儿、幼儿园、家庭乃至整个社会大环境产生影响。在全世界倡导“终身教育”的新时代浪潮下，无论从幼儿园教师自身发展出发，还是从构建学习型社会的视角出发，幼儿园教师的自主学习都应该得到重视，全社会需要采取有效措施

① 陈强．试论中小学教师继续教育政策的有效性［J］．教师教育研究，2011，23（4）：22-26.

促进幼儿园教师自主学习的实现。

第四节　在园本培训中促进幼儿园教师自主学习的建议

研究通过对园本培训中幼儿园教师自主学习行为的分析可知，幼儿园教师在园本培训中的学习总体状况良好，但仍存在提升的空间。鉴于园本培训中教师的自主学习受教师个人、园本培训的组织与实施、幼儿园以及政府和社会等多方面因素的影响，因此在园本培训中促进幼儿园教师的自主学习，需要教师、幼儿园、政府和社会多方联动、互助合作、共同优化。

一、幼儿园教师应提高自主学习的主动性和合作能力

园本培训中幼儿园教师自主学习质量的高低最终取决于教师个人在学习过程中的努力程度。园本培训中教师的自主学习是一个不断发展的过程，它离不开教师个人的自觉学习、主动交流合作。

一方面，幼儿园教师要加强专业学习的主动性。第斯多惠主张，“不能自我发展、培养和自我教育的教师，同样也不可能培养和教育他的学生们”①。有美国学者也提出，成为优秀幼儿园教师的第一步是先成为“一位不断自我完善的人”。研究结果表明，在园本培训学习效果的影响因素中，学习动机对学习内容产生直接影响，学习动机间接决定园本培训中教师自主学习的效果。因此，要实现园本培训中教师的自主学习，教师个人必须自觉强化在园本培训中主动学习发展的意识。如果全靠外界引导，那么教师只能得到技巧或技术性上的小步提升，无法获得专业成长的质变。教师只有不断主

① 第斯多惠. 德国教师培养指南［M］. 袁一安，译. 北京：人民教育出版社，2001：24.

动钻研、反思、实践、内化，才会有迅速而突破性的成长。首先，教师要充分认识自己现有的学习水平和能力，并且深刻认识到自己的已有学习基础（兴趣、优势等）对进一步开展学习的重要性。其次，教师要针对自己在园本培训中的自主学习情况，制订合理、操作性强的学习计划。没有计划的学习是盲目而缺乏系统性的。教师要根据对自身学习情况优劣势的分析，结合未来学习与发展的期望，确立明确目标，制订学习计划。最后，教师应有长期学习与发展的信心和决心。任何学习都需要时间的积累与个人意志的持续投入。园本培训中的学习要想取得实质性成效，教师就必须有恒心、有毅力，具备克服各种困难、长久坚持的信念，日复一日坚持下去。

另一方面，教师要自觉在人际沟通中学习。建构主义理论强调学习是“自我建构和社会建构的经验获得过程”，主张通过教师在小组中的互依互动，实现“共同目标与任务的社会建构”。教师在学习中与同伴的合作、讨论，具有“共同目标、积极互依、个体责任、互动互促、共同建构、协同反思”的特征。教师在学习过程中积极开展合作交流，能够帮助教师实现个体与团体共同发展的目标。园本培训中的学习与交流不仅有助于教师在交流中获得思想启迪，还有助于教师在学习过程中建立与同伴的信任关系，使教育教学实践活动向着更高水平发展。幼儿园教师要在园本培训中重视合作交流，积极采用多种方法加强与其他教师的联系和互动。首先，教师作为成人学习者，要在了解个人需要的基础上，积极参与教师团体间的交流，学会在与他人分享经验、资源的过程中，实现对知识的深刻理解和应用。其次，由于教师职业具有的特殊性，“即使在一个班级中单独工作的教师，也必须依靠园所中的其他人来共同为儿童服务”，因此教师要多利用班级、年级组及教研组之间的研讨时间，在与其他教师的讨论中促进学习问题的解决。最后，我国课程改革大力倡导合作式的教师自主学习，提出要改变教师的孤独处境，需要教师能在合作中相互学习发展，促进教育改革的进行①。所以，幼儿园

① 钟启泉，崔允漷，张华．为了中华民族的复兴　为了每位学生的发展：《基础教育课程改革纲要（试行）》解读［M］．上海：华东师范大学出版社，2001：32.

教师应紧跟教育改革的步伐，在教育改革的大背景下养成合作交流的习惯，不断提高合作交流的能力。

二、园本培训应更有计划性、针对性和实效性

幼儿园教师依托园本培训开展学习活动，园本培训各环节组织与实施的质量直接影响教师自主学习的效果。

第一，增强培训的计划性与针对性。在园本培训前，我们应了解教师的年龄、教龄、职称、已有的知识经验、培训的需求以及其他相关情况，根据教师年龄层次、知识结构、经验积累、思想认识等方面的差异，结合教师的需求，制订相应的培训计划。值得注意的是，教师的需求不仅包括对培训内容的需求，还包括被了解和尊重的基本心理需求。该需求若能得到及时满足，将会大大激发教师个人的学习兴趣与自我效能感，从而使其更全身心地投入学习活动中，反之则会使其产生焦虑、冷漠、抗拒的情绪，这对教师自主学习活动的开展是极为不利的。

第二，提升培训内容的适宜性。首先，要遵循“顺势而为，按需供给”的原则。对于不同发展阶段的教师，关于教学要求、家长工作、理论学习等学习内容的选择应有侧重点。其次，园本培训学习内容的提供应给予教师更多的选择性。幼儿园可采用“列双向菜单”的形式，一方面列出经过幼儿园精心挑选、满足幼儿园发展需要的培训项目菜单，另一方面请教师自主选择需要的培训内容，这样既达成了幼儿园发展与教师发展的统一，又激发了教师自主学习的活力，凸显了教师在园本培训中的主体地位。

第三，注重培训方式的生动性和多元化。一方面，园本培训要针对教师在专业成长中存在的问题，以诊断式、互动式的多元培训模式为基础，不断探索更适合受训者与培训内容的多样化培训形式，使教师不再把学习当作一种压力或一件枯燥无味的事情。生动、多元化的培训形式使得教师在轻松愉悦的学习环境中，真正把学习看成一种福利与享受。教师可以在培训中充分调动个人的已有经验，与培训者、同伴进行思想交流与碰撞，获得更多的教

育灵感与启示，从而使得园本培训能够真正地全面提升教师个人的专业素质。另一方面，园本培训也要赋予教师一定的自主选择权，确保教师能够根据自身发展的实际情况，主动探索并选择多元化的培训方式，真正让教师实现高层次的自主学习与发展。

第四，转换培训者角色意识，增加培训实效。不论是外聘的专家学者还是来自园内的领导、一线骨干教师，园本培训者都应真实了解参训教师的背景资料，以平等、积极的态度对待参与培训的教师，以“受训者”为中心，就其关注的问题与话题进行充分沟通、交流，引导和启发幼儿园教师在新旧知识融会贯通的基础上，主动发现、分析和解决问题，在一定程度上形成自我发展的意识和能力。园本培训者不应是“信息的供应者”或是转达上级信息的“传话筒”。园本培训者只有成为活动中教师的“协助者”和“推动者”，与幼儿园教师共同学习和提高，才能使幼儿园教师（即受训者）主动接受和消化知识，实现园本培训成果和幼儿园教师个人价值提升的“共赢”。“一言堂”“以上对下”的培训风格或氛围都不利于教师的自主学习。园本培训的组织与实施者应当注意到，不能一味地认为只要培训者具备较高的专业素养，就能确保教师在培训中取得良好的学习效果。培训者素质与本园教师水平的契合程度应当纳入培训组织管理者的考虑范围内。

三、幼儿园应全方位支持园本培训和教师学习

幼儿园是影响园本培训中教师自主学习效果的重要因素。园本培训中教师自主学习质量的提升，与幼儿园着力营造良好的自主学习氛围、健全教师自主学习支持和激励机制等措施的实施密不可分。

首先，幼儿园要营造良好的学习氛围。一方面，应关注教师的心理需求。心理学研究结果表明，适宜和轻松的心理氛围能够激发个体产生更高水平的动机。幼儿园应给予教师充分的信任和尊重，对其在学习过程中的不适表现给予适度谅解，帮助教师的心理实现顺利过渡，与培训者以及幼儿园同事、领导建立安全和相互信任的关系，进而使其愿意并乐于投入培训的学习活动

中。另一方面，幼儿园领导自身的学习积极性有利于幼儿园良好学习氛围的营造。幼儿园领导如果热爱学习，就能在培训中为教师的自主学习起到模范带头作用。幼儿园领导的发展意识直接影响本园教师的学习热情。幼儿园领导要描绘幼儿园发展和个体发展的美好蓝图与愿景，为教师的学习与发展输入源源不竭的动力，从自身做起，在专业学习与发展上永不满足、永不止步，虚心向专家或有特长的教师学习，创造条件，打造爱学习、会学习的教师群体，为推动幼儿园教师自主学习助力。

其次，应合理统筹安排教师自主学习的环境与资源配置。要创建舒适、开放的，专供教师学习与研究的场所，营造温馨、充满吸引力的环境和氛围，购置大量与教师需求相匹配、有益于解决教育教学实际问题的图书，在摆放上做到分门别类、清晰有序。要探索建立园本课程资源库、园本培训电子资源库、网络研修电子资源库，建立学习资源的使用和管理制度，使教师容易获取到各类学习资源。要合理利用园内骨干教师、学科带头人等人才资源，发挥骨干教师的专业示范与引领作用，引导教师向身边的先进教师学习，随时随地获取有益的经验，使自己不断成长。

最后，需健全幼儿园教师自主学习支持和激励机制。要明确园本培训中教师自主学习的组织、评价制度，包括园本培训中教师自主学习的出勤制度、学习制度、奖惩制度以及评价制度；优化园本培训中教师自主学习组织者的职责分工，主要负责人、方案制定者、组织实施监督者、考核负责者等的职责分工应明确具体，各担其责；给予教师参与制定园本培训中教师自主学习管理制度的权利；对教师积极参与园本培训的自主学习行为予以及时的物质或精神奖励，可面向各个层面的教师定期评选“学习之星”，树立“活到老，学到老”的典型，邀请爱学习的教师讲自己的学习故事等，全方位支持与激励教师进行自主学习。

四、政府及社会应引领和助力园本培训与教师学习

政府及社会作为外部因素，对园本培训中教师的自主学习起统筹、协调、

引领的作用。在当前愈发重视幼儿园教师专业素养的背景下，政府及社会也应在提高园本培训中教师自主学习质量的过程中积极作为。

面对如今相对独立、分散的教师园本培训学习体系，构建区域教师自主学习研修网络应成为政府和社会支持幼儿园教师长期、可持续性专业发展的一项重要尝试。在这一点上，日本政府构建教师研修网络的经验值得借鉴。日本政府一向重视教师职后教育，建立了比较完善的纵向联动、横向并行的职后教师研修网络：纵向联动，指国家、都道府县、市町村三级联动；横向并行，即行政研修、自主研修、校内研修三类并行。各级各类培训组织层次分明、分工明确，同时各级各类组织间有联动与配合。我国政府及社会应积极致力于促成动态化、横纵交错的教师自主学习研修网络的构建，在不断完善各个幼儿园的园本培训组织体系的基础上，建立国家、省（区、市）、市（区、县）三级教师自主学习研修网，同时鼓励各级机构之间进行互动和配合。政府及社会还要努力建立教师自主学习研修网络的保障管理机制，为教师自主学习研修网络的有效运行提供组织和资源保障。政府应改善教师自主学习的保障条件，加大对园本培训的经费投入，制定有效的激励幼儿园教师进行自主学习的政策，强制规定幼儿园教师在职培训学习要求，动员社会多方面力量共同促进幼儿园教师培训质量的提升。

要积极推动学习型社会的构建。习近平总书记强调，“好学才能上进”。构建服务全民的终身学习体系，形成人人皆学、处处可学、时时能学的学习型社会，是提高全民素质、推进继续教育、提升国家发展能力和水平的必然要求。全社会都应行动起来，在终身学习的时代浪潮下，主动学习、乐于学习、善于学习，为构建充满活力、欣欣向荣的学习型社会贡献力量。

第六章 基于课题研究的幼儿园教师自主学习

课题研究指有计划、有系统地运用资料收集、问题分析和解释的方法来解决问题的过程。维尔斯曼提出课题研究的五个基本步骤，即确定问题—查阅文献—收集资料—分析资料—推导结论。[①]课题研究是教师实现专业成长的重要路径之一。课题研究能引发、推动教师的自主学习，教师的自主学习是课题研究开展的基础与保障，两者相融共存。这里主要研究幼儿园教师在课题研究中自主学习的现状、特点、影响因素和优化策略。

第一节 课题研究方案及研究过程中的幼儿园教师自主学习

一、课题研究方案

本研究以课题研究为切入点来探索幼儿园教师的自主学习，选取湖北省武汉市A幼儿园承担的省级“十二五”规划课题“‘少教多学’在幼儿园教学中的策略与方法研究”（以下简称“‘少教多学’课题”）以及该课题研究团队为研究对象。A园是湖北省首批省级示范园、教育科研实验基地、中

① 维尔斯曼．教育研究方法导论［M］．袁振国，译．北京：教育科学出版社，1997：7.

央教育科学研究所“十五”课题国家级示范基地，综合实力雄厚，具有丰富的科研经验和强劲的科研实力。8 名课题组核心成员的职务、年龄、教龄、学历、职称等分布平均，以各年级教研组长、省市骨干教师为主体，涵盖了新手教师、骨干教师和专家教师。课题任务分工为：X 园长为课题组组长，负责课题规划、方案实施；L 主任为副组长，负责研训活动、材料统整、报告撰写；Y 老师、X 老师、S 老师、P 老师分别负责五大领域研究及论文、案例撰写；W 老师、H 老师负责组织小班、中班的教学实验活动。

本研究主要运用个案研究法、文本分析法、访谈法等研究方法。首先，如上所述，研究选取 A 园承担的课题为个案，以典型课题研究案例为素材，以课题组团队为研究对象。其次，研究对 A 园的课题内容进行分析，分析课题研究各阶段教师的自主学习情况。最后，研究通过编制访谈提纲，对“少教多学”课题组成员进行深度半结构式访谈。对园长的访谈内容包括幼儿园开展课题研究及教师参与课题研究的现状、管理层如何引领和支持教师在研究中的学习等。对教师的访谈内容包括教师在研究中的学习方式、学习内容、学习效果、所获支持以及影响因素。具体的课题研究步骤如下①。

1. 准备阶段（2012. 5—2012. 10）

（1）搜集相关资料，学习理论文献，寻找理论依据，明确实验目标，提炼先进理论经验，提出实验假设，完善实验方案设计。

（2）开展调查研究，了解实验前师幼的状况及其对实验的支持程度，有针对性地设计研究方案与策略。

2. 实施阶段（2012. 10—2014. 9）

（1）实施“少教多学”教育活动模式，对各教学环节的具体操作开展深入研究。

（2）开展“少教多学”教育活动组织形式及教育活动评价的相关研究。

（3）开展个案研究，选取并提炼有代表性的教育活动案例和幼儿个案进行研究。

① 课题研究步骤摘自 A 园“少教多学”课题开题报告。

3. 总结阶段（2014.9—2014.12）

（1）采用已经研究的“少教多学”教学模式进行教学展示，积累优质教学课例。整理相关论文、案例。

（2）对实验进行系统分析、总结，逐步完善实验工作，形成本园教育活动改革的基本模式和特色。

4. 结题阶段（2014.12—2015.6）

完成结题报告，申请结题，举办研究成果展览，召开课题验收鉴定会。

二、课题研究过程中幼儿园教师自主学习的四个阶段

本研究结合幼儿园教师自主学习的研究需要和A园的课题案例、教师访谈、科研记录等文本资料，根据维果茨基空间（Vygotsky space）学习过程模型，对幼儿园教师在课题研究四个阶段（即课题准备阶段、课题研究阶段、课题中期评估阶段、课题结题及结题后的阶段）的学习过程进行分析，剖析各个阶段有哪些学习活动以及其中蕴含的有效学习成分，力求尽量完整地呈现幼儿园教师在课题研究中的研究和学习过程。维果茨基空间指的是哲学家罗姆·哈瑞根据维果茨基学习理论提出的学习环路模型。[①] 它阐述了一般学习过程，描绘了学习的基本路径（见图6-1）。本研究借鉴此内容，探索和解释课题研究各阶段的教师自主学习过程。

总体而言，该学习过程模型将教师自主学习分成集体与个体、公共和私人两个维度。在学习环路中，A、D表示“公共层面”，特指心理间层面；B、C表示“私人层面”，即心理内部层面。在A象限中，教师个体参与集体合作，并集体讨论共同的目标和任务。当个体结合已有经验来解读任务时，学习就开始由A象限过渡到B象限，集体讨论所得的、习俗化的新观念或任务最终“内化”成自己的观念。当个体使用已接受的新观念解读多种实践情

① 毛齐明，袁慎彬．论以专家型教师为目标的教师职场学习机制［J］．教育研究与实验，2012（1）：10-14.

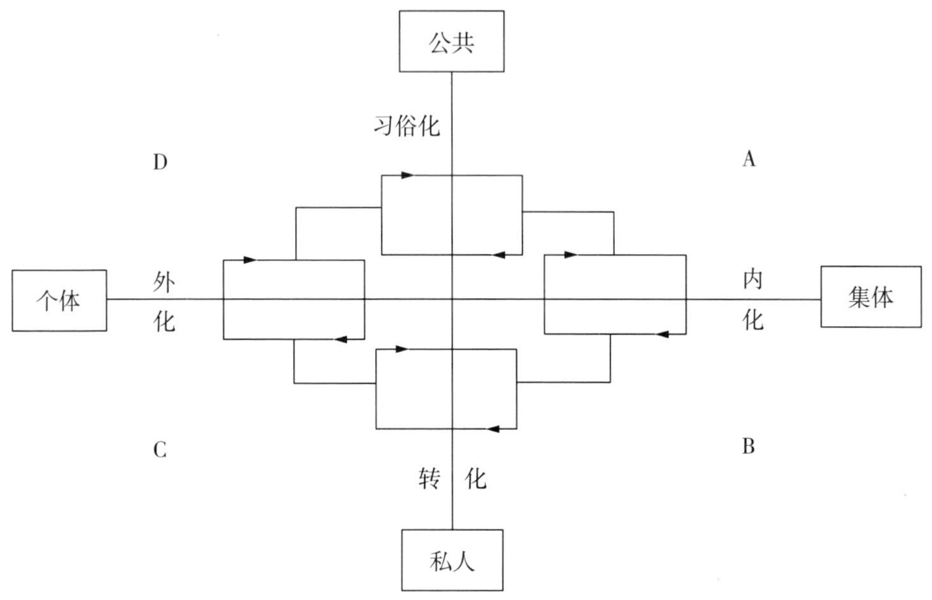

图 6-1　罗姆·哈瑞的学习环路模型

境，形成应对情境的新设想或模型时，学习就由 B 象限过渡到 C 象限，这说明个体学习的新观念正向实践转化。当理解经由实践外化成具体、客观的行为时，学习就由 C 象限进入 D 象限。之后，个人知识和实践经验进而转化为公共知识（即习俗化），由此成为集体共享的学习资源，开启新一轮学习。课题研究的四个阶段如下。

（一）课题准备阶段幼儿园教师的自主学习——为研究而学

课题准备阶段包括课题立项准备和研究准备。课题立项前的主要任务是选题、前期调研、提炼课题、设计研究方案、确立课题组、申报立项，以上任务通过小组研讨、实地调研、专家入园指导等来实现。课题立项后，教师的自主学习要为正式研究做思想准备和理论准备，开题论证、任务分配、理论学习的任务主要通过课题组研讨、专题讲座、阅读活动、开题论证会等活动来完成。

1. 课题准备阶段幼儿园教师自主学习的过程分析

就研究过程而言，课题准备侧重于课题立项和立项后、研究前的准备工作。“少教多学”课题基于教师教学实际情况提出共性研究问题，如平铺直叙多，创设情境少；教师讲得多，幼儿活动少；随意提问多，激发思维少；低效互动多，自主创新少等。研究拟采用行动研究法、对照实验法、案例研究法等探析幼儿园集体教学的优化策略。课题立项后，具体的学习活动包括四个方面。一是参加课题组例会和专家指导会议等。课题组例会以课题讲解为主，澄清成员对课题的疑惑，明确各自承担的课题任务。专家指导会议主要是专家对课题项目的相关内容和具体环节进行诊断、调整，如专家建议将研究主题进一步具体化，将“少教多学”课题聚焦到“集体教学中”。二是在课题组内部开展了四次研训活动。三是开展专家讲座，特邀华中师范大学、华东师范大学、北京师范大学的教授进行讲学。四是定期组织“读书交流会”和“读书汇报会”，研究资料由课题组统一采购，课题组成员全员研读，定期交流。

从学习过程的角度来看，根据维果茨基空间理论，在该阶段，课题组成员要达到的学习目标是实现新观念（公共知识）的内化。

首先是新观念的引入。在课题研究的准备阶段，教师自主学习的起点是拟解决的实际问题。问题被提炼成课题，然后变成课题组全体成员的公共任务和目标。自课题提出开始，课题任务和课题目标就在集体层面上（A 象限）讨论，与课题有关的教育理念和教育理论在专题讲座和培训活动中不断被引入教师的认知中。知识建构是在社会互动中的个体知识社会化和社会文化知识内化的循环过程。社会文化知识是人们长期以来达成的共识性理解，即“习俗化”知识。它充当了个体建构知识的基础和个体间生成共同意义的中介，如系统的教育理论、体系化的教学标准、整合成的教学经验等。正如 H 老师所言：“通过‘少教多学’课题，我接触了很多之前没有接触过的关于‘支架式教学’‘最近发展区’等的教育理论，不仅拓宽了我的视野和知识面，而且能够用来解读实践中的问题。”当个体结合已有经验来解读任务时，学习就开始由 A 象限过渡到 B 象限。当 H 老师作为课题组成员，将新学习的理论知识与教学实践经验加以对照，并且用于解释研究任务时，外来的教育理念与教育理论就开始内化为教师个体的内在观念。

其次是内化阶段，新知识经由个体已有经验内化为个人知识。在“少教多学”课题中，“探究式教学”等新理念作为知识真理，必须接受教师个人积累的教学实践经验或教师群体约定的教学“习俗”的验证。随着与课题有关的公共知识的不断积累，新旧知识的融合得以加强或冲突得以解决。幼儿园教师可以此为参照，反思自己的教学行为与教学观念是否一致并从中获得启发，发现自己的教学行为与教学观念上存在的问题。对应的课题组活动有幼儿园教师主题式研讨活动、读书交流会、专家解疑会等。课题组成员的心得和体会摘录如下。

X老师：“在艺术教学活动中，参照《指南》发挥孩子的创造性和想象力，最大限度发挥孩子的自主性，虽有成效，但因‘少教’导致部分孩子不会画，教师‘少教’和孩子‘多学’两者之间如何权衡？教师的支架作用如何更好地发挥？这些问题让自己陷入困惑。”

P老师：“‘少教多学’理念和‘探究式教学’‘支架式教学’都有益于改进教学质量，但老师‘教多少’‘怎么教’并不像医生开处方那样，有严格的剂量。教学活动毕竟是涉及人、教育材料、环境、情境等的复杂的统一体。先进理念在实践中难以实施，效果难以衡量。”

2. 课题准备阶段幼儿园教师自主学习各维度分析

课题组成员在本阶段的学习内容是与课题研究相关的教育理论以及课题中蕴含的先进理念和科研实践知识，学习方式为集中学习和分散自主学习相结合。

（1）学习动机以做好课题立项和研究准备为主

自“少教多学”问题作为研究议题提出以后，申报课题并立项成为课题发起人的工作目标，相关活动都围绕课题立项展开。教师自主学习指向课题立项，集中于选题和研究思路方面的学习。课题立项后的学习主要是为正式研究做准备，鉴定和改进整个课题方案，并从选题和研究思路方面的学习转向研究所需的理论知识和实践方法等方面的学习。

（2）学习内容选择与课题研究相关

课题研究以完成课题任务、顺利结题为直接目标。课题准备阶段的目标是明确研究内容、厘清研究思路，为正式研究做思想准备和理论准备。学习内容围绕四个方面展开。一是学习课题项目内容。课题对后续的研究和学习起牵引作用，了解研究内容、研究目标、研究意义是全体课题组成员的首要学习任务。二是学习课题蕴含的先进理念和教育理论。课题组成员基于对“少教多学”课题的了解，进一步加强对“少教多学”的理念和“探究式教学”“支架式教学”的全面学习，寻找理论与实践的结合点。三是学习基本的科研知识和技能。在正式研究前，课题组成员必须了解研究的基本步骤及研究方法使用与注意事项，将科研方法专题列入教师自主学习计划。四是学习与课题有关的幼教政策与文件要求。《指南》《幼儿园教师专业标准（试行）》等幼教政策和文件成为教师实施和反思教学的行为标准。

总而言之，在课题研究的准备阶段，理论知识和研究方法是教师自主学习的主要内容。课题组成员初步厘清研究思路，明确学习方向，拓宽学习视野，充实学习内容，为研究奠定理论基础。

（3）学习方式以理论接受式的集体学习为主

本阶段的学习以理论学习为主，对应的学习方式有两种。一是参加由上而下的讲授式集体学习活动，以理论接受式的集体学习为主。教师一般从他人组织的有计划、有目的的学习活动中获取理论知识，如课题负责人或专家开展的相关培训讲座。二是教师个体通过自主阅读和反思提高自主学习能力。阅读专业书籍是学习理论知识的直接途径，但因理论比较抽象，不易理解，加之教师的时间和精力有限，所以在课题研究中教师阅读多为在个体分散自主阅读基础上的集体研读。教师根据研究主题自行阅读资料，对资料形成自己的理解，然后进行全员研讨。阅读内容以学前教育理论知识、学科知识和科研方法为主，教师主要阅读专业书籍、专业期刊以及幼儿园存档的课题集和案例集。正如Y老师所言：“我阅读科研理论书籍，可以了解科研知识，但因为时间和能力有限，所以阅读速度慢且效率低。教研组长或专家的专题培训能让我在最短时间内获得最需要的科研知识，不仅能听懂，也学会用了，比看书效果更好。”综上，阅读专业书籍是学习理论知识的直接途径，然而以培训和讲座的形式组织教师进行集体学习更具针对性，惠及面更广。理论学习有助于为课题研究的开展提供理论引领，把握正确的科研方向。

（4）学习资源以专业资源为主

在该阶段，教师的任务是学习与课题有关的理论知识与研究方法，奠定个人的研究基础。专业资源是教师自主学习资源的主要来源，包括三方面：一是专业书籍和期刊，由课题组统一采购，供课题组成员研读；二是网络资源，主要来源于专业论坛、权威的幼教网站、网络研修课程内容等；三是由园内外专家、同事提供智力支持，如同伴交流和专家专题讲座。

（二）课题研究阶段幼儿园教师的自主学习——在研究中学习

A 园“少教多学”课题以行动研究和案例研究为主，采用教学实验的形式，包括设计与修正研究方案，教学实验，收集、整理、分析材料，得出结论等阶段。以美术组课例研讨为例，我们通过对美术组内部以及课题组各个阶段的整体研究过程做深描分析，可清楚地看见教师自主学习的痕迹。X 老师为美术组负责人，负责设计和调整实验方案、归纳总结教学方法和策略、撰写小组研究报告。H 老师和 S 老师是实验班教师，主要负责执行教学实验方案，收集实验材料。

1. 课题研究阶段幼儿园教师自主学习的过程分析

在第一轮课例研讨中，课题组开展现场教研活动，以艺术领域为试点，探讨“少教多学”在幼儿园美术教学中的运用，重点针对美术教学中教师对视频、课件、范例三种常用教学辅助手段的运用情况进行研讨。研究以 S 老师执教的美术活动“小鱼变变变”为课例，引导教师思考如何将“少教多学”的理念渗透到日常教学活动中。该活动过程对应维果斯基空间的转化阶段、外化阶段及习俗化阶段。

（1）转化阶段：生成个人理论与实践模型

进入这一阶段，教师的自主学习重在个人和集体反思，主要任务以个人理论的生成和实践模型的建构为主，即不断设计研究方案—试行—反思—修正—再试行。幼儿园教师通过个人和集体反思、寻求专业指导，整合已有的理论知识和实践经验，在个人自主学习和反思的基础上与同伴共同设计目标并计划初步行动，最终生成实践模型（实验方案）。个体和集体共同尝试将新旧观念的理解运用到实践中，寻求问题的解决方案。

①设计模型的生成——研讨教案。教师结合“少教多学”理念对美术活动“小鱼变变变”做了改进。活动内容是尝试“油水分离”画法。之前活动设计主要流程是“图片引入—幼儿讨论—教师讲解各种鱼的画法—教师示范操作—幼儿自由操作和教师纠正指导—教师评价”。美术组教师经过反思和研讨，围绕导入方式和范画使用进行讨论，将其改进为“多媒体课件导入—范画图片讲解—教师示范操作—幼儿自由操作—师幼互评”。她们将之前的活动设计称为“传授式活动设计”，新的活动设计称为“探究式活动设计”。从活动设计的流程来看，教师力图将“少教多学”体现在教学的各个活动环节中。为了实现多媒体导入，三位教师利用网络搜集各种海底鱼图片，在网上学习如何制作动态幻灯片，将图片做成动画。在操作环节，教师尽量减少集中说教，增加互动和幼儿自由操作。经过几番集体研讨，教师最终确定了用于全组教研活动所用的活动设计。

②试行阶段——“同课异构”进行现场研究。课题组进行了美术活动“小鱼变变变”现场教研和集体研讨，分别由S老师和X老师执教，分别采取传授式活动设计和探究式活动设计。通过对比这两种活动设计，课题组探索美术领域教学中“少教多学”的方法和策略。以下是教研记录。

S老师的基本活动流程为图片引入—幼儿讨论—教师讲解各种鱼的画法—教师示范操作—幼儿自由操作和教师纠正指导—教师评价。活动过程很完整，环环相扣。除了导入部分和评价部分的幼儿讨论，课堂以教师的说和教为主。在自由操作过程中，大部分幼儿参照图片作画。课堂安静而有秩序。

X老师的基本活动流程为多媒体课件导入—教师讲解—教师示范操作—幼儿自由操作—师幼互评。动态图片集激发了幼儿讨论的兴趣。教师引导幼儿交流，示范如何绘画，说明可以画不同的鱼。活动过程很热闹，但教师在巡视过程中会不由自主地打断幼儿。师幼互评时，幼儿很兴奋……

从学习的角度来看，教师采取“多人上一课”（即“同课异构”）的方式进行教学实验，将“用中学”和“做中学”结合，可以改进教学行为，通过不断实验—研讨—反思—修正—探究—实验，总结教学规律和教学策略。

③集体反思——课例研讨。活动结束后，全体成员观摩评议，研讨的重点集中在导入和范画上。首先，S老师和X老师围绕教师的教学体验和幼儿的学习体验进行课后反思。其次，听课老师集体反思和评议，对比两种活动形式。最后，课题管理者（X园长和L主任）做总结式发言，对执教教师自评和全体成员的研讨进行总结，达成集体共识。执教教师的记录如下。

S老师："除了活动前的图片出示和活动后的作品评价气氛活跃外，活动过程很安静，可能是因为我对孩子的要求比较多。气氛不活跃，作品画得像。显然，教师的施教痕迹太重。"

X老师："图片集引起了孩子的兴致。不等我说话，孩子自己就热烈地讨论起来。我想这应该是教师给孩子创设的自由表达空间。我没有按计划立即进行讲解。在示范时，我简单示范了鱼的几个部分，鼓励孩子自由创造。我发现孩子的作品多半是一条直挺挺的鱼，没有图片上的鱼那么丰富。教师的讲解和示范是否必要、讲多少合适，这是我困惑的地方。"

两名执教教师结合"少教多学"理念进行的活动反思反映出：S老师通过教学实践发现自己施教痕迹太重，幼儿自主学习机会就会减少；X老师有意识地减少教师的"教"，尽量创设孩子主动学习的机会，但是效果并不如预期好，由此产生困惑。对此，教师们紧紧围绕"少教多学"的困惑进行交流。

P老师："第一个活动各环节环环相扣，活动思路好些，但说教痕迹太明显。第二个活动教师随着孩子走，孩子很开心。但从导入图片和动态鱼来看，它们虽生动直观，但大部分都是复杂的'鲨鱼''墨鱼'，中班的孩子不常见到这些鱼，椭圆、三角形等图形的组合经验也不丰富。从作品结果来看，大部分孩子还是画自己生活中常见的鱼，导入的作用没有得到很好的发挥。如果换种方式，如为了使幼儿有更丰富的体验，你可以说'如果你是一条鱼，你想在海底世界干什么（翻跟头，亲亲鱼妈妈）？把它们画下来'，这就自然引入了幼儿的自由创作，使得孩子的画中有他的生活，而不是千篇一律的临摹。"

可见，教师是在课例研讨、个人反思和集体反思中学习的。执教教师基于实践的个人反思是情境化的，在实践中提出了新的问题和困惑，这说明实践促进了“少教多学”理念与教师已有知识和实践经验的融合。课题组其他成员在观摩案例活动时，不断反思当前实践与理念的关系，如各个环节有没有体现、如何体现“少教多学”等。在研讨中，大家各抒己见，交流观念和看法。基于此，园本专家结合大家的交流，做经验的提升和总结以及理论的阐释。

④再计划（修正）——教师在修正方案中学习。经由个人和集体反思之后的教研活动，美术组的教师总结了改进策略：将动态图集改成动画，取消用于讲解的范画图片，全程参与幼儿活动等。基于此，美术组的教师展开了新一轮的学习。一方面，继续加强理论知识的学习，阅读幼教期刊相关内容，将活动设计与《指南》关于美术教学的要求结合，学习简单的动画制作方法、师幼互动的知识等。另一方面，在班级中进行试教，寻求专业引领，邀请专家进门听课。

⑤再实践（试行）——在研究实验中加以验证。美术组的教师用改进后的方案进行新一轮试教和集体研讨，活动流程为“动画演示—引导幼儿讨论—教师示范操作—师幼共同绘画—教师总结经验—师幼互评”。教师对“少教多学”的理念理解深入，在教学各环节开始注意减少并优化教师的教，创造幼儿自主学习的机会。在新一轮的课例研讨中，教师们围绕“幼儿经验的唤醒”“导入后的教师引导语言”两个环节进行交流，一致认为仅引导幼儿回忆关于“鱼”的经验过于笼统，很难导向对“海底的鱼”的理解，因此应先唤醒幼儿关于“海底的鱼”的理解，激发幼儿的情境化经验。然后教师运用动画引导幼儿进行艺术欣赏。在自由操作环节，教师应强调幼儿的自主学习与合作学习。教师在又一轮个人和集体反思后，对方案做了改进，即“交流话题—动画赏析—幼儿讨论—教师示范操作—师幼共同绘画—幼儿总结经验—幼儿互动”。

⑥生成实践模型——从实践中提炼经验并总结。课题组以美术组的“小鱼变变变”为课例，定期组织研讨，经由多轮递进的行动研究，不断地提出问题、改进策略、反思和总结经验。教师们通过研究，提炼出在教育活动引

导环节和操作环节中体现“少教多学”的策略，具体见图 6-2。

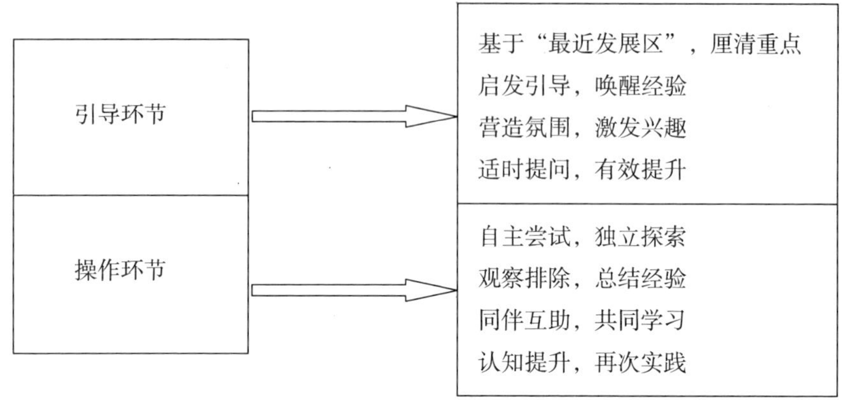

图 6-2　引导环节和操作环节“少教多学”的策略

从学习的角度来看，教师在转化阶段根据接受的新观念，解读实践中遇到的情境问题，形成新的应对情境的设想或模型。实践模型的建构过程是一个“探中学”的过程，即教师的外在教学行为与内在个人理论不断尝试与调整的连续互动过程。不同的是，历次研究方案的修正和实验结果的解释，不仅是教师个体在实践中不断生成个人理论再投入实践论证的过程，更是教师基于个人理论经由活动探究与对话建构达成集体共识的过程。

（2）外化阶段：五大领域的研究实验

上一阶段美术活动的课例研讨为“少教多学”课题研究提供了实践范本。现在，课题研究范围由艺术领域扩展到五大领域，一方面是为了验证美术组构建的“引导和操作环节策略”的适宜性，另一方面是旨在从五大领域的实践研究中构建“少教多学”有效教育活动模式。这是课题研究的再实施阶段。各领域根据学科特点和幼儿身心发展特点，选定领域核心主题，如科学领域的主题为“科学活动中如何让记录表体现教师少教、幼儿多学”。本轮研究汲取上一阶段的研究经验，仍以课例研讨为主。从各领域教学目标的确立、教学内容的选择，到教学方法的设计，都努力体现整体教学策略的运用，从而巩固和完善园本科研成果。具体见图 6-3。

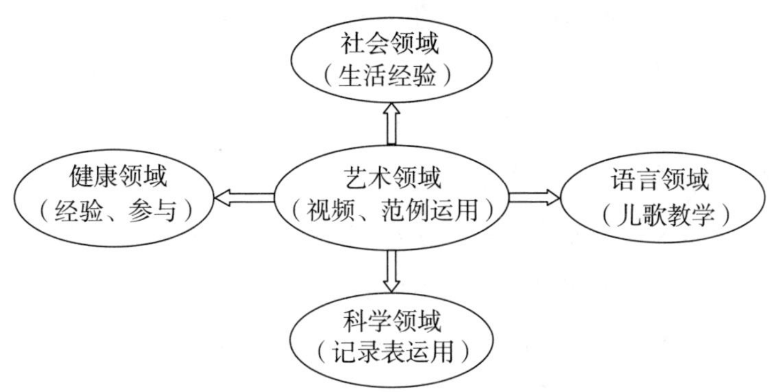

图 6-3　A 园“少教多学”课题子课题（五大领域）研究主题

美术组研究生成的实验方案在现场教研、教师个人和集体反思、交流和讨论活动中得以展示，全面运用到五大领域。因此，新一轮的课例研讨开始，研究路径也遵循了“设计研究方案—试行—反思（评价）—修正（重构）—再试行”的思路，学习过程大致为“个人和集体反思—自主学习—集体研讨—修正—教学实验”，之后教师又开始新一轮的学习。

（3）习俗化：集体性知识的生成

教师外化的实践模型会有三种可能的结果：一是留作个人专用，二是被他人仿效，三是直接或者经过集体修订后成为群体新的行为规范和需掌握的科学概念，以“习俗化”的方式重返教学实验与实践，成为新一轮学习中教师个体进行学习的“新资源”①。“少教多学”课题经过了多轮“教学实验—课例研讨—方案调整—新一轮教学实验”的过程。在课题研究中经由多轮研究得出的研究成果，将以研究结论和优秀课例的形式保存，最后生成集体性知识，成为教师集体新一轮学习的参照物。

2. 课题研究阶段幼儿园教师自主学习各维度分析

本阶段的学习内容是与课题有关的五大领域专业学科知识、各领域的教学和学习要求、各年龄段幼儿的学习与发展特点。课题组活动包括理论学习

---

① 毛齐明，蔡宏武. 教师学习机制的社会建构主义诠释［J］. 华东师范大学学报（教育科学版），2012，30（2）：19-25.

活动、教学实验课、课例研讨、专题研讨。

（1）学习动机以问题—任务驱动为主

每一轮研究实验必然经历“设计研究方案—试行—反思—修正—再试行”的过程，改进的基点是方案运用于实践时出现的问题和冲突。教师以查阅资料、与他人探讨等方式，力求解决当前的问题，如美术组 X 老师为深入了解儿童绘画特点而去学习罗恩菲尔德的绘画理论。在研究过程中，基于问题和任务的学习都是有目的的学习，教师“应需而学”“即学即用”。

（2）学习内容以系统知识生成为主

课题组成员集中学习的理论知识和方法要在研究中加以运用。一是应研究的需要即时学习，补充新知，使学习内容得以充实。二是在实践中寻找理论与实践的结合点，使理论与实践互相印证和磨合，让教师加深对理论知识的理解与运用，以达到理论与实践逐渐交融并结构化的目的。具体见图 6-4。

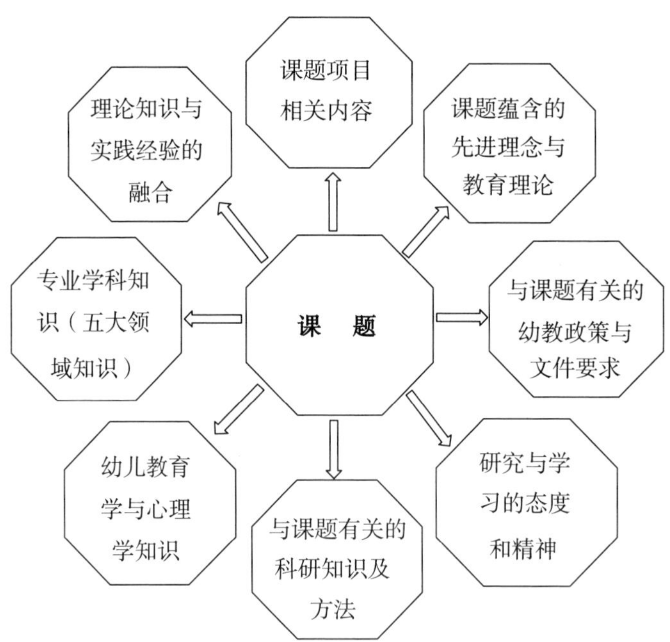

图 6-4　课题研究中幼儿园教师自主学习的内容

教师在具体的研究过程中会产生各种各样的问题和困惑，这会激发他们自主学习相关知识和方法的兴趣，这种学习是“用中学”。在设计美术研究方案过程中，教师力求“少教多学”理念的贯彻落实，对美术学科特点和各年龄段幼儿学习与发展特点也有所了解。在学习理论的基础上，教师进一步学习关于教材、学生和教学设计等的知识。经过第一次现场教研，教师发现了新问题，即如何把握“少教多学”的度，这又进一步激发了教师学习《指南》和五大领域知识的兴趣。在研究中的学习是对上一阶段理论学习的具体补充，在教学实践中得以验证，实现“用前学”和“用中学”的结合。

（3）学习方式以集体反思和合作探究为主

学习方式包括两个方面：一方面，集体研讨，在已有知识或经验基础上重新理解问题和理论；另一方面，以集体合作探究为主，“用前学”与“用中学”相结合。研究是实验—反思—改进—再实验—再反思—再改进的螺旋上升过程。基于集体讨论形成的研究成果必须在实践中得到验证，这样才能将具体的方案落到实处。课题研究中的集体反思建立在教师个体反思的基础上，合作探究也离不开教师个体的积极主动参与。尽管该阶段的学习以集体学习为主，但教师个体还要进行充分的自主学习。

（4）学习资源多元整合

课题研究中的研究实验将物质资源、专业引领资源、网络信息资源等多种资源整合起来并使其得到综合利用。教师在设计和修正教学实验方案过程中，通过阅读和网络研究充实理论知识，阅读《指南》《纲要》等，学习学科知识和儿童心理学知识，在网上观摩优秀教学活动案例，参加名师课堂观摩，遇到困惑时向园本专家求教；同时，幼儿园和课题组都致力于为教师的自主学习提供支持条件。

（三）课题中期评估阶段幼儿园教师的自主学习——反思性学习

课题中期评估阶段是应对课题管理部门行政检查的环节，也是课题组梳理和反思已有研究经验的宝贵机会。对课题进行中期评估，不仅是为了诊断和鉴定课题研究前期取得的研究成果，更重要的是考察研究的实际进展及其困难，以求调整、改进研究进度和方向。本阶段要完成三项工作，包括汇报研究进展、梳理研究成果、反思研究经验。在本阶段，教师自主学习的主要特点是在反思中学习。

1. 课题中期评估阶段幼儿园教师自主学习的过程分析

本阶段课题组的学习活动主要有课题组例会、子课题中期汇报会、课题中期研讨会。除递交中期报告之外，A 园以参加湖北省园本科研活动为契机，在前期开展的“‘少教多学’在幼儿园教学中的策略与方法研究”教学研讨观摩活动的基础上，以现场教研的模式开展课题中期研讨汇报，并以美术组 X 老师执教的活动“小鱼变变变”为载体开展研究。课题组引导教师紧紧围绕中心问题分析案例、提炼观点。教师们积极动脑，大胆表达自己的观点。在研讨中，教师有质疑、有交锋，园长适时进行引领。在激烈的思维碰撞中，教师们用集体的智慧解决自身困惑，现场观摩的教师也积极参与研讨，发表自己的意见和建议，教研员和高校幼教专家进行了专业点评。

反思是学习活动不可缺少的环节。按照社会建构主义理论，学习的过程是个体在实践活动中经由社会互动建构意义的过程，学习离不开对活动过程的反思。学习活动中的反思与学习任务和内容保持一致。在对外展示研究成果的研讨过程中，不同人员、不同观点的交锋和碰撞必然会引发课题组成员对课例的调整和改进。其中，专业引领人员对已有研究成果和研究进程的总结和建议，为课题组成员指明了进一步学习和研究的方向。

2. 课题中期评估阶段幼儿园教师自主学习各维度分析

（1）学习内容为梳理研究思路和研究历程

课题的中期评估绝不只是课题管理层递交一份中期报告，它涉及参与的个体对前期研究工作的反思和总结、对阶段性研究成果的梳理。正如教师们说的，该阶段的学习内容就是学会反思。X 老师说：“在一年多的课题研究中，我亲历了各个研究流程。在设计教案时，为了尽量实现‘少教多学’在教育活动环节的具体体现，我查阅了相关资料，观察孩子的兴趣点，记录孩子在教学活动中的表现，与同事讨论、探讨，撰写观察记录和教育案例。这极大地激发了我继续参加研究和学习的积极性。对于我来说，课题研究有难度。但是，自己努力学习，加上课题组老师的帮助，最后我熬过了难关，获益良多。”

（2）学习方式以个体反思为主，集体反思为辅

一方面，幼儿园教师在自主反思中学习。教师对自己的研究实践进行检视和反省。通过阅读自己从研究开展以来记录的教学案例、观察记录、教研反思等文本资料，教师了解自己在研究中的收获、问题；记录的当前研究心得与体会，又成为新一轮反思的素材和教师在研究中获得专业成长的见证。另一方面，教师在集体反思中学习。集体反思建立在个人反思的基础上，体现在例会和各级各类研讨中。在课题组讨论研究进度、汇报研究成果和心得的过程中，教师们通过集体交流互动，能获得不同的见解。

（3）学习资源来源以专家和同伴为主

课题取得相对成熟的研究成果，在全园甚至全区进行了优秀课例展示。在教研现场，课题组成员与他人积极互动。除了课题组成员之外，非课题组成员，即现场观摩的教师都成为同伴资源。他们对课例发表自己的观点和感受，这有利于课题组教师改进和调整课例。专家引领体现在听取课题组汇报，在课题组提出研究困难和困惑后提出改进建议。这些都成为课题组成员学习的生长点。

总之，在 A 园，课题中期评估不仅是撰写中期评估报告，对研究工作做出诊断和鉴定，而且是在对整个课题组前期研究工作进行梳理的基础上对教师专业成长的促进。教师们在知识层面对理论与实践的融合做了反思，并针对研究中面临的困难和困惑，通过集体研讨或向专家请教的方式寻求解决之法。在课题中期评估阶段，课题组成员解决了在前期研究中遇到的困难，更加明确了研究方向。

（四）课题结题及结题后幼儿园教师的自主学习——持续性探究学习

在课题结题阶段，课题组所有成员都要上交自己在研究过程中收集的文本材料以及撰写的各类研究成果，以供结题报告撰写者撰写报告和统整论文、教育案例、数字化课件等并汇编成集。结题后的工作有两项：一是研究成果的展示和推广，二是课题的深入推进。开展的主要活动有课题成果分享交流会和优质课例展示活动，以及围绕课题成果推广组织全园教师进行的培训和学习活动。

1. 课题结题及结题后幼儿园教师自主学习的过程分析

社会建构主义极为强调个体知识和社会性知识的转化，个体对主题的理解被明确化、外显化，从中生成新经验，这种新经验通过文字等各种媒介的发布，经由他人依据相关的社会标准加以审视和批判后被接受，成为社会性知识。教师在课题研究中，以各种学习资源形式（如文字、音像资料、网络信息）为互动中介，通过与同事和园长等相关群体的协商、合作、对话，寻求一个具有可推广性的问题解决方案，即获得集体性知识。这些外化（理论或概念）、物化（书本等其他载体）的社会性知识经由个体再协商，重新获得新的意义，实现个人知识的再内化和再建构，由此进入新一轮学习。

在本案例中，课题组经过多轮教学实验和集中研讨，总结出构建“少教多学”的教学模式，划分为“四个阶段”和“六个步骤”。“四个阶段”分别是自主学习阶段、合作探究阶段、展示提升阶段、反馈评价阶段。“六个步骤”分别是唤醒经验、自主学习、合作探究、拓展提升、全面巩固、反馈评价。课题管理层、子课题负责人和实验班教师都根据自己的研究任务，将收集的研究材料和研究心得加以整理，对研究过程进行梳理和总结，对研究结果和原因做出理论上的分析和解释，提炼成经验，由此形成一系列优质的教学案例、教育叙事、论文等研究成果。

2. 课题结题及结题后幼儿园教师自主学习各维度分析

（1）学习动机为任务驱动和兴趣驱动并重

一方面，受课题成果的梳理、推广和应用的任务驱动，教师的自主学习侧重于成果的规范化表达、推广活动的最优化。结题虽然意味着该课题在形式上已完结，但推广的过程也是课题不断改进和提升的过程。另一方面，教师以课题成果为学习起点，对该主题进行持续探究。教师表示可利用课题研究的“惯性”，让自己维持主动探究的兴趣。该课题生发出新的课题并对教师个人的专业发展具有促进作用。这也是经由研究获得的思维和能力得以迁移的表现。

（2）学习内容为整合研究经验

该阶段的任务是梳理和推广研究成果。教师要学会展示各种研究成果，如口头表达、优质教学课件展示、书面形式表达（论文、案例集、结题报告）。另外，在梳理研究成果的过程中，教师要将教学经验和研究经验升华为个人教学体系。教师要结合“少教多学”的理念，积极思考教学活动隐含的理论和原理，联系教学实例来理解课题涉及的新颖教学理念并运用于相似的教学情境中。

（3）学习方式以深度反思为主

课题组成员以讲座、课例示范、课件资源分享的方式向全园教师推广课题研究成果，再向其他园所展示与推广。对于课题组教师来说，这是系统梳理课题研究基本流程、分享研究心路、阐释自己对理论知识的研究体会的过程。在参与课题研究后，教师以研究者和学习者的“过来人”心态看待整个研究和学习过程，加深对课题研究本身、围绕课题学习的知识和技能的理解和掌握，清晰地感受研究轨迹，“以点带面”地品味、挖掘课题隐含的教育理念和深层教育价值。

（4）学习资源得以保存与更新

在课题结题后，各种学习资料要归类保存。课题组研究成果是教师集体建构的专业资源，是教师自主学习资源的补给。它以各种形式发表并得以汇集，成为新的学习资源。课题组成员也成为幼儿园其他教师的专业引领者和示范者。教师要将既有资源在实践中进行运用和检验。新资源的充分利用意味着新一轮研究与学习实践的开展，也意味着新的研究成果的产生。

课题的结题不意味着该研究主题的结束。教师要在原有课题研究的基础上进行深入探究，寻求自主学习新的生长点。事实上，在“少教多学”“四段六步”教学法投入第二轮实践后，课题组已在探讨对研究主题深入探究的可能性，提出研究“精教优学”并成功立项。另外，课题组成员也分别申请了武汉市的教师个人课题，如艺术领域X老师申请了“‘少教多学’在美术欣赏教学中的运用”课题。可见，以课题为载体，能够让教师的理论素养、科研素养和学习能力等各方面的能力都得到提升。

第二节　课题研究中幼儿园教师自主学习的特点

课题研究有利于促进幼儿园教师的在职学习和专业成长，也有助于改进幼儿园教师开展自主学习活动的质量。结合建构主义学习理论和课题研究过程中幼儿园教师自主学习的现状，本研究总结提炼出课题研究中幼儿园教师自主学习的八个特点。

一、教师作为主动学习者的身份凸显

在传统灌输式的学习活动中，学习者往往被动接受知识，其主体性并未发挥出来。在课题研究中，教师作为研究者和学习者的主体地位更加凸显。一是教师个人的学习主体地位凸显。二是教师在合作中的学习并行者角色凸显。在集体的分工与合作中，教师们是并行的学习者，在情感态度上互相影响，在研究方法上互相学习、认可和悦纳。例如，课题组将整体性教学方案设计完成后，将其发放给各子课题组负责人和实验班教师。教师在课题研究这一学习共同体中的学习转变成教师在子课题组中的学习和个人的自主学习。教师需结合课题倡导的理念和理论形成自己的理解。为了自己承担的研究任务顺利完成，教师的学习主动性会大大增强。

二、学习目标是“解决问题”与“完成任务”的统一

基于课题研究的教师自主学习以课题为依托，以问题为导向。课题作为一个载体，将幼儿园教师的研究与学习在实践中统一起来。从学习的角度看，解决问题是课题研究的直接目标。从研究角度来说，课题研究的直接目标是完成课题任务。二者实现了有机统一。课题研究中的学习不以获得概念化的

知识或技能为目的，而是将概念化的知识或技能在实践中与经验进行整合，创造一种新的实践活动，用其解决问题。概念化的知识是解决问题的中介。幼儿园探究问题解决的过程，也就是研究任务逐步完成的过程。如果将二者分离，可能会出现为了完成任务而不顾学习的情况，或者出现只顾解决教学实践问题而不顾提升经验、形成理论的情况。这两种情况都不利于课题研究质量的提升和教师的专业成长。

三、学习动机受问题和任务驱动并能长期保持

在课题研究中，教师的自主学习动机受问题和任务驱动并能长期保持。学习动机一般分为内在动机和外在动机。追求自身专业成长、提高科研能力、在学习中获得成就感等都是内在动机，完成任务和获得奖励是外在动机。在课题研究中，课题组成员的直接目标是完成研究任务。课题中的分工与合作使得教师必须完成既定任务，否则会影响集体任务的实现。在课题研究的各个阶段，任务环环相扣。在此过程中，教师会遇到很多“小而实”的问题或困惑，新问题也会层出不穷，这能激发教师通过各种学习求取应对之法的动机。无论教师之前持何种学习动机，指向完成课题研究任务的问题解决都会驱动教师不断学习。

四、学习内容重在经验提升和理论扎根

有别于常规的学习活动，基于课题研究的学习目的并非是获取知识。按照社会建构主义理论，知识由学习者在社会协商过程中建构而成。课题研究的最直接目的是解决问题、完成任务。随着研究进程中问题的不断分解和解决，学习者逐渐实现知识建构、身份转变和专业发展的目标。可以说，教师在课题研究中的学习内容多元复杂。从教师认知上说，接受理论知识不是目的，尽管在研究准备阶段，教师的学习内容以课题为半径，往横向扩展和纵向延伸。在实践中，教师结合实践经验找到理论与实践的结合点，基于已有

经验重新建构对理论的理解，并使之内化为个人理论，实现理论与实践的交融，发挥理论指导实践的效用。从能力上说，教师在课题研究中不断以理论知识观照自己的实践，然后解释、反思和修正。在此过程中，教师的反思能力、研究能力和学习能力等都会得到提升。

五、学习过程是集体与个体知识在实践中的转化上升

教师自主学习是集体与个体知识在实践中相互转化的过程。集体知识是在课题研究的共同体活动中，由个体知识整合和提升而来的，表现为案例、论文、结题报告等形式，“经由教学实践验证后被各成员共享，成为建构更高层次的个体知识的基础”①。教师个体的知识经验在实践中得以应用，形成个人教学特色。因此，课题研究中的教师自主学习在实践中是实践—反思—验证—提升的过程，在知识建构上是集体知识与个体知识双向互动、螺旋上升的过程。

首先，教师自主学习具有实践性和探究性。本案例主要采用行动研究和案例研究的方法，在多轮教学实践中进行实践探究和行为展现。其次，教师自主学习始终是理论浸润实践，互相交融。每一轮的教学实验评价都围绕着“少教多学”的理念开展。教师通过对教学行为和幼儿学习行为的理论解释，对有关现象和原因进行剖析，揭示教学现象蕴含的规律。最后，教师自主学习强调反思。个人反思和集体反思贯穿于课题研究的各个环节。这种反思区别于教师在教学实践中的经验反思。教师通过进一步的学习，对方案进行调整和修正，并进行新一轮的研究实验。教师在检验—论证—探索的循环往复中提升自己的素养。

---

① 毛齐明．教师有效学习的机制研究：基于“社会文化—活动”理论的视角［D］．上海：华东师范大学，2010：42.

六、学习方式为个体自主学习与集体合作学习并重

社会建构主义视野下的教师自主学习，既主张教师基于自身已有的知识经验主动建构知识，又关注教师在一定情境中与集体的互动。教师通过与专业共同体内的专业伙伴进行合作、对话，发展自身的专业性。教师由于专业特长、专业发展等各方面的差异以及承担任务的不同，具有不同的学习需求，基于此，教师以个体自主学习为主，如查阅书刊、网络研修等。分享与交流集中在围绕课题研究开展的课例研讨、知识和方法的培训和学习、个人反思与质疑等活动中。教师带着已有的知识经验以及对新知识的理解或困惑，参与集体学习活动、讨论与共享，借助集体的力量解答疑难，提升个体知识水平，“走出庐山看庐山”。不同的任务分工，成为教师个体知识的生长点。教师通过互动获得较稳定的、超出个人能力的集体知识。

七、学习支持呈系统化及专业化的特点

与常规的学习活动相比，教师在课题研究中的学习得到专业、系统且长期的学习内容支持，尤其是具有相对丰富、系统、持续的专业引领。课题研究中的专业引领团队是园本专家、教研员、高校幼教专家等。教师群体素质和能力的差异为专业引领提供了丰富的资源。[①] 专业引领团队合力为教师自主学习提供智力支持。园本专业引领人员，如特级教师、骨干教师，既是教师的同伴，又是专业引领者，在各种园本学习活动中起着榜样示范作用。园外专家，如高校幼教专家和教研员，作为“导师”在理论上引导，在实践上及时跟进指导。园内外专家的专业引领体现在课题研究的各个阶段。物质资源有专业的书刊等，信息资源有网络学习资源、多媒体素材、教学案例实录

① 汤立宏．校本研修专论：中小学教师人力资源开发与专业发展研究［M］．北京：海洋出版社，2006：25.

等。总之，与常规的学习活动缺乏系统、深入、持续的学习支持相比，课题研究中的学习支持无疑更为专业和系统。

八、学习效果可迁移性强

在课题研究中，获得某项知识不是最终目的。在完成研究任务的过程中学会学习，才是学习的价值所在。除了关注既得的学习成果，基于课题研究的学习更强调个体的长远发展。论文、案例等物化的研究成果固然是教师自主学习的产物，但其不过是个体建构新知识的前提和基础。教师需要主动参与对教育活动的意义与运作方式等的解读、选择和创造。换句话说，教育真理被建构，而非被发现。经由理论浸润的教师个人实践知识体系的整合和系统化，才是教师个体和集体建构的知识。更重要的是，在建构过程中，教师的探究性思维、批判反思、研究和学习能力得到提升，这是学习的价值。否则，课题研究中的学习将与传统的灌输式理论学习无异。教师在课题研究中获得的反思和研究思维、科学严谨的研究精神、理论与实践的交互体验，是教师再探索、再发现和再创造的动力，如教师在课题研究中不断改变教学行为并尝试申报个人课题。教师在课题研究中积累的研究和学习经验，能够迁移到自己的教学情境中，影响着教师的研究和学习。

第三节　课题研究中幼儿园教师自主学习的影响因素

在社会建构主义理论视野下，教师自主学习是个体自主学习和群体合作学习的统一，但同时又离不开外部条件的支持。本部分拟从教师个人、课题组织与实施、幼儿园支持三个层面分析课题研究中幼儿园教师自主学习的影响因素。

一、教师个人因素

从幼儿园教师自身因素来看，学习动机、个体经验和学习时间等都会影响教师在课题研究中的学习质量。

（一）学习动机

对于理论素养和科研素养相对薄弱的幼儿园教师而言，参与课题研究是不小的挑战。要确保课题工作顺利进行，研究动力就充当了助推器。不管是基于职责需要、领导指派，还是自主发展需要，课题研究都要由问题或任务驱动。具有内驱力的教师的自主学习积极性会很高，即使遇到困难，也能努力克服。拥有内在动机的教师往往具有很强的研究性学习意识，并将参与科研视为不可多得的学习机会，乐于“迎难而上”“痛并快乐着”“乐在其中”，参与后“意犹未尽”“持续探究”。受外在动机驱动的教师即便被课题任务推着学习，仍将课题研究视为高难度的挑战，从观望到参与中的“有心无力”，最终畏而退之。正如X老师所言：“经验型教师易受到自身经验的局限，形成思维定式，不易改变自己的教育理念和教学行为，想通过科研活动吸收新知识，发展创新思维能力。”可见，学习动机对课题研究的推进以及教师专业素质的提升均有影响。

（二）个体经验

教师对自身经验的“察觉”有利于自我反思。如果教师不能关注自己经验的独特性，察觉已有经验存在的问题，那么他就会继续重复自己的经验而不去寻求专业学习的可能性。[①] 在课题研究中，教师基于已有的知识经验以及新接受的理论知识建构个人理解，并在实践中加以验证和提升。个体经验的差异会影响学习需求、学习方式和学习结果。教师个别化的经验也会使学习活动呈现个性化的特点，如年轻教师乐于参与网络研修，年长教师乐于阅读理论书刊。

---

① 周成海．弗雷德·柯瑟根教师反思理论述评［J］．外国教育研究，2014，41（10）：3-14.

（三）学习时间

“没时间”“没精力”“工作忙”是课题组成员遇到的困难，主要表现在以下两方面。一是教师工作的无边界性在很大程度上消减了教师的学习时间。教师工作的无边界性指教师在工作上没有明确的时间和空间边界。这种工作特点使得教师工作强度大，工作时间延伸至生活中。相比于日常教学而言，课题研究并非教师的工作常态，琐碎繁杂的教学事务占据了幼儿园教师的大部分时间。二是上级行政部门选取骨干教师外派支教、对幼儿园进行评估与检查等，不免将教师的课题研究与学习隔断。

二、课题的组织与实施

在依托于课题研究的幼儿园教师自主学习中，课题成为学习的“本”和“源”。课题的生成、组织、实施与管理的各层面和各环节的实践都会影响教师的自主学习。

（一）课题的实践性

从选题看，研究问题与实践是否相关，课题难度和类型如何，都会影响教师的自主学习效果。教师要考虑问题是否来源于实践，是否达成了集体共识。问题应是凝聚了经验和反思成果，并需要靠集体智慧探讨解决的难题。这些难题应是教师在教学中长期感到困扰并迫切需要得到解决的。当研究问题契合教师的学习需求时，教师在研究中的学习动机会增强。

X老师：“‘少教多学’课题引起了我的兴趣。之前在美术教学过程中，我不能合理组织教学以达到《指南》艺术领域的目标。通过参加课题，我或多或少能学到一些策略和方法。这正是我们老师需要的，尤其是在课改背景下。在研究中，我很乐意去学习艺术领域的知识和理论，探究到底什么样的教学方式对幼儿来说是最好的。”

只有源于实践的问题才能让幼儿园教师达成研究的共识，这会影响教师研究和学习的积极性。问题应源于实践，在实践中研究，又归于教学实践。科研与教研结合起来，实现教—学—研的统一，这样才不至于导致“科研”

和“教研”两张皮，同时额外加重教师的学习负担。

（二）课题难度

课题难度直接决定了课题任务的挑战水平。课题任务是否具有挑战性关乎教师的学习状态。课题研究各阶段的任务都应具有一定的挑战性，教师必须主动思考、主动寻求问题解决策略。遇到的挑战可引导和激发教师主动学习的积极性。正如L主任所言：

“做课题对老师来说，本身是一个巨大的挑战，一线教师的研究与学者的研究不同。以往的课题选择往往偏理论，需要进行严密的实验设计，对我们来说难度太大，老师们觉得很受打击。我们偏向于做一些与实践相关、可以积极参与的课题。这其实就是做教师自己的课题，是‘草根化’的研究。”

由于理论基础、科研素养、学习习惯等差异的存在，教师对挑战性任务的应对态度也存在差异。

（三）课题组成员结构

社会建构主义理论强调通过不同个体的知识分享和协商进行集体知识建构。课题组成员结构体现在成员的层次和任务分工上。课题组成员的层次性影响学习资源的丰富性和协商质量。课题研究需要教师有一定的实践经验、理论基础和科研基础，需要具有发现问题与解决问题的敏锐眼光和探究意识。因此，课题组成员应尽可能纳入一线教师、理论专家、教研员甚至家长等不同群体，使得来自不同方面的不同观点发生碰撞。

X园长：“课题组需要具有各种特质、各个发展层次的教师。他们承担的角色和任务是不一样的，这需要发挥各位教师的优势和特长。如青年教师，他们的思维可能会灵活，接触的教育理念和知识会更新，学习能力和研究能力很强；经验型教师有丰富的经验，大家相互学习、相互交流、互通有无，每次课题研讨能达到集思广益的效果。经验型教师会受到经验的局限，形成思维定式，不太容易改变自己的教育理念和教学行为。”

课题组成员由多级多类人员共同组成，可以使得教师的自主学习不仅有横向上的同伴互助，还有纵向上的专业引领和平等对话。若缺乏专业研究人员或骨干教师等各层次人员的专业引领，则教师之间的横向互助易陷入低水平、低效率的重复中。因此，丰富课题组成员的层次性有利于集体智慧的产生。

课题组成员的内部分工关乎课题任务是否能按时、高效地完成，关乎教师能否在完成任务的过程中得到最大限度的专业成长。根据组织行为学理论，团队各成员在团队中个体优势的发挥会影响团队的运作效率，团队成员的任务分配应依循个体的特点。一方面，课题组成员在研究过程中以任务为驱动，积极参与团队学习活动，从而发挥个体的作用。另一方面，个人任务未完成会直接影响团队，团队任务压力的存在会调动成员学习的积极性。

（四）成员互动

在课题组成员互动中，教师作为群体中的个体，与其他个体的互动因素涉及教师的主体性、参与度、身份等。教师在研究团队中的主体性得到充分发挥，是成员进行平等协商的基础。首先，平等互信、和谐互助的人际关系是合作学习的前提。这种和谐并非是“和”为贵和“面子”和谐，更不是有所保留地从众附和。其次，轻松、开放、平等的合作与学习氛围是重点。最后，成员之间能够实现有效对话与深度交流是关键。各层次人才组成的学习团队中，成员之间的互动不免受到行政科层级别和专业的差别、理论与实践的矛盾、文化的冲突以及集体合作与个人主义的矛盾等的影响，这直接决定成员之间互相学习的态度和学习的实际效果。双方要进入对方的专业场域进行深度合作，存在一定困难。

P老师：“在研讨会上，我感觉我的观点有时还是会被园长影响，因为在团队中，我的教龄比较短。如果我跟外面的同行探讨，我可能会据理力争，说明我为什么觉得是对的，最后你也会对自己之前的看法有所改变。换句话说，我心里会觉得更平等、更敢说。”

从P老师的个人经验来看，课题组成员的多层次是把“双刃剑”，专业距离和名师效应对教师自由表达想法会有影响。在这种情况下，营造平等开放的对话环境，实现各层次教师的深度专业对话，是提高合作质量的关键。

（五）课题组织与管理

在课题组织与管理方面，灵活开放的课题管理有利于教师在课题研究中的自主学习。一是课题组内部“放权”，提供教师自主学习的机会。在确定美术组作为实验组后，课题组原定所有成员选定统一的教学实验方案，但X老师坚持美术组独立选定，并用两个班做对比。来自课题组领导层的信任，极大地激发了美术组教师的研究和学习热情。二是课题组各阶段的活动对全园开放，鼓励课题组外的教师积极尝试。课题组将研究计划、课题组教师的学习计划在园所平台上公开。

X园长：“我觉得全园的老师都应该来参加课题，但是课题组成员数量是有限的，因此我将课题组成员的学习计划、教研活动等均公开，鼓励教师们有时间、有兴趣也来一起学习。结果，每次课题组成员进行课题研讨，总有老师来旁听，有的还在班级试行方案。这就是他们的自主学习，我们也相当于给他们提供了学习机会。”

民主开放的管理有利于激发幼儿园教师研究和学习的积极性，也有利于课题成果在幼儿园的全面推广。

三、幼儿园的支持

社会建构主义理论强调文化和情境对学习的影响。幼儿园教师的自主学习与其周围的社会环境密切相关。幼儿园应创造一个有利于教师进行自主学习和合作学习的环境，为教师提供学习资源、学习环境、学习制度等方面的支持。

（一）学习资源

在课题研究中，学习资源是教师个体与集体互动的中介，更是重要的学习条件。学习资源包括物质资源（如图书馆、学习室等各种设施设备）、信息资源（如专业书刊、音像资料）以及学习经费等。学习资源直接影响幼儿园教师的学习内容、学习方式和学习效果。

研究经由访谈得知，在A园课题研究中，专业网络学习资源和专业人员的跟进指导成为影响教师自主学习的主要因素。虽然幼儿园教师能接触到的学术资源有限，但幼儿园可购买高质量的专业期刊和电子资源库等。在专业引领方面，A园与多名幼教专家、区教研员有长期联系。在研究的各个阶段，专业人员都发挥着引导和激发教师思考、探究的作用，为教师解答疑惑。

（二）学习环境

开放式的合作与学习文化氛围，对教师的自主学习有潜移默化的影响。在精神环境方面，A园有民主、和谐的人文文化氛围，体现在园领导层树立了学习榜样并注重对教师的精神激励。以X园长和L主任为主的领导班子注重教育理念的更新，坚持学习教育理念，通过读书交流会等形式分享自己的学习收获。X园长是一名特级教师，她领导幼儿园的几名教师成立了名师工作室。她注重自己在专业上的持续探究，同时鼓励教师加强专业学习，勇于钻研和探究，坦率交流问题。同时，园所具有平等、合作的学习文化。幼儿园定期有教师读书会、读书漂流、同伴互助学习活动，教师在自主学习和集体学习中分享、交流。

（三）学习制度

较为完备的科研制度与学习制度是幼儿园教师进行自主学习的保障。经过十余年的科研历程，A园已建立起一套完整的园本科研制度体系，具体包括科研管理制度、教师自主学习制度、教科研一体化制度等。课题组针对成员制订教师个人的学习计划：新教师着重学习《指南》、《纲要》、各学科专业知识和各教育学期刊文章，以自学参训为主，需交若干篇学习笔记和学习心得；富有经验的教师偏重于撰写教改论文。

第四节　通过课题研究促进幼儿园教师自主学习的建议

结合对幼儿园教师自主学习影响因素的分析，本研究从幼儿园教师个人、课题组织与实施、幼儿园支持三方面提出针对性建议。

一、幼儿园教师个人

为了取得良好的学习效果，幼儿园教师要强化研究和学习意识，激发内驱式的学习动机，激活并整合个人知识经验和实践经验，培养质疑和反思的学习习惯。

（一）强化研究和学习意识

“教师成为研究者”是教师专业发展的必然要求。教师工作的创造性和专业性要得以发挥，“研究”理应被当作一种专业的生活方式。教师在实践中要树立研究者的心态，培养批判意识和探究性思维，在纷繁复杂的教育情境中保持敏锐的洞察力，做到“勤学好问”，以先进的教育理念和教育理论观照教育现象，以“研究者”的眼光追本溯源，在实践中不断加以批判、检验和修正，从理论层面揭示现象背后的原因，提出对策。除此之外，教师还要强化自主学习和合作学习意识。在课题研究中，教师要保持一种自主、开放的学习心态，利用各种资源，成为“自我引导学习者”和“合作者”，在纷繁复杂的教育情境和研究情境中不断更新教育观念，积累实践经验。

（二）激发内驱式的学习动机

在具体的研究情境中，教师将自己的理论知识和实践经验与研究目标相联系，经由个体的高级思维和批判性探究生成意义，进而强化动机。幼儿园教师不应将课题研究视为只是完成任务，应该看到参与课题研究对教师个人专业成长的意义，为求知而学习，使学习成为个人需要，在课题研究中学会研究，学会学习。

（三）激活并整合个体经验

幼儿园教师在课题研究中会面临不同的问题，先前的经验可以帮助他们发现教学问题并思考这些问题，以实现理论与实践经验的融合。教师个体经验既包括已有的知识经验，如对于“少教多学”的认识，也包括实践经验，如体现“少教多学”理念的教学经验。激活个体经验最有效的方法是在集体研讨中进行“头脑风暴”，不同观点的交锋和共享会对集体知识的共建大有裨益。这种集体研讨建立在个体反思的基础上会更有效，即个体在参与集体研讨之前，可以先进行一番“头脑风暴”。个体知识经验和实践经验经过“头脑风暴”后，应该通过论文等形式及时记录和保存，整合成集体知识。这种集体知识是集体智慧的结晶，也是新的学习资源。

（四）培养质疑和反思的学习习惯

在课题研究中，幼儿园教师要培养反思和质疑的学习习惯。幼儿园教师要有敢于在一定教育理论的指导下批判、质疑关于教育的经验式成果和价值取向的精神，要有基于教学和研究情境主动思考教学行为并做出理论观照下的理性决定的能力，如此才能不断提升研究与学习的实践品质。首先，幼儿园教师要有敏锐的问题意识，把教学和研究中的教育现象当作问题或课题来看待，学习相关的教育理论，敢于对有悖于实践的理论层面的前提假设和价值取向进行质疑，直面理论与实践之间的冲突。其次，教师应持批判和建设的思维来反思实践，正视活动中幼儿的真实反馈，反思教学行为的可改进之处，在实践中进行反复检验。最后，个体反思和集体反思相结合，建立由幼儿园教师、幼教专家、家长等成员组成的反思小组，定期开展交流活动。

二、课题组织与实施

课题组织及围绕课题组织的相关活动是教师开展研究性学习的中介。课题的主题、难度、任务分工、角色互动，各环节的改进和优化，均能提高教师自主学习的质量。

（一）课题贴近教学实践

课题直接影响幼儿园教师的学习内容。当课题研究的问题契合幼儿园教师的学习需求时，教师在研究中的积极性会增强。课题要解决教学实践中的普遍问题。课题贴近教师“解决问题”的实际需要，能引起大部分教师至少是课题组教师的共鸣，是课题组教师感兴趣或力所能及的事情，均是以课题研究促进教师自主学习的生长点。要实现这点，课题最好由教师集体协商后自下而上提出，这要求幼儿园教师具有问题意识，善于从看似日常、重复、琐碎的工作中观察并发现问题。可行的办法是在幼儿园教学中订立“问题征集簿”，教师有意识地积累教学问题，课题组从问题库中选出教师普遍关注的问题，达成集体共识。

（二）课题难度契合教师研究水平

幼儿园在选择课题时，要将课题研究各环节的难度与幼儿园教师的理论基础和科研基础结合起来考虑。在研究目标、研究方法、研究设计等环节，教师都要考虑到研究的可行性。

（三）优化课题组成员结构

一方面，在课题组成员选拔上，坚持幼儿园要求和个人自愿相结合的原则。选择课题组成员时，要综合考虑教师是否有丰富的教学经验和科研经验，是否有一定的理论基础以及强烈的研究与学习兴趣，专业水平和专业特长如何等，实现“人选课题”和“课题选人”的有效结合，这样才能建立一个专业高效的研究和学习团队。

另一方面，增加成员的异质性和层次性。课题组成员应由多级多类人员组成，使得教师的自主学习不仅有横向上的同伴互助，还有纵向上的专业引领和平等对话。有了多样化的个体，个人才能在其中有所贡献和收获，才会产生集体智慧。因此，课题组成员应该尽量涵盖不同专业发展层次的教师，除了骨干教师之外，适当加入新手教师；在专业引领方面，应吸纳教研人员、理论专家、教学名师等各级各类人员。

（四）营造平等协商的氛围

在团队学习中，个人观点的充分表达以及不同观点的交流是互动与合作的基础，这离不开成员的平等参与。保证每个参与者拥有话语权，鼓励个体积极发言是前提。所有成员必须互相尊重、信任并真诚地就课题进行平等交流。为了减少因权力距离、专业距离等因素造成的对话不平等，在团队中要创造平等参与的氛围。教研人员、幼教专家和园领导在研讨会中切忌“一言堂”，要鼓励所有成员积极发表个人观点，打消成员的心理顾忌，适时引导成员就某个问题进行讨论。

（五）正视矛盾冲突以促进知识建构

在课题组的学习团队中，由于专业立场和知识基础不同，成员间的对话冲突不可避免。与他人对话所得的观点和经验有助于克服个体的认知缺陷。观点的分歧能促进教师的自主学习。为了达成集体共识，教师需要进行理论和实践的求证。求证过程也是不断学习理论、在实践中分析问题并解决问题的过程。这需要教师能够正视对话过程中产生的分歧和冲突，尤其是在专家、教研人员等参与的研讨中。对于分歧较大的观点，要鼓励教师先自行求证，再集中研讨，找寻最佳方案。基于多样观点的交流和碰撞，个体才能对自己的观点进行反思、修正，在互动和分享中重新建构知识。

（六）加强基于尊重和信任的平等对话和深度合作

教师个体要有乐于在集体中分享知识的心态。幼儿园教师要意识到自己作为学习者和研究者的主体地位，增强团队意识和责任感。对此，我们可采用的集体活动组织形式是“圆桌会议”，给予教师发言权；也可采用“头脑风暴”法，围绕课题尽可能提出创造性思路，后面的发言者可逐一对前一位发言者的研究设想和研究方案进行分析，提出改进建议或自己的研究方案。

三、幼儿园支持

幼儿园要为教师创设一个民主、宽松的学习环境，提供丰富的学习资源，制定完备的学习制度。

（一）了解教师自主学习需求

教师的学习需求因其专业发展阶段、专业特长、实践经验等各方面的差异而存在差异，课题研究中的学习需求也不例外。幼儿园要在了解教师专业成长情况的基础上，了解其在各个研究阶段的学习需求，并为之提供有针对性的、个性化的支持。可行的方法有：一是管理层和教师商讨制订个人专业学习计划，建立管理层对教师的成长要求和教师个人成长需求的双向“学习契约”；二是通过调查和访谈，了解教师在教学和研究中的即时需求，将有同类需求的教师组成学习小组，开展集体学习活动。“按需分类，顺势而为”

的分层培养有利于教师个性化的专业成长。

（二）优化网络学习资源

网络研修现已成为教师自主学习的重要途径。开放式、交互式的网络平台为学习资源共享与互动提供了便利。幼儿园要发挥信息技术的优势，加强园本电子资源库建设。一方面，建立“园本开放、园际共享”的电子资源库。将课题研究过程的各项活动和阶段性成果以视频、图片、声音等媒介及时保存，及时更新；同时，建立多园合作与共享的课题学习资源库，将历次课题成果作为集体共享的学习资源。随着园本科研和园际合作的发展，资源库得以持续更新。另一方面，搭建基于课题的网络学习平台，定期开展网络研修活动。如课题组在各研究阶段的讲座、会议、优秀课例等各种资料都可同步上传至课题组乃至全园的网络学习平台。在课题研究中，各种电子数据库应成为理论资料的重要来源。

（三）整合园内外专业引领资源

基于课题研究的教师自主学习需要各方人员的智力支持，为此要整合园内外专业引领资源，建立专家纵向引领与同伴横向支援相结合的引领模式。一方面，充分利用园本智力资源，构建园本专家、骨干教师、普通教师的引领梯队。园本专家兼具教师同伴和专业引领者双重角色，他们熟悉成员的专业特长和成长潜力，基于此对教师进行分层引导。另一方面，与幼教专家、教学名师、区教研室人员等建立长期的专业联系和合作。在课题研究开展过程中，邀请幼教专家和教研员定期来园指导，听取研究进程及阶段性成果。

（四）营造开放的合作学习氛围

民主、和谐的合作学习文化氛围不是在短时间内形成的，而是在幼儿园全体职工的长期共同努力下形成的。具体策略包括三条。一是发挥园领导的模范带头作用。园领导要主动学习，不仅发挥专业引领作用，也要营造积极的学习氛围。二是对教师的合作学习和个人的自主学习提供各种支持，尤其是发挥教师之间非正式群体的凝聚力和影响力。三是管理层要以人为本，鼓励教师主动学习与合作。除此之外，幼儿园管理层与教师之间、教师与教师之间都应该有精神层面的关怀，不仅关注课题任务的完成，还要关注在完成课题任务过程中的沟通、合作、分享。

（五）提供学习时间保障

针对教师普遍谈到“事务多”“不必要的文案工作多”导致学习时间和精力不够的问题，幼儿园可以尝试“一增一减一整合”的方式，尽量给参与课题的教师减负。“一增”指为课题组成员提供专门的研究和学习时间，给予教师自主申请并安排研究中的学习时间的自主权，这需要园领导的支持及搭班教师的配合。但是，考虑到幼儿园教师岗位“一个萝卜一个坑”的现实，这一点较难实现。“一减”指减少与教学无关的社会事务和不必要的文案工作，减轻教师的工作量。“一整合”指有效整合学习活动与教学工作并简化业务，如幼儿园会要求教师定期交备课本、教学反思、观察日记等文本资料，课题组成员则可以提交科研反思笔记等，使其从繁杂事务中解脱出来。

第四篇　系统促进篇

第七章　幼儿园组织气氛对教师自主学习动机的影响及促进

第一节　组织气氛、自主学习动机概述与研究设计

在建构主义视野下，教师自主学习是一种融于工作之中的社会实践活动，是教师与真实情境交互的结果。对于幼儿园教师而言，自主学习不仅与自身因素联系密切，更与幼儿园这一教师工作学习场所息息相关。众所周知，科学的幼儿园管理对幼儿园的整体运作和发展起着重大的组织、决策、协调与控制作用，是教师自主学习与发展的外部保障。其中，组织气氛作为幼儿园组织与管理中的核心内容，得到学界越来越多的关注。诸多研究表明，组织气氛对教师学习与发展具有重要影响。当组织气氛健康和谐时，教师往往能感知到领导与同事对自身专业发展的鼓励与支持，投入学习的意愿更强烈；而严厉型的组织气氛则往往阻碍教师学习主动性的提升。[①] 由此可见，教师自主学习及其动机均与良好的组织气氛密不可分。鉴于自主学习动机是教师发展的持续性动力源泉，能够激活、指向并强化教师的自主学习，其研究意义不言而喻，因此本研究拟以幼儿园组织气氛为切入点，探究组织气氛对教师自主学习动机的影响路径，以期不断激发教师自主学习的内部动力，提升教师自主学习的水平，推动我国学前教育事业的健康发展。

---

① 潘孝富．学校组织气氛研究［M］．重庆：西南师范大学出版社，2014：158-160.

一、组织气氛与自主学习动机概述

组织气氛的概念最早源于美国著名心理学家勒温。1935 年，他首次提出“气氛”（也称为氛围）概念，并在 1952 年开展的团体气氛的实证研究中，指出组织气氛是群体中的个体共享知觉或个体间认知图式的相似程度。目前，美国学者霍伊和克洛弗（Hoy & Clover）对学校组织气氛的定义得到大多数国内外学者的认同。他们认为，学校组织气氛是较为持久的环境特质，由校长和教师行为的交互作用形成，会对学校成员的认知、态度、行为施加影响，可为全体教师所感知与描述。① 基于此，幼儿园组织气氛应包括如下内涵：第一，幼儿园组织气氛是园所成员对其工作环境的知觉及描述（园长和教师是园所成员中最重要的两大主体，可作为园所成员的主要代表）；第二，这种知觉可为园长和教师所共享，通过个体认知的相互磨合而上升为集体知觉意识；第三，这种知觉意识或心理特征会影响园长和教师的行为，能被园长和教师描述或测量；第四，幼儿园组织气氛有不同的分析层面，具有多维性。

根据我国学者的观点，教师自主学习是基于日常工作情境和已有知识经验，由教师主动发起并进行自我指导与管理，以提升教育教学有效性为最终目标的专业发展活动。自主学习动机是个人内在心理变项与外部环境互相作用的函数②，强调学习动机的个体引发性、维持性和可调控性③。幼儿园教师自主学习动机是对幼儿园教师自主学习活动加以引导、维持与调控，并直接推动教师进行专业发展的内部驱动力，是个体内部需要与外部环境相互作用的结果。④ 影响幼儿园教师自主学习动机的因素是多元的，可分为内部因素与外部因素两种。内部因素包括年龄、职称、学历、教师职业发展期等；外

---

① HOY W K，CLOVER S I R. Elementary school climate：a revision of the OCDQ［J］. Educational administration quarterly，1986，22（1）：93-110.

② 徐明．自我导向学习中成人学习动机维持研究［D］．上海：华东师范大学，2009：20.

③ 陈秋珠，徐慧青，郑美妮．学前教育学生专业认同感与自主学习动机的关系：心理弹性和学习倦怠的序列中介效应分析［J］．学前教育研究，2019（10）：56-66.

④ 海鹰．幼儿园教师自主学习心理机制的研究［D］．武汉：华中师范大学，2016：37.

部因素包括日常工作需求、外界期望、在职培训的引导与支持、组织气氛等。[①] 虽然影响因素分为两种，但由于教师角色与工作的纷繁复杂，在现实中，教师往往肩挑教育教学重任，面临多面多级考核，留给教师开展自主学习的时间与精力有限，学习动机较低或难以维持，更需要外部因素的激励与支持。因此，幼儿园可从园所外部环境入手，改善园所组织气氛，使教师保持积极的精神风貌，以激活教师内在的学习动力。

二、研究设计

本研究采用量化与质性研究相结合的方法，旨在实现两大方面目标：第一，研究幼儿园组织气氛和教师自主学习动机的现况、相关背景因素下二者的差异，揭示目前幼儿园组织气氛与教师自主学习动机的现状和问题；第二，探寻幼儿园组织气氛对教师自主学习动机的影响，据此尝试优化幼儿园组织气氛，借此激发幼儿园教师自主学习动机，提出合理化建议。

本研究通过方便取样，对河北省唐山市 23 所幼儿园的教师进行问卷调查，分析幼儿园组织气氛与教师自主学习动机的现状及组织气氛对教师自主学习动机的影响。研究者于 2017 年 9 月至 11 月赴唐山市进行实地调研，并同期组织网络调查，共发放问卷 450 份，回收有效问卷 395 份，有效率为 87. 8%。具体见表 7-1。

表 7-1　样本教师的基本情况

背景变量	类别	样本量	占比（单位:%）
性别	男	14	3. 5
	女	381	96. 5

① 李更生，吴卫东．教师培训师培训：理念与方法［M］．杭州：浙江大学出版社，2014：116-119.

续表

背景变量	类别	样本量	占比（单位:%）
教龄	3 年及以下	178	45.1
	4—9 年	94	23.8
	10—15 年	41	10.4
	16—20 年	29	7.3
	20 年以上	53	13.4
职称	无职称	246	62.3
	小教三级	14	3.5
	小教二级	44	11.1
	小教一级	40	10.1
	小教高级	51	12.9
职务	主配班老师	282	71.4
	保育老师	48	12.2
	教科研组长及以上领导	65	16.5
学历	中专及以下	94	23.8
	大专	163	41.3
	本科	121	30.6
	硕士	17	4.3
园所性质	公办	308	78.0
	民办	87	22.0

本研究借鉴李晓巍等编制的《幼儿园组织气氛问卷》和海鹰编制的《幼儿园教师自主学习动机问卷》，设计了《幼儿园组织气氛和教师自主学习动机调查问卷》。关于幼儿园组织气氛的部分共分为 6 个维度。其中，园长支持行为（包括园长倾听及接纳教师的建设性建议，时常赞许教师并尊重教师的专业能力，关心每一位教师）、教师敬业行为（包括教师乐于投入工作，以园为荣，尊重同事并喜欢和同事一起工作）、教师亲密行为（包括教师之间能建立起密切情谊，彼此了解信任，互相支持）属于积极维度；园长监督

行为（包括园长过于以工作为导向，对园所严密监督，尽量亲力亲为，对教师个人需求关怀很少）、园长限制行为（包括园长经常交给教师无关教学的琐务，教师负担过重）、教师疏离行为（包括教师对彼此及园所保持心理与生理上的距离，没有共同的目标，对教学工作缺乏兴趣及投入）属于消极维度。这6个维度通过组合计算可得到园长与教师的行为开放指数，根据两个指数的高低，可最终得到4种气氛类型：开放型、投入型、疏离型和封闭型。此部分问卷采用5点计分法，组织气氛各层面得分为该层面所有题项得分之和的平均分。此部分问卷包括33个题项，其中有3道反向计分题。此部分问卷各维度的Cronbach α 一致性系数在0.615和0.813之间，各维度间相关系数在0.365和0.877（$p<0.01$）之间，通过验证性因素分析得到模型拟合指数为：$\chi^2=1255.251$，$\chi^2/df=2.733$，GFI=0.876，NFI=0.862，CFI=0.914，RMSEA=0.052，表明此部分问卷具有良好的信度与效度。

该问卷中关于幼儿园教师自主学习动机的部分，由价值意识（幼儿园教师对学习所持有的积极态度与价值取向）、自我效能感（幼儿园教师对学习能力、效果的自信程度）、主动意识（幼儿园教师主动学习和希望自己掌控学习的倾向）3个维度构成。此部分问卷包括15个题项，均为5点计分。此部分问卷各层面得分为该层面所有题项得分之和的平均数，与该层面动机状况成正比。此部分问卷各维度的一致性系数在0.715和0.935之间，各维度间相关系数在0.480和0.734之间（$p<0.01$），经过验证性因素分析得到模型拟合指数为：$\chi^2/df=4.151$，GFI=0.917，NFI=0.932，CFI=0.947，RMSEA=0.076，表明此部分问卷具有良好的信度与效度。

研究用访谈法辅助调查，采取个别访谈的方式，有目的地选取在性别、教龄、学历、园所气氛类型等方面存在差异的不同受访者6名，对每名受访者的访谈时间为47—72分钟。访谈提纲主要包括三方面内容：一是教师对幼儿园组织气氛的觉知；二是教师对自主学习动机的感知；三是基于AMOS分析结果，对组织气氛中显著影响自主学习动机的特定维度加以访谈，了解教师对其的感知状况与缘由解释。本研究期冀以访谈方式在一定程度上辅以说明量化研究结果，更合理地阐释组织气氛对教师自主学习动机的影响。

第二节　幼儿园组织气氛与教师自主学习动机的现状

目前，已有不少学者对幼儿园教师自主学习动机领域进行研究，但如何通过改善幼儿园组织气氛来提升教师自主学习动机水平，还鲜有人涉足。那么，在幼儿园实际工作中，幼儿园组织气氛水平如何？它是否能对教师自主学习动机产生影响？影响的路径是什么？鉴于此，我们有必要首先了解幼儿园组织气氛与教师自主学习动机的现状。

一、幼儿园组织气氛现状分析

研究通过数据收集与整理，对幼儿园组织气氛进行各维度平均值分析、不同背景变量差异分析、组织气氛类型分析。

（一）各维度平均值分析

根据收集到的数据，幼儿园组织气氛各维度平均值如下：园长支持行为4.21、园长监督行为4.06、园长限制行为2.62、教师亲密行为4.23、教师敬业行为4.28、教师疏离行为2.35。可见，教师对积极的组织气氛知觉较高，均在理论中值以上，其中教师敬业行为得分最高。相对而言，教师对消极的组织气氛知觉较低，其中园长监督行为得分最高。这表明，幼儿园教师对组织气氛各维度的知觉并不均衡。相较于消极气氛维度，教师更能感知到积极气氛的影响。园长监督行为虽为消极维度，但也能在较大程度上被教师察觉。一般而言，园长对教师的监管程度，影响着教师对工作、学习的主体性和自主性的发挥。[①] 因此，如何借助园长监督行为的力量影响教师自主学习动机，

① 王艳．幼儿园组织气氛与教师工作满意度的关系研究［D］．开封：河南大学，2010：60.

需要在后续研究中得到重视。

（二）不同背景变量差异分析

本部分采用单因素方差分析方法，以幼儿园组织气氛 6 个维度为因变量，考察不同园所性质对组织气氛的影响。结果显示，幼儿园组织气氛 6 个维度在园所性质上差异显著。公办园在园长支持行为与监督行为、教师敬业行为与亲密行为 4 个维度上的得分显著高于民办园，在余下两维度上则情况相反。具体见表 7-2。

表 7-2　不同性质幼儿园组织气氛各维度差异分析

维度	园所性质	样本量	平均值	标准差	F
园长支持行为	公办园	308	4.29	0.77	17.62***
	民办园	87	3.90	0.78	
园长监督行为	公办园	308	4.12	0.74	10.97**
	民办园	87	3.28	0.70	
园长限制行为	公办园	308	2.52	1.00	12.30**
	民办园	87	2.94	0.91	
教师敬业行为	公办园	308	4.30	0.66	15.92***
	民办园	87	3.98	0.72	
教师亲密行为	公办园	308	4.34	0.75	7.30**
	民办园	87	4.08	0.81	
教师疏离行为	公办园	308	2.29	0.64	15.66***
	民办园	87	2.59	0.63	

*** $p<0.001$　** $p<0.01$

本研究认为，这与政府对公办园和民办园的投入与监督差异有关。首先，相较于民办园，政府对公办园的财政投入较多，这让公办园在运营成本方面无后顾之忧。园长可以专注于提升保教质量、支持教师专业发展、维护园所人际和谐等①，因此公办园在园长支持行为、教师敬业行为、教师亲密行为上得分较高。其次，由于政府对于公办园的监管力度同样高于民办园，幼儿园需健全各方面规章制度，整理多项园所资料，以应对各部门的监管，使教师更容易感知到来自各方面的监督压力，因此公办园在园长监督行为上得分较高。

（三）组织气氛类型分析

依据行为开放指数的计算公式（园长行为开放指数=支持行为-监督行为-限制行为，教师行为开放指数=敬业行为+亲密行为-疏离行为），园长与教师行为开放指数高于平均值即为开放，低于平均值即为封闭，据此得出4种不同的组织气氛类型。各组织气氛类型的具体界定如下：开放型气氛（opened climate），指园长与教师行为均趋于开放，园长支持和鼓励教师，教师们相处融洽，团结协作，全身心投入教学工作；投入型气氛（engaged climate），指园长行为趋于封闭，教师行为趋于开放，园长对教师进行行为监督，忽视教师能力与需求，常因行政事务影响教师，但教师之间仍能友好互助；疏离型气氛（disengaged climate），指园长行为趋于开放，教师行为趋于封闭，园长对教师工作表示关心与支持，但是教师之间人际关系疏远，难以投入教学；封闭型气氛（closed climate），指园长与教师皆表现出封闭性行为，园长对教师多为监督和控制，教师对园长的指令响应度不高，缺乏团结精神与工作投入。②

调查的23所幼儿园的园长与教师的行为开放指数平均值分别为-2.45、6.05。基于行为开放指数计算公式与组织气氛类型释义，我们可对23所幼儿园的组织气氛类型进行划分。其中，开放型气氛园所有10所（占43.5%），投入型气氛园所有3所（占13.0%），疏离型气氛园所有3所（占13.0%），封闭型气氛园所有7所（占30.4%）。具体见表7-3。

---

① 李晓巍，王萍萍，魏晓宇．幼儿园组织气氛的测量及与教师教学效能感的关系［J］．教师教育研究，2017，29（4）：60-66+83.

② HOY W K，CLOVER S I R．Elementary school climate：a revision of the OCDQ［J］．Educational administration quarterly，1986，22（1）：93-110.

表 7-3　样本幼儿园组织气氛类型分析

园所编号	园长行为开放指数	教师行为开放指数	组织气氛类型	园所编号	园长行为开放指数	教师行为开放指数	组织气氛类型
A	-2.26	6.81	开放型	M	-2.79	6.17	投入型
B	-2.29	5.84	疏离型	N	-2.74	5.93	封闭型
C	-2.07	6.43	开放型	O	-2.03	6.23	开放型
D	-2.99	4.56	封闭型	P	-1.94	6.97	开放型
E	-1.57	7.35	开放型	Q	-2.05	6.83	开放型
F	-1.96	7.18	开放型	R	-2.91	4.91	封闭型
G	-2.58	6.88	投入型	S	-3.49	4.50	封闭型
H	-1.67	7.31	开放型	T	-2.39	4.85	疏离型
I	-1.98	7.57	开放型	U	-2.43	4.11	疏离型
J	-2.01	7.28	开放型	V	-3.46	3.65	封闭型
K	-3.05	5.65	封闭型	W	-2.70	5.97	封闭型
L	-2.90	6.30	投入型	总体	-2.45	6.05	—

研究结果表明，具有最为合理的开放型组织气氛的幼儿园有 10 所（43.5%），与 2010 年王艳的研究结果相比有了较大的提升，但仍有一半以上的幼儿园组织气氛有上升空间。开放型组织气氛占比提升，可能与《国家中长期教育改革和发展规划纲要（2010—2020 年）》以及第一期、第二期学前教育三年行动计划实施等有关。近年来，学前教育得到国家政策和财政的大力支持，幼儿园园长和教师热情对待工作，提升了部分园所的组织气氛，因此开放型组织气氛的幼儿园有了一定程度的增加。[①] 在此类组织气氛下，园长管理风格趋于民主，在监督工作方面程度较为适中。园长支持和鼓励教师学习与发展，园内人际和谐，教师们能做到合作互助。但是，本研究结果显示，还有 30.4%的幼儿园为封闭型组织气氛，园长更多地强调监督和控制，对教

① 李晓巍，王萍萍，魏晓宇．幼儿园组织气氛的测量及与教师教学效能感的关系［J］．教师教育研究，2017，29（4）：60-66+83.

师缺乏支持与鼓励，易对教师士气、团结精神、责任意识产生消极影响，不利于教师的专业责任感加强与专业发展提升。① 因此，开放型幼儿园组织气氛水平仍有待加强。

二、教师自主学习动机现状分析

研究通过数据收集与整理，对幼儿园教师自主学习动机进行分析。

（一）总体及各维度水平分析

幼儿园教师自主学习动机水平总平均值为 4.25，高于中等临界值，表明幼儿园教师自主学习动机总体水平良好。但是，研究通过对比教师自主学习总体水平最高分（5.00）和最低分（1.13）发现，教师自主学习动机水平仍然存在较大差异。如何均衡地提高教师自主学习动机水平是教师自主学习发展之急需。

研究发现，幼儿园教师自主学习的价值意识平均值（4.58）最高，主动意识（4.27）次之，自我效能感（3.92）最低。这说明教师虽然普遍持有积极的学习态度，主动开展学习并希望自己掌控学习的倾向也较强，但是对自己的学习能力与学习效果还缺乏自信。因此在增进教师自主学习动机方面，除了致力于提升教师对自主学习的价值认知与学习主动性以外，更应帮助教师增强自主学习的自我效能感。为了提升教师的自我效能感，学校应为教师的专业发展提供平台，经常安排一些优秀的教学观摩活动，为教师树立可模仿的榜样，以获得积极的“替代性经验”。②

（二）背景因素分析

下面考察不同背景因素下的幼儿园教师自主学习动机状况。研究采用单因素方差分析与事后多重比较，对教龄、职称、学历因素的影响进行分析；采用独立样本 t 检验，对园所性质的影响进行分析。在此需要说明的是，由

---

① BATLOLONA J R. Organizational climate of the school and teacher performance improvement in the 21st century [J]. International journal of science & research, 2018, 7 (2): 119-126.

② 杨翠娥．走向生命关怀的教师专业发展［M］．北京：知识产权出版社，2015：182.

于样本变量中的性别比例差距较大（男 14 人、女 381 人），不具有代表性，且职务对教师自主学习动机的影响不显著，因此研究未就性别、职务对教师自主学习动机的影响展开分析。

1. 教龄因素

本部分通过 LSD 检验，研究不同教龄幼儿园教师自主学习动机的差异。结果表明，教龄在自主学习动机总体水平及各维度上的主效应存在显著差异。教师自主学习动机具有随教龄增长而不断增强的趋势。在价值意识方面，教龄 16 年及以上的教师得分显著高于教龄 3 年及以下的教师；在自我效能感方面，教龄 10 年及以上的教师得分显著高于教龄 3 年及以下的教师，教龄 16 年及以上的教师得分显著高于教龄 4—9 年的教师；在主动意识方面，教龄 4 年及以上的教师得分显著高于教龄 3 年及以下的教师，教龄 20 年以上的教师得分显著高于教龄 15 年及以下的教师。教师自主学习动机总体水平的事后检验结果与主动意识维度相同。具体见表 7-4。

表 7-4　不同教龄教师自主学习动机水平差异分析

维度	年龄	样本量	平均值	标准差	F	事后检验（LSD）
价值意识	①3 年及以下	178	4. 49	0. 58	2. 79*	④>①* ⑤>①*
	②4—9 年	94	4. 60	0. 65		
	③10—15 年	41	4. 62	0. 45		
	④16—20 年	29	4. 73	0. 40		
	⑤20 年以上	53	4. 73	0. 35		
自我效能感	①3 年及以下	178	3. 75	0. 68	8. 20***	③>①*** ④>①* ⑤>①*** ④>②* ⑤>②*
	②4—9 年	94	3. 88	0. 80		
	③10—15 年	41	4. 02	0. 75		
	④16—20 年	29	4. 21	0. 69		
	⑤20 年以上	53	4. 31	0. 61		

续表

维度	年龄	样本量	平均值	标准差	F	事后检验（LSD）
主动意识	①3 年及以下	178	4.04	0.85	7.65***	②>①* ③>①* ④>①* ⑤>①*** ⑤>②* ⑤>③*
	②4—9 年	94	4.32	0.86		
	③10—15 年	41	4.34	0.72		
	④16—20 年	29	4.43	0.78		
	⑤20 年以上	53	4.69	0.58		
总体水平	①3 年及以下	178	4.09	0.55	9.44***	②>①* ③>①* ④>①* ⑤>①*** ⑤>②* ⑤>③*
	②4—9 年	94	4.27	0.65		
	③10—15 年	41	4.33	0.49		
	④16—20 年	29	4.46	0.54		
	⑤20 年以上	53	4.58	0.39		

*** $p<0.001$ * $p<0.05$

研究表明，教龄 16 年及以上的教师在价值意识、自我效能感、主动意识上均表现较好。在访谈中，一位教龄较长的教师表示："我的教龄已经有 17 年了，我们这样的老教师在这里还是很受尊重的。家长信任我，想着办法把孩子送进我的班。园长挺放心我，把新来的教师交给我。我肯定不能辜负园长和家长的期望，不能老是一套知识和方法来教育教学，还是要与时俱进，多学习一些知识，在工作与教学方面让园长和家长都觉得满意。"本研究结果与姜勇、阎水金的研究结果类似，两名研究者认为教龄 16 年以上的教师处于知识更新时期，他们的自主学习与发展意识和主动性都有所增强。[1]

教龄 3 年及以下的教师在自主学习动机水平上的表现总体欠佳，度过这一阶段后，教师自主学习动机水平会出现一个加速增长期。美国学者菲斯勒认为，教师在最初任教的几年中处于实习导入阶段。在此阶段中，教师更多

① 姜勇，阎水金．教师发展阶段研究：从"教师关注"到"教师自主"［J］．上海教育科研，2006（7）：9-11.

的是在学习教师这一角色，适应学校的运作，努力表现自己。在平稳度过实习导入阶段后，教师会进入自身能力建设阶段。① 在能力建设阶段的教师开始注重提高自身的教学能力、教学质量、教学方法等，为了促进自身的专业发展，教师会主动积极地运用多种手段和方法进行自主学习。因此，教龄 3 年及以下的教师自主学习动机水平较低。在教龄较长的教师眼中，新教师"和我们老教师不一样，她们刚入园，教学不熟练，压力也比较大，待遇保障不高，没编制的老师可能说走就走了，也没什么心思学习"。因此，关注教龄 3 年及以下的教师，在帮助其平稳度过环境适应期后，引导其树立良好的工作愿景，是提升教师自主学习动机水平方面值得探讨的话题。

2. 职称因素

研究通过比较不同职称教师的自主学习动机发现，教师自主学习动机 3 个维度与总体水平在职称方面均有显著差异，其中自我效能感与自主学习动机总体水平存在极其显著的差异。研究通过事后多重比较分析（LSD 检验）发现，职称越高的教师，在价值意识、自我效能感、主动意识 3 个维度及自主学习动机总体水平上得分越高。值得一提的是，从自主学习动机的价值意识来看，仅小教高级教师显著高于无职称教师，这表明教师能够普遍认同自主学习的重要价值。总体来说，职称晋升对于教师自主学习动机的增强具有促进作用。具体见表 7-5。

表 7-5　不同职称教师自主学习动机水平差异分析

维度	职称	样本量	平均值	标准差	F	事后检验（LSD）
价值意识	①无职称	246	4.53	0.55	2.45*	⑤>①*
	②小教三级	14	4.38	0.51		
	③小教二级	44	4.67	0.69		
	④小教一级	40	4.71	0.53		
	⑤小教高级	51	4.70	0.41		

① 王春阳，杨彬，张婕．教育心理学［M］．成都：电子科技大学出版社，2016：39.

续表

维度	职称	样本量	平均值	标准差	F	事后检验（LSD）
自我效能感	①无职称	246	3.80	0.72	6.62***	③>①* ⑤>①*** ⑤>②* ⑤>④*
	②小教三级	14	3.77	0.57		
	③小教二级	44	4.08	0.80		
	④小教一级	40	4.02	0.77		
	⑤小教高级	51	4.32	0.63		
主动意识	①无职称	246	4.19	0.84	3.06*	⑤>①* ③>②* ④>②* ⑤>②*
	②小教三级	14	3.83	0.62		
	③小教二级	44	4.33	0.90		
	④小教一级	40	4.37	0.86		
	⑤小教高级	51	4.53	0.64		
总体水平	①无职称	246	4.17	0.56	5.59***	③>①* ④>①* ⑤>①* ③>②*** ④>②* ⑤>②*
	②小教三级	14	3.99	0.45		
	③小教二级	44	4.36	0.67		
	④小教一级	40	4.36	0.60		
	⑤小教高级	51	4.52	0.47		

*** $p<0.001$　* $p<0.05$

从教师自主学习动机总体水平来看，无职称教师晋升为小教三级职称后，自主学习动机水平骤降，这可能是由于晋升小教二级的名额紧缺、晋升年限增加等原因的存在，在一定程度上冲击了晋升过程中的期望提升，影响了教师自主学习发展的动机水平。在访谈中，一位教师表示："三级教师的晋升条件也是比较宽松的，符合一定学历年限条件就可以晋升，没有其他方面（如教研、论文方面）的要求，所以晋升挺容易，但是，再往上晋升可就难多了，对职称晋升没那么大指望的老师，可能就不在学习、发展这方面下大功夫了。"当教师职称晋升到小教二级后，教师自主学习动机水平出现激增。

本研究认为，这是由于这些教师正处在职业发展的关键上升期，职称处于小教二级的教师已具有一定的晋升资历与能力，晋升的可能性相对较高。由此看来，我们应关注小教三级教师，帮助其在职称晋升之前保持良好的自主学习动机，促进幼儿园教师在各职称阶段持续均衡地进行专业发展。

3. 学历因素

学历在一定程度上反映出教师的知识能力水平。本研究表明，本科及以上学历教师的主动意识显著高于大专及以下学历的教师。这与乔建中的研究结果相一致。他指出，本科及以上学历教师的学习意志、学习主动性与学习状态在总体上明显高于大专及以下学历的教师。① 具体见表 7-6。

表 7-6　不同学历教师自主学习动机水平差异分析

维度	学历	样本量	平均值	标准差	F	事后检验
价值意识	①中专及以下	94	4.43	0.55	1.76	—
	②大专	163	4.62	0.60		
	③本科及以上	121	4.57	0.51		
自我效能感	①中专及以下	94	3.89	0.70	0.37	—
	②大专	163	3.95	0.77		
	③本科及以上	121	3.95	0.78		
主动意识	①中专及以下	94	4.06	0.83	14.28***	LSD 检验 ③>①*** ③>②*
	②大专	163	4.37	0.80		
	③本科及以上	121	4.72	0.59		
总体水平	①中专及以下	94	4.17	0.56	3.97*	Tamhane 检验 ②>①*
	②大专	163	4.32	0.61		
	③本科及以上	121	4.37	0.46		

*** $p<0.001$　* $p<0.05$

总体来说，学历越高的幼儿园教师越具有主动学习和希望掌控自己学习

① 乔建中．教师教育心理学［M］．合肥：安徽人民出版社，2015：98.

的倾向，自主学习动机水平也越高，因此学历提升对教师自主学习动机的激发具有一定程度的促进作用。相较于部分省份对于幼儿园教师资格考试仅要求“具有幼儿园师范学校或中等师范学校毕业及以上学历”而言，河北省自2015年起，在学历要求上增加了对师范院校办学资质的相关规定，提高了现行幼儿园教师职业资格准入门槛。以本研究样本为例，本科、硕士学历幼儿园教师分别占30.6%、4.3%，大专学历幼儿园教师占41.3%，中专及以下学历幼儿园教师占23.8%。这表明，样本中幼儿园教师学历结构较为良好，但仍以大专及以下学历的教师为主，幼儿园在教师学历水平提升上仍有较大的发展空间。因此应鼓励教师提升学历，以促进教师的自主学习与专业发展。

4. 园所性质因素

研究采用独立样本 t 检验，考察不同性质幼儿园教师的自主学习动机是否有显著差异。结果表明，在自我效能感、主动意识与自主学习动机总体水平上，公办园教师得分显著高于民办园教师得分，突出体现在主动意识维度和总体水平上。具体见表7-7。

表7-7　不同性质园所教师自主学习动机水平差异分析

维度	园所性质	样本量	平均值	标准差	t	df	p
价值意识	公办园	308	4.61	0.56	1.67	393	0.095
	民办园	87	4.49	0.53			
自我效能感	公办园	308	3.96	0.76	2.52	393	0.013
	民办园	87	3.76	0.64			
主动意识	公办园	308	4.32	0.84	2.86	393	0.004
	民办园	87	4.03	0.75			
总体水平	公办园	308	4.29	0.59	2.89	393	0.004
	民办园	87	4.09	0.50			

民办园教师虽认同自主学习的重要价值，但缺乏对自主学习能力与学习效果认同的信心，学习的主动意识不足，这影响了民办园教师的自主学习动

机水平。相较于此，公办园教师学习的主动性与自信心更为充足。目前，我国约三分之二的公办园有财政拨款，民办幼儿园几乎没有得到财政支持。[①] 与民办园相比，公办园师资水平与工作稳定性较高，学习培训经费与机会更有保障，教师对工作学习更易充满热情。[②] 因此，公办园教师在自主学习动机的总体水平上高于民办园教师。需要指出的是，在价值意识上，公办园教师得分虽高于民办园，但并无显著差异，可能是由于民办园的生存压力大，为了拥有稳定的生源，他们必须重视教师的专业提升以提高教育教学质量，才能保证充足、稳定的生源。[③]

在访谈中，一所实力较强的民办园的教师表示，“为了保住生源，园长很在意教师的专业水平，园里学习风气挺浓的。在园里，每天事都挺多的，平时要上课，不上课的时候要备课，晚上要集体评课，每天都弄得很晚。不过，这里真的能学到东西，还有外籍教师辅导，老师们都干劲十足，也都知道学习能提高自己的水平和能力。”由此可见，民办园教师能意识到自主学习的价值，但如何激发民办园教师学习的自我效能感仍值得后续探讨。

第三节 幼儿园组织气氛对教师自主学习动机的影响研究

基于对幼儿园组织气氛与教师自主学习动机的统计分析，本研究接下来探讨幼儿园组织气氛对教师自主学习动机的影响情况。

---

① 宋映泉．不同类型幼儿园办学经费中地方政府分担比例及投入差异：基于3省25县的微观数据［J］．教育发展研究，2011，31（17）：15-23.

② 洪秀敏，华志媛．政府扶持与管理公办、民办幼儿园的现状：基于园长和教师评价的视角［J］．教育理论与实践，2015，35（23）：13-15.

③ 王艳．幼儿园组织气氛与教师工作满意度的关系研究［D］．开封：河南大学，2010：60.

一、幼儿园组织气氛与教师自主学习动机的相关分析

研究采用皮尔逊积差相关法，计算幼儿园组织气氛与教师自主学习动机之间的相关情况。研究结果表明，幼儿园组织气氛与教师自主学习动机在各维度及整体上均呈显著相关，其中园长支持行为、园长监督行为、教师敬业行为、教师亲密行为与教师自主学习动机各维度及整体呈正相关，园长限制行为、教师疏离行为与教师自主学习动机各维度及整体呈负相关。幼儿园组织气氛与教师自主学习动机相关系数为 0.411（在 0.4 和 0.7 之间，说明关系紧密），可进一步进行回归分析。具体情况见表 7-8。

二、教师自主学习动机在组织气氛类型上的差异分析

为了检验幼儿园教师自主学习动机在组织气氛类型上是否具有差异，研究依据 23 所幼儿园组织气氛类型的划分，以幼儿园教师自主学习动机为因变量，以幼儿园组织气氛类型为自变量，进行单因素方差分析，考察教师自主学习动机总体水平及各维度在不同的组织气氛类型上的差异情况。具体见表 7-9。

表 7-8 幼儿园组织气氛与教师自主学习动机的相关分析

维度	*Z*1	*Z*2	*Z*3	*Z*4	*Z*5	*Z*6	*D*1	*D*2	*D*3	*Z*	*D*
*Z*1 园长支持行为	1.000										
*Z*2 园长监督行为	0.550**	1.000									
*Z*3 园长限制行为	-0.421**	-0.190**	1.000								
*Z*4 教师敬业行为	0.746**	0.619**	-0.341**	1.000							
*Z*5 教师亲密行为	0.726**	0.530**	-0.379**	0.800**	1.000						
*Z*6 教师疏离行为	-0.524**	-0.399**	0.538**	-0.566**	-0.594**	1.000					
*D*1 价值意识	0.336**	0.323**	-0.207**	0.417**	0.374**	-0.284**	1.000				
*D*2 自我效能感	0.371**	0.283**	-0.158**	0.313**	0.325**	-0.212**	0.368**	1.000			
*D*3 主动意识	0.415**	0.391**	-0.241**	0.461**	0.433**	-0.292**	0.580**	0.556**	1.000		
Z 组织气氛	0.692**	0.714**	0.159**	0.753**	0.698**	-0.169**	0.315**	0.308**	0.384**	1.000	
D 自主学习动机	0.460**	0.406**	-0.245**	0.481**	0.460**	-0.318**	0.755**	0.812**	0.879**	0.411**	1.000

** $p<0.01$

表 7-9　不同组织气氛类型幼儿园的教师自主学习动机的差异分析

维度	类型	平均值	标准差	F
价值意识	开放型	4.62	0.59	2.45
	投入型	4.68	0.49	
	疏离型	4.52	0.51	
	封闭型	4.49	0.56	
自我效能感	开放型	4.06	0.76	8.66***
	投入型	4.09	0.67	
	疏离型	3.81	0.70	
	封闭型	3.69	0.70	
主动意识	开放型	4.56	0.70	16.81***
	投入型	4.38	0.74	
	疏离型	4.07	1.01	
	封闭型	3.92	0.83	
教师自主学习动机总体水平	开放型	4.41	0.56	13.47***
	投入型	4.38	0.53	
	疏离型	4.14	0.64	
	封闭型	4.03	0.54	

*** $p<0.001$

结果表明，在组织气氛比较好的幼儿园里，教师往往会知觉到园长对教师学习与发展的鼓励与支持，园长一般不会安排教师从事与教学无关的任务，园内教师之间的人际关系较为和谐，更容易在工作中互助合作、敬业友爱，因此教师有更多的时间、精力与热情投入自主学习中，自主学习动机水平也相应较高。相反，在组织气氛不佳的幼儿园中，教师更容易感知到园长对教师的控制与监督，教师之间关系疏离冷淡，很少在工作、学习上产生互助合作，从而影响教师对于自主学习的积极态度，阻碍教师的专业发展。①

三、幼儿园组织气氛对教师自主学习动机的回归分析

为了在幼儿园组织气氛中找寻对教师自主学习动机最具解释力的自变量，建构一个最佳的回归分析模型，研究运用 SPSS 22.0 对教师自主学习动机总体水平进行了逐步多元回归分析。

（一）对教师自主学习动机总体水平的回归分析

研究以教师自主学习动机总体水平为因变量，以组织气氛各维度为自变量，进行逐步多元回归分析。只有当自变量对因变量的解释力达到显著水平时，才可进入模型。具体见表 7-10。

表 7-10　幼儿园组织气氛对教师自主学习动机的逐步多元回归分析

维度	教师自主学习动机总体水平			
	R^2	ΔR^2	F	β
教师敬业行为	0.248	—	129.31***	0.250***
园长支持行为	0.272	0.024	73.13***	0.203**
园长监督行为	0.286	0.014	52.25***	0.155**

*** $p<0.001$　** $p<0.01$

数据表明，经过逐步多元回归分析后，进入模型的幼儿园组织气氛维度包括教师敬业行为、园长支持行为、园长监督行为，而园长限制行为、教师亲密行为与教师疏离行为对教师自主学习动机无显著解释力。上述回归分析模型中的容忍度值均介于 0.380 和 0.600 之间（容忍度越接近 0，越存在共线性问题），方差膨胀系数均小于 10（方差膨胀系数大于 10 时，自变量可能发生线性重合），这表明容忍度值与方差膨胀系数在合理范围内，进入回归

① BATLOLONA J R. Organizational climate of the school and teacher performance improvement in the 21st century［J］. International journal of science & research，2018，7（2）：119-126.

方程的自变量之间没有多元共线性问题。① 总体来说，幼儿园组织气氛 3 维度对教师自主学习动机具有一定的解释力。从幼儿园组织气氛 3 维度对教师自主学习动机的影响来看，决定系数（R^2）为 0.286。在这里，R^2 值虽不高，但 R^2 不是衡量模型优劣的唯一标准，还需综合模型中的变异量显著性检验（F 值）等情况来分析，此处回归模型整体性检验的 F 值为 52.25（$p<0.001$，达到极其显著），因此幼儿园组织气氛 3 维度可有效解释教师自主学习动机 28.6%的变异量。

（二）对教师自主学习动机各维度的回归分析

为了找寻幼儿园组织气氛对教师自主学习动机各维度最具解释力的自变量，本研究以教师自主学习动机各维度为因变量，以幼儿园组织气氛各维度为自变量，进行逐步多元回归分析。具体结果见表 7-11。

表 7-11 幼儿园组织气氛对教师自主学习动机各维度的逐步多元回归分析

<table>
<tr><th rowspan="2">维度</th><th colspan="3">价值意识</th><th colspan="3">自我效能感</th><th colspan="3">主动意识</th></tr>
<tr><th>R^2</th><th>F</th><th>β</th><th>R^2</th><th>F</th><th>β</th><th>R^2</th><th>F</th><th>β</th></tr>
<tr><td>园长支持行为</td><td rowspan="4">0.142</td><td rowspan="4">64.99***</td><td>—</td><td rowspan="4">0.147</td><td rowspan="4">33.66***</td><td>0.308***</td><td rowspan="4">0.308</td><td rowspan="4">58.09***</td><td>—</td></tr>
<tr><td>园长监督行为</td><td>—</td><td>0.114*</td><td>0.197***</td></tr>
<tr><td>园长限制行为</td><td>—</td><td>—</td><td>-0.173***</td></tr>
<tr><td>教师敬业行为</td><td>0.377***</td><td>—</td><td>0.328***</td></tr>
</table>

*** $p<0.001$ * $p<0.05$

上述回归分析模型中的容忍度值均介于 0.565 和 1 之间（大于 0），方差膨胀系数均小于 10，这表明容忍度值与方差膨胀系数在合理范围内，进入回

① 吴明隆．结构方程模型：AMOS 的操作与应用［M］．重庆：重庆大学出版社，2010：412.

归方程的自变量之间没有多元共线性问题。从标准化回归系数（β）来看，对价值意识具解释力的为教师敬业行为，解释变异量为 14.2%；对自我效能感最具解释力的为园长支持行为，其次为园长监督行为，总解释变异量为 14.7%；对主动意识最具解释力的为教师敬业行为，其次为园长监督行为、园长限制行为，总解释变异量为 30.8%；除园长限制行为对主动意识的影响为负向外，其余影响均为正向。教师亲密行为与教师疏离行为对教师自主学习动机各维度无显著解释力。

四、AMOS 结构方程模型构建

研究采用 SPSS 22.0 和 AMOS 20.0 建构结构方程模型，探究幼儿园组织气氛与教师自主学习动机各维度之间的关系，并进行假设检验。构建 AMOS 结构方程模型，需以幼儿园组织气氛对教师自主学习动机影响的理论基础及上述回归分析结论为基础，奠定整个结构方程模型的构建根基，使假设路径更具实际性。

（一）模型理论基础

团体动力理论。勒温的团体动力理论是研究团体气氛的重要理论基础。团体动力理论认为，人的行为是受人与环境交互作用影响的，人既是个体的存在，也是团体的存在；环境既是物理的、心理的，也是社会的。一个可联结、整合个体的团体，能使个体动机与团体目标紧密相连，促使个体为团体目标尽心工作。勒温指出，通过引起团体变化来改变其个体，要比直接改变个体容易得多，这为改善幼儿园组织气氛以整体提升教师自主学习动机提供了理论支撑。领导者的素质、行为在团体中占有非常重要的地位，对领导行为与方式的研究有助于解决如何调动团体成员内在活力的问题。①

① 王鹏，潘光花，高峰强．经验的完形：格式塔心理学［M］．济南：山东教育出版社，2009：158.

自我决定理论。德西和瑞恩的自我决定理论是学习动机研究的重要理论基础。自我决定理论认为，在实际生活中，个体行为往往需要外部动机的发起。如果有重要他人或团体鼓励个体从事期望行为，那么个体便倾向于将外部调节内化，整合到自我系统中。该理论将外部动机划分为四种调节类型：第一是外部调节，个体从事某种行为源于外部的奖惩，自主性最低；第二是内摄调节，行为是为了避免羞怯以获得自我价值；第三是认同调节，个体认同行为及其价值，它代表外部调节向内部调节的过渡，具有较高的自主性；第四是整合调节，个体认同的行为价值与自我价值、目标和需要达成一致，在外部动机中自主性最高，趋向内部动机，最终通过生成兴趣、提升内在满足达成内部动机。另外，该理论认为，有三种基本心理需要与自我决定有关：胜任、关系和自主的需要。胜任是指学习者在社会环境中，通过实践表达自己的能力，体验到自身的影响力，类似于自我效能感，这种胜任感的满足是外部动机调节内化的重要因素。关系是指个体感知到与他人之间的联系，关心他人并被他人关心，具有他人或团体归属感。当个体感知到他人或团体的关心及期望时，个体的被期望行为可以得到更全面的内化。自主是指个体感受到其行为的来源为自身，涉及兴趣与价值整合，自主性需要的满足是区分自我决定与非自我决定的前提。①

依据勒温的团体动力理论，若领导者在组织中的地位重要，则领导行为会极大影响组织成员的行为动机。自主学习作为幼儿园教师日常学习的重要部分，其动机也深受领导行为的影响，因此，园长支持行为、园长监督行为、园长限制行为能够对教师自主学习动机产生影响。依据自我决定理论，提升教师自主学习动机，可先通过外部气氛生成外部动机，通过领导给予锻炼机会、自主决策权和教师间友好合作满足自主学习的胜任需要、关系需要、自主需要，从而使教师自主学习动机由外部调节走向整合调节，最终形成内部调节的自主学习动机。因此，园长支持行为、园长监督行为、园长限制行为以及教师敬业行为应是影响教师自主学习的重点变量。研究综合逐步多元回

① 王振宏．学习动机的认知理论与应用［M］．北京：中国社会科学出版社，2009：149.

归分析的结果指出，教师敬业行为、园长支持行为、园长监督行为对教师自主学习动机具有显著解释力，其中教师敬业行为对价值意识具有显著解释力，园长支持行为和园长监督行为对自我效能感具有显著解释力，教师敬业行为、园长监督行为和园长限制行为对主动意识具有显著解释力。因此，研究选择园长支持行为、园长监督行为、园长限制行为、教师敬业行为作为幼儿园组织气氛对教师自主学习动机影响的结构方程模型的自变量，以上述指向性解释力结果为模型路径。

（二）模型假设

依据上述理论分析与逐步多元回归分析结果，研究对幼儿园组织气氛各维度和教师自主学习动机各维度进行关系界定，设立幼儿园组织气氛对教师自主学习动机影响的 6 个初始假设，构建 AMOS 结构方程模型。H1：园长支持行为对自我效能感具有正向影响。H2：园长监督行为对自我效能感具有正向影响。H3：园长监督行为对主动意识具有正向影响。H4：园长限制行为对主动意识具有负向影响。H5：教师敬业行为对价值意识具有正向影响。H6：教师敬业行为对主动意识具有正向影响。

（三）模型拟合

研究构建了幼儿园组织气氛对教师自主学习动机影响的结构方程模型，根据参数情况对模型拟合度进行分析。模型拟合指数标准如下：卡方/自由度（χ^2/df）为 0—3，越接近 0 越好；拟合优度指数（GFI）为 0. 9—1，越接近 1 越好；调整拟合优度指数（AGFI）0. 9—1，越接近 1 越好；残差均方根（RMR）为 0—0. 05，越接近 0 越好；标准拟合指数（NFI）为 0. 9—1，越接近 1 越好；相对拟合指数（RFI）为 0. 9—1，越接近 1 越好。[①] 若各项拟合指数均在标准范围内，拟合度良好，则可判断该模型具有良好的适配性。

本研究模型显著性概率 $p>0.05$，未达到显著水平，接受虚无假设，表明数据符合模型假设。模型拟合度数值陈述如下：$\chi^2/df=0.625$，GFI＝0. 998，

① 吴明隆. 结构方程模型：AMOS 的操作与应用［M］. 重庆：重庆大学出版社，2010：237.

AGFI=0.984，RMR=0.006，NFI=0.998，RFI=0.987。根据拟合度的参数范围，各项数值均达到良好适配的标准，表明幼儿园组织气氛对教师自主学习动机影响的AMOS结构方程模型与样本数达到较高适配度，证明幼儿园组织气氛对教师自主学习动机能够产生指向性影响。

（四）假设检验

本部分使用临界比值法进行参数检验，根据各路径系数的显著性情况，判断幼儿园组织气氛对教师自主学习动机影响模型中的路径假设是否得到数据支持。具体见表7-12。

表7-12　幼儿园组织气氛对教师自主学习动机影响模型的路径系数

路径	非标准化回归系数（Estimate）	估计值标准误（S. E.）	临界比值（C. R.）	是否支持假设
园长支持行为→自我效能感	0.265	0.047	5.611***	支持
园长监督行为→主动意识	0.199	0.054	3.667***	支持
园长限制行为→主动意识	-0.136	0.031	-4.430***	支持
教师敬业行为→价值意识	0.298	0.037	8.007***	支持
教师敬业行为→主动意识	0.399	0.059	6.712***	支持
园长监督行为→自我效能感	0.110	0.053	2.089	不支持

*** $p<0.001$

研究表明，幼儿园组织气氛对教师自主学习动机影响模型的5个初始假设得到了验证。对价值意识影响最大的是教师敬业行为，对自我效能感影响最大的是园长支持行为，对主动意识影响最大的是教师敬业行为，其次是园长监督行为、园长限制行为。这一结果与逐步多元回归分析结果大部分一致。幼儿园组织气氛对教师自主学习动机影响的AMOS结构方程模型路径见图7-1。

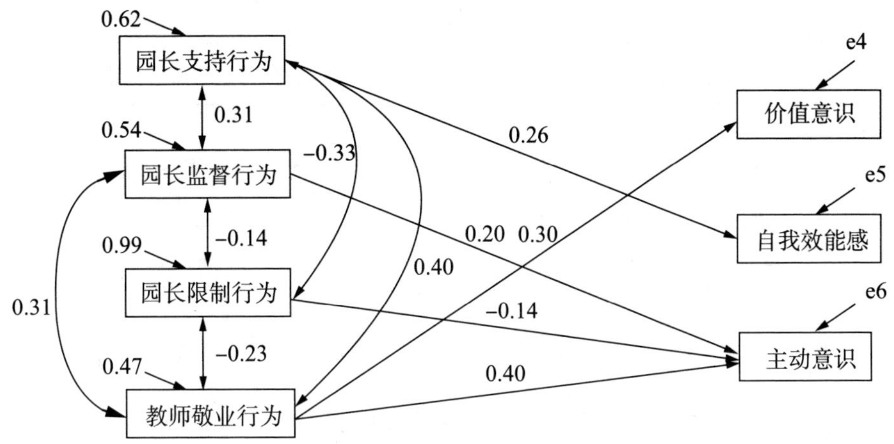

图 7-1　幼儿园组织气氛对教师自主学习动机影响模型

五、路径访谈编码

本部分采用访谈法，对 AMOS 结构方程模型的显著影响路径进行信息采集，然后采用扎根理论对访谈资料进行编码，以期得到幼儿园组织气氛对教师自主学习动机影响路径的缘由与现实释义。根据 AMOS 结构方程模型，园长支持行为对教师自主学习的自我效能感产生正向影响，园长监督行为对教师自主学习的主动意识产生正向影响，教师敬业行为对其自主学习的价值意识与主动意识产生正向影响。由于园长限制行为对教师自主学习动机是负向影响，其内容多体现为正向园长行为的对立面，在其他几条路径中已有涉及，故在此不另探讨。具体见图 7-2。

研究使用 Nvivo 11.0 对访谈资料进行编码分析。首先将访谈录音转换为文字材料导入 Nvivo 11.0 中，然后对文字材料进行编码，归入相应的新建节点并加以命名，最后依据各个独立节点的相关度归入树状节点，逐次进行开放式编码、主轴式编码、选择式编码。在这里需要说明的是，这三种编码进程的顺序不是固定不变的。在研究过程中，编码进程是螺旋交替上升的，通过不断完善修改，最后得出结论。具体编码情况见附录。

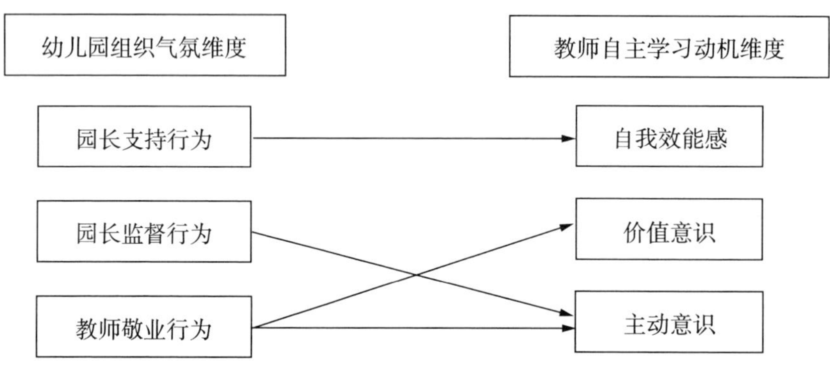

图 7-2　幼儿园组织气氛对教师自主学习动机影响路径

编码小组（两人）于 2017 年 12 月至 2017 年 1 月进行独立编码，以开放式编码中节点出现的频次为依据，以编码信度系数为指标，计算开放式编码的信度。其中，编码信度系数（R）$= n \times CA/$［$1+$（$n-1$）$\times CA$］，n 表示编码人数，CA 表示编码一致性；编码一致性（CA）$= 2 \times S/$（T_1+T_2），S 表示两名编码者归类一致数量，T_1 与 T_2 表示每人的编码总数①。研究依据上述计算方法对两名编码者独立编码的频次与编码一致性进行统计，结果见表 7-13。由表可知，编码一致性的数值为 0.566—0.655，与此相应的编码信度系数为 0.723—0.791。鉴于李德方等的研究结果②，编码信度系数大于 0.7 可以被接受，因此本次编码具有良好的信度。

① 徐建平，张厚粲．质性研究中编码者信度的多种方法考察［J］．心理科学，2005，28（6）：1430-1432.

② 李德方．做一个胜任的校长［M］．北京：知识产权出版社，2015：84.

表 7-13　编码信度分析

访谈资料编号	独立编码总频次		总频次	一致数量（S）	编码一致性（CA）	编码信度系数（R）
	T_1	T_2				
1	47	55	102	30	0. 588	0. 741
2	56	60	116	38	0. 655	0. 792
3	52	59	111	35	0. 631	0. 774
4	40	43	83	24	0. 578	0. 733
5	52	61	113	32	0. 566	0. 723
6	62	67	129	39	0. 605	0. 754

六、编码结果分析

研究通过对影响路径的相关访谈资料进行处理，得到如下分析结果。

（一）园长支持行为对教师自主学习自我效能感的影响分析

我们根据访谈与编码资料可知，园长支持行为对教师自主学习自我效能感的影响重大，契合 AMOS 结构方程模型结果，既体现在园长对教师学习活动方面的直接支持，也体现在通过科学管理园所而达成的间接支持。

首先，园长借助园本培训、园外培训、非正式学习三种主要途径支持教师开展学习活动，这会直接影响教师自主学习的自我效能感。在园本培训方面，园本培训的主要内容包括教学观摩、师德培训、理论学习、课题研究、岗位技能培训等。园本培训在形式与数量较为适宜的情况下，可以达到丰富教学知识与技能、促进教师专业发展的效果，有助于引领教师自我反思与同伴互助。[①] 当教师伴随良好的学习效果投入自主学习时，其开展自主学习与解决学习问题的自信心会增加，这有利于提升教师的自我效能感。

园外培训对教师自我效能感的影响更显著。大多数教师认为，外出学习

① 靳瑞敏．幼儿园园长在园本研修中的作用［J］．学前教育研究，2016（3）：67-69.

培训的内容水平、层次较高，同时园长提倡培训后进行总结汇报，这会促进教师自身专业水平的大幅度提升，更易增强自主学习的效能感。由于外出培训的机会相对公平，培训经费报销无虞，所以这也为教师自主学习动机的提升创造了良好的情绪条件。在访谈中，一位公办园园长表示："我们园还是很重视送教师外出培训的，每年都尽量争取更多的机会，毕竟很多大学、机构举办的培训，其水平还是很高的。就拿我自己来说，当年我是园里的教学骨干，园里给了我机会出去深造，我觉得那时候自己的学习能力提升很快，再掌握其他知识挺有信心的。没有那么多外出培训机会，可能我也当不上园长。"由此可见，园外培训对教师自主学习效能感的提升有很大作用。

园长支持的非正式学习一般包括鼓励教师参加比赛、发表文章、互相交流经验等。这些虽然不属于园长引领开展的正规学习活动，但在这种非正式学习中，教师的自主自发性很强。教师在其中的学习由被动依赖向自觉能动转变的可能性更大，学习效果带来的积极反馈也相对较强。在访谈中，部分教师提到为了参加技能比赛而经历的一系列准备。无论比赛结果如何，他们都掌握了相应的技能技巧，能在一定程度上增加自己的学习能力与信心。杨晓平和刘义兵认为，由于教师的非正式学习没有特定的结构性限制，是由发展与生存的真实需要和兴趣激发的，所以教师可自主调节整个学习进程，增强对学习的掌控能力与自信。①

其次，园长通过科学管理园所，间接提升教师自主学习的自我效能感。一是以人为本，关注教师需要。部分园长能主动关心教师在工作上的需求，如关心教师在日常教育教学中遇到的难题、家园沟通问题、保育教师转岗挑战等，针对教师工作上的需求提出切实有效的解决建议，适当给予锻炼机会，增强教师的职业信心，满足教师的胜任需求；为教职员工举办生日聚餐等，满足教师"被爱""被关怀"的需要；园内沟通渠道畅通，定期召开教职员工代表大会与圆桌座谈，满足教师对尊重的需要；敏锐有效地对教师自身闪光点与积极行为加以鼓励赞赏，满足教师的自尊需求；组织教职员工参与各

① 杨晓平，刘义兵．论教师非正式学习文化的建设［J］．教师教育研究，2013，25（4）：7-12.

种社会活动，展示集体的形象，增强园所凝聚力，满足教师的归属需求。这些对教师工作需求与情绪需求的关心，能够极大地提升教师自主学习的情绪状态。二是采用先进管理方法，为教师自主学习创造条件、留出时间与精力，如设立教研室，安排专人担任教研主任，负责全园教研工作，形成由业务园长、保教主任、教研主任、教研组长构成的教研管理队伍，营造园所开展教研、学习的良好风气；引入智能系统，进行教务管理，减少教师的园务负担；利用一站式交互学习平台，促进教师专业成长。这些都能为教师自主学习创设适宜条件，孕育良好气氛。

总体来说，开展有效适量的园本培训、完善园外培训参与机制、支持教师进行非正式学习、科学管理园所，均能够提升教师自主学习的效能感。

（二）园长监督行为对教师自主学习主动意识的影响分析

园长监督行为对教师自主学习主动意识的影响具有双重性。

首先，适度监督、及时反馈的园长监督行为有助于教师提升自主学习的主动意识。例如在监督教师教学方面，园长时常通过推门听课的方式检查教师上课情况，并及时进行评课活动，从教学重难点突破、教学策略、材料投放、幼儿活动状态等方面与教师进行交流；教师也会主动利用业余时间有方向性地针对园长给予的反馈，自主学习相关教学方法，以提升业务能力。园长定时检查教师教案、教学计划、教学反思、幼儿在园情况汇报单等文案材料，并做出及时评价，教师也会依据评价主动查漏补缺，园长愈认真批改教案，则教师的教案撰写愈认真，教师也会主动学习如何制定适宜的教学目标和科学、有效地设计教学环节等。

其次，及时有效的反馈对教师自主学习动机水平的提升具有重要影响。得到及时反馈的教师能对自身工作与学习表现上的优劣产生更为清楚的认知，获得自身提升与发展的方向。其中，有效而富有个性化的反馈更容易使教师感受到领导的重视与认可，帮助教师逐步认同学习与发展的价值，提升教师自主学习外部动机的内化水平，直至整合调节学习动机到最高水平，而此时教师发起的学习活动很大程度上是自主决定、自愿发起的。罗宾斯和阿尔维的研究认为，教师经常获得领导的反馈，有助于教师将自我评价与利益相关者的期待、评价加以比较，强化教师持续改善自身的行为，由此激发教师学习的主动意识。[1] 因此，适度监督、及时有效的个性化反馈型园长的监督行为会对教师自主学习的主动意识产生正向影响。

再次，带有考核压力的园长监督行为能够在一定程度上提升教师自主学习的主动意识。部分幼儿园经常开展环境创设评比、家园合作工作考核、专业知识技能考核等，教师则会针对检查与考核发起相应的学习，如学习如何快速、巧妙、高质量地进行环创，学习如何与家长沟通，学习如何提升学习能力等。许多教师提出，教师们为了评比与考核开展的学习大多比较被动，在没有正向反馈的情况下，开展学习仅是压力使然，不得不学。自我决定理论认为，这种学习行为的诱发点是外在的，属于外部调节。[2] 在这一水平上，教师从事学习的目的大多是避免考核成绩过低，因而自我决定水平较低。因此，带有考核压力的园长监督行为只在低水平上影响教师自主学习的主动意识。

最后，过度监督会给教师自主学习的主动意识带来阻碍。自虐童事件发生以来，许多园所安装了 360 度无死角监控，通过监控探查教师言行，使教师感到自己时刻暴露于他人监视之下，导致教师自主学习的心绪受到影响。另外，园内硬性制度规定过多，易分散教师学习精力，例如有些园所制定了过于严苛的园所奖惩制度，其条数之多、责令之严，令人咋舌。这种做法束缚了教师的自由发展，限制了教师个人学习成长的空间。还有一些园所事事均以会议形式传达，占用了教师大量的自主学习时间，不利于教师自主学习主动意识的提升。总体而言，强制性监督与纪律可在一定程度上使教师行为有章可循，但无孔不入的全方位监督不应提倡，这限制了教师自我表达、自由思考的权利，严重影响了教师的主动发展。[3]

（三）教师敬业行为对教师自主学习价值意识与主动意识的影响分析

根据 AMOS 结构方程模型的结果，教师敬业行为对教师自主学习的价值

---

① 罗宾斯，阿尔维．校长之道：只为成就教师和学生［M］．刘国伟，译．哈尔滨：黑龙江教育出版社，2016：123.

② 庞维国．自主学习：学与教的原理和策略［M］．上海：华东师范大学出版社，2003：57.

③ 贾长胜．学校文化的理论与实践［M］．北京：新华出版社，2015：85.

意识和主动意识产生正向影响。鉴于路径主体相同，这里将这两条路径的访谈资料统合编码。下面通过对教师敬业表现（积极学习、投入工作、园所认同、同事间友好合作）的分析，探讨教师敬业行为对教师自主学习价值意识与主动意识的影响。需要指出的是，价值意识提升对主动意识起联动作用。教师在知觉自主学习的重要价值后，更愿意付出时间与精力开展自主学习。

在积极学习方面，部分教师通过参加在职培训和教学研讨、阅读专业书刊等，积极学习专业知识和技能，以紧跟专业领域的发展趋势。这种敬业好学的进取姿态影响着周边的教师，身教胜于言教，他们成为很多人敬佩、效仿的榜样。这种主动学习的示范行为更易带来他人的敬佩与效仿，正向影响着教师关于学习榜样的价值判断，可提升教师自主学习的价值意识。另外，教师将学习到的理论与知识运用于实践后，更易形成“积极学习—理论应用于实践—他人积极反馈—增加成就感—为获得成就感再次学习”的良性循环。自主学习作为教师学习的重要方式，更易成为教师再次获得成就感的重要途径。这种良性循环提升了教师自主学习的意愿与主动掌控学习的倾向。徐武生的研究表明，增强教师成就感，有助于教师再接再厉，不断激发其学习与工作的热情，使其感知到学习对自身发展的重要性。① 因此，发挥教师榜样示范作用、以反馈增加教师成就感，应得到园所重视。

在投入工作方面，热爱本职工作的教师因工作需求与责任意识，更加重视学习与发展的价值，更易产生对专业知识的渴求与学习兴趣。他们普遍认为，丰富的专业知识与技能有助于教师更好地履行教育教学职责，更加重视自主学习的价值。马斯拉奇等（Maslach et al.）认为，高敬业度员工在学术科研方面的表现更佳，他们更愿通过不断努力工作来获取发展与成功。② 所以，激发教师对本职工作的热爱，有助于教师自主学习的价值意识与主动意识的提升。

在园所认同方面，以园所为荣的教师通常认为，园所与教师是一荣俱荣

---

① 徐武生．幼儿园教育实践指导［M］．南昌：江西人民出版社，2014：235.

② MASLACH C，SCHAUFELI W B，LEITER M P. Job burnout［J］. Annual review of psychology，2001，52：397-422.

的关系，开展自主学习利己利园，既有益于自身专业发展，又能为园所整体质量的上升贡献力量，因此其学习与工作热情会更高，也更为重视自主学习的意义与价值。①

在同事间友好合作方面，教师们大多认为同事间尊重彼此的专业、具有合作精神、经常交流经验有利于产生友好合作的氛围。同事间的沟通顺畅，会使彼此的合作更具实质性。教师愿意在和谐气氛中通过建立学习共同体等形式开展自主学习。总体而言，从推动教师积极学习、投入工作、园所认同、友好合作等方面提升教师敬业行为，对于教师自主学习动机的增强具有重要意义。

第四节　改善组织气氛提升教师自主学习动机的建议

在建构主义视野下，幼儿园教师的自主学习融于幼儿园情境之中，而组织气氛正是园所情境的重要组成要素。良好的组织气氛是提升教师自主学习意愿、激发其自主学习动机的强大外因，为教师自主学习提供坚实的平台与保障。我们通过开展幼儿园组织气氛对教师自主学习动机的影响研究发现，园长支持行为对教师自主学习的自我效能感具有正向影响，园长监督行为对教师自主学习的主动意识的影响具有双重性，教师敬业行为对教师自主学习的价值意识与主动意识具有正向影响。由此可见，如何改善幼儿园组织气氛以提升教师自主学习动机水平，具有重要的理论与实践价值。基于本研究相关结论，下面将从树立组织气氛观念、关注重点教师群体、园长倾力支持、适度监督反馈、强化教师敬业行为五个角度，提出提升幼儿园教师自主学习动机的有效策略，为幼儿园教师自主学习提供内部动力与外部保障，推动我

① 王利．学校课程领导研究［M］．北京：中央民族大学出版社，2012：161.

国学前教育事业的健康发展。

一、树立组织气氛观念

树立组织气氛观念对教师自主学习具有重要影响。首先，园长作为幼儿园的领导核心，在幼儿园管理中具有至关重要的作用，园长应引领教师重视组织气氛创设的价值，将组织气氛作为园所整体与教师个人之间的纽带、桥梁，以良好的组织气氛融通教师自主学习与发展的环境。例如，园长以身作则，主动参与教育教学活动的互动讨论，为教师学习创造适宜的精神环境；幼儿园通过管理，将个体学习、集体研讨、教学观摩等活动规范化，营造学习型幼儿园氛围。其次，教师作为园所的重要主体，应重视组织气氛发挥的效用，从自身出发，增强自身能力，重视团结，相互支持，将园所目标实现与个人学习发展紧密联系起来，为个人自主学习动机的提升奠定环境基础。

二、关注重点教师群体

基于研究结果，教龄 3 年及以下的教师、小教三级的教师、大专及以下学历的教师、民办园教师的自主学习动机需要得到园所的额外关注。幼儿园应以个性化支持的方式，形成良好的组织气氛，激发教师的自主学习动机。第一，针对教龄 3 年及以下的教师，园所应高度重视对新教师的入职启导，将帮助新教师获得专业成长和职业成功作为重要的教师发展目标，实施针对新教师的个性化培训与“导师制”指导，多以发展性评价鼓励与衡量新教师的专业发展，激发新教师自主学习的动机。第二，针对小教三级的教师，幼儿园应为其提供良好的职称晋升条件，另外，适度的培训发展机会与个性化职业发展规划可以加强教师自主学习动机；政府应加速推进教师职称制度改革，为幼儿园教师制定独立的职称等级与评价标准，拓展其职业发展空间，从而激发教师自主学习与发展的热情和信心。第三，针对大专及以下学历的教师，幼儿园可鼓励其进行学历进修，关注其职业发展愿景，创造条件，努力满足教师自我实现的需要，帮助其制定合理的专业发展目标，以使其形成较好的自主学习动机。第四，针对民办园教师，除了园长重视、支持教师自主学习与发展以外，更多地需要政府加大扶持力度，提升民办园教师的工资待遇、培训机会与社会地位，为园所的良好组织气氛营造奠定基础，从而增强教师自主学习与发展的主动性。

三、园长倾力支持

园长的支持行为可对教师自主学习的自我效能感产生积极影响，幼儿园可从开展有效适量的园本培训、完善园外培训参与机制、建立学习资源库、畅通交流机制等方面搭建提升教师自主学习自我效能感的支持平台。

第一，开展有效而适量的园本培训。突出以教师为本的理念，以教师群体和个人发展为首要宗旨，集合院校培训、园际培训与高校资源共享等多种形式；在培训过程中注重教师经验总结与能力提升，重视教师的个性化发展，在提高教师的教育实践水平的同时，增强教师自主学习与发展的能力自信和效果；在保证园本培训质量的情况下，把握园本培训的开展频次，注意为教师自主学习与发展留出充足的时间与精力。第二，完善园外培训参与机制。适度增加园外培训次数，保证园外培训的机会公平与经费支持，落实培训后的汇报制度，增强教师的专业知识与总结反思能力，提高教师开展自主学习的自信程度。第三，建立学习资源库。通过专家讲座音像、专业期刊书籍、文献数据库等生成教师自主学习资源库；利用网络媒体打造集个人经验反思、教师间经验交流、专家支持指导的自主学习平台；鼓励教师参加业务比赛、科研活动、文章评比等，注重生成过程性档案资料并汇总成为可供教师学习交流的综合性资源库，促进教师自主学习效果的实践转化，增强教师自主学习信心。第四，畅通交流机制。园长应广泛开言纳谏，建立畅通无阻的园长与教师间的交流机制，鼓励教师表达需求，如设立定期意见采集制度等，帮助教师解决工作、学习、生活中遇到的实际困难，以鼓励、赞赏的态度看待教师成长的点滴，助力教师专业发展，为教师自主学习信心的提升创造良好的情绪条件与学习状态。

四、适度监督反馈

园长的监督行为可对教师自主学习的主动意识产生积极影响，幼儿园可从柔化监督管理形式与及时有效反馈等方面来提升教师自主学习的主动意识。首先，园长应柔化监督管理的形式，采取人性化管理手段，摒弃依靠严格的规章制度管理教师工作、监督教师学习的方法和手段。园长应通过引导促使教师认同园所管理目标，充分尊重与信任教师，最大限度地为教师自主学习的主动性、能动性发挥提供广阔空间。其次，园长应在监督、检查后，为教师提供及时、有效、个性化的反馈。园长应基于专业的理论知识，在具体的工作、教学情境中，针对教师个人性格、能力特点，为教师提供及时、有效、个性化的反馈信息，促使教师在具体实践中理解反馈意见；尽量使用不受时间、空间限制的书面性反馈，引发教师对于工作与教学问题的深入思考，促使教师明晰自身工作与学习中的长处与短板，获得提升与发展的前进方向，逐步达成教师自主学习动机的内化。

五、强化教师敬业行为

教师的敬业行为可对教师自主学习的价值意识与主动意识产生积极影响，幼儿园可从树立学习榜样、促进教师职业发展、建立公平的考核机制、提高园所美誉度、树立职业理念、提升教师社会地位等方面助推教师敬业，进而提升教师自主学习动机水平。

第一，树立学习榜样。园所可将德才兼备、爱岗敬业、主动好学的教师确立为模范榜样，通过教学观摩、示范指导、经验总结等形式充分发挥榜样带头作用，提高其他教师的敬业程度，提升其自主学习方面的价值判断与主动性。第二，促进教师职业发展。依据教师本身的职业能力、兴趣等，幼儿园为教师提供个性化的职业规划，以制度作为保障，优化评价机制，甄选有能力与潜力的教师，进行有针对性的培养，建立教师专业发展的支持系统，增加教师的敬业程度与对园所的认同度。第三，建立公平的考核机制。在关乎教师切身利益的绩效考核上，幼儿园给予教师参与决策的权利，做到结果与过程的双重公平，增加教师对园所的使命感。第四，提高园所美誉度。幼儿园通过优化家园合作、发起志愿活动等形式，提升园所的社会美誉度，增加教师以园所为荣的敬业情怀，提升教师自主学习与发展的热情。第五，树立职业理念。教师应以幼儿为本、师德为先、能力为重、终身学习为基本理念，发自内心地热爱学前教育事业，践行社会主义核心价值观，履行教师职业道德规范，提高敬业程度，提升自主学习与持续发展的意识和能力。第六，提升教师社会地位。赋予一线教师充分的发言权，鼓励优秀教师为幼教事业的发展建言献策，提高教师群体的专业觉醒与职业认同，提高教师自主学习与发展的热情，树立优秀幼儿园教师典范，提升教师职业的社会形象，增加社会对幼儿园教师的认可程度，在全社会进一步营造尊师重教的良好风尚，以此提升幼儿园教师的职业认同感与敬业程度，为教师的学习与发展奠定良好的精神根基。

第八章　幼儿园教师社交网络学习共同体的构建

第一节　幼儿园教师社交网络学习共同体的内涵及意义

自主学习作为个体终身学习和持续发展的基石，一直以来都是世界各国学者们共同关注的一个重要话题。随着21世纪信息技术的蓬勃发展以及信息技术与教育的深度融合，在线学习很快成为幼儿园教师开展自主学习的一种新型学习方式，而具有交互性、便捷性、共享性的微信和QQ等社交软件更是为幼儿园教师开展个性化、多元化和非正式的自主学习提供了极大的便利。然而，研究发现，与教学反思、案例研讨、园本教研、课题研究、集中培训等幼儿园教师较为常用的学习方式相比，在线学习的有效性尚未得到幼儿园教师的普遍认可。[①] 很多幼儿园教师花费大量的时间用于上网，而真正用于网络学习的时间并不多。当然，这与网络学习资源不够丰富和设施设备不完善等外部因素有关，但更主要的是在线学习对幼儿园教师自主学习的能力提出了更高要求。情境学习理论代表人物威尔逊提出，学习的本质是社会性的，他强调学习是在与别人合作时发生的。[②] 而在信息化背景下，利用社交软件创建教师知识共享平台、形成网络学习共同体展开自主学习，更有利于个体

① 吴振东．幼儿教师学习与专业发展［M］．合肥：安徽少年儿童出版社，2010：111.

② 梅里安．成人学习理论的新进展［M］．黄健，等译．北京：中国人民大学出版社，2006：68.

知识的获得。故本章专门讨论幼儿园教师社交网络学习共同体的构建。

一、幼儿园教师社交网络学习共同体的内涵

关于学习共同体的定义，目前学界主要有四种不同认识。一是认为学习共同体是一种学习方式，如温格认为，学习是学习者在实践共同体中通过与他人交互而产生的，这种参与既能让学习者体验到社会性活动，反过来也可以扩大社会性活动的影响力，吸引更多人参与其中实现共享。在实践共同体中，学习者参与社会性交互活动就是学习，也可被视为一种学习方式。① 二是认为学习共同体是一种学习组织，如美国学者霍德认为，学习共同体是一个由地位平等的参与者通过共享经验、不断交流反馈进行积极探索的合作性的学习型组织。② 三是认为学习共同体是一种动态结构，如莱夫把学习共同体视为一个具有独特文化氛围的动态学习结构，需要学习者通过积极参与、反思、协作、问题解决等实践途径来建构。③ 四是认为学习共同体是一种学习环境，如佐藤学认为，学习共同体是一种以人们（包括儿童、教师、家长、教育行政人员）的合作为基础来建构学校教育活动的实践，目的在于把学校这个场所重构为人们相互学习、一起成长、心心相印的公共环境。④ 尽管关于学习共同体定义的具体阐释有所不同，但通过分析以上定义可知，学习共同体应该包含协作、共享、互动等主要内容。

教师学习共同体的概念是学习共同体在教师专业发展领域的延伸。目前，学者们给出的定义不完全一样，但核心内容基本一致。如洪东忍认为，教师学习共同体是“指多个教师个体、教育专业工作者在共同研究兴趣、教育教

① WENGER E. Communities of practice：learning，meaning，and identity [J]. Continuing success in knowledge management，APQC international benchmarking clearinghouse，1998，29（3）：259.

② SEELS B，CAMPBELL S，TALSMA V. Supporting excellence in technology through communities of learners [J]. Educational technology research & development，2003，51（1）：91-104.

③ 黄娟，徐晓东. 校际主题综合学习共同体的构建与实践研究 [J]. 中国电化教育，2003（10）：15-18.

④ 佐藤学. 学习的快乐：走向对话 [M]. 钟启泉，译. 北京：教育科学出版社，2004：384.

学需求或专业发展需求的驱动下，形成互动、分享、合作式的非正式教师组织”[①]。论玉玲认为，教师学习共同体“是由为完成共同任务或问题，并有共同的志趣、愿景、情感等精神因素的教师个体（专家、教师）共同构成的学习团体”[②]。朱起媛认为，教师学习共同体“是有共同的兴趣、具有共同目标的教师和助学者组成的，促进教师专业发展的团体”[③]。可见，当前学者们主要将教师学习共同体看成静态的学习组织或团体，强调团体内部的沟通、协作、分享。教师作为学习共同体内部的成员拥有各自的特点和优势，但在精神上拥有一致的价值观和信念追求，认同学习共同体对自身产生的作用并对其产生一定的依赖感。[④] 教师学习共同体对教师的影响是嵌入式的，有效连接着教学研究与教学实践。在教师学习共同体中，教师不仅仅是知识的使用者，还是知识的创造者、传播者和保护者。[⑤]

作为信息时代教师学习共同体发展的产物，教师网络学习共同体以网络为交互平台，其实质仍然是学习共同体，参与的教师们基于共同的兴趣或专业发展需求，通过各种形式的交流、分享、合作来促进自身专业成长。因此，教师网络学习共同体主要是指网络环境下的教师学习共同体。而本研究中的“幼儿园教师社交网络学习共同体”本质上来说就是幼儿园教师以社交软件为平台，在共同的兴趣或者专业发展需求的基础上，通过共建共享教育资源、交互协作而形成的学习型组织，它以实现教师专业发展为目标，通过社交软件进行对话和知识共享，从而促进教师个性化、主动性、反思性的学习和知识建构。

---

① 洪东忍．网络环境下教师学习共同体构建研究［J］．教育评论，2016（12）：123.

② 论玉玲．区域性教师学习共同体及其虚拟教研平台构建研究［D］．上海：华东师范大学，2007：16.

③ 朱起媛．基于教师学习共同体的中小学教师教育技术能力培训模式研究［D］．长春：东北师范大学，2011：16.

④ 崔迪．美国早期教育教师专业学习共同体研究［D］．长春：东北师范大学，2017：23.

⑤ WOOD D R. Professional learning communities：teachers，knowledge，and knowing［J］. Theory into practice，2007，46（4）：281-290.

二、社交网络学习共同体对教师自主学习的意义

长期以来，集中培训式、园本教研式的在场学习是促进幼儿园教师专业发展的主要途径，这种在场学习的缺点主要表现为传播性弱、时空受限、互动性差。近年来，信息技术发展迅猛，具有传播性快、不受时空限制、互动性强、资源丰富等特点的网络学习共同体为幼儿园教师专业发展带来了新契机，这使得依托QQ、微信等社交软件平台的社交网络学习共同体作为一种颇具时代特征的学习方式呈现在幼儿园教师面前。这种依托社交网络的学习方式具有其他传统的学习方式无法比拟的优势，它实现了教师自主、自发的对话和知识共享，可以极大提升网络学习的效率，有效地促进幼儿园教师个性化、主动性、反思性的学习和知识建构。

首先，丰富的学习资源可以激发教师自主学习的主动性。幼儿园教师社交网络学习共同体的学习资源很丰富，教师们可以在群里进行主题探讨、教学经验交流、资源共享、职业讨论等多方面的专业交流，这些交流客观上满足了幼儿园教师专业成长、心理健康发展的需要，能让他们在共同体中找到职业归属感与认同感，提高自主学习的主动性。其次，专家引领、同伴互助可以促进教师的自我反思和知识建构。幼儿园教师社交网络学习共同体是由一线幼儿园教师、幼教教研同人、专业领域专家等成员构成的，为了同一个目标而组建的网络专业学习共同体，它能够为幼儿园教师搭建一个与不同地域的专家和同行进行广泛交流、深入讨论的平台，切实有效地发挥专家的引领作用和同伴的互助作用，更有利于教师开展自我反思，促进教师的知识建构。最后，多样化的学习方式可以满足教师个性化的学习需要。幼儿园教师社交网络学习共同体以自学、协作、线上等方式进行学习，它打破了以往传统模式中教师受到的学习时间和空间的限制，改变了以往必须面对面才能进行学习的形式，使教师能够在任何时间和地点开展在线的交流、分享、合作，满足了教师个性化的学习需要。

总之，与传统的学习方式相比，幼儿园教师社交网络学习共同体所具有

的优势使教师有了更大的自主学习兴趣，也使教师能够腾出更多的时间进行自我反思。

第二节　社交网络学习共同体及教师自主学习状况

本研究综合采用案例分析法、访谈法和问卷法对幼儿园教师社交网络学习共同体的运行现状及教师自主学习的特征展开调查和分析。首先，研究以5个学前教育专业微信群为案例，进行了为期1年（2017年7月20日—2018年7月19日）的数据追踪，并从幼儿园教师社交网络学习共同体的构成要素（成员、信息、技术和规则）、教师自主学习的特征两个方面展开分析，以实例的形式呈现当前幼儿园教师社交网络学习共同体的运行状况。其次，研究以21位学前教育工作者（包括12位一线教师、5位幼儿园管理者和4位幼教专家）为访谈对象，针对影响社交网络学习共同体运行的相关因素进行一对一的访谈交流。最后，研究以我国湖北、江苏、天津、四川、重庆、河南、安徽和福建等18个省（区、市）的幼儿园教师为问卷调查对象，对幼儿园教师社交网络学习共同体的运行状况及影响因素进行实证调查。

一、社交网络学习共同体的基本情况

（一）成员构成

成员是整个社交网络学习活动的主导者，同时也是学习共同体的构成人员。在幼儿园教师社交网络学习共同体中，成员按功能角色可划分为意见领袖、呼应者、共享者、浏览者、旁观者。[①] 一个发展良好的幼儿园教师社交

① 万力勇，赵呈领，廖伟伟，等．基于QQ群的网络学习共同体社会互动研究［J］．电化教育研究，2012，33（9）：54-58+68.

网络学习共同体应该包含以上多种成员，其中意见领袖是引领共同体成员开展话题讨论的核心人物，其他活跃分子如呼应者、共享者也能在一定程度上推动共同体的发展，而浏览者和旁观者的数量不应该太多。本研究对5个基于微信群的社交网络学习共同体进行了为期1年的调查，通过对每个群聊天记录的统计，得到了发言总人数，发言总量，发言率（即发言总人数/群总人数），每个群里发言量占发言总量一半以上的成员比例，单日聊天记录不足10条、10—19条、20—29条、30—39条、40—49条、50条及以上的天数等信息，并对其展开分析。

调查结果显示，幼儿园教师在5个微信群中的发言率比较低，分别是55.1%、70.2%、48.7%、44.3%、36.6%，这表明，在幼儿园教师社交网络学习共同体的成员中，有很大一部分属于浏览者和“网络僵尸人群”（即旁观者）。从5个群的发言量统计来看，只有极少数的幼儿园教师在群里比较活跃，其中发言量过半数的教师分别占发言总人数的7.2%、7.7%、5.9%、10.0%、1.3%，这说明，在幼儿园教师社交网络学习共同体成员中，属于意见领袖、呼应者、共享者角色的教师数量偏少。由此可见，在幼儿园社交网络学习共同体中，由意见领袖、呼应者、共享者、浏览者和旁观者角色共同组成的人员结构不够合理。具体见表8-1。

表8-1　5个微信群的整体现状汇总

微信群	群总人数（单位：人）	发言总人数（单位：人）	发言总量（单位：条）	发言率（单位：%）	过半发言量		
					人数（单位：人）	发言量（单位：条）	占比（单位：%）
A	227	125	1272	55.1	9	644	7.2
B	500	351	3360	70.2	27	1695	7.7
C	489	238	1724	48.7	14	866	5.9
D	203	90	514	44.3	9	258	10.0
E	424	155	1334	36.6	2	741	1.3

续表

微信群	单日记录(单位:条)					
	不足 10 条	10—19 条	20—29 条	30—39 条	40—49 条	50 条及以上
A	125	7	2	1	1	1
B	319	25	7	2	1	1
C	238	7	0	0	0	0
D	89	3	0	0	0	0
E	155	6	0	0	0	0

（二）信息传递

信息包括可供学习共同体成员浏览的静态文本类知识、信息和成员之间互动产生的信息。[①] 联通主义理论认为，网络中的知识是通过交互产生的。学习共同体成员之间的讨论、交流既有知识上的互动，也有情感上的互动，这些互动信息维系着学习共同体成员之间的关系，促进着学习共同体凝聚力的产生和增强。[②] 从聊天记录中的发言内容可以看出群内成员之间交流的信息主题。

调查结果显示，当前幼儿园教师社交网络学习共同体中传递的信息系统性不足，这主要表现为教师之间交流的内容具有情境性，它往往是因某一位教师抛出的话题而展开，并没有短期、中期、长期的学习计划或者比较固定的研讨话题。比如，某成员转发了一篇名为《让我们尝试着走进研究生学历的幼儿园教师的内心世界吧!》的文章，很多对此话题感兴趣的教师纷纷发表个人观点和见解，从而引发群内热烈的讨论。这些信息都是未经过滤和筛选的，里面包含了教师的生活琐事、情感态度、培训通知、日常教学牢骚等各种话题。本研究运用词频分析方法对 5 个微信群中出现次数排名前 20 位的高频词语进行分析发现，5 个微信群除了每个群里都会出现的“幼儿园”“教

① 况姗芸．网络学习共同体的构建［J］．开放教育研究，2005，11（4）：33-35.

② 孙娟，熊才平，谢耀辉．基于 IM 的网络学习共同体构建及应用研究［J］．现代教育技术，2011，21（4）：130-135.

师”“幼儿”等关键词语外，还有大量的教师就业招聘信息、幼教公众号、问卷以及情感类词语，俨然成了一个教师生活群，教师之间交互的主题松散无序。虽然这些话题可以在某种程度上激发群成员参与互动的积极性，但是这也可以反映出该社交网络学习共同体还未成为一个更具有学习性与合作性的高质量交互学习共同体。总之，幼儿园社交网络学习共同体中讨论的话题具有极大的情境性，传递的信息松散而缺乏系统性。

（三）技术支撑

在社交网络环境下，幼儿园教师能否与他人顺利交互并在学习共同体中建立一定的社会存在感，能否在获取身份认同和意义建构的过程中产生归属感，均与技术支持息息相关。

调查结果显示，教师对当前信息技术支撑下的学习共同体表示满意。5个幼儿园教师学习共同体能够迅速将来自全国各地的数百位幼教工作者聚集在一起，得益于微信的技术支持。而且，微信支持文本、图片、语音、视频的上传和下载，丰富了幼儿园教师的交流内容。此外，网盘的出现大大提高了群内成员互动的质量。许多幼儿园教师在工作中需要视频案例，而网盘具有强大的存储功能，也便于分享，大大提高了教师们传递信息的速度，实现了优质资源共享的最大化。不过，也有不少教师顾虑社交网络学习共同体的个人安全问题，担心个人的真实信息、发表的言论、科研成果等隐私被泄露。另外，教师对社交网络学习共同体内未能筛选、过滤的不良信息，比如一些无效的表情、图片、链接、视频也感到头疼。

（四）规则与监督

虽然幼儿园教师社交网络学习共同体是由背景不同的教师基于共同的兴趣或需求自发组织起来的，具有很强的开放性，但它也具有虚拟性和社会性，因此，需要相应的规则来约束共同体成员的交互行为，以保障学习共同体在有序、尊重、和谐的环境下发展。

调查结果显示，5个幼儿园教师社交网络学习共同体并没有建立一个具有约束力的共同体规则和监督制度，它们普遍存在规则的随意性问题。比如，某群常出现随意即可入群或者退群的现象，而此时群主只能发布关于邀请其他成员入群的规则，如："以后请本群各位邀请朋友入群时，先@我并说明下受邀者的具体情况，并请群友们自觉保持一个相对单纯的专业交流环境，谢谢！"

由此可见，当前幼儿园教师社交网络学习共同体并未形成一套合理的规章制度。当然，规则还需要成员们共同遵守，这是成员们彼此尊重、信任的表现，也是营造一个和谐、专业的交流环境所必须具备的条件。

二、社交网络学习共同体中教师自主学习的特征

联通主义理论认为，学习来源于个体间的交互和连接，网络中的知识不是从一个实体传递到另一个实体而产生的，而是在协作、交流和共享中产生的。整个网络以交互为核心，具有良好交互协作的学习共同体是促进学习真正发生的因素之一。[①] 因此，本部分就以交互为主要内容，对幼儿园教师在社交网络学习共同体中自主学习的特征展开探讨。

（一）参与网络学习的积极性

前面将社交网络学习共同体的成员划分为意见领袖、呼应者、共享者、浏览者、旁观者。其中，意见领袖是人际传播网络中经常为他人提供信息，并对他们产生影响的活跃分子。[②] 在社交网络学习共同体中，意见领袖通常是发言量最高、互动最多、发言质量最好的人，具有很高的地位，通常会带动共同体成员参与活动或引起话题讨论，具有较强的领导力和凝聚力。[③] 呼应者是指回复他人发言比例远超自发发言比例的人，但这些人的言论活跃了交流气氛。共享者是指积极参与交互，但难以主动提供自我意见的人。浏览者则指那些只浏览他人的交流信息而较少进行互动的网络人群。旁观者是指

① 孙娟，熊才平，谢耀辉．基于IM的网络学习共同体构建及应用研究［J］．现代教育技术，2011，21（4）：130-135.

② 王君泽，王雅蕾，禹航，等．微博客意见领袖识别模型研究［J］．新闻与传播研究，2011，18（6）：81-88+111.

③ 王根顺，吴长城．网络学习社区的自组织研究［J］．电化教育研究，2011（10）：35-39.

共同体中仅获取信息，从不发言的“网络僵尸人群”。[①]

调查结果显示，幼儿园教师在学习共同体中的发言率不高，有很大一部分教师属于浏览者或者“网络僵尸人群”（即旁观者）。另外，从网络社交属性的角度分析发现，基于微信群的幼儿园教师学习共同体的网络密度变化幅度较大，微信群的整体网络结构非常稀疏，成员之间的连接很少。由此可见，在幼儿园教师社交网络学习共同体中，成员参与学习的积极性不高，大部分成员属于“边缘性参与”和“网络僵尸人群”。

（二）交互信息的类型与质量

调查结果显示，幼儿园教师在社交网络学习共同体中发送的信息多种多样，有表情、图片、链接、文档、视频等。对 5 个微信群收集到的 8204 条聊天记录的分析发现，在幼儿园教师交互的信息中，图片信息占 16.7%，表情信息占 13.2%，链接信息占 2.5%，文档信息占 1.4%，视频信息占 0.4%。其中，图片信息主要是教师根据自己的喜好随手拍摄的幼儿园日常生活图片；表情信息主要是网络平台中的各种表情包；链接信息则包括问卷调查、招聘信息、文章、新闻等网页链接和内容为各类学习材料的网盘链接，还包括部分广告、传销类非法链接等；文档信息主要是电子书、文章、经验分享、教学反思笔记等；视频信息则主要是教师对幼儿园日常所见随手拍摄的视频。

由此可见，在幼儿园教师社交网络学习共同体中，教师之间传递的信息虽然种类繁多，但还是以简单的图片、表情、链接为主，不能满足学习共同体成员展开有效学习与交流的需要，这显示出成员之间的交互质量不高。

（三）交互的过程

联通主义理论认为，基于网络的学习包括操作交互、寻径交互、意会交互和创新交互。其中，操作交互是指对媒体界面的操作，如浏览微信群的内容；创新交互则需要成员提出新的学习内容或新的解决方法；寻径交互和意会交互共同构成信息交互，成员之间交互的内容散布在网络中，结构分散，

① 万力勇，赵呈领，廖伟伟，等．基于 QQ 群的网络学习共同体社会互动研究［J］．电化教育研究，2012，33（9）：54-58+68.

成员需要通过寻径和意会获取碎片化信息之间的连贯性，实现知识的生长。

调查结果显示，当前幼儿园教师社交网络学习共同体成员之间的交互以寻径和意会为主，缺少操作交互和创新交互。如某个群成员想要获取更多“如何更好地与家长沟通”的资料，群内其他成员陆续提供了很多相关资料，其间有其他成员开启了其他话题，那么该成员就只会在复杂的信息海洋中锁定自己需要的信息（寻径），并在收集到有用的信息后对这些信息进行理解、分析甚至尝试应用，使之成为自己的知识（意会）。在幼儿园教师社交网络学习共同体中，大部分教师不善于主动交互并发表具有创新性的个人观点。

（四）互动的方式

幼儿园教师社交网络学习共同体的互动方式主要表现为个人与个人的互动、个人与群体的互动两个方面。个人与个人的一对一交流互动可以通过私聊功能实现，个人与群体的互动只需在群内公开发言即可。从知识共享的角度而言，个人与个人之间进行深度互动时，个人的态度与观点更加容易被他人知晓；个人与群体的互动中，思想的碰撞会更加激烈，知识的传播与共享更加迅速。以往的调查研究发现，教师网络学习中的交流学习一直是影响网络学习质量的一个重要因素。

本研究的调查显示，80.0%的成员在遇到学习问题，特别是一些可公开的问题时，会第一时间将问题发布到群内供大家讨论或请求帮助，这时通常会有一些成员参与，在群内发表不同意见，但是对问题的探讨往往很表面，还没有深入交流就停止了。而幼儿园教师社交网络学习共同体中大部分新加入的成员往往以旁观者的身份浏览群内信息，不会参与群内的互动活动，但如果群内讨论的话题刚好切合新成员的知识水平或者是新成员特别感兴趣的话题，那么他们也愿意积极参与互动。此外，如果在互动过程中，成员之间意见一致或意见相反，他们通常不会在群内展开深入讨论，或者只会选择私聊。另外，在这样的交互过程中，成员很少有机会与意见领袖或者专业领域内的专家开展一对一的深度互动。

由此可见，幼儿园教师社交网络学习共同体的互动方式还主要以群聊为主，并且群聊内容欠深入；同时还缺乏个人与个人的深度互动，从而导致学习共同体成员之间的交流效果欠佳。

（五）交互的时段

为了探讨社交网络学习共同体中幼儿园教师自主学习的习惯，本研究对5个微信群每天的发言量进行了统计分析。统计结果显示，幼儿园教师在微信群内参与互动的主要时段是10：00—22：00，其中13：00—14：00、19：00—20：00是两个高峰时段。这与幼儿园教师的工作性质有关。通常，教师上午忙于接待幼儿入园、开展教育教学活动，直至午饭后休息时才可能有时间看手机；下午下班回家后也会有时间看手机，用微信进行交流。由此可见，在幼儿园教师社交网络学习共同体中，教师们一般利用工作之余进行学习。

（六）交互成员的人际关系

对幼儿园教师社交网络学习共同体而言，共同体内人际互动的首要条件是建立信任关系。在共同体中，成员的互动包含知识提供者与接受者两方。当接受者信任知识提供者的知识水平，知识提供者也信任接受者的学习能力水平时，这种互动便是共同体内成员之间建立信任关系的体现。

调查结果显示，如果意见领袖自身的知识水平和在共同体内的个人威望很高，那么共同体成员往往都非常信任意见领袖。对于学习能力或辨识能力较强的成员，其信任建立在对发言内容的判断上；而学习能力或辨识能力较弱的成员，其信任通常表现为附和，比如信任那些被共同体内多数人赞同的内容，而不信任那些被大多数人质疑或反对的内容。因此，群成员往往对那些群内发言率较高、发表的内容更具有说服力的成员表现出更高的信任度，而由于受到群聊方式、教师之间的熟悉程度等多方面的影响，群成员之间的互信度不高。由此可见，社交网络学习共同体中，交互信任度以意见领袖为最高，成员之间缺乏互信。

第三节　影响社交网络学习共同体运行及教师自主学习的主要因素

通过扎根理论分析幼儿园教师、管理者、幼教专家等21位相关人员的访谈资料可知，影响幼儿园教师社交网络学习共同体运行及教师自主学习的主要因素有两个方面：一是教师个人的得力感（包括个体需求动机、群体责任驱动、自我效能感、信息技术能力和感知有用性），二是社交网络学习共同体的共同体环境（包括社会存在感和虚拟共同体感）和媒介环境（包括技术需求和功能支持）。其中，个体得力感是促使幼儿园教师利用社交网络学习共同体开展自主学习的必要条件，共同体环境是幼儿园教师基于社交网络学习共同体开展自主学习的重要场域，媒介环境是幼儿园教师基于社交网络学习共同体开展自主学习的物质保障。

一、教师个人

社交网络环境下的教师学习不同于传统学习，二者的最大区别在于社交网络环境中的学习者往往是基于个人的兴趣爱好或工作需求加入某个学习共同体，很少受到外在的约束。这在一定程度上说明，在社交网络环境下，学习者的学习并不缺乏动机。但实际上，即使是基于兴趣或者工作需求加入了学习共同体，有的学习者表现相对活跃，而有的学习者则表现非常低调，交流、互动都很少。这便与学习者在此学习共同体中感受到的得力感息息相关，它是促使幼儿园教师利用社交网络学习共同体进行自主学习的必要条件。本研究中的个体得力感主要包括个体需求动机、群体责任驱动、自我效能感、信息技术能力以及感知有用性。

第一，个体需求动机。网络环境下的学习资源是海量的，学习方式更加自由，学习者如果加入了某个学习共同体，一定是基于特定的动机。研究发现，教师加入学习共同体的动机主要可分为两类：一是基于兴趣或解决问题的需要，二是工作上需要得到认可。而通过扎根理论分析发现，幼儿园教师的工作常常是超负荷状态，例如，访谈中老师们都提到“每天上完班都累趴下了”，因此导致幼儿园教师对于自主性的网络学习兴趣不高，在专业发展方面也没有太高期望，往往是安于现状，从而出现了对网络学习共同体中的信息关注不多，在网络学习共同体中很少主动分享高质量信息的现象。

第二，群体责任驱动。当学习者是领导者或引领者，或自身专业水平较高时，基于群体责任的驱动，他们会主动分享高质量的信息或知识，这对群里其他学习者来说具有很大的吸引力。比如，访谈中多位教师都提到，群里有高手，能够帮助自己高效地解决工作中的问题，所以一直关注群里的消息。

第三，自我效能感。自我效能感是个体对自己能否成功地进行某种行为的主观判断。已有许多研究证实了自我效能感是影响个体行为的重要因素。[①] 调查发现，教师往往在社交网络学习共同体建立初期愿意分享交流、主动发言、主动讨论，但随着共同体成员发布的信息出现“石沉大海”的现象，教师之间的交互频率就变得越来越低。

第四，信息技术能力。信息技术能力作为社交网络环境中开展学习的必备能力，对学习的顺利开展具有重要意义，丰富的信息技术知识则可以帮助学习者高效率地获取所需内容。[②] 在社交网络环境下，学习发生在基于信息技术所建构的各类网络平台上，学习者在学习过程中需要掌握一定的信息技术，而学习者的信息技术能力直接影响其对技术的易用性和有用性的感知，其熟练程度对学习效果的影响力度也很大。但是，调查发现，很大一部分幼儿园教师的信息技术水平并不高，他们的知识分享、筛选、网盘数据存储等能力相对较弱。

---

① 孟召坤，兰国帅，徐梅丹，等．基于 QQ 群的教师学习共同体运行现状研究［J］．开放教育研究，2015，21（5）：101-111.

② 张家华，张剑平．网络学习的影响因素及其 LICE 模型［J］．电化教育研究，2009（6）：73-77.

第五，感知有用性。学习者加入某些学习共同体，一定是因为他们感知到了共同体具有某些社交价值或认知价值，即有用性，这会影响到其参与社交网络学习共同体的积极性、主动性和满意度。当学习者通过学习共同体不断积累社交资本及满足认知需求以后，他们对学习共同体的认可度和满意度会逐步升高，对该共同体产生一定的依赖和依恋，进而愿意留在共同体中持续学习。

二、社交网络学习共同体

（一）社交网络学习共同体的共同体环境

共同体环境是幼儿园教师基于社交网络开展自主学习的重要场域，学习者个体感知到的共同体环境主要分为社会存在感和虚拟共同体感。

对于社交网络环境下的教师学习而言，为了建立较强的同伴关系、减少孤独感、克服潜在的困难、提高学习的满意度，学习者需要提高社会存在感。但目前，社交网络学习共同体的环境创设只关注传播媒介带来的功能性体验，过度依赖媒介创设的情境和交互功能，忽视了学习者的主体性，忽略了学习者的社会存在感。在虚拟的学习环境中，传播媒介更多地是为学习者之间的社会互动提供支持，使学习者感受到他人的反馈信息，比如微笑、表扬与鼓励等。从某种意义上来说，这拉近了成员彼此间的心理距离，但也在一定程度上导致教师开展的网络学习共同体活动不能长久持续下去。另外，已有研究发现，只有当虚拟共同体有一定数量的成员积极参与，且其管理者培养成员的归属感、认同感，才能稳定持续发展。[①] 而现实中，幼儿园教师社交网络学习共同体成员的共同体归属感和认同感不高，成员参与互动的积极性较低。因此，优化社交网络学习共同体环境，提高学习者在共同体内的社会存在感和虚拟共同体感，进而提高成员与群体的互动频率和在线学习的期望值，

---

① BLANCHARD A L. Developing a sense of virtual community measure [J]. Cyberpsychology and behavior, 2007, 10 (6): 827-830.

对未来的网络学习具有重要意义。

（二）社交网络学习共同体的媒介环境

媒介环境主要指媒介提供的技术支持，它是社交网络环境下幼儿园教师开展自主学习的重要物质保障。媒介环境包括技术需求和功能支持，具体指网络性能、隐私安全、资源链接以及沟通方式。网络打破了教师学习的时空限制，但教师学习的顺畅度严重依赖网络的流畅性。不同时空的个体之间存在广泛的“物质流、能量流和信息流”，它们能否畅通流动，直接影响了共同体的演化过程。① 网络带来便利的同时，也带来了隐私安全隐患，如诸多社交网络学习平台在使用前需要绑定个人的部分隐私信息，某些不法分子会对学习平台进行网络攻击，盗取他人隐私信息。另外，在社交网络学习共同体中，教师发布的相关信息并未经过筛选，有些信息（比如，教师发布的链接、网页等）存在诸多安全隐患，这些都影响着社交网络学习共同体的健康发展。因此，保护网络安全的技术是广大教师安心开展网络学习的强大后盾。

第四节　幼儿园教师社交网络学习共同体的运行机制

幼儿园教师社交网络学习共同体由成员（旁观者、浏览者、共享者、呼应者、意见领袖）、信息、技术和规则构成。共同体运行的机制是：技术支持下的开放性是共同体运行的前提条件，成员差异导致的非平衡性是其运行的内部诱因，成员之间的冲突与合作是其运行的内部动力。具体见图 8-1。

---

① 和学仁，刘敏昆．网络学习共同体的自组织生态及其实现机制［J］．现代教育技术，2013，23（9）：86-90.

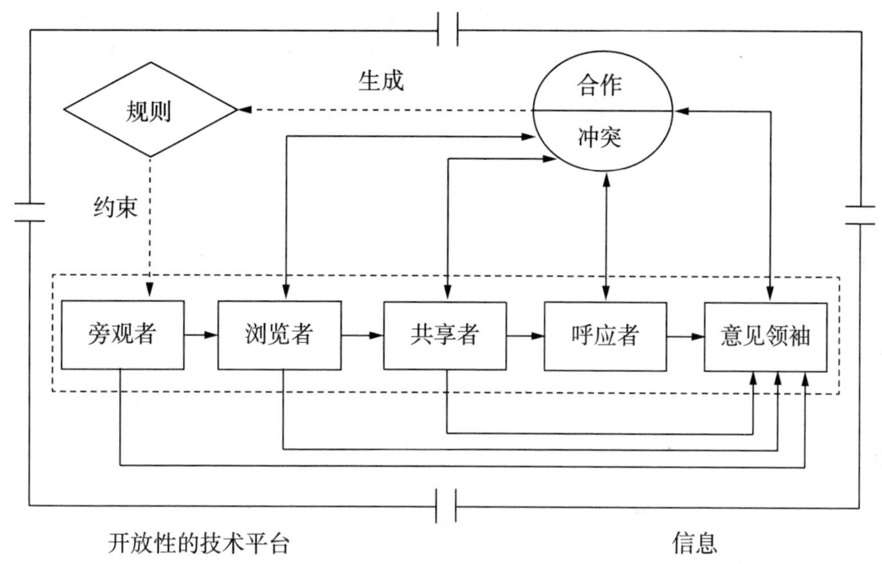

图 8-1　幼儿园教师社交网络学习共同体运行机制

一、技术支持下的开放性是共同体运行的前提条件

信息技术支持下的社交网络平台具有开放性，包括对内开放和对外开放，保证了教师学习共同体内部的信息畅通。

对内开放是指幼儿园教师社交网络学习共同体是一个开放的学习系统，在这个系统中，存在多元文化的冲突和碰撞，也存在不同思想的相互批判和接纳。虽然共同体内部的成员拥有不同的文化背景、工作经历、思维方式，但他们为了学习而聚在一起，尊重差异，平等交流，共享经验，共同参与知识的建构，最终实现个人和共同体的发展。在学习共同体中，教师们持开放性的态度，通过私聊、公开发言等方式实现一对一交流和群体互动，积极参与社会协商和意义建构，从不同的视角发现问题、解决困难。①

① 袁维新．教师学习共同体的自组织特征与形成机制［J］．教育科学，2010，26（5）：59-65.

对外开放是指幼儿园教师社交网络学习共同体需要加强与外界环境之间的交流。学习共同体的成员应该利用检索工具和存储技术，积极主动地获取并共享外界有价值的信息，包括先进的教育理念、优秀的教学资源等，为共同体的稳定持续发展提供基本条件。外界环境对共同体的影响是不容忽视的，比如指明未来教师学习方向的教育政策、信息化时代对教师专业素养提出的新要求，等等。共同体需要保持对外界环境的开放性，利用技术支持及时、有效地获取这些信息。

二、成员差异导致的非平衡性是共同体运行的内部诱因

幼儿园教师社交网络学习共同体的成员拥有不同的文化背景、工作经历、思维方式，他们的能量分布是不均衡的。一个充满活力的教师学习共同体一定是一个多元的、非均衡的组织。幼儿园教师社交网络学习共同体要想打破已有的稳定结构，获取新的发展，必须远离平衡状态，而非平衡状态的关键在于共同体本身的差异性、多元性。

共同体中的成员都有自己独特的学习经历和工作经验，也形成了个性化的知识结构和价值取向，即使是执教于同一个班级的幼儿园教师，在活动内容的选择、游戏情境的创设等许多方面也会带有鲜明的个人风格。由于每位教师看待问题的视角不一样，对同一问题的理解也不尽相同，因此不存在唯一正确性。正是这种多元化、差异性的存在，才为共同体的发展、运行提供了活力和多种可能性。共同体成员要想超越自我，需要多了解他人的不同见解。这种打破原有知识结构、实现重组和改造的过程，就是新知识和新理念产生的过程，这便是幼儿园教师社交网络学习共同体运行的最终目标。

三、成员之间的冲突与合作是共同体运行的内部动力

成员之间出现冲突表明幼儿园教师社交网络学习共同体内部存在相互较量，这种较量并非消极的，反而有利于调动成员的积极性，促使共同体内部

形成更大的非平衡性。正如前文所讲，学习共同体的成员之间具有个体差异，这些差异可被视为一种创造性的资源。充满异质性的成员们不断地交流观点、表达想法，在产生不同见解后通过相互协商彼此说服，最终实现新的意义建构或产生新的异质性都是有意义的。

合作就是在非平衡状态下，幼儿园教师社交网络学习共同体内部的某些运动趋势走向一致。随着共同体的发展、运行，共同体内多样化的成员极有可能越来越多地被同化到统一的价值取向之下，这个范围在某个阶段会被扩大，最终使所有的成员都统一于这种价值取向下，从而形成一个新的有序的组织。共同体中的合作既包括不同成员之间的短暂合作，如共同体内的教师顺利地帮助某一位教师寻找到他所需要的资料；也包括成员之间逐渐形成的默契，如意见领袖经常性地发起有意义的话题，有些呼应者或共享者将共同体内部成员之间讨论的内容进行整理、分类并发布在共同体内，供大家以后查阅学习。如此，共同体内部各成员之间达成了协作、互助，形成了一个有序发展的组织。

第五节　有利于幼儿园教师自主学习的社交网络学习共同体的构建

正如瓦格纳（Wagner）所言，移动革命来临了，无论在哪里，移动设备对生活的渗透已经无可辩驳，MP3、便携式游戏设备、手提电脑、平板电脑、笔记本电脑应有尽有。没有一个人不受这种现象的影响。[①] 毋庸置疑，移动学习将彻底改变以往的学习策略和方式。在移动学习背景下，便利的工具和丰富的资源能够充分支持更加普适化和个性化的学习，满足当下教师自主学习的需要。面对信息技术对教育的变革，教师应该寻找适宜的自主学习和专

① WAGNER E D. Enabling mobile learning［J］. EDUCAUSE review，2005，40（3）：1-13.

业发展的路径。

情境学习理论认为，学习共同体是一个多维的生态系统，系统中的每一个生态因子都会影响共同体的运行以及教师自主学习的效率。为进一步提升社交网络学习共同体的运行效率，促进幼儿园教师自主学习的开展，本研究在情境学习理论和联通主义理论的基础上，根据学习共同体的调查结果及其运行机制，从教师自身和社交网络学习共同体两个方面提出了建议。

一、教师自我提升的建议

提高幼儿园教师专业素质的传统途径主要有两种。一是大学或学院组织的集中培训，它以理论学习为主要内容，以专家讲座为主要形式，以改进教学理念和学科内容知识为主要目的。二是以教研组为核心的园本教研，它通常是基于幼儿园的自身问题开展研究，研究团队主要是一线教师，教师们通过同事互助、彼此交流经验来促进专业发展。[①] 不论是集中培训还是园本教研，都是基于现实空间的在场学习。近年来，信息技术发展迅猛，它所具有的传播性、虚拟性、互动性为学习共同体的发展带来了新契机，使得社交网络学习共同体作为一种颇具时代特征的学习方式呈现在教师面前。这种依托网络的学习方式具有其他传统的学习方式无法比拟的优势，它实现了教师之间自主、自发的交流与合作，可以极大提升网络学习效率，有效促进幼儿园教师自主学习的开展。当前，幼儿园教师虽然使用社交软件的频率高，上网的时间长，但是使用社交软件进行自身专业学习的概率小，教师参与社交网络学习积极性不高的现象屡见不鲜。因此，增强教师自身在社交网络学习共同体中的个体得力感是提高教师网络自主学习效率的内在基础。

（一）提高教师网络学习的意愿与积极性

与在场学习共同体相似，网络环境下的教师学习共同体同样是满足教师自

① 王新美．网络教师学习共同体的评价研究：以淄博教师学习共同体的形成为例［D］．上海：华东师范大学，2009：1.

主学习需要、促进教师专业发展的重要手段。但不同的是，网络环境下的教师学习共同体以网络共同体为学习平台，能够实现资源的交互与共享，帮助教师实现跨时空的交流，对教师专业发展的支持力度更大。教师通过网络学习共同体可以获得更多的资源、更深层次的交互和更广泛的人际沟通。研究通过访谈了解到，很多幼儿园教师缺乏对社交网络学习共同体的认知，以为它只是一个简单的社交群。因此，从教师自身的角度来说，要提高教师对社交网络学习共同体的认识，使其明白社交网络学习共同体的学习可以不受时空的限制，可以收获权威专业的学习资讯，可以实现与专业领域专家的跨时空互动，让教师切实感受到网络学习共同体的魅力所在，切实认识这种新的学习工具在信息时代背景下为教师个体自主学习带来的价值，这样可以在一定程度上提高教师网络自主学习的积极性。另外，可以通过强化教师的自我效能感来提升教师参与网络学习的积极性。幼儿园教师社交网络学习共同体中的教师自主学习是一种自主性、自律性较高的活动，因此需要积极增强教师的自我效能感，使教师保持自主学习的强烈欲望，从而能够自觉、主动地参与社交网络学习共同体。

（二）增强教师自身的信息技术能力

信息技术的快速发展影响着包括幼儿园教师在内的所有人生活、学习的方方面面，正如美国著名学者波斯曼所言，“信息革命已经把信息和文化凝聚成一个动力学的过程，将每个人都裹挟其中”①。在幼儿园教师社交网络学习共同体中，技术为教师参与社交网络学习共同体的自主学习活动提供了可能，为教师获取学习资源提供了便利。信息技术能力已经成为幼儿园教师社交网络学习共同体中教师开展自主学习的一项必备技能，因此教师必须不断学习现代化信息技术。教师要掌握基本的现代信息化电子产品的使用技能，能利用信息技术分享教育教学资源，可以处理幼儿的大数据信息，还要具备数据查询、筛选、追踪、存储等基本的信息技术能力。教师一方面需要加强自学现代化信息技术的能力，可以通过下载相关的电子产品使用手册来掌握相关技术；另一方面，可以通过参加相关软件的学习培训班来掌握新型学习软件技术。

① 波斯曼．技术垄断：文化向技术投降［M］．何道宽，译．北京：中信出版社，2019：41.

二、社交网络学习共同体改进建议

幼儿园教师在社交网络共同体中的学习速度、效果与质量，不仅取决于教师个人，也受制于社交网络共同体本身的构成与运行状况。为促进幼儿园教师的自主学习，社交网络学习共同体需要做出如下改进。

（一）政府加强网络立法与监管，优化网络环境与社会文化心理

各级政府及其职能部门可以通过立法、管理、监督、投入和倡议等方式，支持、引导学前教育专业人士积极建群和组群，发挥专家和行业能手的引领作用，利用现代信息技术促进教师参与各种网络学习共同体。政府及其职能部门也可以发布专业知识与信息，通过建立各种专业数据库、各类数据共享平台、多类型多层次的线下专业学习共同体等，发起、引领和带动各类网络学习共同体的发展。

在现有的社交网络环境下，教师学习共同体的发展面临着真实信息、知识产权以及敏感数据等隐私泄漏的隐患，这些信息安全问题需要政府部门通过立法手段或其他监督管理措施予以解决。另外，对于不合法、不合规的网群，政府要加强筛查和防范，及时而坚决地予以取缔。

网络学习共同体受整个网络环境和社会舆论的影响，学前教育网络学习共同体也会受到学前教育事业发展和社会生态环境与文化心理的影响。因此，构建良好的幼儿园教师社交网络学习共同体，需要净化与优化整个网络环境，需要正面引导社会舆论导向，还需要广大民众形成尊师重教、支持学前教育事业发展的良好风尚。

（二）改善社交网络学习共同体的成员结构与人际关系

合理的幼儿园社交网络学习共同体成员结构是保障学习共同体良性发展的重要前提。调查发现，当前幼儿园教师社交网络学习共同体存在着成员结构失调、成员之间的互信度不高等一系列问题，这严重影响了社交网络学习共同体的正常运行。为此，应该努力建构合理、稳定、互信的社交网络学习共同体成员群体。

1. 营造成员之间平等的氛围

联通主义理论认为，在复杂的网络环境下，学习的知识源自个体间的交互，在交互过程中，不论是群创建者、意见领袖还是旁观者，都享有平等的权利。平等是文化背景不同的成员之间顺利交互的前提条件，只有实现平等，成员之间才会彼此尊重差异，进行积极交流，最终形成良好的学习互动群体。同时，在开展学习的过程中，身处不同文化背景和境脉之下的幼儿园教师共同营造自由平等的学习氛围，还可以感知到社交网络环境下学习共同体成员之间全新的同伴关系，既获取了自主学习的经验，也极大限度地保护了个性差异与自我情感。

2. 发挥专业人员和意见领袖的引领作用

在社交网络环境下，创建幼儿园教师学习共同体的门槛很低，但研究发现，由专业人员创建的学习共同体具有可持续发展性。所谓的专业人员并不局限于专业幼儿园教师、专业理论工作者，而是指专业从事学前教育工作的人员，他们往往是不忘初心、想要真心实意发展学前教育事业的人。这类人在创建群之初就定下了学习共同体发展的大致方向，且将切实促进成员的专业成长作为一切管理、实践活动的准绳，为学习共同体成员创造了一个纯净的、专业的学习环境，从而树立了威信。另外，意见领袖可以引领共同体成员进行深度互动。幼儿园教师在社交网络学习共同体中的互动常常出现太过随意的现象，这就需要一个“主持人”对互动提出深入、高质量的要求。①意见领袖的职责就是把握成员话题讨论的范围，引导成员围绕问题展开深入交流，组织成员积极思考，加深成员对问题的认识。意见领袖的带动可以促使其他成员意识到互动对学习的重要性，并乐于积极参与其中。依据情境学习理论，基于社交网络的幼儿园教师学习共同体成员的互动过程就是将默会知识显性化、共享的过程，其学习过程是成员由合理的边缘性参与逐渐转变为中心参与的过程，也是成员实现由“新手”向“专家”转化的过程。因此，在学习共同体建立初期，意见领袖可能是共同体的创建者或理论层次较

---

① 郭绍青，权国龙，赵健．促进教师网络环境下有效学习的研究［J］．中国远程教育，2010（10）：49-53+80.

高的专家，但随着学习共同体发展、成熟，稳定的交流氛围和网络关系逐渐形成，那些积极、优秀的一线教师也能成为意见领袖。而且，通过分析 5 个微信群的基本网络属性可知，中心节点越多，该群的活跃分子越多，这意味着群里的意见领袖较多，他们能够有效地带动群内成员展开互动。由此可知，一个优质的学习共同体应该有多个意见领袖。

3. 增强成员之间的交流与互信

调查发现，成员之间缺乏深度交流、互信与群内缺乏领域内的专家有关。对于幼儿园教师社交网络学习共同体内的成员而言，领域内的专家更能吸引其注意力。通常情况下，领域内的专家之间互动的内容更具专业性、权威性和引导性，能够提高成员之间互动、交流的频率和深度以及成员之间的熟悉程度。如果成员之间能就专业问题进行频繁、持续而深入的沟通与交流，相互切磋、合作学习，那么教师个人和共同体都可以获得持续而高质量的发展。

（三）完善共同体信息资源的整合与传递功能

信息是基于社交网络的教师学习共同体的必备要素，也是成员学习的客体、操作的对象。调查结果表明，当前幼儿园教师社交网络学习共同体中交互的信息种类繁多、系统性不足，这已成为降低网络学习共同体吸引力、阻碍教师自主学习的重要因素。因此，需要进一步完善社交网络学习共同体中信息资源的整合方式，确保那些有价值的资源能够在群内有效传递。

1. 依据情境问题聚合核心信息

幼儿园教师社交网络学习共同体作为一个整体，在运行、发展中会积累很多优质资源，这些资源可能是某些成员分享的个体经验，也可能是学习共同体成员之间的讨论内容。这些有价值的资源松散地沉积在各种信息传播渠道中（比如群聊记录里），不经过整理、提炼，很难直接被成员查看、学习。联通主义理论认为，学习不仅存在于我们自身，也存在于各个专业化的节点，其关键在于将相关的信息节点连接起来，形成学习网络。因此，对幼儿园教师社交网络学习共同体中的个体成员而言，学习的第一步是依据具体的教育教学情境确定问题的本质，然后聚合相关的信息节点。作为学习共同体成员，应该学会识别问题的类型，并以问题为中心组织自己的知识，迅速、高效地从大量的信息中提炼出问题的本质。[①] 同时，在日常工作中，幼儿园教师需要做个有心人，将遇到的困难、自己的反思，甚至与他人的交流记录下来，并提炼出有效的问题，然后在学习共同体中提出这些问题供大家讨论。在学习共同体中，每个成员都可以是个信息节点，幼儿园教师需要将这些信息节点聚合起来以解决自己的问题。这样基于情境性问题聚合信息，可以提高问题解决的效率，有利于幼儿园教师感知该学习共同体的有用性，进而持续使用该学习共同体。联通主义理论还认为，一个人的学习不是取决于个人的个体存在，而是取决于其社会性存在。[②] 幼儿园教师在专业学习中遇到问题时，可以在社交网络学习共同体中与其他一线教师、学者、专家等各个信息节点进行探讨，寻找问题存在的原因，从而形成更深层次的认识，尽快找到解决问题的方法。网络的开放性使信息节点能够无限扩大，因此幼儿园教师需要更好地聚合与问题相关的信息。

2. 建立信息传递和传播规则

学习共同体中的信息传递只有一个准则，即让所有的成员获得他想知道的信息。通常情况下，收到准确信息的成员越多，他们对一个问题的理解就会越深入，这样，成员之间的观点碰撞会越多，创造的价值也会越大。因此，在学习共同体中，信息传递至关重要。但信息传递通常会出现以下几个问题：信息传递往往靠个别成员反复通知，沟通成本高；各种网络信息渠道同时传递信息，重复率高；缺乏信息通道使用规范，传递效率不高。[③] 而幼儿园教师社交网络学习共同体中有群聊、私聊等多种沟通渠道，这就需要针对信息内容恰当地使用渠道，保障信息传递到位。因此，需要建立合理的信息传递规则，保障信息传递的有效性。

学习共同体的组织者要围绕核心目标，经过民主协商，建立一套能够满

---

① 陈君贤．关联主义：网络学习环境下劣构问题表征的新取向［J］．中国远程教育，2009（8）：19-22+79.

② 钟志贤，林安琪．赛伯人际管理：提升远程学习者的学习力［J］．远程教育杂志，2008（5）：44-50.

③ 余波．学习社区规则构建案例研究：基于“教育大发现”学习社区［D］．南昌：江西师范大学，2009：26.

足成员多元化需求、激发成员参与热情、实现个体成长和共同体成长的规则，就入群条件、组群分类、组群发展与管理、人员职责分工、交流互动等提出具体要求，让学习共同体有目标、有追求、有计划、有组织、有管理，从而保障学习共同体健康、稳定和可持续发展。

（四）优化共同体的技术环境

基于社交网络的教师学习共同体与一般性的学习共同体的最大区别在于成员学习、交互的环境。基于社交网络的教师学习共同体的环境是由微信和QQ 等社交软件或平台构成的信息技术作为支持的社交网络环境。在这些技术的中介作用下，学习共同体的每位成员作为知识节点，可以便捷地形成连接，迅速形成一张巨大无边的社会化网络。学习共同体成员借助技术媒介可以实现个人简单联通，即通过网络进行探索发现式学习，但更多的是进行社会化联通，即具有不同文化背景的个体基于共同的兴趣或问题聚集在一起，通过积极的社会协商形成身份认同和共同体归属感，从而获得学习的体验和意义。同样，多元回归分析的结果显示，对于基于社交网络的幼儿园教师学习共同体的运行效果，解释力最显著的因素是功能支持，包括沟通方式和资源链接。技术支撑越强，节点之间连接得越通畅，知识流动得越快，学习效果越显著。因此，加强幼儿园教师社交网络学习共同体的技术保障是顺利实现网络学习共同体成员交互、信息流通的前提条件。

1. 加强学习共同体线上交互技术

首先，要以学习共同体成员为起始节点，通过信息技术手段建构人与物、人与人之间节点的网状结构，强化节点间的多重连接，保障管道的通畅与可靠性；其次，利用信息技术提升并维持节点间知识、信息交换的频率，并根据不同知识资源传播载体的效能来提高节点间的信息互动频率；最后，通过技术手段帮助共同体成员寻找并联通可替换的中间节点，使其实现与知识载体的直接连接。①

① 刘智明，武法提．联通主义视域下成人在线自主学习导学策略研究［J］．电化教育研究，2017，38（11）：69-74.

2. 完善信息过滤和安全保护功能

社交网络学习共同体的功能性不强是造成幼儿园教师在学习共同体内交互积极性不高的一个重要原因。因此，应该完善学习共同体自动筛选信息的功能，杜绝不必要的信息在学习共同体内泛滥，从而间接提高学习共同体的运行质量。另外，要重视社交网络环境下，学习共同体中成员隐私安全保护功能方面的设计。

3. 优化线上、线下交互技术平台

线上、线下学习相融合是未来学习的发展趋势。很多幼儿园教师社交网络学习共同体的线上交互内容是线下交互内容的整合，比如共同体成员分享的某些课件、文章其实是学术会议上的内容。在这种情况下，如果线下交互内容的质量没有保障，那么线上的技术支持和平台互动就失去了原有的意义。而对于线下交互而言，只有突破了平台、技术和时空等方面的限制，才能使更多的幼儿园教师受益。另外，虽然幼儿园教师社交网络学习共同体成员之间的交流有情感部分，但无法完全取代面对面交流，尤其是在人格感知和社交体验方面。因此，需要进一步加强线上、线下交互方式的融合，促进幼儿园教师的专业成长。

（五）完善共同体内部规范与管理

幼儿园教师社交网络学习共同体的目标是实现学习共同体内每位教师的个体知识建构和专业能力提升，学习共同体内一切运行规则的制定都应该围绕这个核心目标，从而使成员和群体创造、分享知识，实现共同进步。而如何激发成员在学习共同体内参与交流、互动的热情，如何让不同类型的成员在学习共同体中找到适合自己的学习方式，如何提升成员的共同体归属感和凝聚力，如何让新加入的成员快速融入学习共同体，等等，这些都是学习共同体运行中面临的问题，这就需要建立一套能够满足成员多样化需求、激发成员参与热情、实现个体和共同体一起成长的学习共同体规则。幼儿园教师网络学习共同体的规则有显性规则，如禁止散播广告；也有内隐规则，如互惠利他、自由平等、相互信任等。而前面的调查发现，当前幼儿园教师社交网络学习共同体还未形成良性的运行规则和保障制度。因此，需要政府部门以及幼儿园教师社交网络学习共同体的创建者或意见领袖建立一套科学合理的运行规则，承担起保障学习共同体正常运行并朝着正向发展的职责。

幼儿园教师社交网络学习共同体的创建者或意见领袖需要从微观层面制定（或者引导成员们制定）紧密围绕核心目标的规则，即制定有利于提升学习共同体内每位幼儿园教师专业能力的规则。依据温格总结的学习共同体的演化过程，应该针对每个演化阶段制定相应的规则。

1. 在创生阶段设定入群门槛与合约

在幼儿园教师社交网络学习共同体的初步形成阶段，共同体成员松散，规则模糊，群成员通过社交软件随意交流，没有常规性的活动。因此，在这一阶段，应为幼儿园教师社交网络学习共同体设定一定的门槛，将无关人员排除在外。另外，应让所有入群人员知晓群内的规则，使其在表示遵从群内合约的情况下入群。这样有利于建立成员的交互规范，稳定共同体的发展状态，让已入群的成员初步感受到学习共同体的专业性、规范性。基本的入群规则包括入群的目标指向，比如某群是幼儿园教师专业发展群，其他职业的人需排除在外；比如入群后不能发广告，以保证群内清静。成员的交互规范包括成员上传和下载资源的规范、引用转载文章的规范、成员之间的平等互敬等。

2. 在成长阶段细化学习共同体规则

当幼儿园教师社交网络学习共同体进入成长阶段后，共同体发展的目标逐渐明确，成员的活跃程度稳步提升，此时应该逐渐细化并完善共同体各方面的规则。首先，建立学习共同体建设规则，包括发展目标、成员加入机制、成员凝聚力增进机制等。幼儿园教师社交网络学习共同体需要制定一个成员都认可的目标作为大家的共同愿景，这有助于形成一定的向心力，也能使成员产生归属感，愿意为共同体的发展劳心劳力。在成长阶段，学习共同体需要新成员的加入，因此需要建立成员加入机制。以微信群为例，其加入机制通常是邀请制。在成长阶段，还应该逐步建立起增进成员之间凝聚力的共同体规则。比如，将群内成员的用户名格式统一为某省—某幼儿园—某老师，方便大家了解彼此；鼓励群内活跃分子如意见领袖开办专栏；定期组织线下活动；等等。其次，建立信息传递规则。幼儿园教师社交网络学习共同体中有许多信息传递渠道，但要依据一定的规则合理使用。比如，重大事项应该由群主发布群公告；普通的讨论话题可以在群内公开交流，但并不是每个人都必须参与所有的话题讨论；涉及成员隐私或只需极少部分人参与的话题则可以通过私聊方式进行。最后，建立知识管理规则。幼儿园教师社交网络学习共同体在长期的发展过程中一定会积累许多的优质资源。这些资源有些来自个体经验，有些来自讨论内容，有些是文字信息，有些是视频或文档。无论如何，这些资源都不应该随着时间的流逝而被埋没，因此应该建立一个学习共同体知识管理规则，将这些信息整理、提炼并发布出来。当然，这项工作可以由学习共同体中活跃的成员，如群创建者或意见领袖，定期（如一个月）整理群内的信息并通过网盘、网页、简报的形式公布在群内；也可以由群内成员民主讨论出一个方案，比如选出一个委员会，由委员会全面负责此项工作。

3. 在成熟阶段建立整合优化规则

一般情况下，幼儿园教师社交网络学习共同体步入成熟阶段以后便趋向稳定，共同体成员之间交互频繁，形成了一定的默契，乐于共享知识、经验，共同体的远景目标得以确立。在这个阶段，学习共同体成员的交流效能提升到最大程度，群体价值得到最大限度的发挥，各项规则走向系统化、有序化，变得更加简洁、有效。但在这一阶段，仍需要有意识地挖掘、整理成员个体的经验，尽量使每个成员的价值得到最大程度的发挥。

4. 在转化阶段认真执行规则

当学习共同体依照成长阶段认真执行了共同体建设规则、信息传递规则和知识管理规则，并在成熟阶段确立了共同体发展的长远目标，在转化阶段就会转向更好的发展阶段，否则极有可能走向消亡。但即使该学习共同体有消亡的趋势，不再是成员的中心，共同体仍然应该保持开放的状态，为各位成员留下美好的回忆。

第九章　促进教师自主学习的区域幼儿园教研共同体的构建

第一节　区域幼儿园教研共同体的内涵与意义

从已有研究来看，教师的教学反思、园本培训、课题研究等都在一定程度上促进了教师的自主学习。但就实际运行的情况而言，它往往受限于教师个人的专业素养。教学反思和课题研究会停留于问题的表面，对教师专业成长的帮助有限，而园本培训因缺乏必要的引领，相对较为封闭，容易形成低质量教研，因此，寻求有效的外部支持已成为促进教师自主学习的优先选择。

在探寻促进教师自主学习的过程中，区域幼儿园教研共同体模式逐渐进入人们的视野，并成为促进幼儿园教师自主学习的重要保障条件。它突破了以往对教师发展中个体与群体、理论与实践等关系探讨相割裂的狭隘视角，更关注从整体的、全局的角度看待教师专业发展所处的整个关系脉络和环境，以“群体”“合作”“文化”“背景”等为关键词的教师专业发展逐渐取代了传统的“知识”“技能”“实践”“反思”的途径。教师的自主学习需要周围环境的有力支持，只有重视教师间的合作、互助和共同发展，才能更有效地促进其专业成长。目前，在我国有关区域幼儿园教研共同体的现有研究中，基于学习共同体理论视角的研究占据了大多数，它们往往更多的是从学习共同体的本体意义出发来建构教研共同体；至于共同体整个系统的外部组织结构以及内在关系机理方面的研究，仍呈现“犹抱琵琶半遮面”之态。从这个意义来说，随着理论研究和实践探索的持续深入，探明区域幼儿园教研共同体这一“朦胧”组织的内外关系显得尤为必要。

一、区域幼儿园教研共同体的内涵

目前专门针对区域幼儿园教研共同体的研究相对较少，已有的关于教研共同体的研究大多围绕中小学展开。因此，我们借助校际教研共同体的概念审视区域幼儿园教研共同体。

关于校际教研共同体的概念，徐和平等认为，校际教研共同体是由两所以上学校的领导、教师和教研员组成，并基于“教学研究”这一共同体价值取向的自主性、合作性的研究团体。[①] 吴红芳认为，校际教研共同体是根据团体内教师的实际，通过组内协商、专家引领等形式，确立教师的成长指标，提出适合教师发展的共同愿景作为专业发展方向，并在这一目标和愿景下由教师自己来设计、制订出自己的专业发展计划。[②]

结合上述观点，我们认为区域幼儿园教研共同体是某一界定范围内两所及以上幼儿园立足于实现教师专业成长进而提高幼儿园教研质量的需要，从幼儿园教育研究中的现实问题出发，通过组内协商、专家引领等形式，根据同质促进、异质互补的原则构建起来的，并由健全的运行机制与制度保障的一种教研集聚实体。

二、建构区域幼儿园教研共同体的意义

首先，教师的成长既需要教师个体的自主学习，也需要来自教师外部专业团体的支持。研究显示，同一所幼儿园的教师长期处于一个稳定、同质性强的环境中，接受同一种文化氛围的熏染。同一种管理模式容易造成教师群体有更多共同性而缺少差异性。长此以往，幼儿园教师的教学能力与教研水

① 徐和平，来尧林．校际教研共同体［M］．杭州：浙江教育出版社，2010：34.

② 吴红芳．关于《历史与社会》课程教师在校际教研共同体中优化知识结构的思考［J］．科教导刊（上旬刊），2010（5）：105-107.

平难以得到提升。因此，在推进教师专业发展的进程中，建构区域幼儿园教研共同体成为必要之举。这样一方面可以加强幼儿园之间、区域教育之间的交流与互动，有效发挥优质园的辐射带动作用，提高薄弱园的教研水平与能力；另一方面有利于推动园际互动，实现优质教育资源的共享共建。

其次，随着我国教育进入内涵式发展阶段，促进教育均衡和教育公平已成为国家重要的政策话语。这在《国家中长期教育改革和发展规划纲要（2010—2020 年）》和《国务院关于当前发展学前教育的若干意见》等国家层面的指导性文件中均有明确指向。从我国国情出发，在幼儿园教师队伍规模不断扩大的情况下，师资质量参差不齐、区域间教育不均衡等问题随之而来，这明显制约了学前教育的可持续发展。显然，探索建立多种形式的教学研究共同体，广泛开展联片教研活动，促进城乡、校际教学交流与互动，逐步形成区域性教学研究网络，已成为实现教育均衡发展与教育公平的有效举措。所以，从这个意义来讲，建构区域幼儿园教研共同体是区域教育发展的必然选择，对于促进区域内教师群体的专业学习、实现区域教育质量的均衡化有重要意义。

第二节　区域幼儿园教研共同体的类型与特征

区域幼儿园教研共同体是由一组教学资源、师资队伍、组织资源、科学知识等要件有机结合而构成的教师学习共同体。在其运行过程中，随着幼儿园、专家、教育主管部门等相关主体角色身份的确立以及共同体教研活动的主题定位等相关因素的影响，区域幼儿园教研共同体特有的活动组织类型与特征逐渐形成。

一、区域幼儿园教研共同体的类型

2015 年 1 月，武汉市教育局印发《关于推进全市学前教育发展共同体建设的通知》，拉开了武汉市幼儿园教研共同体建设的序幕。该文件明确了全市学前教育均衡、内涵、优质、特色的发展路径，以加快推进学前教育治理体系和治理能力现代化为追求，提出了抱团组建纵向和横向多个教研共同体的具体要求。截至2016年底，武汉市划分项目主导和片区主导两个类型的教研共同体，分别组建了12个幼儿园项目教研共同体和100余个幼儿园片区教研共同体。这里以武汉市市级12个幼儿园项目教研共同体和武汉市青山区4个片区幼儿园教研共同体为样本，分析区域幼儿园教研共同体的构建类型。

（一）项目教研共同体

项目教研共同体，指在学前教育项目实施过程中建构生成的、以主体认同的项目任务为目标愿景的探究群体。武汉市幼儿园项目教研共同体在官方文件中称为“武汉市园际项目发展共同体”，成立于2015年9月，涵盖了全市范围内的优质幼儿园。为了实现较高层次的教研共同体发展，武汉市教育局协调组织区教育局，在各区幼儿园主动申报的基础上，遴选了一批具有优质特色的幼儿园，分别创设了园务管理、园所文化、区域创设、幼儿园游戏、幼儿园课程、家园共育6个市级学前教育园际项目发展共同体。在这6个共同体中，武汉市还分别确定一所优质幼儿园为牵头园，并依托在汉高校、教科研部门及知名园长等资源，根据项目类别和专家优势，为每一个共同体安排一位指导专家。以指导专家和牵头园为统领，幼儿园项目教研共同体中的行动各方围绕总体目标和共同愿景共拟方案、共建章程、共研课题，推动项目研究同探索、教师队伍同发展、办园质量同提升、园所文化同繁荣、幼儿成长同进步。在2015年9月第一批成立的6个项目教研共同体中，全市共有17个区95所幼儿园参与其中。6个共同体每学年均能开展1—2次规模较大的集中展示交流活动。指导专家以参加会议、设计活动等方式全程跟踪共同体教研活动。通过这些设计，武汉市幼儿园项目教研共同体实现了教研经验的探索、共享与提高。

幼儿园项目教研共同体在设计之初即由武汉市教育局总体筹划，呈现出以下3个特点：一是参与园所资质较高，一级园及以上幼儿园占65.3%，其中省级示范园18所，市级示范园37所，一级园7所；二是指导专家层级较高，指导专家中既有省、市督学，又有具有教授、副教授等职称的高校教师；三是活动开展质量较高，各共同体在幼儿园课程、幼儿园游戏、园务管理等方面进行了特色教研活动探索，相关成果在专业期刊发表。

作为一种突出强调实践引领的螺旋式上升的教研方式，武汉市幼儿园项目教研共同体将教研的主题内涵整合到幼儿园共同体实践中，这既有利于实现项目教研的育人功能，也可以拓展项目教研的发展价值。以武汉市“幼儿园游戏”项目共同体为例，该共同体的牵头园为某985院校附属幼儿园。该园每周按照教研设计开展游戏实践，记录、总结和反馈游戏过程，与指导专家定期进行研讨。在取得阶段性成果后，该园召集“幼儿园游戏”项目共同体的全体成员观摩交流教研过程，以达到研讨提高、成果共享、辐射带动的作用。在这一过程中，其他幼儿园也会不定期结合园本教研，向指导专家展示游戏实践成果，并在取得阶段性成果后申请开展园际教研活动，以形成成果共育的局面。

我们从武汉市幼儿园项目教研共同体的构建中发现，项目教研共同体突出强调实践引领。它以项目为牵引区分教研主题，在全市范围内吸收优质幼儿园参与其中，指定专家学者和牵头园发挥引领带动作用，形成了一种针对特定项目的有效的螺旋式上升的教研方式。在项目教研共同体中，教育资源得到整合，智力优势得到发挥，在促进各参与园管理理念创新、园所文化构建、办园质量提升等方面，呈现出了较强的辐射作用。

（二）片区教研共同体

除了覆盖全市的幼儿园项目教研共同体，武汉市还依托行政区划由各区教育局组织成立了幼儿园片区教研共同体。幼儿园片区教研共同体是指根据地理位置、管理水平、教研能力和教学质量等方面情况，将幼儿园划分为若干个片区，以公办幼儿园为龙头，各级各类幼儿园共同参与、联合开展日常教育教学研究的组织形式。目前，武汉市共13个行政区。幼儿园片区教研共同体以13个行政区划为界，分别建立片区教研共同体。这里以武汉市H区和Q区为例。H区共有139所幼儿园（其中公办园26所，民办园113所；省级示范幼儿园3所，市级示范幼儿园7所），Q区有32所幼儿园（其中公办园 10 所，民办园 22 所；省级示范幼儿园 3 所，市级示范幼儿园 5 所）。按照地理位置、保教质量划分，H 区建立了 11 个幼儿园片区教研共同体，Q 区建立了 4 个幼儿园片区教研共同体。虽然数量、质量情况不同，但两个区在幼儿园片区教研共同体的架构上，不约而同地从优质园中遴选了两所幼儿园作为片长园和副片长园，由他们牵头开展片区联动式教研活动。

基于地理位置的行政区内片区联动，是武汉市幼儿园片区教研共同体的明显特点。依托幼儿园片区教研共同体，武汉市将数量和规模上都远超公办园的民办幼儿园纳入其中，更好地打破了园际壁垒和学科壁垒，强化了园际教研交流与合作，实现了资源共享和优势互补。以 H 区 LD 片区教研共同体为例。该共同体片长园和副片长园每学期都会广泛征集各参与园的意愿，互相协商本学期的园所教研活动，共同确定教研主题和工作计划。在教研实践中，LD 片区教研共同体先后开展了“十个小本领”推进方案交流、“问题对对碰”集体研课等活动，用了很多方法来促进园所质量共同提高。此外，LD 片区教研共同体还组织所有参与园签订了联园发展同盟共建协议。同时，该共同体每月至少开展一次活动，使得片区联动式教研活动呈现出常态化趋势。

在我国民办园占据较大比例的情况下，武汉市参考行政区划、幼儿园等级、地理位置等因素，对幼儿园片区进行了合理划分，依托示范性幼儿园牵头对幼儿园片区教研共同体建设进行了有益探索。从构建模式看，幼儿园片区教研共同体的发展有助于突破园所之间，特别是公办园与民办园之间交流不畅的瓶颈，对于促进区域教育均衡发展、提高学前教育的实效性、促进教师专业成长具有重要意义。从实践效果看，幼儿园片区教研共同体受益于地理区位的接近，活动开展趋于常态，教研内容更加全面，有效地解决了在学前教育快速发展背景下保教水平质的提升与量的扩充之间的矛盾。

（三）项目主导与片区主导相统一的教研共同体

区域幼儿园教研共同体在本质上是一种开放性的文化情境。虽然武汉市在区域幼儿园教研共同体的实践中构建了项目主导与片区主导两个类型的共同体，其运行方式存在不同，但无论是在项目主导还是片区主导的教研共同体中，行动者拥有的开放学习环境是无差别的。以某 985 院校附属幼儿园为例，该园既是幼儿园项目教研共同体“幼儿园游戏”的牵头园，又是H区HK片区的片长园。该园的Z园长在访谈中针对项目主导与片区主导做出了以下表述。

研究者：“H园参加了两个不同类型的共同体，您认为它们主要的不同点在哪里?”

Z园长：“项目共同体更多地是针对一个确定的主题进行教研，片区共同体的教研内容涵盖范围更为广泛。”

研究者：“它们有什么联系吗？或者说，它们之间有何交集?”

Z园长：“项目主导幼儿园一般都会在自己所在区域内被划入片区主导的教研共同体……H园在‘幼儿园游戏’项目中取得的成果，能够在片区共同体中与成员进行分享。”

研究者：“您认为项目共同体和片区共同体在教研共同体这个本质上区别大吗?”

Z园长：“项目共同体参与园的资质更高一些，片区共同体参与园主要是根据所在的区进行划分的。从本质上讲，大家都是共同体，都有教研目的，不可能因为参加的幼儿园不同或者说教研的主要目标不同而偏离共同体的形式，或者说背离了教研目的。”

从访谈记录看，项目主导与片区主导的差别主要集中在参与园自主选择和教研内容指向这两个具体问题上；共同体“在改造世界的实践活动中，通过人际交往和自我反思实现自我的身份建构”①，在这一点上二者并无差别。我们看到，无论是在项目主导还是在片区主导的教研共同体中，各方行动者之间的关系没有发生根本变化。从总体上看，项目主导与片区主导的教研共同体并无本质区别。它们虽然呈现出了两种表象，但依然从属并统一于“区域幼儿园教研共同体”。

---

① 杨若凡，史铭文．项目学习共同体：技术本科项目课程实施方式的探索［J］．高等教育研究，2011，32（3）：59-64.

二、区域幼儿园教研共同体的特征

区域幼儿园教研共同体作为教师自主学习的专业组织，在其建构过程中逐渐形成了自身特有的组织结构和运行特点。分析武汉市区域幼儿园教研共同体建构的结构特点，对于建构区域幼儿园教研共同体并理解其运作方式有重要意义。

（一）拓扑网络化

武汉市幼儿园教研共同体是一个开放的系统，参与主体主要为诸多幼儿园和指导专家。在教研共同体的实践情境中，园与园间、幼儿园与专家间呈现出平等参与、互动交流、资源共享等良好的关系指向，形成了一种网状拓扑结构，具体见图 9–1、图 9–2。

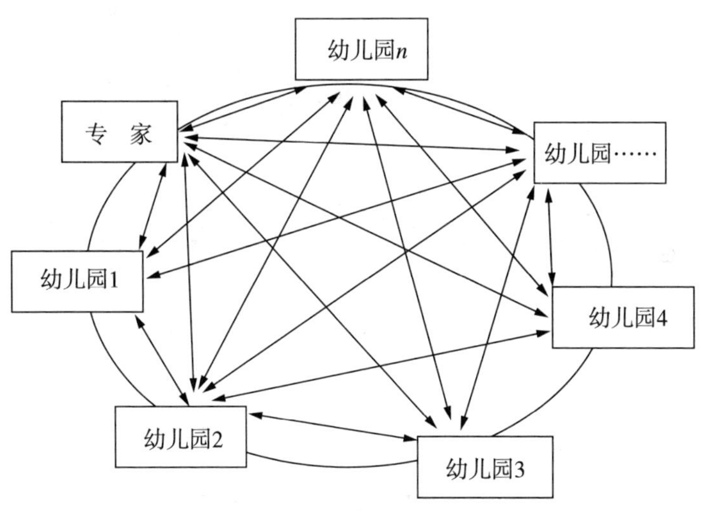

图 9–1　项目教研共同体网状拓扑结构

这样的拓扑网络构成了典型的教师群体自主学习的网络结构，这种结构有效缩短了幼儿园间互动交流的距离和程序，最大限度地减少了幼儿园间交往的隔阂。通过共同体教研活动，武汉市幼儿园教研共同体的参与园能够作为平等主体共同开展教研活动，从而提高教研网络的利用率，更好地实现教

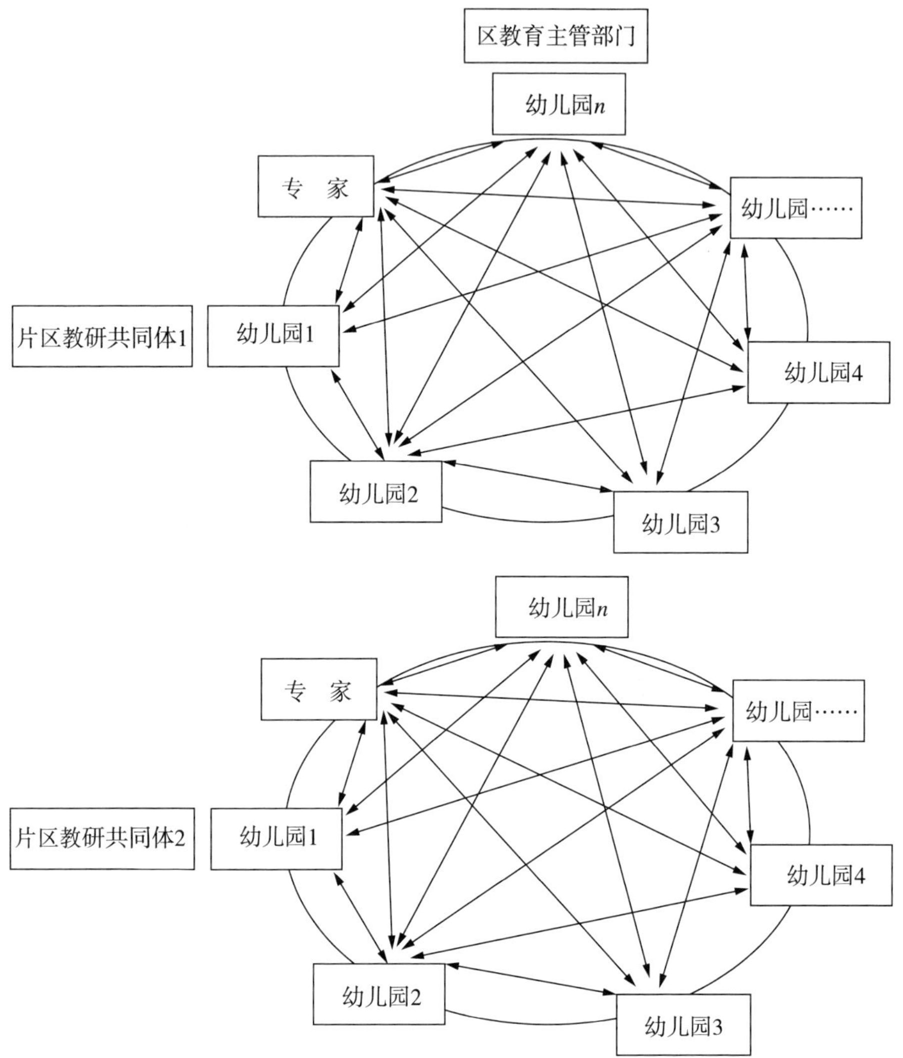

图 9-2　片区教研共同体网状拓扑结构

研资源的共享。同时，每个幼儿园都是直达其他幼儿园的末端节点，可以有效提升各园融入教研共同体网络的意愿。因此，武汉市幼儿园教研共同体的这种拓扑网络化的结构，有利于资源的共享和幼儿园积极性的调动，为提高幼儿园教研水平奠定了基础。

（二）组织松散化

武汉市每个幼儿园教研共同体包括三个组织层次：项目、片区、幼儿园。作为教育行政部门参与发起的共同体组织，武汉市教育局、各区教育局乃至全额拨款的事业单位武汉市教科院等单位，在区域教研共同体中发挥着重要作用。虽然如此，但从区域内各共同体的实践情况看，受共同体理念的影响，各幼儿园教研共同体的组织还比较松散，主要有以下三个表现。第一，协商决定。幼儿园教研共同体的活动计划主要通过集体协商决定。在确定活动的时间、场地或活动规则后，各参与园按照约定遵守活动规范，没有强制性的措施加以约束。第二，自主管理。在共同体开展活动时，为了活动的正常进行，参与园自发营造良好的活动秩序和环境，这种自发秩序趋同于自主管理。第三，互相协作。区域内共同体各项活动的正常开展都需要参与主体之间的协作和互动。

通过上述的分析，我们可以将区域幼儿园教研共同体的特征归纳为组织松散化。组织松散化一方面使得教研活动缺乏强制力，另一方面也给了各参与园更大的活动空间。总的来说，区域幼儿园教研共同体作为教师自主学习平台，其组织松散化给予了教师更好的实践机会。

（三）边界柔性化

区域教研共同体主要包括三个组织层次，即项目、片区和幼儿园。从表面上看，区域幼儿园教研共同体的边界十分清晰。但通过进一步实地调查和访谈，我们就会发现，各类区域幼儿园教研共同体的边界比较模糊。如高等级公办园或者实力较强的民办园与教育局的关系更为密切，来往更加频繁；与之对应的是，数量占比较大的实力一般的民办园与教育局之间的关联较少。再如个别幼儿园办园质量有待提高，其师资力量与公办园及高等级民办园师资力量差距较大，他们在片区教研活动中难以融入，导致慢慢被边缘化，甚至游离于片区共同体之外。此外，区域幼儿园教研共同体与其他幼儿园也有着千丝万缕的联系，这些联系呈现“若有若无且多变”的状态。基于这些情况，我们可以发现区域幼儿园教研共同体的边界难以完全清晰地划分，呈现出一种模糊状态。

这种模糊状态与实践共同体的边界特征不谋而合。它们构成了一个潜在开放的游戏空间，其疆界是一些动态的界限。① 总的来说，区域幼儿园教研共同体作为一个“学习场”，其边界的模糊化为参与其中的各类幼儿园提供了空间，有利于各类幼儿园根据自身实际进行参与方式的调整和行动策略的制定。

第三节 区域幼儿园教研共同体的运行机制

教师学习是一种融于工作之中的社会实践活动，是教师通过与情境中的背景、工具、文化的相互交融而进行的。教师进行着怎样的工作实践，也就进行着怎样的学习。教师学习与工作实践密不可分、相互渗透。教师将其专业知识、情感和能力投注于自身的教学、研究等工作实践中，同时也在其中学习、成长和发展，获得专业素养的不断提升。从这个意义来讲，区域幼儿园教研共同体实际上也是教师参与社会实践活动、进行集体自主学习的一种有效路径，是教师在特定场域情境中以“共同体”的方式形成的一种工作机制。目前，武汉市区域幼儿园教研共同体的主要运行机制呈现如下特点。

一、教研主导机制

坚持教研主导，提高幼儿园教师的专业发展水平，是区域幼儿园教研共同体开展活动的主要机制。以武汉市 W 片区教研共同体为例。在 2016—2017 学年上学期，J 片长园根据幼儿园教研需求反馈制订计划，在 9—12 月期间每月组织活动，由片区各幼儿园园长及骨干教师代表参加，共同解决幼儿园

① 布迪厄，华康德．实践与反思：反思社会学导引［M］．李猛，李康，译．北京：中央编译出版社，1998：142.

在管理、教学、课程建设等方面遇到的实际问题。第一次为片区例会，由片长园负责，主要内容是学习本学期片区工作计划。第二次为园本教研指导，采取现场观摩帮扶的形式，由某一级民办幼儿园负责。第三次为教学示范课，由副片长园骨干教师在某无等级的私立幼儿园组织活动。第四次为常规教学指导，采取实地观摩帮扶的形式，在某一级民办幼儿园内举办。第五次是片长园组织的片区学期工作总结会议。

从数次教研活动看，教研需求一直是贯穿 W 片区教研共同体的活动主线，每次活动都聚焦片区幼儿园教研的薄弱环节。在 J 片长园制订的活动计划中，除上述活动形式外，我们还看到现场竞赛式的教师职业能力比赛、沙龙研讨式的园务管理大家谈、一对一帮扶的备课指导等，呈现出多样化的教研形式。J 片长园的 J 园长在访谈中谈道："教研共同体肯定以教研为最主要内容……通过教研活动开展，各园教师可以更好地开阔视野，提高自己的专业水平。"

教研主导机制契合了幼儿园教师发展的需求，是区域幼儿园教研共同体的一种核心机制，在共同体这种开放情境中发挥了凝聚作用。

二、交流协商机制

若无互动中的对话交流，则无真正意义上的教研共同体，因此，武汉市区域幼儿园教研共同体建立了交流协商的机制。有研究者指出，"意义协商"是实践共同体中的一个重要概念。对于教师实践共同体而言，所有的学习行为都是在实践、反思和对话交流的过程中产生的，这就需要建立一种相互合作、相互协商的文化机制。① 区域幼儿园教研共同体充分认识到交流协商是教研共同体的本质要义，因此建立了多重沟通渠道，促使教研共同体内各行动主体深度参与到教研活动中，分享学习资源，对话沟通，彼此交流情感、

① 张平，朱鹏．教师实践共同体：教师专业发展的新视角［J］．教师教育研究，2009，21（2）：56-60.

体验和观念，建立彼此相互影响和促进的人际关系，强化对教研共同体远景的认同感和归属感。以 W 区 J 片区教研共同体为例。片长园在片区共同体建立后立即建立即时交流群。学期伊始，片长园将学期教研计划上传至群共享。各幼儿园自行查阅，同时表达本园想法，酌情修改计划方案。承办活动的各幼儿园在每次教研活动开始前 1—2 周，将具体教研方案上传至群共享，各参与主体随时查阅。片区教研共同体成员不定时通过即时交流群上传学习资料、活动设计方案、研讨信息等，缩短交流的空间距离。J 片区教研共同体也通过即时交流群开展网络教研。此种方式有效减轻了幼儿园的负担，提高了教师学习、交流的速度与效率。

交流协商机制贯穿片区教研共同体活动始终。如 YC 幼儿园作为 JA 区“幼儿园课程项目共同体结对研究”项目组的牵头园，在教研活动正式开始前，首先对共同体中 10 所成员园就“园所为什么选择参加这个项目组”“园所在幼儿园课程建设过程中存在哪些问题或困惑”“对于项目有哪些好的建议”等问题展开调研，这种方式不仅了解了幼儿园发展需求、明确了共同体发展方向、集聚了园所智慧，还引发了各参与园的思考。在 GJ 幼儿园牵头的片区教研共同体组织的“送教下园”中，执教教师 ZL 和听课教师 FS 都表示，“课堂就是一个对话的舞台”。教师通过现场说课、提问及交流，在实践中增长智慧。各区域幼儿园教研共同体还制作了通讯录，为教研共同体内各成员搭建了相互联系的稳固桥梁。

三、合作共享机制

区域幼儿园教研共同体注重营造共同体成员学习交流、合作探究、互助共进、成果共享、互利共赢的组织文化氛围。合作共享机制在教研活动中充分得到体现，如在项目教研共同体依托课题的研究实践中，课题研究本身即有合作、开放与多元的特点，势必会促使各幼儿园教师间形成群体共同的研究目标并协作交流。集体备课、说课、赛课是共同体内合作共享的重要方式。如在集体备课中，我们提倡使用多板块、移动式、个性化的教案，加强了教师间的分工合作与学习交流，实现了资源共享、教师工作负担减轻、备课实效提高以及教师协作教学能力提高等功能。合作共享机制也在多样化的教研形式中得到体现，各区域幼儿园教研共同体分别组建即时交流群，搭建网络交流平台，与本教研共同体有关的事项都在平台上发布，有利于各参与主体及时、便捷地了解最新消息。在 JA 区 YC 幼儿园牵头的片区教研共同体中，片长园将历次活动的研讨过程资料，如研讨前的计划、方案，研讨过程中的自评、互评以及研讨结束后的总结与汇报，都以文字的形式整理成册，同时将其他理论学习资料、课例、活动反思等进行汇编，以电子文稿的形式在片区内交流，逐步建立幼儿园、片区教研资源库。部分优秀成果还在各级刊物上发表，拓宽了成果共享的范围。另外，Q 区 K 幼儿园在每次活动结束后，都会制作共同体教研通讯、教研活动信息报道等。这些形式将“在场”教研活动再现，将合作共享的氛围延伸至活动结束后，实现了深度交流合作。

区域幼儿园教研共同体的支配性价值观是合作、互利共赢、共同进化。但是，合作中不排斥竞争，区域幼儿园教研共同体通过将幼儿园外部的淘汰性竞争转化为教研共同体内部的合作性竞争，将单个幼儿园的竞争化为共同体间的竞争。对于借助参与教研共同体而提升竞争实力的幼儿园来说，区域幼儿园教研共同体强化了合作共享。

四、专家引领机制

专家引领即以教师为教研主体，专家（研究人员、教研人员、专家教师）给予必要的引领与协助，从而促进教师的专业成长。[①] 专家引领可有效解决区域幼儿园教研共同体内教师间横向支持有余、纵向专业引领和先进理念引导不足所带来的教研低水平重复甚至倒退的问题。区域幼儿园教研共同体注重园外专家的力量，借助高层次的教育科研机构及高校专家给予必要的

① 徐丽华，吴文胜．教师的专业成长组织：教师协作学习共同体［J］．教师教育研究，2005，17（5）：41-44+15.

引领与协助，关注教研共同体中教师的行为反思，使教研共同体能够及时调整跟进，不断提升自我，促进教师专业成长。

武汉市区域幼儿园教研共同体建立了专家引领机制，这一机制在多种形式的教研共同体中得以贯彻落实。指导专家为学前教育领域理论与实践研究的优秀人才，如名园长、名师、省特级教师等，分别来自幼儿园、教科研院所以及高校等。每个市级项目教研共同体根据项目研究主题配备一名相关领域研究专家。在片区教研共同体中，区教研室人员以及片长园园长作为指导专家引领片区教研活动。除此之外，各片区幼儿园教研共同体根据实际情况组织专家，成立专家指导小组，组长由一级园管理人员组成。除全程跟踪指导的专家外，各片区还不定期聘请国内知名专家进行专业引领。如L片区教研共同体在参与园X社区幼儿园开展“如何评价教师组织的区域活动”时，聘请了高校教师担任指导人员；在KM幼儿园组织的“残疾儿童康复训练及环境观摩”中聘请了湖北省残疾人康复中心某主任担任指导专家；在组织“开展多元游戏体验的幼儿园数学教育”时，JS幼儿园聘请了某幼儿教育集团数学教育专家作为指导专家。这种定点与不定点相结合的方式丰富了专家引领的形式，增强了我们针对性解决问题的能力，切实发挥了专家的引领作用，为片区幼儿园的发展指明了科学的建设路径。

在区域幼儿园教研共同体中，专家引领方式多样，专家讲座、专家评课、名师导学等形式并存。在专家指导教研共同体的实践中，教师不仅提高了教育理论水平，树立了教研新理念，还展现了教育智慧，提供了反思示范。另外，通过与名师对话，教师在学习和协作过程中丰富了知识，提高了能力。

五、支持保障机制

支持保障机制是区域幼儿园教研共同体具体落实的重要保证。要实现教研共同体的愿景与目标，除了合理的组织结构、多元化的行动之外，还需要促进和维持教研共同体工作有序运作。合理的保障机制能实现共生单元之间人、财、物及信息的高效流动，保证价值创造和教研共同体的效益分享，从而保证合作关系的长期稳定性。区域幼儿园教研共同体主要有三方面的保障。一是政策保障。政策为幼儿园教研共同体的发展创造了良好的制度环境。武汉市及各行政区都发布了关于教研共同体建设的通知，如市教育局发布了《关于推进全市学前教育发展共同体建设的通知》《关于加强全市学前教育园际项目发展共同体建设和管理的实施意见》，青山区教育局发布了《青山区学前教育“园本特色建设共同体”建设实施方案的通知》等。这些政策文件为区域幼儿园教研共同体的建设提供了一种合法性说明，使得共同体的发展、组织管理等行为免受质疑。同时，共同体也可以运用它的合法性来加强对自己的支持和保障。二是管理保障。区域幼儿园教研共同体建立后，为了科学进行对教研共同体的常规管理，保障共同体尽快形成合力，牵头园联合参与园制定了章程。如武汉市幼儿园 K 项目共同体制定了包括总则、组织机构、工作职责等内容的章程，使教研共同体的活动有章可循。三是经费保障。尽管幼儿园每年拨付一定的经费供教研使用，但形式多样的教研活动给一些实力较为薄弱的幼儿园增添了负担。考虑到这一情况，教育主管部门拨付一定资金，以促进教研活动的顺利开展。其中，市教育主管部门对每个项目幼儿园拨付 5 万元，区教育主管部门对每个片区共同体拨付 3 万元，以期扎实推进武汉市学前教育事业优质均衡化发展。

六、考核评价机制

在市、区关于区域幼儿园教研共同体的文件中，考核评价是一项重要内容。如市教育局《关于推进全市学前教育发展共同体建设的通知》提出，落实共同体建设评价机制，将其作为幼儿园等级评定和学前教育综合考评的重要内容。Q 区也出台了《“园本特色建设共同体”考核方案》，以促进幼儿园特色建设工作的协调、优质和快速发展。其考核评价没有止步于文件规定。它作为一种机制，落实在具体的区域幼儿园教研共同体实践中。如 JA 区 S 片区共同体在每次教研活动时，都准备签到簿。每一次活动，片区内各幼儿园都要整理书面材料给片长园存档，包括活动前的活动方案，活动结束后的活动反思、整改意见，以及活动过程性资料。这些成为考核区域幼儿园教研共同体工作以及幼儿园工作的过程性资料。如在期终总结时，这些材料都要提交至区教育主管部门，成为其考核幼儿园教研共同体工作的重要依据。其中，积极参与活动的幼儿园得到表彰，那些没有积极参与活动的幼儿园将被列为区教育局、教委重点谈话对象，予以整改。

在片区教研共同体中，除期终总体评价外，共同体内部还实行常规随检，自评与互评并行。如S片区教研共同体在组织区域活动研讨活动时，评比表（自评表和互评表）是其中一项重要资料。参与观摩的幼儿园园长要为展示幼儿园评分，以便于该园对照评分标准进行自查、调整；该园也要拟定幼儿园区域活动开展方案，填写自评表。评价贯穿教研活动的始终，使得评价反思常态化，推动教研共同体稳步向前发展。另外，针对Q区幼儿园教研共同体，该区教育局采取过程考核和结果考核相结合的方式。每学期，各片区教研共同体进行自我考核，每年6月份基教科对各共同体年度建设情况进行总结性结果考核，根据考核评分情况评选出“优秀共同体”。评价机制充分保证了区域幼儿园教研共同体内各幼儿园合作交流与共同发展的主动性、积极性和有效性，推动幼儿园的全面发展。

第四节　区域幼儿园教研共同体可持续发展的策略

社会学家鲍曼认为，身份意味着归属。这种身份的建构必然需要个人去寻找自己能够归属的共同体，获得身份所象征的知识、关系与资源等。[①] 从这个意义来讲，构成区域幼儿园教研共同体的每一所幼儿园实质上也是在融入共同体的过程中不断寻找、定位自己的“身份”。在这个过程中，不同幼儿园的制度文化、发展基础以及利益诉求的差异，势必会影响区域幼儿园教

① 鲍曼．共同体［M］．欧阳景根，译．南京：江苏人民出版社，2003：14.

研共同体的可持续运行。因此，厘清目前区域幼儿园教研共同体的发展困境，对于优化区域幼儿园教研共同体的可持续发展尤为必要。

一、区域幼儿园教研共同体的发展困境

区域幼儿园教研共同体实现了区域内优质教育资源的集结和再分配，并将优质园和薄弱园、指导专家和教育主管部门等教育相关主体纳入了促进教师学习的共同体之中。可以说，这是促进教师群体专业发展的有效途径。但在教研共同体运行过程中，组织内部园所之间的差异以及教师参与学习的动机等因素，致使教研共同体的发展存在一些问题。

（一）园际实力失衡：薄弱园成为教研共同体中的“失语者”

园所之间的差异性为区域幼儿园教研共同体的合作与互动提供了契机，驱动了教研互动活动的顺利完成。但是，这种差异仍然需要控制在一定的范围之内，而目前的情况是园所之间的实力明显失衡，主要体现在优质园与薄弱园及薄弱园之间。从武汉市区域幼儿园教研共同体的实践来看，项目主导的区域幼儿园教研共同体呈现出层次化的梯次配置，结构更加趋于合理；片区主导的区域教研共同体中的幼儿园则因地理区位、经济水平等因素的影响，呈现出随机分布的特点，导致片区幼儿园教研共同体内部园际实力的失衡。这种失衡导致优质园与薄弱园搭配不均匀、教研水平差距大、个别薄弱园跟进项目困难等问题。武汉市 H 区是武汉市面积最大的一个主城区，区内既有高校、大型国企及省厅单位的附属幼儿园，又有脱胎于城乡接合部、新建小区的配套幼儿园，幼儿园园本教研水平趋于两极化。以 H 区 HN 片区幼儿园教研共同体为例，某大学附属幼儿园 HN 幼儿园为片长园，知名 HLD 双语幼儿园为副片长园，片区内的 XMM 幼儿园为该区 Q 乡民办幼儿园。三者从园所文化、基础设施、师资力量等方面来看，差距较为明显。实际调研发现，XMM 幼儿园在该片区组织的“优美环境评比活动”中失语，成为一个旁观者，而非参与者。XMM 幼儿园 Z 副园长在访谈中谈道，“这是一次很好的学习机会，为我们幼儿园今后的发展提供了很好的借鉴”。从中可以感到，Z 副

园长在肯定教研活动的同时，透露出一丝无奈。虽然高校幼儿园、双语幼儿园与乡民办幼儿园的“遭遇”并非普遍现象，但在诸多幼儿园教研共同体中仍隐约可见它的影子。作为共同体内园际实力失衡的典型范式，这在表面上是片区内幼儿园错配的结果，但归根结底源于园所间办园实力的巨大差异超越了协同合作阈值的界线。

（二）专业引领后劲不足：兼职指导专家的专业引领水平受制于“天花板”效应

指导专家是区域幼儿园教研共同体的引导者、领路人，在教研活动的实践中代表了教育的专业权威。在这种权威面前，其他的行动各方不自觉地会屈居于“服从者”的角色，由指导专家对教研内容进行创新、优化、重组、合并，从而使教研层次在向学术理论前沿的不断靠近中实现提升。因此，指导专家的教研水平和精力投向，成为决定共同体建设场域空间的“天花板”，对于共同体的教研活动开展具有重要的指导意义。在武汉市区域幼儿园教研共同体中，指导专家普遍具有较强的学术研究和实践指导能力，通过示范教学、跟踪指导、个别点拨、参与讨论、教研反思等多种形式的引导，使共同体在教研理念、教研方法等方面不断趋于成熟。然而，调研也发现，武汉市半数以上的片区幼儿园教研共同体指导专家由片长园园长兼任。虽然从理论上讲，两种角色在教研实践活动中可以临时性予以抽离、替代和互换，但简单地把指导专家与优质园合而为一，显然降低了幼儿园教研指导知识来源的多样性。J 区 YC 幼儿园是 YC 片区幼儿园教研共同体的片长园，该园 L 园长兼任指导专家。在访谈中，该园副园长 W 说道，“我们是片长园，L 园长又是指导专家，会尽力发挥好的特色和优势，跟姊妹园一起搞好教研活动……有时，姊妹园提出的问题与我们园差距大，解答起来也确实有困难……”W 副园长在访谈中谈到的解答姊妹园疑问的情况，是很多片区幼儿园教研共同体面临的现实问题。此外，调研中还有一些片长园园长提出，由其兼任指导专家虽然能够有效地引领教研活动开展，但在片区幼儿园教研共同体中，可供其自我发展汲取的养分不够充足。可见，受制于专职指导专家的缺位，片区幼儿园教研共同体的知识再生产受到兼职指导专家专业发展水平“天花板”效应的制约。

（三）边缘园孤置：教研共同体中的“游离者”

教师的自主学习其实不是教师个人的活动，而是教师之间的共同学习。区域幼儿园教研共同体教研活动的本质是实现优质教育资源的共享与共建，目的在于提高所有参与园的教研水平。然而，调研发现，即便是在活动内容丰富、园际关系协调、教研特色鲜活的诸多幼儿园教研共同体中，仍有个别薄弱园惰于介入教研共同体。以 Q 区 JG 片区幼儿园教研共同体为例。CA 幼儿园是该片区的民办幼儿园，参与教研互动活动的积极性不高。自加入教研共同体以来，该园从未主持过教研活动且有请假缺勤情况，在教研反思和总结中发言寥寥。在 Q 区“幼儿园共同体通讯”报道中，更是鲜见 CA 幼儿园的活动做法介绍。CA 园 Z 副园长指出：“CA 园购买了国外的幼教课程，与别的幼儿园的教学情境挺不一样的。”从武汉市区域幼儿园教研共同体调研情况看，那些边缘孤置的幼儿园往往是拥有一些特定教育概念的幼儿园，或是资本实力雄厚的集团园，还有经济压力威胁下的生存型幼儿园。它们在教研活动中不积极、不主动、不作为，在隶属的区域幼儿园教研共同体中呈现出一种“域外生存”的孤独处境，对区域教研活动“敬而远之”“漠然视之”，逐渐形成了与共同体精神不相符合的游离状态，这在一定程度上影响了教研共同体的活动质量和效率。

二、优化促进教师自主学习的区域幼儿园教研共同体的策略

教学是一项社会性而非纯粹技术性的活动，教育教学问题的复杂性决定了教学问题非一人之力可以解决。建构促进幼儿园教师自主学习的区域教研共同体是带动教师群体专业发展的有效途径，也是推进幼儿园教育教学工作深度开展的现实需要。尽管在建设过程中会存在各种问题，但总的来说，区域教研共同体作为促进教师自主学习的创新尝试，对于教师个体乃至教师群体的专业学习都有一定的裨益。为了促进区域幼儿园教研共同体的进一步发展，我们尝试提出以下三个方面的建议。

（一）完善区域幼儿园教研共同体的组织结构

区域幼儿园教研共同体超越了园本教研的藩篱，将区域内的幼儿园组织起来，使得优质园、薄弱园、指导专家和教育主管部门以合作互助的形式，构建了一个动态的关系网络。当前，武汉市园际教研广泛开展且成效显著。而在此基础上对其组织结构进行一定的优化调整，有利于区域幼儿园教研共同体构建的质效提升。

1. 柔化行政区域边界，合理组建园际教研共同体

目前，区域幼儿园教研共同体通过项目主导和片区主导两种形式构建园际教研共同体，这两种方式无一例外地都以区位（即行政区划）作为区分共同体的现实性标准。但是，区域幼儿园教研共同体成立的根本目标是实现学习共同体范式化的园际教研，上述划分方式虽便于行政管理，却与这一目标并不完全相符。因此，建议在行政区划的边界上，灵活设置以幼儿园教育教学水平、办园资质等为依据的区域教研共同体；项目教研共同体则可按照项目教研的实效和目的为标准建立教研共同体，弹性实施行政区域分配指标的方式，合理划定参与幼儿园的范围。

2. 共享优质资源，平衡园际师资差距

幼儿园片区在推进硬件设施、课程教学等资源共享方面比较容易实现，但是在推进优秀师资流动方面阻力较大。教师对片区组织的归属感不强，参与流动的积极性不高。师资均衡是缩小园际差异的关键。片区在园际资源配置中应以师资均衡为核心，多渠道、多层面推进优秀师资的流动与共享。第一，建立片区内师资流动的制度保障体系。建立片区内师资统一选聘、考核、培训和奖惩等管理制度，变“学校人”为“片区人”，提高教师对片区组织的归属感；在职称评聘、工资福利、提拔任用等方面制定激励政策，吸引名师积极参与园际流动；以任务分配方式实施区域内师资定期流动制度，促进片区师资结构合理配置；加强对片区管理改革的舆论引导，激发教师的使命感和责任感，确保片区师资流动向纵深推进。第二，以多种组合形式推进优秀师资的园际共享。如成立多层面的名师工作室，通过课堂观摩、教学研讨、同伴互助等方式，发挥名师的辐射带动价值；采取片区内师徒结对模式，实

现老教师对青年教师的“传、帮、带”；实施优秀教师跨园兼课，以联合教研方式对同学科师资实施专业引领。此外，还可借助多媒体技术建立片区内优质教育资源共享平台，实现课程资源网络共享、园际师资远程互助与研修等功能，解决师资跨园流动的困难。

（二）优化区域幼儿园教研共同体的组织气氛

温格指出：“实践共同体是诸多个体的集合，这些个体长时间地共享共同确定的实践、信念和理解，追求一项共同的事业。”① 共同体中的个体分享和发展着共同的知识基础、信念集合、价值观，聚焦于共同的实践与经验。共同的目的或事业、共同的文化历史传统、相互依赖的系统和再生产循环是共同体的四大特征。② 教师学习共同体是一种以教师自愿为前提，以分享（资源、技术、经验、价值观等）、合作为核心精神，以共同愿景为纽带把教师联结在一起，互相交流、共同学习的学习型组织。它是教师“合法的边缘性参与”和社会性知识建构的有力保障。区域幼儿园教研共同体作为教研互助的教师学习共同体，应该将教研突出地放在中心位置，着力强调教师“合法身份”的建构和制度保障。

事实上，近年来各级政府相继出台了关于加强学前教育质量及保障的政策法规，探索、实施了一系列新的举措，有效提升了学前教育在我国教育体系中的作用与地位。区域幼儿园教研共同体的构建是区域学前教育发展的一个全新范式。在这种学习共同体式的教研理念下，以项目为主导或以片区为主导的、设有专职或兼职指导专家的、强势园和弱势园数量不等的幼儿园教研共同体逐步建立起来并开始发挥作用。但一个不争的事实是，我国学前教育整体水平仍然不高，区域内教育公平的探索与实践仍然有限。在实践操作中，区域幼儿园教研共同体的牵头园或片长园主要为公办园。在幼儿园评级、教师薪资待遇、设施投入等方面，公办园普遍不同程度地受益于政策法规的

---

① 乔纳森，兰德．学习环境的理论基础［M］．徐世猛，李洁，周小勇，译．2版．上海：华东师范大学出版社，2015：40.

② 乔纳森，兰德．学习环境的理论基础［M］．徐世猛，李洁，周小勇，译．2版．上海：华东师范大学出版社，2015：41.

倾斜支持。一些教育主管部门对于区域幼儿园教研共同体教研活动开展情况的评估，主要来源于优质园的活动记录或阶段总结；表彰奖励时，以幼儿园教研共同体为单位参评，并以牵头园或片长园（一般为公办园）为代表授予荣誉。此外，在一些幼儿园教研共同体构建方案中，牵头园或片长园还负有一定的管理职能，负责上级通知要求的“上传下达”，财政拨付的有限经费由片长园负责统筹管理使用。这些都人为地影响了区域教研平等主体间的正常互动。

因此，教育主管部门应在教研共同体内树立平等的理念，建立各行动主体的身份认同，创造良好的教研氛围，将行政职能与教研严格区分开来，充分尊重区域内各幼儿园作为教研组织主体的地位。

（三）健全区域幼儿园教研共同体的制度环境

制度是人为的，也是为人的。健全区域幼儿园教研共同体的制度环境是为了更好地满足教师学习需求、服务教师专业发展，而非为教师戴上沉重的枷锁或为教师设置樊笼。事实上，营造健全的制度环境有利于促进园所之间的合作与共生，实现区域内各幼儿园之间的求同存异、各美其美，最终达到美美与共的发展愿景。从制度着手，有利于激发区域幼儿园教研共同体的发展张力与活力。

1. 细化规章制度，厘清主体功能定位

制度是将共同愿景转化为行动的关键。我国区域幼儿园教研共同体建设在行政干预下已经形成一定的规章，但这些规章略显粗放和刚性，不足以激发共同体内部的张力和活力。从实践操作的效果看，它也未能有效达到共同体建设的预期目标。因此，我们要细化规章制度，明晰责、权、利，实现制度突围。

2. 加强幼儿园制度文化建设，促进园际合作与互动

传统的幼儿园制度与政策具有预防性、规范性甚至惩罚性等特点。一旦持续较长时间，就难以灵活应对幼儿园变革出现的新形势、新需求。区域幼儿园教研共同体的持续发展必然会不断对原有制度与政策形成挑战，如教师学习方式与要求变化后要形成新的学习制度，共同体日益成熟后需要调整幼

儿园的监控制度等。这些新的调整要从幼儿园与教师的发展出发，注重激励的精神性、发展的自主性，承认其创造性，关注变革的生成性，鼓励更多幼儿园及教师积极参与区域幼儿园教研共同体活动，最终使得区域幼儿园教研共同体的教研活动建立在文化相互交融的基础上，在相互尊重与合作的前提下进行深层次互动和协商。

3. 建立片区一体化的监测与评估制度

在教研共同体机制建设方面，我们要通过监测与评估保障片区一体化的管理效能，提高片区均衡配置资源的工作效率，提高教育质量，保障教育公平。因此，区域教育行政部门应积极构建有利于片区一体化管理的监测与评估制度体系。第一，建立片区内优质资源流动与使用效果的实时监测制度。第二，建立片区一体化管理效能的评估指标体系。第三，为调动优质园及园长的参与积极性，探索实施捆绑式评价，对幼儿园与片区进行双重综合教育教学评价和质量督导，按评估结果给予相应的资金与政策激励，打造优质园与薄弱园的利益共同体，实现幼儿园自主个性发展与片区内各园协调发展的目标。

第十章　幼儿园教师自主学习支持系统的整体架构

第一节　幼儿园教师自主学习支持系统的目标、特征与价值追求

提高幼儿园教师自主学习水平是幼儿园教师自身专业发展的内在要求，也是全面深化新时代幼儿园教师队伍建设改革的必然趋势。我们基于前文研究可知，幼儿园教师是自主学习的主体，同时自主学习又是教师个体与所处环境相互作用、主动建构意义的过程。这意味着幼儿园教师自主学习水平的提升既需要教师个体付出努力，又需要幼儿园、政府、社会共同构建有利于幼儿园教师自主学习的良好支持系统。本章在前面研究的基础上，提出幼儿园教师自主学习支持系统构建的目标、特征与价值追求，进而从幼儿园教师个体、幼儿园、政府、社会四个方面提出促进幼儿园教师自主学习支持系统构建的建议。

一、幼儿园教师自主学习支持系统的目标

目标是对应达成的成果或预期结果的明确表述，厘清幼儿园教师自主学习支持系统构建的目标是至关重要的。从整体上看，幼儿园教师自主学习支持系统构建的目标分为直接作用于教师发展的目标和间接作用于社会发展的目标。

（一）教师发展目标

幼儿园教师自主学习支持系统构建的首要目标是提高幼儿园教师学习的主动性，让教师保持持续自主学习的动力，能够主动地确立、发起、实施、监控、调节和反思自主学习和自我成长的过程；其次是满足幼儿园教师主动学习的个性化需要，能够让幼儿园教师根据自身实际情况自主安排学习时间、自行制订学习计划、自由选择学习内容，便捷地检索和获取相关的学习资源，进行有针对性的学习，逐渐发展成专家型教师；最后是提高整个幼儿园教师队伍的质量和水平，在促使幼儿园教师通过不断地自主学习实现自身专业发展的基础上，造就一支教育情怀深厚、专业基础扎实、保教能力突出、勇于创新教学、善于综合育人和具有终身学习发展能力的高素质、专业化、创新性的幼儿园教师队伍。

（二）社会发展目标

从更广阔的视角看，构建幼儿园教师自主学习支持系统需要间接地适应和满足整个社会发展的需要。首先，通过构建自主学习支持系统促进幼儿园教师自主学习，不断提高幼儿园教师群体的素养和幼儿园的教育质量，更好地满足新时代社会大众对“接受有质量学前教育”的美好期盼，保障幼儿拥有幸福的童年，促进幼儿身心的全面发展；其次，通过构建幼儿园教师自主学习支持系统，在幼儿园以及教师群体中营造良好的学习氛围，逐步带动家长和社会大众树立终身学习理念，为构建学习型社会提供榜样示范，积累实践探索经验；最后，通过构建幼儿园教师自主学习支持系统，使幼儿园教师在自主学习的基础上进一步开阔视野，更新教育观念，培养具有国际视野、全面协调发展的儿童，不断提高国民综合素养，为我国经济社会发展提供优质的人力资源。

二、幼儿园教师自主学习支持系统的特征

从理论层面明确幼儿园教师自主学习支持系统的特征，即明确应该呈现出何种基本样态，是开展相应实践工作的重要前提。从尊重幼儿园教师自主

学习的特点以及服务幼儿园教师自主学习支持系统构建目标的角度出发，该支持系统应具有系统性、动态性、适宜性的特征。

（一）系统性

系统是有组织、有层次的事物集合体。现代系统论认为，世界上的一切事物无不处于一定的系统之中，任何事物本身就是一个由相互作用、相互依存、相互联系的若干部分组成的系统。幼儿园教师自主学习支持系统同样如此。要实现促进幼儿园教师自主学习的目的，该支持系统的构建必须将直接或间接影响幼儿园教师自主学习的要素均考虑在内。其中，幼儿园教师无疑是最关键的要素。从布朗芬布伦纳的生态系统论来看，幼儿园教师受到来自幼儿园、社会、政府等多元主体单独或相互作用所生成的微观、中观甚至是宏观系统的影响，任何因素的变化都会对幼儿园教师自主学习造成不同程度的影响。因此，幼儿园教师自主学习支持系统必须具有系统性的特征，需要幼儿园教师个体、幼儿园、社会和政府等层面协同构建，充分发挥各方合力，形成互为依托、相互促进的良性支持系统。

（二）动态性

辩证唯物主义哲学认为，万事万物都处于动态变化、发展之中。幼儿园教师自主学习本身就是一个不断获取新的知识、新的理念和新的能力，以更好地适应动态发展的外部环境的过程。服务于幼儿园教师自主学习的支持系统应该保持动态性，根据内外部因素的变化不断地进行自我调节，否则就丧失了支持系统应有的积极作用。具体而言，一方面，幼儿园教师自主学习支持系统应根据幼儿园教师队伍建设情况和整个学前教育事业发展需要而不断地调整、变化，及时回应学前教育改革、发展对幼儿园教师自主学习提出的新诉求；另一方面，幼儿园教师自主学习支持系统作为社会大系统中的一个子系统，需要与社会环境变化保持一致，适应宏观制度改革、社会文化变迁、科学技术革新等诸多变化，主动运用经济、文化、科技等变化带来的积极影响，如将人工智能等信息化技术运用于自主学习资源平台的开发和使用中，在动态协调中不断提高自主学习支持系统的有效性。

（三）适宜性

幼儿园教师自主学习支持系统能够产生正向、积极作用的关键在于，其必须适合幼儿园教师自主学习的需要。离开了适宜性方面的考量，支持系统将失去价值根基。幼儿园教师自主学习支持系统构建必须具有适宜性的特征，主要表现在三个方面。一是个体适宜性。幼儿园教师作为自主学习者，其在个性特征、认知风格和兴趣爱好等方面存在差异，支持系统必须能够满足不同教师多元化、多样化的学习需要。二是专业发展水平适宜性。不同的幼儿园教师专业发展阶段存在着差异，处于新手教师、成熟教师、专家型教师等不同专业发展阶段的教师必然在自主学习内容、方式等方面存在着差异性需求，因此要构建适合相应发展阶段教师自主学习需要的多层次、多类型的自主学习支持系统。三是地区适宜性。我国幅员辽阔，各地区之间在发展现状和外部环境等方面存在差异，幼儿园教师自主学习支持系统的构建必须根植并适应当地的经济社会发展、历史文化传统等。

三、幼儿园教师自主学习支持系统的价值追求

价值追求是指主体在根据自身需求进行价值选择时表现出来的价值倾向性，价值追求对支持系统的构建发挥整体和统摄的价值引领作用。为了实现幼儿园教师自主学习支持系统构建的目标，我们应坚持以人为本、毕生发展、系统设计、智能优化、面向未来的价值追求。

（一）以人为本

幼儿园教师自主学习的根本目的是促进人的发展。无论是提高幼儿园教师的能力素养，还是提高幼儿园教师整体质量、为儿童发展创造良好的环境，最终都旨在实现人的全面协调发展。因此，幼儿园教师自主学习支持系统的构建要建立在充分尊重幼儿园教师主动性和崇尚幼儿园教师价值的基础上，明确幼儿园教师是支持系统的主要服务对象，紧紧围绕如何更好地激发幼儿园教师自主学习动机、提供充足的自主学习资源、有效反馈自主学习效果和改进自主学习方式展开。要尊重幼儿园教师自主学习的特点和规律，承认幼

儿园教师个体发展之间的客观差异，允许幼儿园教师根据自身专业发展现状自主选择相关的学习资源，灵活安排适宜的学习方式，主动监控、调节和反思学习过程。应最大限度地满足幼儿园教师多样化的自主学习需求，为幼儿园教师自主学习创造自由、宽松、积极的外部支持环境。

（二）毕生发展

促进幼儿园教师自主学习的重要目的之一是通过自主学习不断更新教师的知识、观念和能力，以更好地适应和满足当今社会快速发展对个体发展提出的新挑战和新要求。可以说，追求毕生发展既是幼儿园教师自主学习的重要推动力，也是幼儿园教师自主学习支持系统构建的价值追求。《国务院关于加强教师队伍建设的意见》明确提出了建设“终身学习支持服务体系，促进教师自主学习”，将终身学习、毕生发展与自主学习紧密结合。因此，幼儿园教师自主学习支持系统构建要坚持毕生发展的价值追求，从幼儿园教师终身学习和毕生发展的视角着眼，构建涵盖从新手教师到专家型教师全过程的幼儿园教师自主学习支持系统，满足教师在不同专业发展阶段自主学习的需要，使幼儿园教师顺利从一个专业发展阶段过渡到下一个专业发展阶段，在不断调整自我适应能力的过程中实现自身专业素养和能力的深化与升华。

（三）系统设计

影响幼儿园教师自主学习的因素多而复杂。如何抓住主要因素并有效地加以利用是构建良好支持系统的关键，这要求我们对各主要影响要素加以辨识、组合进而进行有目的、有计划的系统设计，在增强积极因素作用的同时减少或消除消极因素的影响。具体而言，幼儿园教师自主学习支持系统的构建不应局限于幼儿园教师个体和幼儿园层面，而应同时重视社会、政府等在支持系统构建中的主体作用。幼儿园、社会、政府三者的职能不同，在幼儿园教师自主学习过程中能发挥的作用也各不相同，但在支持幼儿园教师自主学习方面，三者又是密切联系和相互配合的。可以说，任何一环的缺失都将影响到支持系统的正常运行和协调发展。所以，我们要从教师个体、幼儿园、社会和政府多个层面进行系统性设计，实现各方的优势互补并发挥整体效应，从而为幼儿园教师自主学习支持系统的构建和调整提供坚实的基础、长效的保障。

（四）智能优化

随着信息化时代的来临，人工智能、互联网、大数据、云计算等现代信息技术正在深刻地改变着人们的学习方式。如在线学习便是现代信息技术应用于教育领域后诞生的一种新型学习方式，已成为幼儿园教师自主学习的一种常见学习方式，极大地提高了幼儿园教师自主学习的便捷性。可以预见的是，随着现代信息技术的进一步发展、现代信息技术与教育的深度融合，微型化、快捷化、便利化、个性化等必然成为未来教育变革、学习型社会建设的重要趋势和特征，而这一变化的本质是人类对智能优化的不断追求。幼儿园教师自主学习支持系统的构建必须顺应现代社会技术变革的潮流和趋势，坚持智能优化的价值追求，借助信息技术手段不断优化幼儿园教师自主学习支持系统，充分发挥基于网络在线学习的优势，拓宽教师自主学习的渠道，及时更新自主学习内容，丰富学习资源的呈现方式，实现信息技术与幼儿园教师自主学习的深度融合，在智能优化的构建思路下推进幼儿园教师自主学习支持系统的不断完善。

（五）面向未来

教育天然地具有培养未来社会公民的使命和责任，这在客观上要求整个教育系统既要立足当前社会发展的需要，同时又要放眼未来，准确把握和及时回应未来社会的变革趋势对教育的要求。幼儿园教师的自主学习更应如此。幼儿园教师的观念和素养只有紧跟时代变迁的步伐，他们才能更好地承担起幼儿园教育的应有职责并发挥其应有的价值。相应地，幼儿园教师自主学习的支持系统必须始终坚持面向未来的价值追求，根据国家经济社会发展、教育发展和学前教育发展等方面的长远规划，把握和预测未来学前教育发展、社会发展乃至全球教育发展等对幼儿园教师自主学习提出的新挑战和新要求，进而对幼儿园教师自主学习支持系统进行调整和优化，保证幼儿园教师自主学习的内容、方式能有效地服务于未来社会对幼儿园教师专业素养调整的要求。

第二节　促进幼儿园教师自主学习的建议

一般而言，个体开展自主学习，需要满足三个基本条件：一是个体具有自主学习的意愿，即“想学”；二是个体具备自主学习的能力，即“能学”；三是个体掌握自主学习的策略，即“会学”。在这三个基本条件的基础上，个体还需主动构建有利于自主学习的外部环境。对于幼儿园教师个体而言，他们应理性认识自身职业价值，激发自主学习动机，学会综合运用多种学习策略以增强自主学习能力，不断地进行自我反思以调控自主学习过程，主动构建学习支持系统以优化自主学习环境，在协调内部心理要素与外界环境关系的基础上有效组织并推动自主学习的顺利开展。

一、理性认识自身职业价值，激发自主学习动机

自主学习动机通常是内在的、自我激发的。幼儿园教师自主学习的内在动力主要源于在教育实践中提高工作效能、提升专业素养、追求自我更新与完善的内在需求，但这一切都需要建立在对幼儿园教师这一职业进行价值认可的基础之上。较高的职业价值感往往伴随着较高的责任感和职业发展动力。相反，个体如果对自己所从事的职业缺乏价值认同，就往往会表现出懈怠、敷衍的态度与应付、懒散的行为，也就遑论高度的责任感和自我提升的追求了。幼儿园教师如果认为自身的职业仅仅是照顾孩子，获得一份养家糊口的工作，处于一种被动的应付状态，就难以激发内心的自主学习动机。幼儿园教师如果意识到所从事的学前教育工作不仅是一项需要热心、爱心、耐心和责任心的职业，更是一项需要有现代教育理念、专业知识能力等作为支撑的崇高事业，就会在无形中增强对幼儿园教师职业的认同感和荣誉感，也必然更加期待在幼儿园教师工作岗位上实现自己的人生价值，进而深刻意识到自

己作为幼儿园教师应该具备的责任感和专业素养。换言之，在理性认识自身职业价值的基础上，幼儿园教师的职业归属感和自我要求都会有所提高，更倾向于积极地将个体发展与幼儿园教育实践甚至是整个学前教育事业的发展相联系，主动地更新自己的教育观念，充实并提升自己的专业知识和能力，努力成为一名称职乃至优秀的幼儿园教师。

具体而言，幼儿园教师对自身职业价值的理解和认同会从多方面帮助其提高自主学习的动机。首先，幼儿园教师会对自身专业素养有更高标准和更严格要求，往往会在及时总结自己在教育实践中遇到的各种问题的基础上确立适宜的、具体的、阶段性的自主学习目标，开展针对性的自主学习。教师通过自主学习，不仅弥补了自身专业素养方面的短板，也逐步提升了自我效能感，这反过来会进一步激发自主学习的热情。其次，对职业价值的理性认识，以及在理性认识基础之上产生的荣誉感，有助于幼儿园教师在工作中获得并保持积极的情绪体验，善于并乐于选择适合自己的学习方式，让自主学习过程变得更加轻松而愉悦。最后，对自身职业价值的高度认同无形中会让幼儿园教师形成一种职业信仰，使得幼儿园教师在自主学习过程有更强的意志。幼儿园教师群体以女性居多，在忙碌工作之余往往还需要承担照顾家庭等职责，这在一定程度上增加了其进行自主学习的难度。基于对幼儿园教师职业价值认同的使命感和责任感往往会激发其更强的意愿，使其处理好工作、家庭和学习三者之间的关系，最终实现自主学习的目标。

总而言之，让广大幼儿园教师对所从事的职业进行充分了解及科学认识，进而形成稳定而理性的价值认同，对于激发其自主学习动机非常重要。幼儿园教师必须从一名理性的专业人角度看待幼儿园教师这一职业，应该看到在国家、社会和家庭对学前教育日益重视的背景下，教师的经济社会地位都在显著提高，未来必将在高水平、专业化的前进道路上发挥更大的社会价值。

二、综合运用多种学习策略，增强自主学习能力

如果说学习动机为幼儿园教师自主学习提供了动力源，那么学习能力就

是幼儿园教师自主学习的轨道和车轮。学习能力具有后天生成的特点。幼儿园教师要增强自主学习能力，必须遵循学习规律，掌握学习策略，并且在开展自主学习的过程中有效地运用学习策略。

首先，幼儿园教师要掌握处理外部信息的三种认知策略：一是用于记忆事实性知识的策略，如复述、利用表象和记忆术等；二是用于深入理解学习材料的策略，如释义、做小结、创设类比、做概括化笔记、提问等；三是用于组织加工学习材料的策略，如选择要点、列提纲、组织观点等。幼儿园教师不仅要理解这些认知策略，同时还要不断运用和练习，根据不同的自主学习任务选用不同的策略，以达成更好的自主学习效果。

其次，幼儿园教师要深刻认识到个体元认知对自主学习的主导与调控作用。元认知是关于认知过程的知识、信念以及对学习过程的自我监控，分为元认知知识和元认知过程两个层面：前者是指关于自我、任务、策略等方面的知识或信念，如关于智力的信念、对任务难度的评价等；后者主要指对认知过程的计划、监控和调节，如时间管理、策略选择等。元认知策略包括计划学习过程，选择相应的学习方法，对学习进行自我监控和调节、自我评价和意志控制等。元认知与幼儿园教师自主学习关系密切，是个体独立学习不可缺少的条件。幼儿园教师自主学习涉及教师自我、行为与环境三者之间的相互关系。幼儿园教师作为自主学习者，不仅要对自己的学习过程做出主动控制和调节，而且要基于外部反馈，对学习的外在表现和学习环境做出主动监控和调节。在自主学习过程中，教师个体要不断地监控、调整自己的认知和情感状态，灵活运用各种策略以调整自己的学习行为，利用学习环境中的物质和社会资源，排除外界干扰，实现学习目标。

最后，幼儿园教师自主学习仅仅依靠认知和元认知策略是远远不够的，还需要运用资源利用策略，以获得所需的学习资源。学习的时间、付出的努力、学习的物质条件和他人的帮助等都属于学习资源。自主学习者具有的一个重要特征就是能够有效地管理和利用这些资源。自主学习尽管是个人自觉、主动的学习，但并不意味着是孤立的学习，也不排斥人际互动。相反，资源利用策略要求幼儿园教师与同伴、同行多多沟通交流。在学习共同体中的切磋更有利于激发和推动幼儿园教师进行自主学习。因此，幼儿园教师应增强合作意识，积极地参与各类学习共同体和研修社区，争取同事、教研人员、专家等的支持和帮助，进而推动个人的自主学习。

三、提高个人元认知能力，调控自主学习过程

有才能的学习者和问题解决者能够监控和调节自己的学习过程，必要时改变自己的学习策略。[①] 这就要求幼儿园教师在开展自主学习的过程中学会不断地自我反思，调控自主学习过程，并根据自身的学习需求准确定位学习目标。实践证明，自主学习水平较高的幼儿园教师更擅长总结和提炼学习经验，利于在后继学习中提取和迁移，同时更倾向于对学习的成败做出策略归因，从而通过不断地调整和改进学习策略来达到更好的学习效果。

基于幼儿园教师自主学习的自我反思主要分为基于教学实践的反思和基于理论学习的反思。学会反思是幼儿园教师专业成长的必备素养，也是优化幼儿园教师自主学习的必要路径。"在反思性实践中，行动和反思之间的作用机制是相互的，是自己与自己的互动，是自己与他人的互动，是自己与情境的互动。"[②] 在这个过程中，教师能明确自身发展的不足，对自身的专业知识、专业能力做出详细而全面的诊断，不断优化自主学习的过程和方式，全面提高自身专业素养。由于幼儿园教师工作具有独特性，所以幼儿园教师往往是实践性教育经验多于教育理论。若不对教学经验加以反思、提炼，它就只能成为浅显的表面知识，难以上升到理论水平，从而有效地指导教育实践，更谈不上幼儿园教师自主学习过程的优化。幼儿园教师要养成勤于反思和善于反思的习惯，在自主学习过程中，持续通过教育实践对自身的学习效果进行反思，如撰写反思日记和教学感悟、与他人交流探讨等，以不断调整和完善自主学习的方法、策略和目标等。除对自身教学实践的反思外，幼儿园教

---

① 布兰思福特，布朗，科金．人是如何学习的［M］．程可拉，孙亚玲，王旭卿，译．上海：华东师范大学出版社，2002：267.

② 陈瑶，王艳玲，李玲．教学反思途径与方法［M］．北京：龙门书局，2012：43.

师还应注重对各种理论的反思，明确主要教育理论的本质，结合教育实践对相关理论进行理解，将反思结果尽可能多地应用到具体的教育实践情境中，以便在后续学习中提取和迁移，同时在后续的自主学习中优化对教育理论的掌握，重点弥补关键性、常用性理论的空白，纠正对部分理论理解和运用的偏差，为自主学习的深入开展打下坚实的理论基础。

四、主动构建学习支持系统，优化自主学习环境

幼儿园教师自主学习活动的开展离不开外在环境的支持。对自主学习环境进行创设和利用是幼儿园教师自主学习的重要体现。环境不仅影响幼儿园教师计划、监控和评估自主学习过程，同时对幼儿园教师的学习动机及其如何在具体学习情境中选用不同的资源和策略以完成学习任务、实现学习目标有不同程度的影响。环境与自主学习是一种双向作用的关系，良好、适宜的学习环境有利于促进幼儿园教师自主学习能力的提高，幼儿园教师具有的不同自主学习能力又会影响不同学习环境的创设。这与情境学习理论的内涵相一致，即幼儿园教师作为主动学习的个体，除了要对学习环境保持高度敏感和随机应变能力外，还需要从幼儿园、政府、社会等外在因素中寻求学习资源，主动建构有利于个体自主学习的支持系统。

自主学习环境分为社会环境和物质环境两类，分别为幼儿园教师自主学习提供社会性和物质性的支持条件。社会环境中可供模仿的榜样、社会性援助、学习情境等对教师自主学习有着重要影响。幼儿园教师在开展自主学习时，一是要汲取优秀幼儿园教师的榜样示范力量，唤起和维持自身的自主学习内驱力，通过观察他人的有效学习策略来调整自身的自主学习过程以改进自主学习效果；二是要积极主动地与他人沟通交流、分享学习资料与经验，进而丰富自己的学习内容、优化学习策略。在个体自主学习遇到困境时，要善于寻求同事、教研人员、专家等的支持和帮助，及时、有效地解决困境，保障自主学习持续、有序进行；三是要主动构建或参与园所内外各类学习共同体和研修社区活动，积极参加政府和社会组织举办的各项学习活动，在互

帮互助的集体学习氛围中推动个体进行自主学习。在物质环境中，学习资源的丰富性以及学习场所的适宜性都对自主学习具有一定的影响。幼儿园教师在自主学习过程中，要学会综合统筹运用个人以外的各种类型的学习资源，如图书期刊、网络资料、专题讲座、经验分享等，寻找安静、舒适的学习场地，排除外来干扰，主动谋求有利于自主学习的环境条件。

第三节　完善幼儿园教师自主学习园所支持系统的建议

更好地完成幼儿园教育工作是幼儿园教师自主学习的出发点和落脚点。从系统论的视角看，幼儿园是幼儿园教师自主学习的重要策源地和发生地。因此，幼儿园能否为教师的自主学习创设良好的支持系统成为教师自主学习行为是否产生以及在多大程度上得以实现的重要因素。我们在前面的研究中发现，当前很多幼儿园尚未为教师自主学习创设良好的支持性环境，突出地表现在幼儿园教师工作任务繁重、学习资源匮乏，幼儿园学习激励和评价机制不够完善以及学习氛围不够浓厚等方面。基于此，本节主要从园所物质资源、组织管理氛围、评价激励机制、学习共同体创建等方面提出完善幼儿园教师自主学习园所支持系统的建议。

一、改善园所设施设备，夯实教师自主学习的物质基础

幼儿园教师自主学习在多数情况下是在幼儿园情境中发生的，园所的物质资源是幼儿园教师自主学习的重要载体。园所提供的学习场所、设施设备、图书等物质资源会从不同方面影响幼儿园教师的自主学习。一般而言，幼儿园教师主动运用这些资源开展自主学习是其发挥学习主动性的重要体现。但是，“巧妇难为无米之炊”。当幼儿园配备的相关学习资源较为紧缺时，教师

自主学习的主动性会受到削弱，自主学习的效果也必然会大打折扣。只有充分、适宜的学习资源才能为幼儿园教师开展高效、优质的自主学习提供支撑。幼儿园有必要多渠道扩充学习资源，为幼儿园教师自主学习的开展提供全方位支持。

一方面，幼儿园应该从提高教师专业素养和园所整体质量的角度出发，为教师开展自主学习提供丰富的学习资源。首先，幼儿园应为教师学习创设温馨、舒适的学习空间，向每位教师开放，以保证教师可以自由使用。其次，鉴于幼儿园教师常通过观摩优质教学活动、聆听专家讲座这两种渠道开展自主学习，若有因参与名额有限或与工作时间冲突而无法现场学习的情况，幼儿园可通过专家讲座录音、教学观摩录像进行学习资源留存，以便教师后续进一步学习与研讨。再次，幼儿园应每年安排一定的专项经费，用于专业书刊采购、电子文献数据库购买等，保证教师在日常工作中遇到困惑和问题时能够主动、及时地从丰富的学习资料中找到满意的解答。最后，幼儿园应为教师或教师团队运用自主学习成果提供设备，如打印设备、多媒体信息加工设备等，激励教师不断通过自主学习提升教育实践质量。

另一方面，随着信息化时代的来临和计算机网络技术的蓬勃发展，在线学习逐渐成为幼儿园教师一种新型的自主学习方式。幼儿园要积极主动地适应时代发展要求，加强园所信息化建设，提供信息化的学习环境和便捷的学习条件，逐步开发网络交流平台，为幼儿园教师搭建集个人实践反思、小组互助交流、专家指导提升于一体的网络研修平台，如建立园所之间的交流群、在网站上建立优质课程讨论专区等，这将有效地减少由时间、场所的限制带来的不便。线上交流具有开放性和便捷性等优势，较少受时间、地点的限制，可以供教师随时随地分享和获取丰富的学习资源。当然，在园所信息化建设的过程中，幼儿园可充分发挥全园教师的力量，引导和鼓励教师不断贡献和分享自己关注的行业动态、理论前沿、热点聚焦、最新成果等网络资源，完善园所信息化平台的资源内容，形成人人共享、人人共建的局面，进而厚植全园教师自主学习的物质基础，满足教师对便捷化、多样化和高质量学习资源的要求。

二、完善园所管理制度，给予教师自主学习的精神支持

幼儿园组织管理制度密切影响教师的自主学习。若幼儿园采取等级式、高控式的管理制度，教师则会变成权威的服从者，这不利于激发教师自主学习的积极性。若幼儿园采用民主、低控式的管理制度，则能够让教师更多地参与园所决策，使教师产生更强的自我责任感和主人翁意识。为了促进幼儿园教师的自主学习，园所组织管理宜采用民主、低控式的管理模式。

一方面，针对当前因园内活动繁多、工作任务繁重、考核项目多而造成的幼儿园教师自主学习积极性较低的现象，幼儿园管理者应本着“管理即促进”的原则，提高管理的科学性和效率，合理分配幼儿园教师的工作，缩减日常工作中低效、繁杂的任务，简化工作流程，切实减轻幼儿园教师强制性、指令性的非教育工作负担，以建章立制的形式保障幼儿园教师自主学习的时间和空间，缓解幼儿园教师在学习中遇到的“工学矛盾”，充分激活幼儿园教师自身的学习天性和自我提升意愿，让幼儿园教师的学习动机逐渐实现由外在规章制度规训转向自觉自主的内在需要。幼儿园管理者还应协助幼儿园教师制定明确的专业发展规划，更加关注幼儿园教师个体职业成长，为幼儿园教师自主学习提供榜样示范和指导，使幼儿园教师从最初模仿有经验者到最终探索出适合自己的学习路径与方法，逐渐形成自己的学习风格，不断提升自主学习的能力和水平。

另一方面，幼儿园应重视为幼儿园教师赋权赋能，让更多的教师参与园所决策与管理，建立更高效的民主表达机制和沟通交流机制，广泛听取教师的建议和意见。同时，园长在工作中要重视对幼儿园教师的人性化管理，在工作和生活上关怀教师，营造和谐的园所氛围，使教师在轻松愉悦、积极向上的环境中开展各项工作，产生团队归属感和自我价值感，继而产生更强的自我责任感，从而进一步增强工作的热情和学习的主动性。此外，轻松、愉悦的管理氛围无形中也会为幼儿园教师的自主学习营造良好的社会氛围，教师的自主学习也容易得到同事和领导的鼓励、支持与帮助。教师自主学习的

积极性也会在彼此之间相互影响，在园所内部营造出“全园皆学”的自主学习氛围。

三、调整园所评价机制，健全教师自主学习的激励体系

幼儿园的评价机制是影响幼儿园教师自主学习的重要因素。如果幼儿园单纯以工作的数量和形式作为评价标准，那么它会在一定程度上妨碍教师的自主学习。基于这种评价机制，一方面工作表现好的教师也不一定会完全依赖自主学习，只要严格按照园所评价完成工作，也能取得较好的工作评价；另一方面，有些教师通过自主学习虽取得了工作进步，但不一定满足园所规定的考核要求，其自主学习难以得到强化，甚至会挫伤自主学习的积极性。依据自我决定理论，在实际生活中，个体的行为往往依靠外部的支持奖励或规则约束，生成外部调节的学习动机。如果有重要他人或团体鼓励个体从事期望行为，那么个体便倾向于将外部调节内化，整合到自我系统中，最终形成内在学习动机。[①] 因此，幼儿园应构建科学合理的学习激励和评价机制，引导和激励幼儿园教师开展各种形式的自主学习活动，通过自主学习不断提升专业素养，在这个过程中逐渐让自主学习成为教师的内在习惯。

具体而言，幼儿园应从以下方面调整园所评价机制，健全教师自主学习的激励体系。一是在开展幼儿园教师学习评价工作时，要转变只注重形式和数量、不重视内容和质量的评价导向，帮助幼儿园教师树立正确的学习观，引导教师根据个人的需求和兴趣开展主动学习，在实践中亲身感受学习对于改善教育实践和促进自身专业发展的益处，体验自我价值的实现以及专业成长的内在快乐，真正激发教师积极主动追求自我成长的动机。二是将幼儿园教师自主学习情况纳入考核评价范畴，完善有利于教师自主学习的工作评价激励体系，逐步强化幼儿园教师对自主学习的认同和重视，如将教师自发组织的教学研修、课题研究、论文写作、专题报告等活动纳入对教师专业发展

---

① 王振宏．学习动机的认知理论与应用［M］．北京：中国社会科学出版社，2009：149.

和工作评价的考核范畴，逐步加大与教师自主学习相关的内容所占的比重，增强教师的自主学习意识；鼓励教师将学习结果有效运用到教育实践中，并对学以致用者给予一定的奖励。三是改进评价目的，建立发展性评价制度，明确评价的目的主要是全面认识幼儿园教师个体的学习状况，以便教师更好发挥自身优势，及时补充专业短板，最终目的是激励他们更加积极主动地学习。四是要充分发挥幼儿园教师自我评价和相互评价的作用，通过自我评价与相互评价的结合，帮助教师在自我评价的基础上向优秀的自主学习者学习，进而逐步构建全园学习、终身学习的幼儿园文化，形成一种积极向上、努力进取、不断超越的良好学习风气。

四、开展园本教研活动，构建教师自主学习的共同体

心理学研究表明，个人的观念与行为通常会因受到群体的引导而朝着与多数人相一致的方向变化，即通常所说的“从众”。幼儿园浓厚的学习氛围是教师自主学习行为产生的重要催化剂。园本教研作为幼儿园教师的主要常规性学习活动，以教师为研究主体，以教师在教育实践中遇到的真实问题为研究对象，能够为教师自主学习提供良好的平台，从而形成具有共同目标与愿景的学习共同体。基于此，幼儿园应从完善园本教研学习机制、组建跨园所学习共同体等途径入手，构建有利于推动和促进教师自主学习的幼儿园支持系统。

一方面，在园所内部通过课题研究、师徒结对等方式着力打造学习型团队，为幼儿园教师提供集课题研究、教育活动、日常工作等于一体的互相观摩、交流和研讨的机会，建立以幼儿园教师为园本教研活动主体、园长为第一责任人的管理运行机制，改变教师在以往自上而下的教研管理制度下只能被动“听”的局面，赋予教师参与权与话语权。园所管理者应善于发现和合理运用多方资源，鼓励教研活动中的多方、多形式参与，探索适合全体幼儿园教师交往、合作和共享的园所教研活动方式，营造同事之间相互信任、相互支持、相互配合的组织氛围，为教师提供积极的外部指导、反馈和情感支

持，减少他们的消极情绪体验和防御性心理，更有效地促进其后继自主学习活动的开展。

另一方面，可组建跨园所学习共同体，构建学习研修网络社区。单一园所力量有限，为了有效整合区域内园所学习资源并实现优势互补，各幼儿园之间可积极组建多种形式的跨园所学习共同体，此外还可以做好幼儿园和有关教育行政部门之间、幼儿园和其他社会单位之间的沟通与合作，为幼儿园教师提供参加专业培训和学习的机会，积极联系高校和研究机构的专家学者以及一线教学名师，通过科研合作、名师工作坊等方式，发挥其在幼儿园教师自主学习过程中的引领作用，为幼儿园的长远发展和幼儿园教师的自主学习创造更多机会，真正让幼儿园教师自主学习的资源更充裕、平台更宽广。

第四节　完善幼儿园教师自主学习政府支持系统的建议

促进幼儿园教师自主学习，提升整个幼儿园教师队伍的专业水平、能力和综合素养是提升学前教育质量和保障学前教育健康有序发展的内在要求。2010 年《国务院关于当前发展学前教育的若干意见》的颁布实施，标志着我国学前教育发展进入了以政府为主导的时代，即政府需要在规划、管理、投入等方面发挥主导作用。毫无疑问，幼儿园教师队伍建设也是政府履行主导责任的重要内容。在当今知识日新月异和广大人民群众对高质量学前教育的需求愈加强烈的背景下，政府如何在幼儿园教师自主学习中发挥应有的作用，显得尤为重要和必要。这不仅有利于建立一支数量充足、结构合理、业务精湛、充满活力的幼儿园教师队伍，而且关乎《中国教育现代化 2035》中提出的“普及有质量的学前教育”发展目标的实现。政府应改革相关制度，释放教师自主学习的活力，加强各类学习资源配置，充实教师自主学习的配套资源，制定幼儿园教师专业发展标准，指明教师自主学习的方向。

一、改革待遇、编制和职称制度，释放教师自主学习的活力

前述研究表明，工资水平高低、有无编制、职称高低均对幼儿园教师自主学习有较为显著的影响。鉴于此，政府应改革幼儿园教师工资待遇、编制和职称制度，为幼儿园教师自主学习提供支持，释放教师自主学习的活力。

在待遇制度方面，政府应在现有基础上进一步加大财政投入力度，不断优化财政投入的结构和方向。在结构方面，应从重视园所建设、设施设备等“硬件投入”，逐渐向重视教师工资、津补贴、社会保险等“软件投入”转变，特别是向一线专业教师倾斜。为了保证公共财政资源能够切实用于提高幼儿园教师待遇，政府一方面可以通过设立幼儿园教师工资、津补贴、社保等专项资金的方式，保证财政资金专款专用，定向用于保障和提升幼儿园教师的工资待遇；另一方面应加强对幼儿园教师工资待遇保障的政策支持力度，通过划定人员工资在幼儿园支出中的最低占比、幼儿园教师最低工资标准，要求幼儿园与教师签订正规的劳动合同等方式，防止幼儿园压榨、克扣、拖欠幼儿园教师工资，切实保障幼儿园教师的合法权益。

在编制制度方面，政府一方面要创新幼儿园教师编制的管理和使用办法，全面盘活现有的幼儿园教师编制资源，摒弃“唯公办”思维，打破不同性质幼儿园间的壁垒，综合考虑园所普惠性程度、教育质量等，核定幼儿园教师编制基数，合理配置教师编制资源，按照园所教育质量的评估结果及其对区域学前教育普及普惠发展的贡献新增奖励性编制，同时打通在岗非在编教师进入编制内的通道，新增编制面向所有普惠性幼儿园在岗非在编教师，专业素养突出、考核成绩优秀者可优先入编，解决幼儿园教师因“身份制”带来的待遇不公问题；另一方面，面向所有无编制教师，积极探索建立幼儿园教师人事管理制度，以岗位职责和业绩定薪，只要教师在岗且认真履行岗位职责并考核合格，则享有该岗位的所有待遇，包括工资、社保、职称评定、专业培训、评优评先等，真正实现不同性质幼儿园教师“同岗同质则同待遇”。政府应通过创设公平的竞争环境，切实将幼

儿园教师个人的专业知识、能力和在教育实践中的实际表现作为资源配置的主要依据，让广大幼儿园教师都能够从专业成长中获得应有的回报，从而为幼儿园教师自主学习创造良好的制度环境。

在职称制度方面，一方面，政府要尽快将幼儿园教师职称序列从中小学教师职称序列中剥离出来，建立属于幼儿园教师的单独职称序列，避免发生幼儿园教师职称晋升机会被挤占的情况。这既是对幼儿园教师作为从事幼儿园教育教学工作的专业技术人员的身份的尊重，也是对幼儿园教师区别于中小学教师的专业能力和素养要求的尊重。另一方面，政府要逐步改革现有职称评价中存在的不公平、不适宜的问题，鼓励和引导广大幼儿园教师通过自主学习等手段提高专业发展水平。首先，要解决现有职称评聘中的不公平问题，打破园所性质、教师身份、教龄等制约性因素的限制，使教师职称评聘切实回归职称制度设计的初衷，突出专业理念与师德、专业知识、专业能力等决定幼儿园教师教育实践效果的要素，让有真才实学和较强保教能力的教师获得更高的职称，而不应论资排辈、唯学历、唯身份，保证每一位合格的幼儿园教师都能够获得公平的职称评聘机会，激励不同性质、不同身份、不同学历、不同教龄的教师通过自主学习不断积累知识和经验，提高专业水平和能力，释放发展活力。其次，要改革现在幼儿园教师职称评聘的方式，尊重学前教育实践对幼儿园教师专业素养的特殊性要求，将《幼儿园教师专业标准（试行）》中对幼儿园教师专业发展的要求融入职称评聘考核中，对幼儿园教师的专业素养做出评价，更好地发挥职称评聘在引领广大幼儿园教师进行自主学习方面的作用，让幼儿园教师能学以致用、学有所得。

二、优化配置各类学习资源，加强教师自主学习条件保障

配备适宜的学习资源是个体自主学习行为得以发生的前提。21 世纪被称为“知识爆炸”的时代，知识更新步伐不断加快。特别是随着信息技术在各行各业的普及，人类能够接触的知识规模比以往任何时代都更为庞大。但是，随之而来的问题也不容忽视，即在人类大脑认知能力和储存能力有限的情况

下，到底哪些知识和能力是基础性和关键性的。这在客观上要求人们对浩如烟海的知识进行甄别、遴选，以便提高学习效果。对于幼儿园教师的自主学习而言，同样如此。很多幼儿园教师有着非常强烈的自主学习意愿，但是由于自身缺乏甄别能力，幼儿园又难以有效发挥学习资源的甄别、遴选作用，这使得幼儿园教师往往由于缺乏高质量的学习资源而导致学习效果平平，这反过来也影响了他们自主学习的积极性。因此，无论是从服务个体终身学习的视角看，还是从服务幼儿园教师专业素养提升和高质量教师队伍建设的视角看，建立优质的学习资源库都应是政府的应尽职责。2018 年颁布实施的《中共中央　国务院关于学前教育深化改革规范发展的若干意见》明确提出，“加强幼儿园保育教育资源监管，在幼儿园推行使用的课程教学类资源须经省级学前教育专家指导委员会审核”。这标志着国家层面已经意识到当前较为混乱的学习资源可能产生消极影响，从而加强了专业力量对相关学习资源的审核。当前，政府必须在深入了解世界学前教育发展趋势的背景下，以我国学前教育改革发展方向，特别是幼儿园教育教学实践改革和幼儿园教师队伍建设目标为导向，组织不同领域的专家学者和优秀一线幼儿园教师等专业力量，建立具有国际视野且适合我国国情、兼顾当前发展需求和未来改革需求的幼儿园教师学习资源库，明确幼儿园教师需要理解、掌握的基础知识和关键能力，将筛选整合后的学习资源以网络学习资料的形式向广大幼儿园教师公开，充分适应网络时代学习方式变革的实际情况，让广大幼儿园教师随时随地都能够借助政府建立的资源库开展自主学习。

职后培训作为幼儿园教师自主学习的重要方式，其培训效果目前并不理想，主要是因为培训内容往往以理论为主，缺乏对幼儿园教育实践的重视，特别是对幼儿园教师在实践中面临的困惑和问题的解答；培训方式以专家讲座为主，幼儿园教师多是被动接受的角色，培训过程中的主体性、主动性相对不足。很多针对幼儿园教师的培训往往缺乏整体性、系统性、个性化设计，难以很好地满足幼儿园教师专业发展的需要，以及对其自主学习效果的提升。因此，政府培训部门要在充分调研幼儿园教师现实需求并综合考虑幼儿园教师差异化需求的基础上，结合幼儿园教师职业的特殊性，设置适宜的培训目标，安排适宜的培训内容并不断加以更新和丰富，采用集中学习、区域教研、园本教研、网络自学、翻转课堂等多样化的培训形式，以专家讲授、案例研究、问题研讨、工作坊等多种培训方式强化基于教学现场、走进真实课堂的培训策略实施，通过现场诊断、分析与分享来解决教学实际问题，基于情境体验改进教学行为，利用反思实践和行动研究提升教学能力，确保培训实施效果，以此提升幼儿园教师参与的积极性。在这个过程中，幼儿园教师不仅能学会解决问题的相关理论和方法，还能总结、内化学习方法和思路，将所学知识与自身已有知识融会贯通，着力提高知识转化和反思实践等学习策略的运用水平，从而更好地实现持续、高效的自主学习与专业发展。

三、制定教师专业发展标准，明确教师自主学习的方向

明确发展的方向和目标对于个体的成长和发展而言意义重大，它既能够为个体发展提供重要的方向指引，又能够有效地发挥调节个体发展方式的作用。作为一种促进个体发展的行为，幼儿园教师的自主学习也应该具有一定的方向性，否则就成为毫无系统性和计划性可言的无效学习或低效学习。因此，我们必须为幼儿园教师自主学习之上的专业发展制定相应的发展目标和可行方案。我国早在 2012 年就颁布了《幼儿园教师专业标准（试行）》，从专业理念与师德、专业知识、专业能力三大维度，为我国幼儿园教师的专业发展指明了方向。毫无疑问，《幼儿园教师专业标准（试行）》的颁行奠定了我国幼儿园教师专业发展和专业素养要求的“四梁八柱”，对整个幼儿园教师队伍的专业发展具有重要的规范价值和指导意义。但是，《幼儿园教师专业标准（试行）》仅一般性地规定了幼儿园教师在专业发展方面的目标和内容，没有对不同专业发展阶段的教师提出更为具体、适宜的专业标准。现实情况是，我国幼儿园教师队伍的构成是多样的，在专业背景、学历层次、工作经验、专业水平等方面存在着较大的差异，这决定了他们的专业发展“最近发展区”也必然存在差异，因此在客观上需要制定分层分类和具体适宜的专业标准，以引导处于不同专业发展阶段的幼儿园教师在明确发展目标的基

础上更有针对性地开展自主学习。鉴于此，政府应组织相关专业力量，开展不同专业发展阶段幼儿园教师专业标准的研制工作，在对不同专业发展阶段幼儿园教师群体开展广泛调研的基础上，归纳总结不同专业发展阶段幼儿园教师的主要发展瓶颈与学习需求，进而形成分维度、分领域、分具体要求的幼儿园教师专业发展标准，与当前实施的《幼儿园教师专业标准（试行）》共同构成指导幼儿园教师专业发展的标准性规范体系，为幼儿园教师自主学习的开展提供参照基准和衡量标尺，推动幼儿园教师自主学习和专业发展朝着科学性、系统性和适宜性的方向发展。

第五节　完善幼儿园教师自主学习社会支持系统的建议

社会是幼儿园教师生存与发展的重要外部生态系统，也是支持和引导幼儿园教师开展自主学习必须重视的资源和平台。其中，新闻媒介能发挥社会舆论的导向功能，有助于营造尊师重教的氛围，提高幼儿园教师在社会大众心目中的地位，进而激发幼儿园教师自主学习的积极性；学习型社区的创建能有效整合各方学习资源，确保幼儿园教师自主学习的持续性；一站式自主学习平台的建立能最大化发挥在线学习的效果，保障幼儿园教师自主学习的高效性。本节主要从舆论导向、学习型社区创建、信息化平台建设三个方面探讨如何完善幼儿园教师自主学习的社会支持系统。

一、发挥社会舆论导向功能，激发教师自主学习的积极性

任何一个职业群体在特定的社会经济文化背景下都有其特有的社会地位，来自社会大众的评价是职业群体社会地位高低最直接和外显的体现，而社会大众评价的高低在很大程度上也影响着从业人员的自我价值感和工作干劲。

如果没有来自社会大众的理解和认可，则很难建立起稳定的职业尊严感，幼儿园教师也不例外。当前的幼儿园教师大多是年轻人，他们是在开放的社会和文化环境中成长起来的一代人，他们的学习与工作更需要来自社会大众的广泛认同、支持与鼓励。然而，现实中的幼儿园教师社会舆论力量非常弱小，一方面是因为幼儿园教师的社会舆论常常是分散的，缺少有影响力的人物，另一方面是因为幼儿园教师的社会舆论常常是微观而偏女性化的，往往局限于自己的职业处境中，局限于幼儿园的狭小天地中，缺少对社会的警示力、震慑力和深刻的洞察力。[①] 因此，社会大众较少关注幼儿园教师，也缺乏对幼儿园教师心声的倾听，往往认为幼儿园教师工作是简单的、重复的、低技能的。在这样的舆论背景下，幼儿园教师成为沉默的大多数。特别是在资本力量进入学前教育领域后，盲目的宣传与信息的模糊使得家长处于一种高度焦虑与高度期待的状态，幼儿园教师甚至失去了教育教学的主导地位，不再是专业的教育者，反而成为家长的“服务员”，使得幼儿园教师在家长和社会大众心目中的社会地位进一步下降，这也直接造成了整个幼儿园教师群体的低自我价值感和低职业认同感，进而陷入了社会舆论的负向发展怪圈之中，失去了自主学习和追求专业发展的信心和干劲。

为了扭转当前社会舆论对幼儿园教师评价较低甚至存在着恶意诋毁的状况，我们需要借助社会大众传播媒介的力量，改变社会大众心中幼儿园教师消极负面的形象，重塑新时代幼儿园教师专业、积极的社会形象。

一方面，社会大众传播媒介要加大对幼儿园教师正面形象的宣传力度，发挥主流媒体的正面导向作用，避免一些媒体为了博取大众眼球而夸大幼儿园教师负面形象的报道，及时报道、宣传优秀幼儿园教师的事迹，引导更多的社会大众关注幼儿园教师的专业成长过程，逐步认识到幼儿园教师职业对儿童健康成长、国家发展、民族振兴的重要性，了解幼儿园教师作为从事学前教育工作的专业人员所应具备的专业素养，逐步使幼儿园教师成为社会大

---

① 王海英．解读幼儿园中的教师社会：基于社会学的分析视角［J］．学前教育研究，2009（3）：49-52.

众真正尊重的职业，提高其社会地位和声望。对于其他幼儿园教师而言，这也可以发挥榜样示范的作用，使他们学会借鉴他人的有益经验，探索自己的专业成长道路。良好的社会舆论氛围会产生巨大的精神力量，能有效提升幼儿园教师的幸福感、责任感和荣誉感，激励和鞭策幼儿园教师不断通过自主学习等多种渠道提升自我专业素养。

另一方面，针对幼儿园教师舆论影响力低的现状，我们应开设专门的宣传渠道，让幼儿园教师借此与社会大众分享幼儿教育方式，指导家长科学育儿、做好幼小衔接，在积极的交流互动中使社会大众逐步认可幼儿园教师的专业性。在此过程中，幼儿园教师也能感受到应有的职业尊严，从而推动其不断通过自主学习提升自我价值。

二、创建学习型社区并统筹各类资源，确保教师自主学习的持续性

学习型社区是以一定地域为特定空间，充分整合、统筹各类教育资源，拥有规范的制度体系，以学习者为中心，以各类学习型组织为主要载体，呈现多层次、全方位、开放式的“大社区、大课堂、大教育”格局的学习场域。它能保障和满足社区成员学习的基本权利、终身学习的需求，实现“人人皆学、时时能学、处处可学”的目标。在创建学习型社区的背景下，我们要有效引导和培育社区成员树立“不断学习”“终身学习”“全民学习”的理念，使学习成为社区成员生活的重要组成部分。同时，学习型社区的创建使得社会教育、家庭教育、学校教育和单位教育有机地融合成一体，从而打破之前四者之间的割裂状态，形成“四位一体”的具有多样化模式的全民教育体系，使得社区成员可持续地进行一体化学习。在全民皆学的社会氛围熏陶下，幼儿园教师作为社区一员，必然会自然而然地树立终身学习理念，端正自主学习态度，学会充分利用学习型社区的资源，不断进行自主学习，提高自身的综合素质，适应时代发展的要求。

学习型社区创建的最大特点是充分调动各方的积极性，将封闭在学校、

政府、社会机构等内部的文化教育资源释放出来，做到资源共享，积极发挥各方设施、人才、信息等优势，形成科学的社区资源统筹整合机制，从而促进社区功能的全面开发，更好地满足社区居民的多种需求。从机构方面来看，它不仅包括幼儿园、中小学等专门的教育机构，还包括大量非专门的教育机构，如少年宫、文化馆、图书馆、博物馆等。我们要充分利用社区周围的文化教育资源，加强与社区文化、教育单位之间的互动和交流，建立广泛的学习网络。从人力资源方面来看，它不仅包括教师这样的显性教育人力资源，还包括离退休干部、专家学者和企业界人士等潜在的教育人力资源，这样可以形成相互帮助、共同成长的学习氛围，发挥优秀人力资源在社群中的引领和示范作用，营造良好的学习生态和环境。另外，学习型社区能根据形势发展的新要求，密切关注国际经济、政治、文化发展的新动向，关注信息革命和知识经济的新浪潮，从居民群众的需要出发，结合社区实际，不断充实新的学习内容，努力使社区成员的知识水平适应时代前进的新要求。显然，通过创建学习型社区统筹各类资源，形成各具特色、多类型的物力与人力资源，能极大满足社区不同人群的多元文化需求，幼儿园教师也能在无形中获得丰富、充足的学习资源，保障自主学习的持续性。

三、建立一站式自主学习平台，保障教师自主学习的高效性

在信息技术不断推动教师学习方式变革的时代背景下，建设基于网络的学习平台符合我国政府推进教育信息化改革的政策导向，对提高幼儿园教师专业素养具有重要意义。目前，市场上已有一些教育类应用程序、网站、学习平台，但因其学习资源琐碎庞杂、质量参差不齐，加之幼儿园教师检索、编辑、存储、整合、管理和生成信息等能力有限，所以面对海量的学习资源，如何甄别是一个亟待解决的难题。这就需要充分发挥社会力量的专业优势，积极引导专业社会组织或机构参与幼儿园教师网络学习资源的开发，充分利用信息化技术整合优化相关学习资源，建立一站式自主学习平台。所谓一站式自主学习平台，就是运用信息化技术，为幼儿园教师创设开放性、支持性

和多元性的自主学习环境。幼儿园教师可根据自己学习的需求自主安排学习进度、开展资料查阅、进行评价与反馈等，无须再通过其他系统或站点进行问题咨询或解答。它可供幼儿园教师随时随地分享丰富的学习资源，以解决幼儿园教师学习与工作、家庭生活相冲突的难题，提高其自主学习的质量和效率。

一站式自主学习平台不是机构和组织通过构思和想象就可以完成的，而是需要依靠社会第三方机构协同政府部门通过试点、实践、探索与完善等方式共建。首先，需要加强信息化硬件设备、技术和资金的投入，为一站式平台的建立提供有力的基础性物质保障；其次，充分调研、了解幼儿园教师自主学习的实际情况，紧紧围绕幼儿园教师的学习需要和工作实际设置相应的学习资源模块；最后，应与高校、幼儿园等机构开展合作，组建权威性、专业性较强的专家团队，由其负责筛选高质量的学习内容，设计适宜的学习方式，研制发展性的评价机制，对平台进行持续性的管理和监控并不断更新与完善，为幼儿园教师开展自主学习提供方便、高效的一站式平台。

需要说明的是，为了更好地服务于幼儿园教师的自主学习，一站式平台应具有两大特性。一是实时交互性，即兼具社交功能与教育资源管理功能的综合性交互功能。一站式平台的学习资源为幼儿园教师之间的交流互动提供了媒介，幼儿园教师的交流探讨反过来促进了平台中学习资源质量的提升。二是智能性，即学习平台中的一系列操作行为都是幼儿园教师当前需求、态度、偏好以及专业发展水平的体现。智能化的学习平台不仅应能够为幼儿园教师提供清晰、可视化的学习反馈，还应能够根据幼儿园教师的需求、偏好及当前专业发展水平，帮助和指导其制订个性化的学习计划，进而解决当前信息化学习中的单向输出问题，更好地引导幼儿园教师在信息化背景下开展自主学习。

附录一　幼儿园教师自主学习及支持系统调查问卷

一、幼儿园教师自主学习调查问卷

尊敬的老师：

您好！非常感谢您参与此次调查！本调查所收集的资料仅供课题研究之用，不会个别公开和上传，敬请放心。请尽可能真实、准确地填写。

问卷中的问题有两种形式：填空和选择。请您把答案填写在横线上，或在最符合您情况的答案选项上画圈。如无特殊说明，选择题均为“单选”。

第一部分　基本信息

（一）幼儿园信息

1. 您任职的幼儿园所在地区是______省______市 ______区/县（请填写）

2. 您任职的幼儿园班级数量是______，教职工人数是______（请填写）

3. 您任职的幼儿园等级是

A. 三级园　　B. 二级园　　C. 一级园　　D. 地市级示范园

E. 省级示范园

4. 您任职的幼儿园是（可多选）

A. 教育部门办园　　B. 党政军办园

C. 国有企事业单位办园　　D. 乡镇中心园

E. 街道或村办园　　F. 小区配套园

G. 民办园

（二）个人信息

5. 您的年龄是______岁（请填写）

6. 您的教龄是______年（请填写）

7. 您的性别是

A. 男　B. 女

8. 您的学历是

A. 中专及以下　B. 大专　C. 本科　D. 硕士

E. 博士

9. 您的职称是

A. 三级　B. 二级　C. 一级　D. 高级

E. 正高级

10. 您目前的职务是（可多选）

A. 园长　B. 副园长　C. 保教主任　D. 教研主任

E. 后勤主任　F. 教研组长　G. 年级组长　H. 带班教师

I. 其他________（请填写）

11. 您现在是否有人事编制

A. 有编制

B. 无编制，工资由当地教育部门支付

C. 无编制，工资由幼儿园自筹支付

12. 您的年收入约为

A. 24000 元及以下　B. 24001—48000 元

C. 48001—72000 元　D. 72001—96000 元

E. 96000 元以上

13. 幼儿园为您购买的社会保险有（可多选）

A. 养老保险　B. 医疗保险　C. 工伤保险　D. 生育保险

E. 失业保险　F. 住房公积金

第二部分　学习状况

14. 您平均每月写反思日记的篇数是

A. 4 篇及以下　　B. 5—8 篇　　C. 9—12 篇　　D. 13—16 篇

E. 17 篇及以上

15. 您拥有的专业书籍及杂志的总量约是

A. 5 本及以下　　B. 6—10 本　　C. 11—15 本　　D. 16—20 本

E. 21 本及以上

16. 您平均每周阅读与幼儿教育相关的文章的篇数约是

A. 5 篇及以下　　B. 6—10 篇　　C. 11—15 篇　　D. 16—20 篇

E. 21 篇及以上

17. 您平均每周用于学习与研究的时间是

A. 2 小时以下　　B. 2—3 小时　　C. 4—5 小时　　D. 6—7 小时

E. 8 小时及以上

18. 幼儿园图书室每日的开放时间是

A. 没有　　B. 1 小时　　C. 2 小时　　D. 3 小时

E. 4 小时及以上

19. 幼儿园平均每学期组织教师对您进行听课和评课指导的次数是

A. 没有　　B. 1 次　　C. 2 次　　D. 3 次

E. 4 次及以上

20. 您参加幼儿园教研组的数量是

A. 没有　　B. 1 个　　C. 2 个　　D. 3 个

E. 4 个及以上

21. 您参加幼儿园课题组的数量是

A. 没有　　B. 1 个　　C. 2 个　　D. 3 个

E. 4 个及以上

22. 幼儿园是否安排有经验的教师对新教师进行“一对一”指导

A. 是　　　　B. 否

23. 近一年，幼儿园获得省级、市级或区县级荣誉或奖励的教师总人数是

A. 没有　　　　B. 1—2 名　　　　C. 3—4 名　　　　D. 5—6 名

E. 7 名及以上

24. 近一年，幼儿园邀请专家、名师等为本园教师开展培训和讲座的总次数是

A. 没有　　　　B. 1—3 次　　　　C. 4—6 次　　　　D. 7—9 次

E. 10 次及以上

25. 近一年，当地教育部门组织观摩、教研活动或竞赛评比的总次数是

A. 没有　　　　B. 1 次　　　　C. 2 次　　　　D. 3 次

E. 4 次及以上

26. 幼儿园为教师提供的学习配套设施有（可多选）

A. 工作间　　　　B. 学习桌　　　　C. 电脑　　　　D. 移动硬盘或 U 盘

E. 摄像机　　　　F. 打印机

G. 其他________（请填写）

27. 幼儿园供教师使用的学习场所有（可多选）

A. 阅览室　　　　B. 会议室　　　　C. 备课室　　　　D. 研讨室

28. 幼儿园为教师提供的网络资源有（可多选）

A. 网络课程　　　　B. 电子书　　　　C. 专业网站　　　　D. 无线网络

E. QQ/微信群　　　　F. 其他________（请填写）

29. 教师获得专科、本科或硕士等学历时，幼儿园给予的奖励有（可多选）

A. 现金奖励　　　　B. 公开表扬

C. 荣誉奖励　　　　D. 职称职务晋升

E. 工资津贴提升　　　　F. 报销学费或差旅费

G. 其他________（请填写）

30. 近一年，幼儿园为本园教师提供的外出培训与学习的机会有（可多选）

A. 国家级培训与学习　　B. 省级培训与学习

C. 市级培训与学习　　D. 区县级培训与学习

31. 您最喜欢采用的学习方式有（限选三项）

A. 保教实践　　B. 教研活动

C. 面授培训　　D. 网络学习

E. 同他人交流　　F. 阅读书籍文章

G. 观摩体验　　H. 其他________（请填写）

32. 对您帮助最大的学习方式有（限选三项）

A. 保教实践　　B. 教研活动

C. 面授培训　　D. 网络学习

E. 同他人交流　　F. 阅读书籍文章

G. 观摩体验　　H. 其他________（请填写）

题项	完全不符合	不太符合	无法确定	比较符合	完全符合
33. 我觉得积极主动地学习对工作、生活很重要	1	2	3	4	5
34. 通过学习来解决实际问题让我感到很快乐	1	2	3	4	5
35. 我为了解决保教工作中出现的问题而学习	1	2	3	4	5
36. 我会为了专业发展的需要而进行各种学习	1	2	3	4	5
37. 我学习是为了提高个人收入、评职称、调动工作等	1	2	3	4	5
38. 幼儿园要求教师参加学习活动	1	2	3	4	5
39. 同事、朋友主动学习促使我也努力学习	1	2	3	4	5
40. 当地教育职能部门对幼儿园教师有相应的学习规定	1	2	3	4	5
41. 我能够坚持阅读专业书籍、报刊等	1	2	3	4	5
42. 我上网学习时能够抵制与学习无关的网页、游戏等的诱惑	1	2	3	4	5
43. 我能在保教工作中坚持写反思日记	1	2	3	4	5

续表

题项	完全不符合	不太符合	无法确定	比较符合	完全符合
44. 我能够在培训过程中自觉将手机关机或调成静音	1	2	3	4	5
45. 我能在课题研究中克服困难进行学习	1	2	3	4	5
46. 我在学习过程中遇到难题时，通常能找到解决方法	1	2	3	4	5
47. 我的专业知识与技能较好，不需要投入太多学习时间	1	2	3	4	5
48. 我擅长在人际交往中向他人学习	1	2	3	4	5
49. 我善于利用网络学习资源来满足自己的学习需要	1	2	3	4	5
50. 我会根据保教工作的需要及时补充专业知识	1	2	3	4	5
51. 我给自己制定了切实可行的个人专业发展规划	1	2	3	4	5
52. 我会根据学习的进展情况调整学习的内容和方向	1	2	3	4	5
53. 我善于从自己的教学活动中总结经验教训	1	2	3	4	5
54. 我敢于挑战专家或优秀教师的观点	1	2	3	4	5
55. 我经常学习与幼儿有关的法律法规	1	2	3	4	5
56. 我经常了解并满足幼儿身心发展的不同需求	1	2	3	4	5
57. 我经常思考不同年龄幼儿的身心发展特点及教育方法	1	2	3	4	5
58. 我经常学习开展游戏活动、教育活动的技能	1	2	3	4	5
59. 我经常用所学知识思考和解决工作中的问题	1	2	3	4	5
60. 我经常将观摩过的优质课运用到我的教学活动中	1	2	3	4	5
61. 我经常根据所学知识进行教学改革、设计教学活动	1	2	3	4	5
62. 幼儿园为我提供了专业书籍和杂志等	1	2	3	4	5
63. 幼儿园经常安排有经验的教师分享经验或上示范课	1	2	3	4	5
64. 幼儿园工作任务繁重，我的精神压力较大	1	2	3	4	5
65. 我的同事乐意就工作中的问题为我分忧解难	1	2	3	4	5

续表

题项	完全不符合	不太符合	无法确定	比较符合	完全符合
66. 我的领导乐意就工作中的问题为我出谋划策	1	2	3	4	5
67. 家长乐意与我就幼儿的教育问题进行沟通	1	2	3	4	5
68. 周边社区居民文化娱乐活动丰富、学习气氛浓厚	1	2	3	4	5
69. 幼儿园制定了专门的业务学习制度并严格执行	1	2	3	4	5
70. 幼儿园协助我制定了个性化的职业发展规划	1	2	3	4	5
71. 幼儿园经常检查我的反思日记、教案、学习记录等	1	2	3	4	5
72. 园长的办园理念先进，对幼儿园发展有长远规划	1	2	3	4	5
73. 园长乐学善思、锐意创新	1	2	3	4	5
74. 幼儿园经常组织专题学习或研讨活动	1	2	3	4	5
75. 幼儿园的管理井然有序、宽严适度	1	2	3	4	5
76. 幼儿园经常就重大事件征求教职工的意见	1	2	3	4	5

二、幼儿园教师自主学习支持系统调查问卷（园长问卷）

尊敬的园长：

您好！非常感谢您参与此次调查！本调查所收集的资料仅供课题研究之用，不会个别公开和上传，敬请放心。请尽可能真实、准确地填写。

问卷中的问题有两种形式：填空和选择。请您把答案填写在横线上，或在最符合您情况的答案选项上画圈。如无特殊说明，选择题均为“单选”。

1. 您任职的幼儿园所在地区是________省________市________区/县（请填写）

2. 您任职的幼儿园班级数量是________，教职工人数是________（请填写）

3. 您任职的幼儿园等级是

A. 三级园　B. 二级园　C. 一级园　D. 地市级示范园

E. 省级示范园

4. 您任职的幼儿园是（可多选）

A. 教育部门办园　B. 党政军办园

C. 国有企事业单位办园　D. 乡镇中心园

E. 街道或村办园　F. 小区配套园

G. 民办园

5. 您目前的职务是（可多选）

A. 园长　B. 副园长　C. 保教主任　D. 教研主任

E. 后勤主任　F. 教研组长　G. 年级组长　H. 带班教师

I. 其他________（请填写）

6. 幼儿园图书室每日的开放时间是

A. 没有　B. 1 小时　C. 2 小时　D. 3 小时

E. 4 小时及以上

7. 幼儿园每周为教师安排的专门的业务学习时间是

A. 没有　B. 1 小时　C. 2 小时　D. 3 小时

E. 4 小时及以上

8. 幼儿园现有的教研组总数是

A. 没有　B. 1 个　C. 2 个　D. 3 个

E. 4 个及以上

9. 幼儿园现有的课题组总数是

A. 没有　B. 1 个　C. 2 个　D. 3 个

E. 4 个及以上

10. 幼儿园是否安排有经验的教师对新教师进行“一对一”指导

A. 是　B. 否

11. 近一年，幼儿园用于购置图书的人均经费是

A. 100 元及以下　B. 101—200 元　C. 201—300 元　D. 301—400 元

E. 400 元以上

12. 近一年，幼儿园针对普通教师听课和评课指导的人均次数是

A. 没有　　B. 1 次　　C. 2 次　　D. 3 次

E. 4 次及以上

13. 近一年，幼儿园为教师提供的外出培训与学习的人均次数是

A. 没有　　B. 1 次　　C. 2 次　　D. 3 次

E. 4 次及以上

14. 近一年，幼儿园获得省级、市级或区县级荣誉或奖励的教师总人数是

A. 没有　　B. 1—2 名　　C. 3—4 名　　D. 5—6 名

E. 7 名及以上

15. 近一年，幼儿园邀请专家、名师等为本园教师开展培训和讲座的总次数是

A. 没有　　B. 1 次　　C. 2 次　　D. 3 次

E. 4 次及以上

16. 近一年，当地教育部门组织观摩、教研活动或竞赛评比的总次数是

A. 没有　　B. 1—2 次　　C. 3—4 次　　D. 5—6 次

E. 7 次及以上

17. 近一年，当地教育部门对幼儿园进行考核与检查的次数是

A. 没有　　B. 1—2 次　　C. 3—4 次　　D. 5—6 次

E. 7 次及以上

18. 幼儿园为教师提供的学习配套设施有（可多选）

A. 工作间　　B. 学习桌　　C. 电脑　　D. 移动硬盘或 U 盘

E. 摄像机　　F. 打印机　　G. 其他________（请填写）

19. 幼儿园供教师使用的学习场所有（可多选）

A. 阅览室　　B. 会议室　　C. 备课室　　D. 研讨室

20. 幼儿园为教师提供的网络资源有（可多选）

A. 网络课程　　B. 电子书　　C. 专业网站　　D. 无线网络

E. QQ/微信群　　F. 其他________（请填写）

21. 教师获得专科、本科或硕士等学历时，幼儿园给予的奖励有（可多选）

A. 现金奖励　　B. 公开表扬

C. 荣誉奖励　　D. 职称职务晋升

E. 工资津贴提升　　F. 报销学费或差旅费

G. 其他________（请填写）

22. 幼儿园开展的科研课题有（可多选）

A. 国家级课题　B. 省级课题　C. 市级课题　D. 区县级课题

E. 园本课题

23. 幼儿园为本园教师提供的外出培训与学习的机会有（可多选）

A. 国家级培训与学习　　B. 省级培训与学习

C. 市级培训与学习　　D. 区县级培训与学习

题项	完全不符合	不太符合	无法确定	比较符合	完全符合
24. 幼儿园为教师提供了专业书籍和杂志等	1	2	3	4	5
25. 幼儿园经常安排有经验的教师分享经验或上示范课	1	2	3	4	5
26. 幼儿园工作任务繁重，教师的精神压力较大	1	2	3	4	5
27. 教师之间乐意就工作中的问题相互帮助	1	2	3	4	5
28. 幼儿园的领导乐意就工作中的问题为教师出谋划策	1	2	3	4	5
29. 家长乐意与教师就幼儿的教育问题进行沟通	1	2	3	4	5
30. 周边社区居民文化娱乐活动丰富、学习气氛浓厚	1	2	3	4	5
31. 幼儿园制定了业务学习制度，并严格执行	1	2	3	4	5
32. 幼儿园协助教师制定了个性化的职业发展规划	1	2	3	4	5
33. 幼儿园经常检查教师的反思日记、教案、学习记录等	1	2	3	4	5

续表

题项	完全不符合	不太符合	无法确定	比较符合	完全符合
34. 园长的办园理念先进，对幼儿园发展有长远规划	1	2	3	4	5
35. 园长乐学善思、锐意创新	1	2	3	4	5
36. 幼儿园经常组织专题学习或研讨活动	1	2	3	4	5
37. 幼儿园的管理井然有序、宽严适度	1	2	3	4	5
38. 幼儿园经常就重大事件征求教职工的意见	1	2	3	4	5

三、幼儿园教师自主学习支持系统调查问卷（学前教育管理者问卷）

尊敬的教研员：

您好！非常感谢您参与此次调查！本调查所收集的资料仅供课题研究之用，不会个别公开和上传，敬请放心。请尽可能真实、准确地填写。

问卷中的问题有两种形式：填空和选择。请您把答案填写在横线上，或在最符合您情况的答案选项上画圈。如无特殊说明，选择题均为“单选”。

1. 您任职的单位是________省________市________区/县________（请填写）

2. 您的职务是________（请填写）

3. 您辖区内的幼儿园数量是________；幼儿园教职工总人数是________（请填写）

4. 您辖区内的幼儿园的等级有（可多选）

A. 三级园　B. 二级园　C. 一级园　D. 地市级示范园

E. 省级示范园

5. 您辖区内的幼儿园有（可多选）

A. 教育部门办园　B. 党政军办园

C. 国有企事业单位办园　　D. 乡镇中心园
E. 街道或村办园　　F. 小区配套园
G. 民办园

6. 当地教育部门规定幼儿园图书室每日的开放时间是
A. 没有　　B. 1 小时　　C. 2 小时　　D. 3 小时
E. 4 小时及以上

7. 当地教育部门规定幼儿园每周为教师安排的专门的业务学习时间是
A. 没有　　B. 1 小时　　C. 2 小时　　D. 3 小时
E. 4 小时及以上

8. 辖区内幼儿园现有的教研组数量是
A. 没有　　B. 1—3 个　　C. 4—6 个　　D. 7—9 个
E. 10 个及以上

9. 辖区内幼儿园现有的课题组数量是
A. 没有　　B. 1—5 个　　C. 6—10 个　　D. 11—15 个
E. 16 个及以上

10. 当地教育部门是否安排有经验的专家对幼儿园进行指导
A. 是　　B. 否

11. 近一年，当地教育部门用于各幼儿园图书购置的平均经费为
A. 没有　　B. 1—500 元　　C. 501—1000 元　　D. 1001—1500 元
E. 1500 元以上

12. 近一年，您对辖区内各幼儿园教师听课和评课指导的平均次数约是
A. 没有　　B. 1 次　　C. 2 次　　D. 3 次
E. 4 次及以上

13. 近一年，您所在单位为幼儿园教师提供的外出培训与学习的人均次数是
A. 没有　　B. 1 次　　C. 2 次　　D. 3 次
E. 4 次及以上

14. 近一年，辖区内获得省级、市级或区县级荣誉或奖励的幼儿园教师

总人数是

A. 没有　B. 1—10 名　C. 11—20 名　D. 21—30 名

E. 30 名以上

15. 近一年，您所在单位邀请专家、名师等为本辖区幼儿园教师开展培训和讲座的总次数是

A. 没有　B. 1—2 次　C. 3—4 次　D. 5—6 次

E. 7 次及以上

16. 近一年，您参与幼儿园观摩、教研活动或竞赛评比的总次数是

A. 没有　B. 1—2 次　C. 3—4 次　D. 5—6 次

E. 7 次及以上

17. 近一年，当地教育部门对各幼儿园进行考核与检查的平均次数是

A. 没有　B. 1—2 次　C. 3—4 次　D. 5—6 次

E. 7 次及以上

18. 您所在单位为辖区内幼儿园教师提供的网络资源有（可多选）

A. 网络课程　B. 电子书　C. 专业网站　D. 无线网络

E. QQ/微信群　F. 其他________（请填写）

19. 您所在单位开展学前教育方面的科研课题有（可多选）

A. 国家级课题　B. 省级课题　C. 市级课题　D. 区县级课题

E. 单位内部课题

题项	完全不符合	不太符合	无法确定	比较符合	完全符合
20. 您所在单位为幼儿园教师提供了专业书籍和杂志等	1	2	3	4	5
21. 您所在单位经常安排有经验的幼儿园教师或专家等分享经验或上示范课	1	2	3	4	5
22. 幼儿园教师工作任务繁重，精神压力较大	1	2	3	4	5
23. 您所在单位同各幼儿园保持较密切的联系	1	2	3	4	5

续表

题项	完全不符合	不太符合	无法确定	比较符合	完全符合
24. 您所在单位的领导乐意就工作中的问题为幼儿园出谋划策	1	2	3	4	5
25. 周边社区居民文化娱乐活动丰富、学习气氛浓厚	1	2	3	4	5
26. 您所在单位制定规章制度，对辖区内幼儿园进行监督	1	2	3	4	5
27. 您所在单位为幼儿园制定了相应的发展规划	1	2	3	4	5
28. 您所在单位在调研时注重查看教师的反思日记、教案、学习记录等	1	2	3	4	5
29. 辖区内大部分幼儿园园长的办园理念先进，对幼儿园发展有长远规划	1	2	3	4	5
30. 辖区内大部分幼儿园园长乐学善思、锐意创新	1	2	3	4	5
31. 您会经常参加幼儿园组织的专题学习或研讨活动	1	2	3	4	5
32. 您单位所在辖区内，各幼儿园的管理井然有序、宽严适度	1	2	3	4	5

附录二 幼儿园教师教学反思的现状调查问卷与访谈提纲

一、幼儿园教师教学反思的现状调查问卷

尊敬的老师：

您好，我想就幼儿园教师教学反思的现状做一个调查。本问卷仅供研究使用，采用不记名方式，请您不必有任何顾虑，根据您的实际情况填写。非常感谢您百忙之中提供的帮助与支持。

第一部分 基本信息

1. 您的性别是

A. 男　　B. 女

2. 您所在的年级是

A. 小班　　B. 中班　　C. 大班

3. 您的年龄是

A. 19 岁及以下　　B. 20—29 岁　　C. 30—39 岁　　D. 40 岁及以上

4. 您的教龄是

A. 0—2 年　　B. 3—5 年　　C. 6—9 年　　D. 10 年及以上

5. 您的学历是

A. 大专以下　　B. 大专　　C. 本科　　D. 硕士及以上

6. 您的职称是

A. 小学三级　　B. 小学二级　　C. 小学一级　　D. 小学高级

E. 未定

7. 您目前的职务是

A. 园长　　B. 副园长　　C. 保教主任　　D. 教研主任

E. 后勤主任　　F. 教研组长　　G. 年级组长　　H. 代班教师

第二部分　单项选择

1. 您认为幼儿园教师进行教学反思重要吗？

A. 不重要　　B. 不太重要　　C. 重要　　D. 非常重要

2. 您觉得教学反思对您有帮助吗？

A. 没有收获　　B. 收获较差　　C. 收获一般　　D. 收获大

3. 您是否赞成“优秀教师=教学+反思”？

A. 是　　B. 否

4. 您是否了解教学反思的内涵？

A. 不了解　　B. 了解一些　　C. 了解　　D. 完全了解

5. 您是否会主动进行教学反思？

A. 是　　B. 否

6. 您有撰写反思日记的习惯吗？

A. 有　　B. 没有

7. 您多长时间进行一次教学反思？

A. 每天　　B. 一星期　　C. 一个月　　D. 一学期

E. 从不

8. 您通常更倾向于对以下哪方面进行反思？

A. 失败之处　　B. 成功之处

9. 您的教学反思通常在什么时候进行？

A. 教学前　　B. 教学后　　C. 教学中

10. 您是否会将教学反思的结论运用于后续的教学实践？

A. 从不　　B. 偶尔　　C. 经常　　D. 坚持这么做

11. 教学反思中遇到困惑时，您最希望得到谁的帮助？

A. 领导　　B. 专家　　C. 同事　　D. 其他

12. 您会和同事交流有关工作的想法吗？

A. 从不　　B. 偶尔　　C. 经常　　D. 坚持这么做

13. 您更倾向于以下哪种反思方式？

A. 独立反思　　B. 合作反思

14. 您在教学反思的过程中，能不断总结经验教训吗？

A. 从不　　B. 偶尔　　C. 经常　　D. 坚持这么做

15. 您园的管理者对于您的教学，会给予具体指导吗？

A. 从不　　B. 偶尔　　C. 经常　　D. 坚持这么做

第三部分　多项选择

1. 您进行教学反思的主要原因包括（可多选）

A. 完成幼儿园布置的工作　　B. 促进自身专业发展

C. 促进幼儿全面发展　　D. 个人的兴趣爱好

E. 其他________（请填写）

2. 在以下教学反思的方式中，您经常采用的是（可多选）

A. 想一想　　B. 写反思日记　　C. 谈一谈　　D. 做研究

E. 读文献

3. 您教学反思的内容包括（可多选）

A. 教育实践　　B. 幼儿成长　　C. 自身发展　　D. 教育理念

E. 其他________（请填写）

4. 在以下教学反思途径中，您经常采用的是（可多选）

A. 自我反思　　B. 幼儿反应　　C. 同伴帮助　　D. 专家引领

E. 家长反馈

第四部分　教学反思情况量表

针对以下问题，请您在最符合您情况的数字上画圈。

当我遇到问题时：

题号	题项	总是这样	经常这样	有时这样	极少这样	从不这样
1	我能够鉴别问题及情境	4	3	2	1	0
2	我根据幼儿的需求分析问题和安排工作	4	3	2	1	0
3	我会为自己的决策寻找支持（或反对性）的证据	4	3	2	1	0
4	我在分析问题时考虑伦理道德	4	3	2	1	0
5	我能有条理地解决问题	4	3	2	1	0
6	我凭直觉做出判断	4	3	2	1	0
7	我会创造性地解决问题	4	3	2	1	0
8	我的做法因情境而异	4	3	2	1	0
9	我对固定的常规最放心	4	3	2	1	0
10	我坚持一些观点（比如，所有的幼儿都能够学习）	4	3	2	1	0
11	我对幼儿的需要积极做出回应	4	3	2	1	0
12	我常常评价个人的目标与行动	4	3	2	1	0
13	我思维灵活	4	3	2	1	0
14	我爱提问	4	3	2	1	0
15	我欢迎同事评价我的做法	4	3	2	1	0

当我进行教学计划、实施、评价时：

题号	题项	总是这样	经常这样	有时这样	极少这样	从不这样
16	我常常运用创新性的观点	4	3	2	1	0

续表

17	我关注的焦点是教学目标	4	3	2	1	0
18	我认为不存在最好的教学方法	4	3	2	1	0
19	我拥有作为一名好老师所需的技能	4	3	2	1	0
20	我拥有作为一名好老师所需的知识	4	3	2	1	0
21	我会自觉地调整教学以适应幼儿的需要	4	3	2	1	0
22	我能够充分地完成任务	4	3	2	1	0
23	我理解概念、基本事实、步骤以及技能	4	3	2	1	0
24	我知道好的教学实践的社会意义	4	3	2	1	0
25	我设定长期目标	4	3	2	1	0
26	我对自己进行自我调控	4	3	2	1	0
27	我评价自己教学的有效性	4	3	2	1	0
28	幼儿实现了我的教学目标	4	3	2	1	0
29	我有规律地写日志	4	3	2	1	0
30	我参与行动研究	4	3	2	1	0

二、幼儿园教师教学反思的现状访谈提纲

1. 您认为什么是教学反思？

2. 您认为教学反思对您的帮助有哪些？

3. 您通常怎样进行教学反思？

4. 您教学反思的内容主要有哪些？

5. 影响您进行教学反思的因素有哪些？请您简要说明。

6. 您在教学反思中遇到的困惑与困难有哪些？

7. 对于教学反思，您希望幼儿园给予哪些帮助和支持？幼儿园给您提供了哪些支持？您对幼儿园提供的支持满意吗？

附录三　园本培训中幼儿园教师自主学习调查问卷与访谈提纲

一、园本培训中幼儿园教师自主学习调查问卷

亲爱的老师：

您好！感谢您参与关于“园本培训中幼儿园教师自主学习”的问卷调查。此次调查主要是为了解贵园园本培训中的幼儿园教师自主学习的现状。本问卷以不记名的方式作答，调查结果仅用于研究，请您放心如实回答。真诚感谢您的合作与支持！

第一部分　基本信息

1. 您的幼儿园是

A. 公办园　　B. 民办园

2. 您的性别是

A. 男　　B. 女

3. 您的年龄是

A. 20 岁及以下　　B. 21—30 岁　　C. 31—40 岁　　D. 41—50 岁

E. 50 岁以上

4. 您的教龄是

A. 1—2 年　　B. 3—5 年　　C. 6—10 年　　D. 11—15 年

E. 16—20 年　　F. 20 年以上

5. 您的职称是

A. 无　　B. 中小学二级　　C. 中小学一级　　D．中小学高级

6. 您的学历是

A. 中专及以下　　B. 大专　　C. 大学本科　　D. 研究生及以上

第二部分　学习状况

本部分主要了解园本培训中教师学习的现状，请您根据实际情况在相应的数字选项上画圈（5 完全符合，4 符合，3 不知道，2 不符合，1 完全不符合）。请不要遗漏，谢谢。

1. 您在园本培训中的学习热情高主要是因为？

（1）我对学习新知识有极大的兴趣	5	4	3	2	1
（2）我想与更多的教师交流	5	4	3	2	1
（3）我想提升自己的教学能力	5	4	3	2	1
（4）幼儿园、学生家长要求我学	5	4	3	2	1
（5）大家都在学，我不学不行	5	4	3	2	1
（6）我想获取更多报酬	5	4	3	2	1
（7）我想更顺利地评职称	5	4	3	2	1

2. 下列关于幼儿园教师在园本培训中的学习内容的说法是否符合您的情况？

（1）我在培训中重视教育方针政策的研读	5	4	3	2	1
（2）我在培训中重视研究幼儿身心特点和发展规律	5	4	3	2	1
（3）我在培训中还不知道如何有效地进行教学反思	5	4	3	2	1
（4）我在培训中重视职业道德规范的养成	5	4	3	2	1
（5）我在培训中重视教师课堂组织能力和调控能力的培养	5	4	3	2	1

（6）我在培训中掌握了解幼儿的基本研究方法 5 4 3 2 1

3. 下列关于幼儿园教师在园本培训中的学习方式的说法是否符合您的情况？

（1）我使用案例分析法学习 5 4 3 2 1

（2）我采用把学习任务化整为零的方法学习 5 4 3 2 1

（3）我采用设置问题的方式学习 5 4 3 2 1

（4）我经常会和同行交流教学体会 5 4 3 2 1

（5）我经常参加听课评课活动 5 4 3 2 1

（6）我通过“师带徒”活动向老教师学习 5 4 3 2 1

4. 下列关于幼儿园教师在园本培训中学习的外部支持条件的说法是否符合您的情况？

（1）幼儿园为我提供了充足的学习资源 5 4 3 2 1

（2）园领导能对我的学习和发展起到引领作用 5 4 3 2 1

（3）我的学习结果得到了幼儿园的恰当评价 5 4 3 2 1

（4）我的教学任务太繁重，几乎没有时间学习 5 4 3 2 1

（5）我的教学和研究急需专家的指导 5 4 3 2 1

（6）同事对我的学习和发展没能起到促进作用 5 4 3 2 1

5. 下列关于幼儿园教师在园本培训中的学习时间的说法是否符合您的情况？

（1）我会根据自己实际情况制定学习时间表 5 4 3 2 1

（2）培训活动结束后，我仍不知疲倦地学习 5 4 3 2 1

（3）我参加培训时会安排好时间，完成预定任务 5 4 3 2 1

（4）由于我的社会活动很少，我有较多的学习时间 5 4 3 2 1

（5）由于我抚养孩子的负担较轻，我有较多的学习时间 5 4 3 2 1

（6）近1—2年，我在幼儿园中有整块学习的

	5	4	3	2	1
时间	5	4	3	2	1
(7) 我经常挤时间参加园本培训	5	4	3	2	1

6. 下列关于幼儿园教师在园本培训中的学习结果的说法是否符合您的情况？

(1) 我更热爱我的教师职业了	5	4	3	2	1
(2) 我针对不同的幼儿使用了不同的教学方法	5	4	3	2	1
(3) 我掌握了幼儿发展中易出现的问题与对策	5	4	3	2	1
(4) 我更重视幼儿园、家庭和社区的合作	5	4	3	2	1
(5) 我了解了幼小衔接的知识与基本方法	5	4	3	2	1
(6) 我掌握了学前教育教学的理论知识	5	4	3	2	1

二、园本培训中幼儿园教师自主学习访谈提纲（教师）

1. 您如何理解教师学习与园本培训的关系？

2. 您在园本培训中的学习动力是什么？

3. 您通过园本培训重点学习什么？哪些内容对您最有帮助？

4. 平时在园本培训中，您采用什么学习方法？请您举例说明。如果使用了合作学习的方法，请问您在合作学习过程中的参与程度如何？您认为哪种学习方法最有效？

5. 园本培训中，教师之间的交流对您的学习和发展有多大帮助？

6. 您是怎样总结个人在园本培训中的学习经验的？您何时开始反思自己的学习经历？反思是否促进了您的专业学习？请举例说明。

7. 您认为园领导在园本培训中对您的学习有何影响？

8. 园本培训中，您最常用什么学习资源？这些资源对您的学习有多大程度的帮助？请举例。

9. 您能够自行安排在园本培训中的学习时间吗？

10. 日常教学和家庭生活是怎样影响您在园本培训中的学习的？

11. 在您看来，通过园本培训您获得了哪些成长？

12. 您对园本培训中的教师学习和发展有什么其他建议？

三、园本培训中幼儿园教师自主学习访谈提纲（园长）

1. 请您简单介绍贵园园本培训的情况（如时间、地点安排，内容选择，由谁主持等）。贵园进行园本培训的目的在于什么？

2. 您认为园本培训与教师学习有什么关系？

3. 贵园园本培训主要采用哪些方式？您认为哪种方式对促进教师的专业学习最有效？

4. 为推动教师专业学习，贵园在园本培训中都提供了哪些外部支持条件？

5. 您认为园领导在园本培训中对教师的学习有何影响？

6. 通过园本培训活动，园内教师在专业学习上有了哪些改变？

7. 您认为为了更好地推动幼儿园教师通过园本培训实现专业学习，我们应做出怎样的努力？

附录四　基于课题研究的幼儿园教师自主学习访谈提纲与课题案例

一、基于课题研究的幼儿园教师自主学习访谈提纲（教师）

1. 简要谈谈您的科研经历。

2. 您如何理解“教师是研究者和学习者”？您对幼儿园教师参与课题研究有何看法？

3. 您觉得教师在课题研究中的学习与在其他活动（培训活动、教学活动）中的学习有何异同？

4. 您在刚结题的“十二五”课题“‘少教多学’在幼儿园教学中的策略与方法研究”中承担了哪些工作？扮演了哪些角色？

5. 为了完成您的科研任务或引领任务，您需要学习哪些方面的内容（知识/技能/专业理念）？哪些内容对您的专业成长最有帮助？

6. 您在该课题中通过哪些方法学习？组织（或参加）过哪些专业活动？您认为哪种学习方法和学习活动最有效？

7. 您在课题研究中有哪些收获？请举例说明参加课题研究对您的工作、生活等方面有哪些影响？

8. 在该课题中，您遇到的最大的困难是什么？如何克服的？

9. 您认为哪些因素影响您在课题研究中的学习（如个性、学习品质、园领导、日常教学、家庭生活等）？

10. 为了在课题研究中更好地实现专业成长，您最想获得哪些支持（如人力、物力、财力、时间、制度等）？

二、基于课题研究的幼儿园教师自主学习访谈提纲（园长）

1. 请您简单介绍贵园课题研究的情况（如时间、地点、内容、课题组成员，是否推广等）。

2. 您如何理解“教师是研究者和学习者”这一观点？您觉得课题研究对教师的专业成长所起的作用与其他活动（如培训活动）有何不同？

3. 幼儿园围绕着课题研究开展了哪些专业学习活动？哪些活动对促进教师的专业学习最有效？

4. 幼儿园在课题研究中都提供了哪些支持（如人、物、财、制度等）？

5. 幼儿园是否已经建立科学、完善的教育科研管理制度？

6. 您认为哪些因素会影响教师在课题研究中的学习？

7. 通过课题研究，幼儿园教师获得了哪些方面的专业成长？

8. 您认为为了促进教师在课题研究中的学习，教师个人、教育行政部门、幼儿园、家庭等还应该在哪些方面做出努力？

三、课题研究活动记录表

<table>
<tr><td colspan="3">课题题目：</td></tr>
<tr><td>活动时间：</td><td>第________次</td><td>活动地点：</td></tr>
<tr><td colspan="3">活动成员：</td></tr>
<tr><td colspan="3">活动内容：</td></tr>
<tr><td colspan="3">1. 活动目的</td></tr>
<tr><td colspan="3">2. 活动形式（小组讨论、访问专家、查阅资料、实验教学、调查等）</td></tr>
</table>

续表

<table>
<tr><td>3. 活动过程</td></tr>
<tr><td>4. 活动结果
(1) 得到的结论:

(2) 解决的问题:

(3) 是否完成了预定的目标和计划:

(4) 出现的新问题:</td></tr>
<tr><td>5. 备注

记录人:
年　月　日</td></tr>
</table>

四、A园“‘少教多学’在幼儿园教学中的策略与方法研究”研究方案（部分）

（一）研究总方案

1. 研究目标

（1）通过本课题研究，进一步更新教育观念，转变教学行为，激励教师主动地运用并探索先进、有效的教学方法，推进我园课程改革的发展，促进教育活动的优质、高效，让素质教育真正落到实处。

（2）通过探索提高幼儿园教育活动效率的途径，形成一支开放型的、具有过硬专业素质和业务水平的教师队伍，从而进一步全面提升幼儿园的教育质量。

2. 研究内容

（1）探索“少教多学”教育活动的组织形式。

（2）探索“少教多学”教育活动模式各个环节的具体操作策略。

（3）探索“少教多学”评价方法。

（4）探索园本培训和“少教多学”教育活动与实验相结合的途径。

3. 研究对象

幼儿园大一班、大三班、中一班、中三班、小一班、小二班、小三班的幼儿。

4. 研究思路

首先成立课题研究小组，制定课题方案，确定“理论—实践—再理论—再实践”的行动研究技术路线。课题实验准备阶段以理论学习与调查研究为主，重在进行“少教多学”教育活动方式的学习及教育活动模式的构建。课题实施阶段以实践探索为主，通过对“少教多学”教育活动模式各个环节、教育活动组织等方面的具体研究，探究教育活动的操作策略。课题总结阶段以理论分析为主，通过分析、归纳，总结经验得失，形成系统的“少教多学”教育活动模式，然后将理论、经验向其他幼儿园推广。

5. 研究方法

（1）文献资料法：通过文献的搜集与整理分析，学习“少教多学”教育活动以及操作技巧方面的理论，构建较为完备的教育活动操作技巧体系。

（2）观察法：研究课堂必须观察教育活动。本课题将采用两种方式实地观察教育活动。一是日常教育活动观察，即教师在日常教育活动中有意识地观察幼儿的学，审视自己的教；二是局外结构观察，即课题组组织参与研究的教师带着研究的问题，按照一定的程序深入观察某位教师的教育活动，并采用明确的观察提纲或观察记录表格对教育活动中的现象进行观察、记录。

（3）案例研究法：本课题将选取典型的教学案例进行深入剖析和研究，最终形成一批体现课题研究特色、具有参考价值的案例。

（4）个案研究法：选取具有一定代表意义的幼儿或班级作为个案研究对象，采取调查、观察、录像、录音、检测、收集作品等方式，对幼儿做好跟踪调查，为他们建立研究档案，以此作为研究的资料。

（5）行动研究法：将“少教多学”教学方法研究得出的理论成果付诸教育活动实践，理论与实践相结合，在实践中验证、总结、反思、优化和改进，并从中探索出比较成熟的教学方法和教育活动模式。

6. 研究步骤

（1）准备阶段（2012. 5—2012. 10）

搜集相关资料，学习理论文献，寻找理论依据，明确实验目标，提炼先进理论经验，提出实验假设，完善实验方案设计。

开展调查研究，了解实验前师幼的状况及其对实验的支持程度，有针对性地设计研究方案与策略。

（2）实施阶段（2012. 10—2014. 9）

实施“少教多学”教育活动模式，对各教学环节的具体操作策略开展深入研究。

开展“少教多学”教育活动组织形式及教育活动评价的相关研究。

开展个案研究，选取并提炼有代表性的教育活动案例和幼儿个案进行研究。

（3）总结阶段（2014.9—2014.12）

采用已经研究的“少教多学”教学模式进行教学展示，积累优质教学课例。整理相关论文、案例。

对实验进行系统分析、总结，逐步完善实验工作，形成本园教育活动改革的基本模式和特色。

（4）结题阶段（2014.12—2015.6）

完成结题报告，申请结题，举办研究成果展览，召开课题验收鉴定会。

（二）2014 年春季学期 A 幼儿园“少教多学”课题组工作方案

1. 指导思想

在打造高效课堂教育思想和教育理论的指导下，以本课题为基础，以推进课程改革为重点，积极开展实践层面上的研究，致力于提高教师自身的教学研究意识与研究能力。加强课题工作的过程管理，确保课题研究的质量和实践。以科研促进教改，以教改促进教学。同时，大胆尝试转变教育教学的科研方式，追求实践层面的创新，将科研活动系列化、主题化，进一步扩大研究的影响。

2. 工作目标

（1）以研促教，以教促学，增强全体教师的教科研意识和课题研究能力。

（2）总结、提升课题研究的成果，扩大课题研究的影响，加强过程管理，完善课题管理制度。

（3）进一步深入开展教育活动实践，将日常的教育活动同教学质量月展示活动相结合，在实践中反复推敲，力争形成最为有效的教育活动实施策略。

（4）形成课题中期结题论文及课题实施研究报告，对整个研究工作做一个好的总结。

3. 具体措施

第一，围绕课题，组织各类培训学习，增强教师的教科研意识和研究水平。组织教师阅读教科研类的书籍，将集体学习与自主学习相结合。本学期组织全体教师自主学习新基础教育类的文章。组织案例评比、论文评选、研究课等活动。指导教科研的实践操作，解决教师在研究过程中碰到的实际问题，使教师少走弯路，快速提高教师们的科研水平。组织教师参加各级培训，外出听课。

第二，明确研究方法，科学设计课题研究计划，确保课题研究顺利实施。

第三，强化课题管理，提高课题研究效益。

4. 中期评估准备工作

第一，分析课题研究过程中途径、策略的有效性。完成课题相关调查报告，为课题中期评估工作做好准备。

第二，召开课题组成员工作布置会，要求成员在规定时间内梳理五大领域研究资料，为撰写研究报告做好准备。

第三，汇总一年多来的课题研究资料，并撰写课题中期研究报告，对研究工作做出总结，以备区教科中心评估需要。

5. 主要活动安排

二月份：

（1）制订幼儿园课题组工作计划。

（2）整理资料，迎接课题组中期评估。

三月份：

（1）接受区教科所课题组中期评估。

（2）更新研究内容，增加如何在区域活动中体现“少教多学”的研究。利用课题组教研活动向其他教师学习。

（3）参加上海名师教学培训，优化教育活动。

（4）探索“少教多学”教学模式，重点是教育活动的操作环节。

四月份：

（1）开展“少教多学”课题教研月活动。

（2）认真钻研有关“少教多学”有效性与模式研究的理论知识。

（3）完善课题实验课，并积极参与课题组的教学观摩活动。

（4）编写教学案例及反思。

（5）参加上海“国培计划”。

五月份：

（1）参加课题组会议，汇报研究中遇到的问题及研究方向。

（2）及时总结课题研究取得的阶段性成果，收集教育活动模式的反馈意见。

（3）撰写教育叙事案例，与课题组教师进行交流。

（4）听专家讲座。

六月份：

（1）整理课题研究尚未解决的问题，集思广益，共同探讨，进行针对性研究。

（2）做好课题阶段性总结工作。

（3）进行课题总结，撰写研究论文。

附录五　幼儿园组织气氛和教师自主学习动机调查问卷与访谈提纲

一、幼儿园组织气氛和教师自主学习动机调查问卷

尊敬的老师：

您好！非常感谢您在百忙之中参与我们的调查，这份问卷的目的是了解您对自己工作状况的一些感受。本问卷采用匿名方式，回答无对错之分，您所提供的信息将被严格保密，仅供研究使用，故恳请您根据您的实际情况和感受如实填答。非常感谢您的合作！

第一部分　基本信息

（请在符合您真实情况的选项后的括号内打“√”）

性别：男（　）　　女（　）

教龄：3 年及以下（　）　　4—9 年（　）　　10—15 年（　）
16—20 年（　）　　20 年以上（　）

职称：无职称（　）　　小教三级（　）　　小教二级（　）
小教一级（　）　　小教高级（　）

职务：主配班老师（　）　　保育老师（　）
教科研组长及以上领导（　）

学历：中专及以下（　）　　大专（　）　　本科（　）　　硕士（　）

园所性质：公办（　）　　民办（　）

第二部分　教师工作情况量表

（请根据您的实际情况，在相应的数字下面打“√”）

分量表一						
题号	题项	完全不符合	较不符合	不确定	较符合	完全符合
1	园长会设法协助教师解决难题	1	2	3	4	5
2	幼儿园每件公务都要由园长指派	1	2	3	4	5
3	教师尊重彼此的专业	1	2	3	4	5
4	老教师能很快接纳新进教师	1	2	3	4	5
5	园长监督教师做每一件事情	1	2	3	4	5
6	教师积极参加各种专业方面的在职进修	1	2	3	4	5
7	教师之间来往密切、互相关心	1	2	3	4	5
8	园长信赖教师的教学及处世能力	1	2	3	4	5
9	幼儿园处理事务常通过烦琐的手段和形式	1	2	3	4	5
10	教师努力克服或解决教学上的问题	1	2	3	4	5
11	教师不会互相帮助与支持	1	2	3	4	5
12	教师不会批评幼儿园的措施	1	2	3	4	5
13	园长重视教师的福利	1	2	3	4	5
14	教师需要参加的园里会议太多，影响正常教学	1	2	3	4	5
15	教师热衷于追求新知，阅读相关专业书籍	1	2	3	4	5
16	本园教师最亲密、信赖的朋友是本园的同事	1	2	3	4	5
17	教师私下常谈论调职或离职他就的事情	1	2	3	4	5
18	园长称赞教师的优良表现	1	2	3	4	5
19	教师在工作时表现出高度的合作精神	1	2	3	4	5
20	教师参加各种会议时经常出现意见分歧，缺乏共识	1	2	3	4	5
21	园长会给教师充分表达意见的机会	1	2	3	4	5
22	园长亲自安排教师所承担的工作	1	2	3	4	5

续表

分量表一						
题号	题项	完全不符合	较不符合	不确定	较符合	完全符合
23	幼儿园里有些教师形成了小团体，和其他教师唱反调	1	2	3	4	5
24	园长对待教师一视同仁	1	2	3	4	5
25	教师的非教学性工作非常繁重	1	2	3	4	5
26	教师不会聚在一起研究和解决教学上的问题	1	2	3	4	5
27	教师在许多场合批评同事或园长	1	2	3	4	5
28	园长巡视各班级的上课情况	1	2	3	4	5
29	例行的行政工作干扰到教师的正常教学	1	2	3	4	5
30	教师以幼儿园为荣，工作努力	1	2	3	4	5
31	园长密切监督教师在幼儿园的有关活动	1	2	3	4	5
32	教师参与教学研讨或进行教学研究	1	2	3	4	5
33	园长检查教师的教学计划	1	2	3	4	5
分量表二						
题号	题项	完全不符合	较不符合	不确定	较符合	完全符合
1	我最欣赏那些好学不倦的人	1	2	3	4	5
2	我希望能够自己决定学什么以及怎样学	1	2	3	4	5
3	如果我想学习，无论多忙我都能抽出时间来学习	1	2	3	4	5
4	我经常利用业余时间学习	1	2	3	4	5
5	我会主动创造条件学习	1	2	3	4	5
6	我学习的效果比大多数人要好些	1	2	3	4	5
7	我有信心掌握最复杂的知识	1	2	3	4	5
8	我相信自己能够理解所学的最难的内容	1	2	3	4	5
9	我比大多数人更容易找出我所需要学习的东西	1	2	3	4	5
10	学习遇到困难的时候，我总能想到解决的办法	1	2	3	4	5
11	学习对我今后的发展很重要	1	2	3	4	5

续表

分量表二						
题号	题项	完全不符合	较不符合	不确定	较符合	完全符合
12	为了所进行的学习，付出努力和时间是值得的	1	2	3	4	5
13	学习使人终身受益	1	2	3	4	5
14	学习是自己的事，来不得半点马虎	1	2	3	4	5
15	我应该对自己的学习负责任	1	2	3	4	5

二、幼儿园组织气氛和教师自主学习动机访谈提纲

1. 请您简单介绍下您的背景信息（年龄、学历、教龄、职称）。

2. 您认为您所在幼儿园的组织气氛怎么样？

3. 您认为您自主学习的内在动机水平如何？主要受哪些方面的影响？能否举例说明？

4. 您认为园长对教师的支持（如园长能倾听及接纳教师的建设性建议，赞许并尊重教师的专业能力，为教师提供指导性意见等），是否影响您自主学习的自我效能感（比如对学习效果、解决自主学习中的问题的自信程度）？如果是，请问如何产生影响，可否用一两例案例说明？如果不是，请您说明理由。

5. 您认为园长对教师的监督（如园长监督或监管教师的教学计划、教师行为及园所活动等）是否会影响您自主学习的主动意识（如自主决定怎么学习，经常利用业余时间进行学习等）？如果是，请问如何产生影响，可否用一两例案例说明？如果不是，请您说明理由。

6. 您认为园长对教师的限制（如园长给予无关教学的工作负担或关于教学的过重负担等）是否会影响您自主学习的主动意识？如果是，请问如何产生影响，可否用一两例案例说明？如果不是，请您说明理由。

7. 您认为教师敬业（如教师乐于投入工作，以幼儿园为荣，尊重同事并喜欢和同事一起从事工作等）是否会影响您自主学习的主动意识？如果是，

请问如何产生影响，可否用一两例案例说明？如果不是，请您说明理由。

8. 您认为教师敬业是否会影响您自主学习的价值意识（如自主学习对教师今后的发展很重要，为了学习值得付出努力等）？如果是，请问如何产生影响，可否用一两例案例说明？如果不是，请您说明理由。

9. 在上述列举的几个因素（园长对教师的支持行为、监督行为、限制行为和教师敬业行为）中，您认为哪个因素对于激发教师的自主学习动机最重要？您能否具体说明？

10. 为了更好地激发自主学习动机，您需要获得哪些帮助和支持？您认为幼儿园需要采取哪些措施更好地支持您？

三、幼儿园组织气氛对教师自主学习动机影响的路径编码

表附–1　园长支持行为对教师自主学习自我效能感影响的编码表

选择式编码	主轴式编码	开放式编码
支持方式	支持园本培训	组织教学观摩
		组织师德培训
		组织理论学习
		组织课题研究
		组织岗位技能培训
	支持园外培训	外出培训机会公平
		外出培训经费报销
		外出培训收获更多
		要求教师作培后汇报
	支持非正式学习	鼓励教师参加比赛
		鼓励教师发表文章
		鼓励教师交流经验
	科学管理园所	关注教师需求
		专设教研室
		使用智能软件

续表

选择式编码	主轴式编码	开放式编码
支持效果	直接效果	适度的园本培训丰富教师的知识与技能
		园外培训水平更高，更能提升教师的学习能力
		教师通过比赛能在短期内快速提升学习能力
	间接效果	为学习创造情绪条件
		增加教师的职业信心
		为学习留出精力

表附-2　园长监督行为对教师自主学习主动意识影响的编码表

选择式编码	主轴式编码	开放式编码
监督形式	监督教师教学	检查上课情况
		检查教师教案
		检查教学计划
		检查教学反思
		检查教学效果
	监督家园合作	检查家园联系栏
		考核家园合作工作
	监督环境创设	检查班级环境
		开展环创评比
	监督教师学习	要求教师制订学习计划
		开展专业知识技能考核
监督效果	根据反馈，主动学习	厘清工作、学习表现上的优劣
		获得提升与发展的方向
		感知重视与认可
		内化学习动机
	压力使然，不得不学	外部调节，开展学习
	过分监督，无力自学	硬性规定过多，分散学习精力
		摄像头监控，降低学习兴致

表附-3　教师敬业行为对教师自主学习价值意识与主动意识影响的编码表

<table>
<tr><th>选择式编码</th><th>主轴式编码</th><th>开放式编码</th></tr>
<tr><td rowspan="11">敬业表现</td><td rowspan="3">积极学习</td><td>积极参加在职培训</td></tr>
<tr><td>积极参加教学研讨</td></tr>
<tr><td>积极阅读专业书刊</td></tr>
<tr><td rowspan="2">投入工作</td><td>热爱本职工作</td></tr>
<tr><td>努力解决工作难题</td></tr>
<tr><td rowspan="3">园所认同</td><td>以园所为荣</td></tr>
<tr><td>园所社会声誉较好</td></tr>
<tr><td>不批评园所措施</td></tr>
<tr><td rowspan="3">同事间友好合作</td><td>尊重彼此的专业</td></tr>
<tr><td>具有合作精神</td></tr>
<tr><td>经常交流经验</td></tr>
<tr><td rowspan="8">敬业效果</td><td rowspan="4">提升价值意识</td><td>以敬业好学者为榜样</td></tr>
<tr><td>学习后的正向反馈，提升学习价值认知</td></tr>
<tr><td>责任心驱动，提升学习价值认知</td></tr>
<tr><td>以园为荣，学习利己利园</td></tr>
<tr><td rowspan="4">提升主动意识</td><td>价值意识对主动意识起联动作用</td></tr>
<tr><td>学习后的良性循环提升学习意愿</td></tr>
<tr><td>爱岗敬业，有浓厚的学习兴趣</td></tr>
<tr><td>友好的合作氛围，愿意开展学习</td></tr>
</table>

附录六　幼儿园教师社交网络学习共同体调查问卷与访谈提纲

一、幼儿园教师社交网络学习共同体调查问卷

尊敬的老师：

您好！非常感谢您参与此次调查。此次调查所收集的资料仅供课题研究之用，我们会对数据严格保密，敬请放心。问卷为匿名填写，答案无对错之分，真实填写即可。填写问卷需要8—10分钟，请填写完整，非常感谢！

第一部分　基本信息

1. 您任职的幼儿园在

A. 城市　　B. 县城（含镇）　C. 农村（含乡和村）

2. 您任职的幼儿园规模是

A. 小型（5个班及以下）　　B. 中型（6—9个班）

C. 大型（10个班及以上）

3. 您任职的幼儿园性质是

A. 公办　　B. 民办

4. 您的年龄是________岁

5. 您的教龄是________年

6. 您的性别是

A. 男　　B. 女

7. 您的学历是

A. 中专及以下　B. 大专　C. 本科　D. 研究生

8. 您的职称是

A. 暂无　B. 三级　C. 二级　D. 一级

E. 高级

9. 您现在是否有编制

A. 是　B. 否

10. 您的月工资约为（含基本工资和各类奖津贴）：

A. 2000 元及以下　B. 2001—2500 元

C. 2501—3000 元　D. 3001—3500 元

E. 3501—4000 元　F. 4000 元以上

11. 您目前的职务是（可多选）

A. 园长　B. 保教主任　C. 教研主任　D. 年级组长

E. 主班教师　F. 配班教师

第二部分　学习状况

以下是关于幼儿园教师日常网络学习的情况，请在横线上填写信息，或者在最符合您实际情况的选项上打“√”。

12. 您有加入利于专业学习的微信群或者 QQ 群吗？

A. 有，微信群有________个，QQ 群有________个

B. 没有

13. 您有加入利于专业学习的其他形式的网络群体吗？

A. 有（例如：________________________________）

B. 没有

若第 12、第 13 题中有选择 A 的情况，请继续完成第 14—45 题；若两题都选择 B，则跳至第 46 题。

您加入某些网络学习共同体（如 QQ 群、微信群等形式的学习交流群体，下同）是因为：

题目	非常不赞同	不赞同	一般	比较赞同	非常赞同
14. 可以结交有共同兴趣爱好的人	1	2	3	4	5
15. 可以使我与其他同人的联系更紧密	1	2	3	4	5
16. 能帮助我解决学术研究中的诸多困惑	1	2	3	4	5
17. 能让我思维更开阔，理解学术问题更到位	1	2	3	4	5

如果在这些网络学习共同体里共享我的知识和经验：

题目	非常不赞同	不赞同	一般	比较赞同	非常赞同
18. 我将会获得更多的认可和尊重	1	2	3	4	5
19. 我将会获得更好的合作或益处	1	2	3	4	5
20. 我可以使该群体更好地为大家服务	1	2	3	4	5
21. 我可以使该群体积累更加丰富的专业知识	1	2	3	4	5

在这些网络学习共同体交流过程中，我自信：

题目	非常不赞同	不赞同	一般	比较赞同	非常赞同
22. 我具备与群内大部分人交流的知识资本	1	2	3	4	5
23. 我拥有专业知识、经验和洞察力，能为群成员提供有价值的知识	1	2	3	4	5

在这些网络学习共同体交流过程中：

题目	非常不赞同	不赞同	一般	比较赞同	非常赞同
24. 我能够清晰、流畅地与其他成员交流	1	2	3	4	5

续表

题目	非常不赞同	不赞同	一般	比较赞同	非常赞同
25. 其他成员的想法能够准确地传递给我	1	2	3	4	5
26. 网络稳定，下载、上传资源顺利	1	2	3	4	5
27. 自己的隐私是安全的，群成员上传的资源是可靠的	1	2	3	4	5

在这些网络学习共同体交流过程中，我发现自己：

题目	非常不赞同	不赞同	一般	比较赞同	非常赞同
28. 发起的话题能够引起大家的讨论	1	2	3	4	5
29. 说话有一定分量，具有一定的影响力	1	2	3	4	5

在这些网络学习共同体交流过程中：

题目	非常不赞同	不赞同	一般	比较赞同	非常赞同
30. 我经常浏览群消息	1	2	3	4	5
31. 我花在群里聊天和讨论上的时间超过我的预期	1	2	3	4	5

整体而言，在这些网络学习共同体里：

题目	非常不赞同	不赞同	一般	比较赞同	非常赞同
32. 学到很多知识和经验，我很满意	1	2	3	4	5
33. 讨论的内容开阔了我的视野，我很满意	1	2	3	4	5
34. 能够获得大家的帮助，我很满意	1	2	3	4	5

在未来：

题目	非常不赞同	不赞同	一般	比较赞同	非常赞同
35. 我仍会关注各种基于社交网络的学习共同体	1	2	3	4	5
36. 我仍会在这些网络学习共同体中与其他成员一起讨论学术问题	1	2	3	4	5
37. 我仍会在这些网络学习共同体中求助学术研究所需的文献资料	1	2	3	4	5
38. 我会推荐别人加入我所在的网络学习共同体	1	2	3	4	5

在这些网络学习共同体交流过程中：

题目	非常不赞同	不赞同	一般	比较赞同	非常赞同
39. 群里支持链接下载、云盘存储等功能，可以传递丰富的媒体信息	1	2	3	4	5
40. 群里支持多人同时沟通，交流方便、及时	1	2	3	4	5
41. 我能够感知与其他成员的共同存在	1	2	3	4	5
42. 我的情绪会影响到他人的情绪	1	2	3	4	5
43. 每次上网时，我都会查看群里所有的未读消息	1	2	3	4	5
44. 不能上网时，我会惦记群里是否有精彩的讨论	1	2	3	4	5
45. 我认为把时间花在群里是值得的	1	2	3	4	5

第三部分　能力状况

以下是关于教师信息技术能力的描述，请在最符合您实际情况的选项上打“√”。

题目	非常不赞同	不赞同	一般	比较赞同	非常赞同
46. 您熟悉计算机的基本操作，如系统规划资源存放、管理文件夹、使用 Office/WPS、使用杀毒软件等	1	2	3	4	5
47. 您熟悉网络检索，如输入网址、搜索资源、下载软件等	1	2	3	4	5
48. 您熟悉资源的加工和处理，如图片、音频、视频等	1	2	3	4	5

二、幼儿园教师社交网络学习共同体访谈提纲（教师）

1. 您有几个有利于专业发展的群？是自己建立的群，还是加入了他人建立的群？自己建群的目的是什么？加入群的目的是什么？

2. 能具体说说您群里的成员都是哪些人吗？

3. 您在群里做了什么？为什么要做这些？

4. 您关注管理者在群里的表现吗？为什么？

5. 您关注群里的其他成员吗？为什么？

6. 您在意群里其他成员与您的互动、对您的评价吗？为什么？

7. 群里通常会发什么消息？您关注群里的哪些信息？您在什么情况下会参与讨论？

8. 您怎么看待群内资源分享这一现象？

9. 谈谈您主动在群里分享资源的经历。

10. 如果群里的有些资源收费，您会做何感想？

11. 如果群里只是单纯的社交，不能共享资源，您会做何感想？

12. 您在这个群里有什么特别的感受？有集体的感觉吗？和实体的学习群体有什么不一样？

13. 群里有人对您的言论表示赞同或者与您的观点不一致，您会如何处理？

14. 您在群里交流会有隐私安全的担忧吗？

15. 您认为应该如何保持群里成员之间的友好互动？

16. 您认为应该如何使群长久地运作下去？

17. 谈谈您加入群后记忆深刻的事件。

18. 通过群进行专业学习与其他形式的学习有什么不一样？您喜欢这些不一样吗？为什么？

19. 您认为这样（基于社交网络）的学习共同体对幼儿园教师专业发展有什么具体作用？

20. 您认为目前这样的学习共同体还有哪些地方需要改进？为什么？

21. 您认为影响幼儿园教师通过这样的学习共同体促进专业发展的重要因素有哪些？它们是如何产生影响的？

22. 您还有什么要补充的吗？

三、幼儿园教师社交网络学习共同体访谈提纲（园长）

1. 您认为基于社交网络的学习共同体对幼儿园教师专业发展有什么具体作用？又有什么不利影响？

2. 您对本园幼儿园教师的网络学习共同体有管理或引导措施吗？具体是什么？

3. 您认为影响幼儿园教师通过网络学习共同体获得专业发展的重要因素有哪些？它们是如何产生影响的？

4. 您认为目前基于社交网络的学习共同体还有哪些地方需要改进？为什么？

5. 您还有什么要补充的吗？

四、幼儿园教师社交网络学习共同体访谈提纲（专家）

1. 您认为基于社交网络的学习共同体对幼儿园教师专业发展有什么具体作用？又有什么不利影响？

2. 您认为影响幼儿园教师通过基于社交网络的学习共同体促进专业发展的重要因素有哪些？它们是如何产生影响的？

3. 您认为幼教专家在这样的学习共同体中应该发挥什么作用？

4. 您认为目前基于社交网络的学习共同体还有哪些地方需要改进？为什么？

5. 您还有什么要补充的吗？

参考文献

一、中文文献

（一）著作

［1］爱泼斯坦. 有准备的教师：为幼儿学习选择最佳策略［M］. 李敏谊，张晨晖，郑艳，等译. 北京：教育科学出版社，2012.

［2］奥姆罗德 . 学习心理学［M］. 汪玲，李燕平，廖凤林，等译. 北京：中国人民大学出版社，2015.

［3］贝尔，布瑞克 . 教育现场的专业学习［M］. 郭华，郑玉飞，宋国才，译. 北京：人民教育出版社，2010.

［4］布鲁尔 . 知识和社会意象［M］. 霍桂桓，译. 北京：中国人民大学出版社，2014.

［5］布洛菲 . 激励学生学习［M］. 张弛，蒋元群，译. 3 版 . 北京：商务印书馆，2016.

［6］陈金华 . 智慧学习环境构建［M］. 北京：国防工业出版社，2013.

［7］陈向明，等 . 搭建实践与理论之桥：教师实践性知识研究［M］. 北京：教育科学出版社，2011.

［8］崔允漷，柯政，等 . 学校本位教师专业发展［M］. 上海：华东师范大学出版社，2013.

［9］戴伟芬 . 农村教师培训的第三空间路径研究［M］. 北京：科学出版社，2017.

［10］德赫斯 . 生命型组织：不确定时代的组织进化之道［M］. 北京师范大学教育学部学习与绩效技术研究中心，译. 北京：电子工业出版社，2016.

［11］杜晓利 . 教师政策［M］. 上海：上海教育出版社，2012.

［12］费奥斯坦，费尔普斯 . 教师新概念：教师教育理论与实践［M］. 王建平，赵云来，康翠萍，等译. 北京：中国轻工业出版社，2002.

［13］富兰 . 教育变革新意义［M］. 赵中建，陈霞，李敏，译. 3 版 . 北京：教育科学出版社，2005.

［14］富兰，兰沃希 . 极富空间：新教育学如何实现深度学习［M］. 于佳琪，黄雪锋，译. 重庆：西南师范大学出版社，2016.

[15] 高文，徐斌艳，吴刚．建构主义教育研究［M］．北京：教育科学出版社，2008.

[16] 高湘萍，朱敏，徐欣颖．教师专业发展的自我心理研究［M］．苏州：苏州大学出版社，2016.

[17] 格根．语境中的社会建构［M］．郭慧玲，张颖，罗涛，译．北京：中国人民大学出版社，2011.

[18] 胡福贞．幼儿教师自我评价研究［M］．北京：教育科学出版社，2008.

[19] 胡惠闵，王建军．教师专业发展［M］．上海：华东师范大学出版社，2014.

[20] 胡瑞峰．网上区域性教师教育技术研修活动研究［M］．上海：上海科技教育出版社，2011.

[21] 黄伟．教师网络学习［M］．北京：首都师范大学出版社，2012.

[22] 霍恩，斯特克．混合式学习：用颠覆式创新推动教育革命［M］．聂风华，徐铁英，译．北京：机械工业出版社，2015.

[23] 姜勇，洪秀敏，庞丽娟．教师自主发展及其内在机制［M］．北京：北京师范大学出版社，2009.

[24] 姜勇．幼儿教师专业发展［M］．北京：高等教育出版社，2015.

[25] 焦尔当．学习的本质［M］．杭零，译．上海：华东师范大学出版社，2015.

[26] 教育部教师工作司．幼儿园教师专业标准（试行）解读［M］．北京：北京师范大学出版社，2013.

[27]（拉米）沙尼，多切迪．修炼：构建持续发展的学习型组织［M］．锁箭，毛剑梅，刘益汉，等译．北京：经济管理出版社，2011.

[28] 莱夫，温格．情景学习：合法的边缘性参与［M］．王文静，译．上海：华东师范大学出版社，2004.

[29] 乐国安．社会心理学［M］．北京：中国人民大学出版社，2009.

[30] 联合国教科文组织国际教育发展委员会．学会生存：教育世界的今天和明天［M］．华东师范大学比较教育研究所，译．北京：教育科学出版社，1996.

[31] 联合国教科文组织．教育：财富蕴藏其中［M］．联合国教科文组织总部中文科，译．北京：教育科学出版社，1996.

[32] 联合国教科文组织终身学习研究所．成人学习和教育全球报告［M］．中国成人教育协会，译．北京：教育科学出版社，2012.

[33] 梁林梅，孙俊华．知识管理［M］．北京：北京大学出版社，2011.

[34] 梁文慧，王政彦．成人学习者境外学习意愿、偏好与决策：两岸四地比较研究［M］．北京：清华大学出版社，2015.

[35] 林慧敏，万代红．信息化环境下的有效学习［M］．北京：北京师范大学出版社，2012.

[36] 林聚任，等．西方社会建构论思潮研究［M］．北京：社会科学文献出版社，2016.

[37] 林正范，肖正德．教师学习新视野：生态取向的理论与实践［M］．北京：教育科学出版社，2013.

[38] 刘保，肖峰．社会建构主义：一种新的哲学范式［M］．北京：中国社会科学出版社，2011.

[39] 刘洋．论以“学习型组织”推动组织学习及制度创新的研究［M］．北京：中国人事出版社，2014.

[40] 刘雨昕，李文超，郭燕飞．组织与学习［M］．北京：北京大学出版社，2011.

[41] 刘占兰．促进幼儿教师专业成长的理论与实践策略［M］．北京：教育科学出版社，2006.

[42] 刘正荣．做一名幸福的教师［M］．桂林：漓江出版社，2014.

[43] 罗宾斯，阿尔维．校长之道：只为成就教师和学生［M］．刘国伟，译．哈尔滨：黑龙江教育出版社，2016.

[44] 马奎特．学习型组织的顶层设计［M］．顾增旺，周蓓华，译．北京：机械工业出版社，2015.

[45] 马立，顾志跃，朱仲敏．信息技术环境下创建区域性教师学习共同体的理论与实践研究［M］．北京：高等教育出版社，2012.

[46] 麦金太尔，奥黑尔．教师角色［M］．丁怡，马玲，等译．北京：中国轻工业出版社，2002.

[47] 毛齐明．教师有效学习的机制研究：基于“社会文化—活动”理论的视角［M］．武汉：华中师范大学出版社，2013.

[48] 梅里安．成人学习理论的新进展［M］．黄健，等译．北京：中国人民大学出版社，2006.

[49] 穆肃．中小学教师终身学习能力提升的方法与实践［M］．广州：暨南大学出版社，2011.

[50] 欧文斯．教育组织行为学［M］．窦卫霖，温建平，王越，译．上海：华东师范大学

出版社，2001.
［51］庞维国．自主学习：学与教的原理和策略［M］. 上海：华东师范大学出版社，2003.
［52］彭文波．教师学习策略研究［M］. 广州：世界图书出版广东有限公司，2013.
［53］乔纳森，兰德．学习环境的理论基础［M］. 徐世猛，李洁，周小勇，译. 上海：华东师范大学出版社，2015.
［54］邱继智．建构学习型组织［M］. 台北：华立图书股份有限公司，2005.
［55］邱昭良．学习型组织新实践：持续创新的策略与方法［M］. 北京：机械工业出版社，2010.
［56］瑞恩博德，富勒，蒙罗．情境中的工作场所学习［M］. 匡瑛，译. 北京：外语教学与研究出版社，2011 .
［57］邵光华．教师专业知识发展研究［M］. 杭州：浙江大学出版社，2011.
［58］舍恩．反映的实践者：专业工作者如何在行动中思考［M］. 夏林青，译. 北京：教育科学出版社，2007.
［59］申恩平．知识管理与组织学习：提升企业合作创新力的内蕴性支撑［M］. 杭州：浙江大学出版社，2017.
［60］圣吉，等．变革之舞：学习型组织持续发展面临的挑战［M］. 王秋海，等译. 北京：东方出版社，2001.
［61］圣吉，等．第五项修炼・实践篇：创建学习型组织的战略和方法［M］. 张兴，等译. 北京：东方出版社，2002.
［62］圣吉，等．第五项修炼・实践篇（下）：创建学习型组织的战略和方法［M］. 张兴，等译. 北京：中信出版社，2011.
［63］苏红．教师专业发展中的关键事件研究［M］. 北京：北京师范大学出版社，2014.
［64］孙德芳．教师学力研究［M］. 上海：华东师范大学出版社，2015.
［65］汤立宏．校本研修专论：中小学教师人力资源开发与专业发展研究［M］. 北京：海洋出版社，2006.
［66］汪霞．研究性学习开发体制［M］. 上海：上海教育出版社，2003.
［67］王红艳．新手教师在学校实践共同体中的学习［M］. 重庆：重庆大学出版社，2012.
［68］王强，汪秀英．学习型组织建设理论实务［M］. 郑州：黄河水利出版社，2016.

[69] 王为民，刘丽萍．“学会学习”的有效策略［M］．芜湖：安徽师范大学出版社，2013.

[70] 维尔斯曼．教育研究方法导论［M］．袁振国，译．北京：教育科学出版社，1997.

[71] 魏会廷．教师学习共同体：促进教师专业发展的新途径［M］．武汉：武汉大学出版社，2014.

[72] 吴振东．幼儿教师学习与专业发展［M］．合肥：安徽少年儿童出版社，2010.

[73] 伍德沃克．教育心理学［M］．陈红兵，张春莉，译．南京：江苏教育出版社，2005.

[74] 夏莫，考费尔．U 型变革：从自我到生态的系统革命［M］．陈秋佳，译．杭州：浙江人民出版社，2014.

[75] 雅各布，等．合作学习的教师指南［M］．杨宁，卢杨，译．北京：中国轻工业出版社，2005.

[76] 晏红．园本培训促进幼儿教师专业发展［M］．北京：中国轻工业出版社，2015.

[77] 杨树岳．点燃学习的激情：构建校园生态化学习组织［M］．南京：江苏凤凰教育出版社，2015.

[78] 叶澜，白益民，王枬等．教师角色与教师发展新探［M］．北京：教育科学出版社，2001.

[79] 于泽元．自我统整的教师［M］．北京：教育科学出版社，2012.

[80] 张建平．初任教师支持体系建设研究［M］．南京：南京大学出版社，2015.

[81] 张康之，张乾友．共同体的进化［M］．北京：中国社会科学出版社，2012.

[82] 张敏．教师合作学习［M］．杭州：浙江大学出版社，2013.

[83] 张敏．教师学习的理论与实证研究［M］．杭州：浙江大学出版社，2008.

[84] 张声雄．《第五项修炼》导读［M］．上海：上海三联书店，2001.

[85] 张燕．幼儿教师专业发展［M］．北京：北京师范大学出版社，2006.

[86] 张兆芹，卢乃桂，彭新强．学习型学校的创建：教师组织学习力新视角［M］．北京：教育科学出版社，2011.

[87] 赵学菊，梅养宝．幼儿园教师专业标准知与行［M］．芜湖：安徽师范大学出版社，2015.

[88] 赵中建．学校文化［M］．上海：华东师范大学出版社，2004.

[89] 郑雪．积极心理学［M］．北京：北京师范大学出版社，2014.

[90] 郑震．另类视野：论西方建构主义社会学［M］．北京：中国社会科学出版社，2014.

[91] 周蔚，陈乃林．成人网络学习与教学模式研究［M］．北京：中国人民大学出版社，2010.

[92] 周燕．学生心理与行为问题的社会学研究［M］．广州：新世纪出版社，2003.

[93] 朱旭东．教师专业发展理论研究［M］．北京：北京师范大学出版社，2011.

[94] 朱旭东，李琼．教师教育标准体系研究［M］．北京：北京师范大学出版社，2011.

[95] 佐藤学．学校的挑战：创建学习共同体［M］．钟启泉，译．上海：华东师范大学出版社，2010.

（二）期刊论文

[1] 蔡迎旗，海鹰．自主学习：幼儿园教师专业发展的现实之需［J］．学前教育研究，2016（3）：34-40+56.

[2] 陈静静．专业场景中新手教师实践性知识的发展机制研究［J］．全球教育展望，2011，40（11）：15-19.

[3] 陈强．试论中小学教师继续教育政策的有效性［J］．教师教育研究，2011，23（4）：22-26.

[4] 董静．课程变革下教师自主学习的契机、组织生态基础与环境构建［J］．现代中小学教育，2013（2）：72-75.

[5] 杜屏，朱菲菲，杜育红．幼儿教师的流动、流失与工资关系的研究［J］．教育与经济，2013（6）：59-65.

[6] 樊立群，周燕．园长胜任力：幼儿教师专业发展的助推器［J］．教育评论，2018（4）：110-112.

[7] 冯婉桢，田彭彭，蒋杭珂．区域幼儿园教师队伍配置进展与优化路径研究：基于北京市 2010—2015 年的实证分析［J］．教师教育研究，2017，29（3）：39-45.

[8] 滑红霞．山西省幼儿教师编制现状与改革路径探析［J］．教育理论与实践，2017，37（16）：42-45.

[9] 姜勇，阎水金．教师发展阶段研究：从“教师关注”到“教师自主”［J］．上海教育科研，2006（7）：9-11.

[10] 李萍．为幼儿园教师创造有意义的学习经历［J］．学前教育研究，2013（11）：60-62.

[11] 刘天娥，海鹰．幼儿园教师自主学习的现状调查及问题思考［J］．教育研究与实验，2016（4）：45-50.

[12] 裴淼，谭士驰，刘静．教师教育变革的理念演进及其启示［J］．教师教育研究，2012，24（6）：31-36.

[13] 秦旭芳，孙雁飞，谭雪青．不同办园体制下幼儿教师的生存状态［J］．学前教育研究，2011（10）：28-33.

[14] 谭金波，石晋阳，李艺．基础教育网络资源现状与教师需求的调查研究［J］．中国远程教育，2005（6）：63-66.

[15] 王段霞．在园本教研中发展教师的实践性知识［J］．幼儿教育（教育科学版），2008（1）：26-28.

[16] 王其冰．网络环境下的教师信息行为分析模型研究［J］．中国教育信息化，2013（8）：3-6.

[17] 王晓芳．从共同体到伙伴关系：教师学习情境和方式的扩展与变革［J］．华东师范大学学报（教育科学版），2015，33（3）：43-52.

[18] 王彦峰，秦金亮．浙江省幼儿教师工作投入特点的调查分析［J］．上海教育科研，2016（3）：26-29.

[19] 夏婧．我国农村幼儿园师资队伍建设经验及其启示［J］．学前教育研究，2014（7）：35-41.

[20] 肖正德，张素琪．近年来国内教师学习研究：盘点与梳理［J］．全球教育展望，2011，40（7）：54-59.

[21] 徐莉．文化场视域下教师发展的动态历程［J］．教育研究与实验，2006（4）：44-49.

[22] 徐源，程进军，于延梅．教师网络学习行为的实证研究［J］．中国电化教育，2009（12）：56-61.

[23] 许松芽．教师成长的学校生态观研究［J］．教育评论，2006（5）：17-19.

[24] 曾强，李三福．学习智慧与幼儿园教师专业发展［J］．学前教育研究，2015（3）：55-60.

[25] 张香竹．学习氛围、工作特征对小学教师自主学习的影响［J］．教育探索，2009（9）：100-101.

[26] 朱书慧，汪基德．我国学前教育信息化建设与应用研究现状［J］．电化教育研究，

2013，34（10）：40-46.

（三）学位论文

［1］丁洁．幼儿教师职业认同及其相关研究［D］．上海：上海师范大学，2009.

［2］付国庆．幼儿园转岗教师职业认同研究［D］．成都：四川师范大学，2013.

［3］海鹰．幼儿园教师自主学习心理机制的研究［D］．武汉：华中师范大学，2016.

［4］韩冰．高校幼师生教师职业认同与学习能力自我效能感关系的研究［D］．石家庄：河北师范大学，2013.

［5］李小伟．关于非学前幼儿教师职业认同的研究［D］．上海：华东师范大学，2010.

［6］林克松．工作场学习与专业化革新：职业教育教师专业发展路径探析［D］．重庆：西南大学，2014.

［7］刘胜男．教师专业学习影响因素及其作用机制研究［D］．上海：华东师范大学，2016.

［8］毛齐明．教师有效学习的机制研究：基于“社会文化—活动”理论的视角［D］．上海：华东师范大学，2010.

［9］孙传远．教师学习：期望与现实：以上海中小学教师为例［D］．上海：上海师范大学，2010.

［10］王静．兰州市幼儿教师职业认同与专业发展研究［D］．兰州：西北师范大学，2007.

［11］王睿憋．我国幼儿园教师身份观研究［D］．重庆：西南大学，2015.

［12］魏连娣．自我决定理论视角下未来时间透视与学习投入的关系研究［D］．长春：东北师范大学，2012.

［13］魏淑华．教师职业认同研究［D］．重庆：西南大学，2008.

［14］魏淑华．教师职业认同与教师专业发展［D］．曲阜：曲阜师范大学，2005.

［15］郑洁．幼儿园教师学习投入的影响因素及其作用机制研究［D］．武汉：华中师范大学，2018.

二、英文文献

（一）著作

［1］JARVIS P. Adult learning in the social context［M］. London：Croom Helm，1987.

［2］KLINE R B. Principles and practice of structural equation modeling［M］. New York：

Guilford Press, 1998.

[3] MACGILCHRIST B, MYERS K, REED J. The intelligent school [M]. London: SAGE Publications, 2004.

[4] MASLACH C, LEITER M P. The truth about burnout: how organizations cause personal stress and what to do about it [M]. San Francisco, CA: Jossey-Bass, 1997.

[5] WENGER E. Community of practice: learning, meaning and identity [M]. Cambridge, MA: Cambridge University Press, 1998.

(二) 期刊论文

[1] AELTERMAN N, VANSTEENKISTE M, VAN KEER H, et al. Changing teachers' beliefs regarding autonomy support and structure: the role of experienced psychological need satisfaction in teacher training [J]. Psychology of sport and exercise, 2016, 23: 64-72.

[2] BAKKENES I, VERMUNT, J D, WUBBELS T. Teacher learning in the context of educational innovation: learning activities and learning outcomes of experienced teachers [J]. Learning and instruction, 2010, 20 (6): 533-548.

[3] BORKO H. Professional development and teacher learning: mapping the terrain [J]. Educational researcher, 2004, 33 (8): 3-15.

[4] BUTLER D L, LAUSCHER H N, JARVIS-SELINGER S, et al. Collaboration and self-regulation in teachers' professional development [J]. Teaching and teacher education, 2004, 20 (5): 435-455.

[5] CHEUNG W S, WONG J L N. Understanding reflection for teacher change in Hong Kong [J]. International journal of educational management, 2017, 31 (7): 1135-1146.

[6] COBB P, BOWERS J. Cognitive and situated learning perspectives in theory and practice [J]. Educational researcher, 1999, 28 (2): 4-15.

[7] DAY C. School reform and transitions in teacher professionalism and identity [J]. International journal of educational research, 2002, 37 (8): 677-692.

[8] DELVAUX E, VANHOOF J, TUYTENS M, et al. How may teacher evaluation have an impact on professional development: a multilevel analysis [J]. Teaching and teacher education, 2013, 36 (1): 1-11.

[9] EVERS A T, KREIJNS K, VAN DER HEIJDEN, et al. The design and validation of an instrument to measure teachers' professional development at work [J]. Studies in continuing

education, 2016, 38 (2): 162-178.

[10] FREEMAN D, JOHNSON K E. Reconceptualizing the knowledge-base of language teacher education [J]. TESOL quarterly, 1998, 32 (3): 397-417.

[11] FRESKO B, KFIR D, NASSER F. Predicting teacher commitment [J]. Teaching and teacher education, 1997, 13 (4): 429-438.

[12] HODKINSON H, HODKINSON P. Improving schoolteachers' workplace learning [J]. Research papers in education, 2005, 20 (2): 109-131.

[13] HODKINSON P, HODKINSON H. Individuals, communities of practice and the policy context: school teachers' learning in their workplace [J]. Studies in continuing education, 2003, 25 (1): 3-21.

[14] HODKINSON P, HODKINSON H. The significance of individuals' dispositions in workplace learning: a case study of two teachers [J]. Journal of education and work, 2004, 17 (2): 167-182.

[15] HO D, LEE M, TENG Y. Exploring the relationship between school-level teacher qualifications and teachers' perceptions of school-based professional learning community practices [J]. Teaching and teacher education, 2016, 54: 32-43.

[16] ILAIYAN S. Difficulties experienced by the Arab teacher during his first year of teaching as a result of personal and organizational variables [J]. Creative education, 2013, 4 (6): 363-375.

[17] KANG Y, CHENG X. Teacher learning in the workplace: a study of the relationship between a novice EFL teacher's classroom practices and cognition development [J]. Language teaching research, 2014, 18 (2): 169-186.

[18] KELLY P. What is teacher learning? A sociocultural perspective [J]. Oxford review of education, 2006, 32 (4): 505-519.

[19] KORKMAZ M, CEMALOGLU N. Relationship between organizational learning and workplace bullying in learning organizations [J]. Educational research quarterly, 2010, 33 (3): 3-38.

[20] KWAKMAN K. Factors affecting teachers' participation in professional learning activities [J]. Teaching and teacher education, 2003, 19 (2): 149-170.

[21] LOHMAN M C. Factors influnencing teachers' engagement in informal learning activities

[J]. Journal of workplace learning, 2006, 18 (3): 141-156.

[22] PEDDER D. Profiling teachers' professional learning practices and values: differences between and within schools [J]. The curriculum journal, 2007, 18 (3): 231-252.

[23] PUTNAM R T, BORKO H. What do new views of knowledge and thinking have to say about research on teacher learning? [J]. Educational researcher, 2000, 29 (1): 4-15.

[24] RAMBERG M R. What makes reform work? School-based conditions as predictors of teachers' changing practice after a national curriculum reform [J]. International education studies, 2014, 7 (6): 46-65.

[25] SCRIBNER J P. Professional development: untangling the influence of work context on teacher learning [J]. Educational administration quarterly, 1999, 35 (2): 238-266.

[26] TAKAHASHI S. Co-constructing efficacy: a "communities of practice" perspective on teachers' efficacy beliefs [J]. Teaching and teacher education, 2011, 27 (4): 732-741.

[27] THOONEN E E J, SLEEGERS P J C, Oort F J, et al. How to improve teaching practices: the role of teacher motivation, organizational factors, and leadership practices [J]. Educational administration quarterly, 2011, 47 (3): 496-536.

[28] TSCHANNEN-MORAN M, JOHNSON D. Exploring literacy teachers' self-efficacy beliefs: potential sources at play [J]. Teaching and teacher education, 2011, 27 (4): 751-761.

[29] TUYTENS M, DEVOS G. Stimulating professional learning through teacher evaluation: an impossible task for the school leader [J]. Teaching and teacher education, 2011, 27 (5): 891-899.

[30] VAN MAELE D, VAN HOUTTE M. The role of teacher and faculty trust in forming teachers' job satisfaction: do years of experience make a difference? [J]. Teaching and teacher education, 2012, 28 (6): 879-889.